蘇軾的心路歷程

一代文宗的作品、行誼與相關史實

楊東聲——著

中央大學出版中心 | 遠流

目錄

序

宋朝在中國歷史上不算是一個特別強盛的時代，版圖也不是特別的遼闊，從它建國開始，便得跟四周的強敵競爭生存的空間，經過一百六十七年，金人結束了它在北方的統治；它在南方的政權更不必說，勉強支撐了一百五十二年，便亡在蒙古人的手中。宋朝滅亡的原因很多，但是奸臣當國而賢臣受到迫害是主要的原因之一。其實中國歷史上不論哪個朝代，最後滅亡都跟這一個原因脫不了關係。蘇軾是宋朝有名的賢臣，才華橫溢，但終其一身不但不能全力施展他的政治抱負，而且不時受到嚴厲的政治迫害，他一生的思想行跡反映出宋朝的興衰成敗，闡釋了中國傳統文化的善惡優劣之特徵，足以發人深省，可做一般人接物處世的良鑑。中國有一句成語：「上一次當，學一次乖」，鼓勵中國人汲取歷史教訓，希望大家從往日的失誤中領悟到成功致勝的道理，從而能避免重蹈覆轍不再受到類似的傷害。研究蘇軾一生的行誼與思想不僅使一個學者對蘇軾的個人能夠有全盤性深入及正確的了解，而且有助於一個人洞悉宋朝長期積弱不振的原因，同時也能加深大家對中國文化特質的領悟。

在中國歷史上，大概再沒有第二個人是像蘇軾一樣在文學上有那麼宏偉的成就，詩詞散文樣樣精嫻。特別難得的是他在政治上有極其崇高的聲譽，備受百姓的愛戴；在門生中也非常受到推崇，去世後受到幾乎如神一般的敬拜。宋孝宗對他讚不絕口：「忠言讜論，立朝大節，一時廷臣，無出其右……朕萬機餘暇，紬繹詩書，他人之文，或得或失，多所取捨，至於軾所著，讀之終日，亹亹忘倦，常寘左右，以為矜式。」[1]宋史對他的評價也是無以復加：「器識之閎偉，議論之卓犖，文章之雄雋，政事之精明，四者皆

能以特立之志為之主，而以邁往之氣輔之。」[2] 從這些角度來看，蘇軾應該算是中國文人中最了不起的人物了。

中國現代因為受到蘇聯列寧的影響，一般都推崇宋朝的新黨，貶抑舊黨，身為舊黨要員之一的蘇軾自然不像往日一般受到特別的推崇。特別是在文化大革命期間，他的聲譽備受抨擊。文化大革命之後，大陸政策部分改變，往日的蘇聯已不再存在，她對中國也不再像昔日一般具有那種無比的影響力，蘇軾的聲譽因此再度恢復。二十幾年前朱靖華不但把蘇軾推尊為中國的頂尖人物，也把他褒揚為世上「曠世無雙的全能文士」：「蘇軾是我們中華民族的驕傲，也是世界人民的驕傲。」[3] 八年多以前，黃玉峰也同樣說：「蘇軾是中國文人完美個性和品格的化身。蘇軾是人類的驕傲。」[4] 趙志偉更進一步就中國的傳統文化，來說明蘇軾所以特別值得國人推崇的地方：

> 一般認為，在中國傳統文化資源中，多的是專制、等級、仇恨、奴性，不錯，大量充斥的是這些，但是從以蘇軾為代表的求真、求善、求美的人們的詩文以及所作所為中，我們似乎能看到它的對立面：對獨立、自由、平等、博愛的追求，雖然他們也許並不自覺，雖然它的力量是那樣微弱。——但「蘇軾們」的存在，證明中國幾千年的歷史並非全是黑夜而沒有光明！她證明中國的傳統文化並非一無是處，並非全是吃人！她也有美好的東西。[5]

歷史上這些對蘇軾的讚辭，筆者認為應是公允之論。

在蘇軾的一生中，對他及當代人影響最大的一樁政治事件應該算是新法了。中國大陸現在雖然不再像

往日一般欣然接受蘇聯的旨意，但是大陸官方的政策基本上仍不貶抑新法；一般學者遵行政府的決策，因此對新法還是持相當肯定的看法。[6]其實就史實來看，新法對神宗朝及其以後北宋的政治造成極端不良的影響，並間接導致了北宋的滅亡。在元豐三年即已做到參知政事的章惇，先後在神宗及哲宗朝為相，推行新法甚久，但他對新法也不完全贊同，他在哲宗祖母攝政期間就坦白地承認新法的一些弊害：「保甲、保馬，一日不罷有一日害。」[7]蘇軾與章惇同一年中進士，在新法實施以後，歷任杭州通判、密州知州、徐州知州及湖州知州，執行新法，走遍多處鄉村，深知民間疾苦，因批評新法對老百姓造成的傷害而被判入獄，幾乎為此喪生；在新法結束後再為杭州知州、潁州知州及揚州知州，他在揚州任上為民請願，對新法在民間所造成的遺害有深入的認識與描述：「今大姓富家，昔日號為無比戶者，皆為市易所破，十無一二矣。其餘自小民以上，大率皆有積欠。監司督守令，守令督吏卒，文符日至其門，鞭笞日加其身，雖有白圭、猗頓，亦化為篳門圭竇矣。」[8]在元朝政府主持之下集體修撰的《宋史》中，所有參與修撰的作者根據史料都一致表示除了少數的法則以外，新法對當時的平民的確造成了巨大的傷害。元朝消滅南宋與北宋的施政無關，沒有理由故意歪曲北宋的政治措施，它對北宋推行新法的評斷因此應當客觀可信。此外，歷史上反對新法的官員，除了偶爾意氣用事之外，一般人品都相當正直，他們常常為了堅持原則而鄙棄美官。例如舊黨的主要領導人物司馬光，神宗命他為樞密副使，他因反對新法就是不接受，神宗說在大臣中也只有司馬光一人能夠拒絕那麼高的官位：「如司馬光未論別事，只辭樞密一節，朕自即位以來，惟見此一人。」[9]相反的，支持新法的官吏卻往往不顧原則，只求高位。例如新黨極其重要的領導人物蔡京，在司馬光為相的時候，為了逢迎，當舊黨很多官員都覺得在五日之內廢棄雇役法有困難的時候，他卻獨卻眾意，在幾天之內就廢掉此一新法；而在章惇為相的時候，他又能在幾天之內廢棄舊法，再用新法：

元祐初，光復差役，惇議曰：「保甲、保馬，一日不罷有一日害。如役法則熙寧初以雇役代差役，講之不詳，行之太速，故後有弊。今復差役代雇役，當詳議熟講，庶幾可行，而限止五日，太速，後必有弊。」光不以為然……蔡京時知開封府，用五日限改畿縣雇役之法。至是惇入相，置司講議，出京為戶部尚書兼提舉。於是京欲掩蓋元祐迎合之跡，乃白惇曰：「取熙寧、元豐法施行之耳，尚何講為？」惇信之，遂請人額，雇直一從元豐舊法。[10]

一個人做事沒有原則，為了利祿，朝夕反覆如此，令人不免有嘆為觀止之感，因此舊黨在歷史上的證詞一般應比新黨可靠得多。

大陸學者所以推崇新法貶抑舊黨，主要是因為政府沿承列寧的思想，他們的立論自然不能違反政府的決策。西方民主國家的學者支持此一論點，卻不能引列寧或中國大陸的政府做為他們論點的基礎。因此他們別出心裁，採用經濟的觀點來支持他們的看法，說王安石和他的支持者是貧民出身，代表中、下農及小商人階級。例如耶伯哈（Wolfram Eberhard）就說：「王安石來自一個貧窮的家庭，擁護他的人也都是貧窮人家出身，他迅疾地把他們安插到各個崗位。他們代表小地主和小商人階級。」[11]這種說法與史實抵觸，值得商榷。首先，不論王安石是貧賤或者富有的家庭出身，反對新法的或支持新法的人絕對不能以家庭出身為區分的標準，像他弟弟王安國就反對新法。當神宗問他王安石的新法時：「卿兄秉政，外論謂何？」他就回答說：「恨知人不明，聚斂太急爾。」[12]另外，王安石的父親王益身為都官員外郎，[13]不是貧民。再者，絕大多數新法的支持者都是富人而不是貧民。例如支持王安石的參知政事韓絳（1012-1088），他的父親韓億官至尚書左丞，是殷富之家，並非貧民出身。[14]王安石的左右手呂惠卿，父親做到

光祿卿的高位。[15]當然，在眾多的支持者中，最富有的人還是神宗，如果沒有他的支持，新法是絕對不可能實施的。神宗的兒子哲宗和徽宗也全力支持新法，當徽宗任命禍國殃民的蔡京為相的時候，就說得很清楚他支持新法的立場：「神宗創法立制，先帝繼之，兩遭變更，國是未定。朕欲上述父兄之志，卿何以教之？」[16]

相對的，反對新法的官員並不一定都是大地主或富商的家庭出身。例如激烈反對新法的吳奎「少時甚貧」。[17]蘇軾的師友張方平（1007-1091）在別人都還不清楚王安石的為人之前就已經預知王安石日後執政所可能帶來的禍害，小時候家裡也很貧窮：「公年十三，入應天府學，穎悟絕人，家貧無書。」[18]王安石的學生陸佃不贊同新法，也是貧苦家庭的出身：「居貧苦學，夜無燈，映月光讀書。」[19]反對新法而出身不是特別富有的人實在多得不可勝數，本書篇幅有限，不能一一列舉。[20]王安石所代表的，應該不是像西方那些學者所說的貧賤階級，而是宋朝皇室的利益；而王安石的支持者，等而下之，他們不但跟他一樣忽視平民，而且往往以自身的利益為出發點，把個人的利益看得比皇家的利益重要得多。就如新黨的要員之一鄧綰所說：「笑罵從汝，好官須我為之。」[21]新法不能獲得正直官員及大多數平民的支持，最後的受害者當然還是整個國家。

有的西方學者不以經濟而以革新守舊的觀點來說明新舊黨的異同，例如羅金斯基（Witold Rodzinski）就說：

> 第一個是保守派，全面反對所有關於政府或政策的改革措施。這個團體代表大多數的官員，他們都是大地主的家庭出身。這一派以很多傑出的學者為首，例如歐陽修及司馬光，並包括了所有的理學家。

第二個是改革派，主要以王安石為首。它尋求新法及新的途徑來解決日形嚴重的社會危機所造成的各種問題。它的目的是組成一個強有力的政府和國家。在這兩個團體中，保守派佔絕大的優勢。他們有傳統做他們的後台，同時政府官僚體系無可避免所產生的阻力也對他們有利，潛在地阻撓任何的改革和進步。[22]

這種說法也不合史實。舊黨的官員幾乎全都見到宋朝政治的積弊，主張革新；蘇軾本身身體力行，從從政開始就立言改革，只是舊黨的主張跟新黨不同。新黨注重皇家的利益，而舊黨重視平民的利益。新法對平民造成的戕害，就連斷送北宋國運那麼腐化的徽宗也很清楚：

> 帝之初政，銳欲損革新法之害民，曾布始以為然，已乃陳紹述之說，帝不能決，以問勣。勣曰：「聖意得非欲兩存乎？今是非未定，政事未一，若不考其實，姑務兩存，臣未見其可也。」……大觀三年，知太平州，召入覲，極論茶鹽法為民病，帝曰：「以用度不足故也。」對曰：「生財有道，理財有義，用財有法。今國用不足，在陛下明詔有司，推講而力行之耳。」帝曰：「不見卿久，今日乃聞佳言。」……蔡京自錢塘召還，過宋見勣，微言撼之曰：「元功遭遇在伯通右，伯通既相矣。」勣笑曰：「人各有志，吾豈以利祿易之哉？」京慚不能對，勣亦終不復用……勣挺挺持正，尤為帝所禮重，而不至大用，時議惜之。[23]

徽宗知道新法對人民所造成的戕害，他並不像現代那些學者刻意去粉飾新法的弊端，只是主要因新法可以

提高國家的歲入，「以用度不足故也」，所以即使新法對民間不利，他還是繼續實施，最後慘遭亡國的噩運。

宋朝的政爭對中國現代的政治有特殊的啟發作用。自清末開始，西方列強東進，對清朝的生存構成威脅，形勢如同宋朝與遼金蒙古對峙一般，清朝的改革呼聲也如同宋朝一般應運而起，開始實施自強運動。日本在明治維新成功以後，加入西方列強的行列，覬覦中國，成了清朝最大的威脅。在甲午戰爭爆發前夕，主政多年當時高齡七十二歲的李鴻章看到清朝薄弱的軍力，「自知實力不足」，[24]力主和議，希望爭取時間積極備戰；二十七歲的光緒皇帝年輕氣盛，主張立即開戰，如同宋朝年輕激進的神宗希望瞬間取得勝利戰果一般，結果清朝戰敗。中日第二次戰爭爆發前夕，執政多年的蔣中正主張和議，強調爭取時間，從容備戰，處處避免與日軍發生全面衝突，當時主戰之聲甚囂塵上，張學良在中共的煽動之下發動西安事變，夥同中共迫使蔣中正對日宣戰，[25]結果中國損失慘重，戰事發生四年多以後，主要因日本與美國發生衝突，中日戰爭發展成為世界二戰的一部分，美國大規模援華，八年抗戰方得以勝利結束，但戰爭期間中國損失的人力物力龐大到驚人的程度，而且蔣中正也因中日戰爭而讓當時蘇共支持的中共勢力坐大，最終被中共擊潰，失去大陸。中共建政，有意與世界列強一爭長短，毛澤東在眾人的反對聲中，執意發動大躍進，希望「十幾二十年就可以趕上世界上一切國家」，[26]因為草率行事，導致大饑荒，據學者估計，餓死約四千萬人。[27]

當中國勢力衰弱，受到鄰國威脅之際，失去理智的盲目的愛國情緒往往會主導中國的政治，在富國強兵動人的口號之下，採取輕率急躁的行動與政策，導致誤國殃民的後果，結果葬送了許多中國的精英，塗炭了廣大的生民，反而使中國陷入更加黑暗的淵藪之中。蘇軾坎坷的一生，宋朝滅亡的命運，中日兩次戰

爭與一九五九～一九六一年的大饑荒給中國所帶來悲慘的影響，這些重大的史實之間有甚多甚深的遙相呼應之處，值得深入研究。

在人類歷史上，最有政治耐心與毅力的民族，就筆者所知，應該是猶太人。當他們依賴著耶華神，在摩西的領導之下，邁向他們理想家園的征途時，因為他們在征途上缺乏紀律，表現不符合理想，摩西讓他們在沙漠中歷練了整整四十年的時間，才開始他們對敵的征戰，[28]最後建立了以色列王國：「你會記得在這四十年中耶華你的神在沙漠中一路上帶領著你，為了使你謙下、試探你、了解你心中有什麼，你是否遵行他的誡命。」（申命記 8: 2）[29]宋朝的老臣富弼勸神宗說：「陛下臨御未久，當先布德澤，願二十年口不言兵，亦不宜重賞邊功。干戈一起，所繫禍福不細。」[30]要神宗在發動戰爭以前，先耐心準備二十年，神宗不從，摩西準備了四十年的做法，對神宗來說應該就更不可思議了。以色列人讓人驚異的事不僅是全民準備了四十年再向敵人發動全面的戰爭，他們更讓人驚服的是，在公元前五八二年猶太亡國之後，經歷了兩千五百多年不斷的努力，又能在他們失去二十多個世紀的國土上重建以色列國，連續擊潰他們四周的敵國，而一躍成為中東一個超級強國，[31]他們的耐心與毅力為人間罕見，可做中國歷史的借鑑。

第一章　畸形社會

蘇軾所處的宋代可用兩句話來形容：先天不良，後天失調。宋朝一開始就建立在不良的基礎上，宋朝的開國君主趙匡胤（927-976）不像漢朝的劉邦主要靠著自己在戰場上的武勇機智取得天下，而是因背叛他年甫七歲的幼主恭帝，才取得了王位。後周世宗（921-959）對他的將領一向不太信任，平日採取防範的態度，「見諸將方面大耳者皆殺之」。[1]在去世前，大概為了鞏固他幼兒的權位，在人事上突然做了重大的調整。他的女婿張永德（928-1000），當時任後周（951-959）最精銳的部隊殿前軍的最高長官都點檢，軍權在握，周世宗顯然不信任他，但又不好殺自己的女婿，因此在病重的時候把他撤換，讓趙匡胤取而代之。[2]他這個臨終的安排，對鞏固他兒子的王位來說，不但無益，反將他兒子送入虎口，趙匡胤因此撿了一個便宜，得了一個絕佳的機會去篡奪後周的王位。

宋代的史書對趙匡胤背叛恭帝的這件事說得相當委婉，雖然表面上沒直接歸罪給趙匡胤，說是因他弟弟趙匡義及其他將領的擁戴，黃袍加身，身不由己以致取得王位，但是字裡行間卻隱隱約約非常技巧地暗示趙匡胤實為此一政變的策劃人。據《續資治通鑑長編》的記載，建隆元年（960）春正月初一（辛丑），朝廷接到鎮、定二州告急的消息，說北漢與契丹南侵，周廷因此派趙匡胤帶兵禦敵。初二殿前司副都點檢、鎮寧軍節度使慕容延釗帶領前軍先行出發。那天京師就已經盛傳趙匡胤會當皇帝，一時人心相當恐慌。初三傍晚，大軍到了陳橋驛紮營，趙的將領便開始計議：

將士相與聚謀曰：「主上幼弱，未能親政。今我輩出死力，為國家破賊，誰則知之，不如先立點檢為天子，然後北征，未晚也。」都押衙上黨李處耘，具以其事白太祖弟匡義。匡義時為內殿祇候供奉官都知，即與處耘同過歸德節度掌書記薊人趙普，語未竟，諸將突入，稱說紛紜，普及匡義各以事理逆順曉譬之，曰：「太尉忠赤，必不汝赦。」諸將相顧，亦有稍稍引去者。已而復集，露刃大言曰：「軍中偶語則族。今已定議，太尉若不從，則我輩亦安肯退而受禍。」普察其勢不可遏，與匡義同聲叱之曰：「策立，大事也，固宜審圖，爾等何得便肆狂悖！」乃各就坐聽命。普復謂曰：「外寇壓境，將莫誰何，盍先攘卻，歸始議此。」諸將不可，曰：「方今政出多門，若俟寇退師還，則事變未可知也。但當亟入京城，策立太尉，徐引而北，破賊不難。太尉苟不受策，六軍決亦難使向前矣。」普顧匡義曰：「事既無可奈何，政須早為約束。」因語諸將曰：「興王易姓，雖云天命，實繫人心。前軍昨已過河，節度使各據方面，京城若亂，不惟外寇愈深，四方必轉生變。若能嚴敕軍士，勿令剽劫，都城人心不搖，則四方自然寧謐，諸將亦可長保富貴矣。」皆許諾，乃共部分。夜，遣衙隊軍使郭延贇馳告殿前都指揮使浚儀石守信、殿前都虞侯洛陽王審琦。守信、審琦，皆素歸心太祖者也。將士環列待旦。太祖醉臥，初不省。甲辰黎明，四面叫呼而起，聲震原野。普與匡義入白太祖，諸將已擐甲執兵，直扣寢門曰：「諸將無主，願策太尉為天子。」太祖驚起披衣，未及酬應，則相與扶出聽事，或以黃袍加太祖身，且羅拜庭下稱萬歲。太祖固拒之，眾不可，遂相與扶太祖上馬，擁逼南行。匡義立於馬前，請以剽劫為戒。太祖度不得免，乃攬轡誓諸將曰：「汝等自貪富貴，立我為天子，能從我命則可，不然，我不能為若主矣。」眾皆下馬，曰：「惟命是聽。」[3]

在中國歷史上第一個看出趙匡胤陰謀篡位而且井然有序地在史籍中揭露他的虛偽面目的史家有可能是《續資治通鑑長編》的作者李燾（1115-1184）。黃袍加身的事變是在李燾出生前五十五年發生的，李燾跟現代的學者一樣沒有實證可以確定那個政變的確是趙匡胤一手策劃的，但是他根據史料推斷出趙匡胤應該是幕後指使者。只是李燾是宋朝的臣子，他不好憑推理公開指責宋朝的開國皇帝說他背叛周室，但是他在報導趙匡胤稱帝的這件事上也不願說謊，替當事人遮掩他們不良的居心，因此他用間接暗示的手法告訴他的讀者，趙匡胤其實出賣了他年幼的皇帝。李燾的記載顯示當趙匡胤的大軍還沒離開京師的時候，就已經有消息傳出來說趙匡胤會做皇帝，這已經很清楚地表明趙匡胤業已掌握大局，準備發動政變了。此外，與趙匡胤在權勢上分庭抗禮的天平節度使、同平章事、侍衛馬步軍副都指揮使、在京巡檢韓通的兒子早已看出趙匡胤有不軌之心，他勸他父親採取行動，可是韓通沒能聽他兒子的話：

> 初，周鄭王幼弱，通與上同掌宿衛，軍政多決於通。通性剛愎，頗肆威虐，眾情不附，目為韓瞠眼。其子微有智略，幼病傴，時號韓橐駝，見上得人望，每勸通早為之所，通不聽，卒死於難。[4]

韓通人雖然剛愎，但是對幼主倒是相當忠心，他因阻止趙匡胤的叛變而被殺，他的妻小也全都遇難。

《續資治通鑑長編》在記載政變的經過時持續不斷地穿插了一些重要的細節，隱約透露出政變早有預謀。表面上政變是在大軍離京以後在陳橋驛突發的事件，但是上文已經提到政變消息在大軍還沒離京以前就已經走漏的情形，同時身為大軍統帥的趙匡胤，身經百般試煉，在率軍與強敵對抗之際卻會喝得酩酊大醉，不省人事，有怠職的傾向，這是不能不令人驚異的事。[5]更奇怪的是，在荒郊野外政變發生的時候，

恰好又有預製好非常合身的黃袍可以派上用場。妙事一直發生到大軍班師回京舉行禪位典禮需要禪位書時，翰林學士承旨陶穀能忽然從袖中掏出早已預備好的詔書，「制書成矣」。[6]司馬光在《涑水記聞》中記載這件事的時候追加了一句話：「太祖由是薄其為人」，[7]把趙匡胤說得像個聖人；按照史實，趙匡胤這時業已掌握朝廷的大局，準備登基做皇帝，需要詔書，而陶穀早已替他預備好了禪文，他高興都還來不及，怎麼可能會鄙視陶穀此一必要及時之舉，司馬光給趙匡胤臉上貼金，把趙匡胤說成聖君是站不住腳的。在黃袍加身的整個史劇中，最妙的是一等趙匡胤篡位以後，二十天之內，滿朝文武官員，慶賀的慶賀，升官的升官，竟沒有人再提契丹與北漢聯軍入侵的事，好像根本就未曾發生過那麼一回事。二十天以後，北方來報說契丹與北漢的大軍不戰而走：「鎮州言契丹與北漢兵皆遁去。」[8]李燾在報導這條新聞的時候，很用心地把它挑出來，跟別的記載分開，讓它獨佔一個方面，有自己特殊顯著的地位，似乎是要讀者把它當做獨家的頭版新聞來看。往常傲視中原的契丹鐵騎這時連敵人大軍的面也沒見著，就突然自動消失，好像他們的入侵只是為趙匡胤的改朝換代聊做陪襯而已。李燾登錄的這些重要的線索在在顯示證明從謊報契丹的入侵到新天子的登基整個事件，都是趙匡胤跟他的手下策劃出來的。

這種經由不太光明的途徑取得的政權，有它嚴重的局限性，先天的不良不可避免的導致了後天的失調。宋太祖在取得帝位之後，恐怕他的手下如法炮製，對他構成威脅，因此要求他的重要將領全部辭職。為了能讓撤職的程序順利進行，趙匡胤以土地、金錢來脅誘他們，要求他們自動讓位：

人生如白駒之過隙，所謂好富貴者，不過欲多積金銀，厚自娛樂，使子孫無貧乏爾。卿等何不釋去兵權……擇便好田宅市之，為子孫立永遠不可動之業；多置歌兒舞女，日夕飲酒相歡，以終其天年，君

且與卿等約為婚約，君臣之間，兩無猜疑，上下相安，不亦善乎！

趙匡胤顯然只希望他的王位能坐得安穩，至於國家是否強大，對他來說，並不是絕對重要的問題，所以他不要他的將領關心國是，獻身國家，而只要他們多買些擅歌擅舞的女子，每天沉迷在歌舞酒色之中，過著糜爛的生活，「多置歌兒舞女，日夕飲酒相歡，以終其天年。」就他來看，他們的生活越糜爛，越耽於酒色，越能夠放棄宏偉的理想，越不願意參預軍國大事，他們圖謀篡位的可能性就越小，他的王位應該就越穩固。在趙匡胤的將領交出兵權以後，趙匡胤便親領禁軍，把全國最精銳的部隊集中到京師，讓老弱殘兵留守地方。這種強幹弱枝的政策對他的王位並沒產生絕對的保護作用，日後趙匡胤的王位仍然被他弟弟篡奪；更重要的是，地方上的軍力從此大為減弱，失去了抵抗外敵侵略的力量，宋朝的滅亡，實跟此一政策有密切的關係。

為了防備軍人篡奪政權，趙匡胤除了實施強幹弱枝的方略以外，更制定了重文輕武的政策。在此一政策之下，趙匡胤一方面提倡文風，鼓勵文人仕進，一方面降低軍人的地位，將他們隸屬於文人之下。更有甚者，軍人如同犯人一般多黥面。因為軍人的地位大為降低，當時一般有志氣的男子都不願當兵，在中國流行了約千年之久的諺語，「好男不當兵，好鐵不打釘」，[10]就是在宋朝開始出現的。為了保持軍隊一定的數額，宋廷只好徵募流民、罪犯之類的人：「或募飢民以補本城，或以有罪配隸給役……一有征討，則以之力戰鬥，給漕輓，而天下獷悍失職之徒，皆為良民之衛矣。」[11]罪犯負責保衛良民，這對宋朝的社會來說是一大諷刺。

這種重文輕武的政策到了真宗（968-1022）那一代受到特別的重視，真宗本人親自寫了一首詩來提倡

文風：

富家不必買良田，書中自有千鍾粟。安房不用架高樑，書中自有黃金屋。娶妻莫恨無良媒，書中有女顏如玉。出門莫恨無隨人，書中車馬多如簇。男兒欲遂平生志，六經勤向窗前讀。[12]

真宗此詩的結尾說得再清楚不過，一個有志氣的男兒不必做別的事，只要讀書就可以，而且只須讀六經，別的書不值得一提。這種想法在深入一般人的腦海之後，對宋朝日後試圖培養一流的將領，組織一流的軍隊自然產生極大的阻力。宋朝早期少見的良將范仲淹就指陳過這種政策的缺失：

會王倫寇淮南，州縣官有不能守者，朝廷欲按誅之。仲淹曰：「平時諱言武備，寇至而專責守臣死事，可乎？」守令皆得不誅。[13]

當時的宋廷平時不講究武備，遇有動亂卻希望各地官員都能搖身一變成為能征善戰的將領，這是不切實際的想法。難怪在北宋一百六十七年的歷史中，宋廷必須以金錢布匹來購買和平，而最後還是滅於金人之手，南宋（1127-1276）就更不必提了，苟延殘喘了一個多世紀，最後終於被蒙古滅亡。

宋朝重文輕武的政策在中國史上可以說是空前絕後，絕無僅有，在世界史上也是非常罕見的。中國古代的男子一般都須要學習武藝，孔子以六藝教人中的第三和第四項射箭和駕車就是武藝，南北朝的時候還有花木蘭一類的女子從軍，現代中國規定每一個建康的男子都有服兵役從軍的義務，沒有一個朝代是像宋

[illegible]兵，可說是人人皆兵，如戰國時代的秦國，宋朝的鄰國蒙古，二戰時期的英國及美國。宋朝因為開國君主趙匡胤篡奪後周恭帝的權位，為了防備別人篡奪他的權位，心懷鬼胎，建立了重文輕武一種畸形的政策，這種畸形的政策變成了促使宋朝亡國的主要原因之一。

宋朝提倡人文教育自然有其正面的效果，比如宋朝的士風振奮，官學及私人書院興盛，規模宏偉的叢書相繼出現，印刷事業發達，科技進步，先後發明印刷術及火藥等等。但是因重文而輕武，宋朝的社會普遍缺乏雄壯英武的氣息，再加上佛教打坐參禪的影響，宋代很多讀書人——包括蘇軾和他弟弟蘇轍——常喜歡靜坐不動：「終日危坐，一語不妄發。」[14]更糟糕的是不少士大夫確是像趙匡胤對他的將領所期望的喜歡蓄妓，養了很多的擅歌擅舞的女子，追求奢侈玩樂的生活。當時的名詞人張先（990-1078）年紀到了八十五歲，還在尋妾，就是一個典型的例子；特別是北宋最後的一個皇帝徽宗後宮佳麗成百上千，但是還滿足不了他的慾望，一定要逛妓院，這在中國歷史上委實罕見。蘇軾就是在這種畸形的社會中誕生的。

第二章　家世淵源

蘇軾生於宋仁宗景祐三年十二月十九日，西元一〇三七年一月八日，四川眉州眉山縣城紗縠行的家中，字子瞻，一字和仲，中年自號東坡。[1]蘇軾的出生如同孔子具有神奇的意味，孔子的父親叔梁紇在孔子出生前曾到尼山禱告求子，「禱於尼丘得孔子」；[2]蘇軾的父親也同樣向超自然的靈禱告。在蘇軾出生以前，天聖八年（1030），蘇洵（1006-1066）曾經走訪成都的玉局觀，在那個地方他偶然看到一幅張仙的畫像，「筆法清奇」，[3]據說那幅畫像非常靈異，有求必應，因此蘇洵當下決定用他身上的玉環換得了那幅像，帶回家，此後每天早上都向張仙的畫像禱告求子，蘇軾便是在他父親虔敬等待了約七年之後，在全家的焦慮期待中應運而生。如同孔子，蘇軾出生以後註定是中國史上數一數二非同尋常的傳奇人物。

蘇軾的名字「軾」是他父親在觀察他約略十一年以後，根據他的個性給他取的，帶有告誡的意味，希望他不要鋒芒畢露：「輪輻蓋軫，皆有職乎車，而軾獨無所為者。雖然，去軾則吾未見其為完車也。軾乎，吾懼汝之不外飾也。」[4]軾是馬車上用來做為扶手的橫木，沒有什麼非常重要的作用，蘇洵藉著這個不是特別起眼的物件來提醒蘇軾在中國的社會中應該韜光養晦，避免鋒芒外露，顯然為父的蘇洵深知蘇軾的才華道德日後勢必會招人中傷，釀成禍患。

蘇軾的祖先出於高陽，蘇秦為其苗裔。後漢順帝（126-144）時，蘇章先後為冀州、并州刺史，他的子孫因此在趙郡（今河北）長久定居下來。五百年後在唐中宗（656-710）時，趙州欒城的蘇味道（648-

輾轉的傳到了蘇軾的身上，日後成就了他在文學史上不朽的地位。武則天（624-705）在位的時候，蘇味道身為宰輔，只求安穩，不求有所發明，事事常持模稜兩可的態度，所以當時的人稱他為「蘇模稜」。[7]他這種苟且的態度，被他的後代子孫蘇軾和蘇轍完全鄙棄，蘇氏兄弟兩人日後擇善固執的作為，可說為他們的遠祖爭回了十足的臉面。蘇味道跟他弟弟蘇味玄「甚相友愛」，[8]這一點跟日後蘇軾和他弟弟蘇轍之間的深厚友誼，倒是大有相似之處。神龍初，蘇味道因早先親附張易之、宗昌被貶為郿州刺史，他的一個兒子在那兒留下來，成家生根，因此衍生出蘇氏在蜀的一支家族。蘇洵、蘇軾、蘇轍雖然都是三百多年以後才在眉州出生的，但是對他們來說，趙州仍然是他們心目中的故鄉，蘇轍稱自己的文集為《欒城集》，三蘇都自稱「趙郡蘇氏」，這如同海外的華僑，很多人雖然在國外土生土長，一個世代接著一個世代，連續住了百千年，但中國在他們心目中仍然是他們的祖國是一樣的道理，這完全是流在中國人血液裡鄉土情懷恆長的表現。

蘇軾的五世祖蘇釿「以俠氣聞於鄉閭」，[9]這一點跟蘇軾仗義助人的作風頗為相近。高祖蘇祜生於唐哀帝天祐二年（905），歿於周世宗顯德五年（958），「以才幹精敏見稱」；[10]高祖母李氏為唐太宗之苗裔，居家嚴謹。曾祖蘇杲「最好善，事父母極於孝，與兄弟篤於愛，與朋友篤於信，鄉閭之人無親疏皆愛敬之」。[11]曾祖母宋氏「事上甚孝謹而御下甚嚴」。他的曾祖父跟他曾祖母一樣為人賢達，而且顯然相當有才幹，治產有方，又喜歡幫助人：

> 善治生，有餘財。時蜀新破，其達官爭棄其田宅以入覲。吾父獨不肯取，曰：「吾恐累吾子。」終其身田不滿二頃，屋弊陋不葺也。好施與，曰：「多財而不施，吾恐他人謀我。然施而使人知之，人將

以我為好名。」[12]

他不但善於處理財務，更難能可貴的是他不賺不義之財，最令人嘆為觀止的是他為了幫助別人，自己願意過非常清貧的生活。祖父蘇序跟曾祖父蘇杲一樣為人正直，樂善好施，頗得鄉閭之人的愛敬：

> 性簡易，無威儀，薄於為己而厚於為人。與人交，無貧賤，皆得其歡心。見士大夫曲躬盡敬，人以為諂；及其見田父野老亦然，然後人不以為怪。外貌雖無所不與，然其心中所以輕重人者甚嚴。居鄉閭出入不乘馬，曰：「有甚老於我而行者，吾乘馬無以見之。」敝衣惡食，處之不恥，務欲以身處眾之所惡，蓋不學《老子》而與之合。居家不事家事，以家事屬諸子。至族人有事就之謀者，常為盡其心，反復而不厭。凶年嘗鬻其田以濟饑者。既豐，人將償之，曰：「吾自有以鬻之，非爾故也。」卒不肯受。力為藏退之行，以求不聞於世。然行之既久，則鄉人亦多知之，以為古之隱君子莫及也。[13]

他的祖父為人謙下，看重讀書人，禮遇貧賤，絲毫沒有勢利的眼光，他不但喜歡幫助人，更難得可貴的是，在幫助別人以後，拒絕報酬，而且腦筋很靈活，蘇軾說：

> 頃年在鄉里郊居，陸田不多，惟種粟，及以稻易粟，大倉儲之，人莫曉其故。儲之累年，凡至三四千石。會眉州大饑，太傅公即出所儲，自族人，次外姻，次佃戶、鄉曲之貧者，次第與之，皆無凶歲之患。或曰：「公何必粟也？」「惟粟性堅能久，故可廣儲以待凶爾。」又莊宅皆種芋魁，所收極多，

他祖父為人正直、謙下隨和、樂於助人、隨機應變的智慧能力顯然都傳到了蘇軾身上，蘇軾的人品才氣可說是他幾個世代祖先的理想結晶。父親蘇洵因是家中三子中最小的一個，所以父母大概也沒像管大兒子蘇澹和二兒子蘇渙管得那麼嚴，以此年輕的時候不上進，交了一些喜歡玩樂的朋友，結果考進士不中，二十七歲的時候「謝其素所往來少年」，[15]開始發奮讀書。他的二哥渙，卻是天聖二年（1024）的進士，當時他中進士的事情在他的故居是轟動一時的大新聞：「解褐西歸，鄉人嘆嗟，觀者塞途。」[16]蘇軾後來回憶說，他二伯父中進士的事情改變了此後他家鄉對求學及仕宦的態度：「自五代崩亂，蜀之學者衰少，又皆懷慕親戚鄉黨，不肯出仕。公始命其子渙就學，所以勸導成就者，無所不至。及渙以進士得官西歸，父老縱觀以為榮，教其子孫者皆法蘇氏。自是眉之學者，日益至千餘人。」[17]蘇渙中了進士顯然對蘇軾的家庭及其家鄉的父老具有強烈的鼓舞作用。蘇轍也有類似的說法，說蘇渙力學中舉的例子鼓勵了家鄉的讀書風氣：「一鄉之人欣而慕之，學者自是相繼輩出。」[18]王水照及朱剛在兩人合撰的《蘇軾評傳》中列舉了在蘇渙之前眉州人中進士的名單，說蘇軾、蘇轍兄弟誇大了蘇渙中進士對當地人的影響：「對蘇渙的這種表彰有著很大的誇張性。」[19]其實，自從宋朝建立以來，在蘇渙之前大約六十年的時間裡雖然有九個眉州人中了進士，平均六到七年才有一個，不能算多，就如同大陸的高考或台灣的聯考，如果一個學校每年只有一個人考取，那個學校應該沒有什麼熱烈不尋常的學習風氣，除非那個學校一年有十百來個學生考取，方能證明該校確實有強烈的學習興趣，他們列舉的九個進士從反面來說，恰恰證明了蘇氏兄弟的說法並不離譜。此外，蘇軾舉證說，蘇渙中進士之後的讀書人「日益至千餘人」，蘇軾的父親年輕的時候就一

直不認真讀書，很顯然當時在眉州讀書還沒蔚然成風，要不然蘇軾的父親是不會等到他二哥中進士以後才立志苦讀的。眉州的讀書風氣主要應該是因為蘇軾的父親和祖父等人平日在鄉里造福人群，很得鄉親父老的尊敬，業已有相當大的影響力，所以當蘇渙在父親的鼓勵之下力學而中進士，當地人士以蘇渙為榜樣迅即興起讀書的風氣應該是合理可信的事。

蘇軾的母親程氏不但是眉山的大姓，且為人賢惠，知書達禮，聰明又能幹。她相夫教子，獨力支撐家計多年，是個了不起的女中豪傑：

> 生十八年歸蘇氏。程氏富而蘇氏極貧。夫人入門執婦職，孝恭勤儉，族人環視之，無絲毫鞅鞅驕倨可譏訶狀，由是共賢之。或謂夫人曰：「若父母非乏於財，以父母之愛，若求之，宜無不應者，何為甘此蔬糲，獨不可以一發言乎！」夫人曰：「然。以我求於父母，誠無不可，萬一使人謂吾夫為求於人以活其妻子者，將若之何？」卒不求……府君年二十七，猶不學，一旦慨然謂夫人曰：「吾自視今猶可學，然家待我而生，學且廢生，奈何！」夫人曰：「我欲言之久矣，惡使子為因我而學者。子苟有志，以生累我可也。」即罄出服玩，鬻之以治生。不數年，遂為富家。府君由是得專志於學，卒成大儒。[20]

蘇軾的母親雖然出身富貴人家，但是她謙下待人，不炫耀自己娘家的財富，為了丈夫的尊嚴，能夠跟她丈夫一起安心過貧賤的生活。當她丈夫對讀書沒有興趣，她不會勉強她丈夫，埋怨他；等到她丈夫看到家鄉因他二哥中舉而興起了讀書的風氣，也受到影響，願意進學，也在此時，為了讓她丈夫專心向學，甚至願

意也能獨撐家中生計，用心理財，並因此使家族變得富裕。在她的家境變得富裕以後，她又慷慨幫助她的親戚朋友與鄉里居民，「視其家財既有餘，乃歎曰：『是豈所謂福哉！不已，且愚吾子孫。』因求族姻之孤窮者，悉為嫁娶振業之。鄉人有急者，時亦周焉。比其沒，家無一年之儲。」[21]更難得的是，日後她丈夫宦遊京師的時候，她又能負起教導蘇軾的責任，激發蘇軾奮發上進的精神。下文會再談論她對蘇軾這一方面巨大的影響。

第三章　早年志趣

蘇軾有三個姐姐，一個哥哥，一個弟弟。大姐在天聖六年（1028）生的，生下不久就夭折；接下來還是一個女兒，大約在明道二年（1033）出生，比第一個多活十幾年。他哥哥景先生於景祐元年（1034），在蘇軾出生約兩年後就在寶元元年（1038）去世。三姐生於景祐二年（1035），大蘇軾一歲，名叫八娘，是一個聰明賢淑的女子，在家學的薰陶之下，文筆頗佳，為人行事頗有她母親的風範，很得她父親的稱許：「女幼而好學，慷慨有過人之節，為文亦往往有可喜。」[1] 他弟弟蘇轍在他四歲的時候，寶元二年（1039）出生。蘇洵給蘇轍的名字顯示出蘇洵對蘇轍沉靜的個性相當嘉許：「天下之車，莫不由轍，而言車之功，轍不與焉。雖然，車仆馬斃，而患不及轍。是轍者，善處乎禍福之間也。轍乎，吾知免矣。」[2] 日後蘇轍也真是如其父所料，宦途比蘇軾要順利多了，一路做到尚書左丞的高位。

慶曆二年（1042），蘇軾七歲，開始讀書，他的父親是他的啟蒙老師。慶曆三年，上小學，他的老師是眉山的道士張易簡。在學的時候，另一個名叫李伯祥的道士，頗有預知之能，他見到蘇軾就說：「此郎君貴人也。」[3] 蘇軾這時年紀雖然不大，他的才智器識誠如李伯祥所見已不同凡響，他在跟老師對答的時候就顯示出他傑出的獨立思考能力：

士有自京師來者，以魯人石守道所作〈慶曆聖德詩〉示鄉先生。軾從旁竊觀，則能誦習其詞，問先生

何為其不可？」先生奇軾言，盡以告之，且曰：「韓（琦）、范（仲淹）、富（弼）、歐陽（修）此四人者，人傑也。」時雖未盡了，則已私識之矣。[4]

蘇軾不但在極短的時間內能背誦石守道的那首長詩，而且有膽識跟老師據理直言，答辯得合情合理，異常得體，這不是每個小孩都做得到的。

慶曆四年（1044），弟轍六歲，也跟著蘇軾一起上學念書，此後兩人一起長大，朝夕為侶，「未嘗一日相捨」，[5]關係異常接近。蘇軾成人後，蘇洵更命蘇轍以蘇軾為師：「子瞻既冠而學成，先君命轍師焉。」[6]因此他們除了是異常接近的兄弟以外，還有師生的關係。慶曆五年，蘇軾的父親與史經臣遠遊京師，尋求仕宦的機會，他的母親因此便親負教導兒子的重任，對蘇軾後來的一生有很大的影響。蘇轍記載他哥哥跟母親讀書的時候，說他因深受母親的激勵，幼年便立志要做烈士：

> 公生十年，而先君宦學四方，太夫人親授以書。聞古今成敗，輒能語其要。太夫人嘗讀東漢史，至范滂傳慨然太息。公侍側曰：「軾若為滂，夫人亦許之否乎？」太夫人曰：「汝能為滂，吾顧不能為滂母耶？」公亦奮厲有當世志。太夫人喜曰：「吾有子矣。」[7]

范滂（137-169）是東漢時代的人，為人正直，因黨錮之禍，三十三歲的時候就捨身成仁。雖然當時接到詔書的縣官要放他逃生，范滂拒絕，堅持以身殉道。[8]蘇軾因接受嚴謹的家教，從小便有追踵先烈以身許國的心願。在中國歷史上傑出的人物甚夥，但是從小就立志要做烈士準備犧牲的人甚鮮，像荀子的弟子李

斯一心渴求的就是金錢利祿，是一個具有代表性的知識份子：「詬莫大於卑賤，而悲莫甚於窮困」，[9]結果最後慘死於趙高之手。蘇軾這種鮮為中國一般知識份子接受的理想主要來自母親的教導與鼓勵，在蘇軾此後的一生中扮演了極端重要的角色，對他的為人處世具有決定性的影響，造就了他清風亮節，剛正不阿，關心民瘼，不懼一己利害生死，處處敢於為民喉舌的個性操守；這也是他在遭遇多種痛苦折磨死亡風險後，依然堅持他奉獻社稷的精神，一直要等到他病重全無生望的時候，才提出致仕要求的根本原因。

慶曆六年（1046），蘇洵和史經臣一起考制策，結果依然不中。[10]次年，蘇軾的祖父去世，他的父親當時人在虔州，得到消息，立即奔喪回家。抵家以後，因受父喪的刺激，更是發奮讀書：「悉焚其常所為文，閉戶益讀書，遂通六經百家之說，下筆頃刻數千言。」[11]自此負起教導兩個兒子的責任：「父以家艱閉戶讀書，因以學行授二子曰：『是庶幾能明吾學者。』」[12]蘇洵教子心切，嚴謹督促他們的課業；蘇洵對他們認真的教導，從蘇軾晚年做夢有時都還夢著他幼年的功課可以想見：「夜夢嬉游童子如，父師檢責驚走書；計功當畢春秋餘，今乃粗及桓莊初。怛然悸寤心不舒，起坐有如掛鈎魚。」[13]蘇氏兄弟成名甚早，顯然跟他們父親的督導有很大的關係。

蘇軾、蘇轍跟他們父親的功課由古詩開始，次及孟子，然後涉獵其他散文。日後蘇軾的政敵攻擊蘇軾常指稱他的文風有《戰國策》縱橫家馳騁的意味：「其學乃學為儀、秦者也。其文率務馳騁，好作為縱橫捭闔，無安靜理致。」[14]其實這種說法相當偏頗，因為戰國中的縱橫家如蘇秦、張儀之流，一般沒有磅礡的正氣，而蘇軾的文章正氣凜然，與孟子的風格恰相吻合，如果說蘇軾文章表面上跟《戰國策》文風有少許相似之處，那只是偶然，他的文章所以會讓後世的學者讚之再三，並不是「縱橫捭闔，無安靜理致」的特徵，而主要是因為他文中所流露的豁達的心思與沛然的正氣，跟東漢那些為義理而犧牲，包括范滂在內

的太學生之氣節是完全一致的。此點對了解蘇軾一生的為人思想與行誼至關重要，不可不澄清。

在蘇洵教他兒子的這段期間，他也叫他們跟在眉山頗有名氣的學者劉巨（微之）一起學。蘇軾雖然年紀還小，但是他的聰明才智這時卻已令他的老師心折：

> 眉山劉微之（巨），教授郡城之西壽昌院，從游至百人，蘇明允命東坡兄弟師之。時尚幼，微之賦〈鷺鷥〉詩，末云：「漁人忽驚起，雪片逐風斜。」坡從旁曰：「先生詩佳矣，竊疑斷章無歸宿，曷若『雪片落蒹葭』乎？」微之曰：「吾非若師也。」[15]

蘇軾在文學上的秉賦這時已嶄露頭角，他竟然能夠指出他老師詩意不足之處，確是不同凡響。蘇洵顯然對蘇軾和蘇轍兩個兒子的教育非常重視，只要當地稍有學養的人士，他都不放過，要叫他的兒子跟他們學，所以除了劉巨以外，蘇軾兄弟也跟鄉人史清卿學過一段時間。[16]

皇祐二年（1050），蘇軾的姐姐嫁給他母親的哥哥程濬的兒子程之才；嫁過去以後，受到她舅舅程濬、姑媽宋氏和丈夫程之才的虐待：「歸寧見我悲且泣，告我家事不可陳」，在大約兩年的時間裡就去世了。蘇洵對他女兒受虐而死，內心非常歉疚，因此寫了一首〈自尤〉詩述說他自己及程家的不是：「濬本儒者，然內省有所不謹，而其妻、子尤好為無法。吾女介於其間，固為其家之所不悅，適會其病，其夫與其舅、姑遂不之視而急棄之，使至於死。」[17] 蘇洵一家從此就跟程家斷絕來往，直到元祐期間，程濬和宋氏早已去世，蘇氏兄弟才跟程濬另外兩個兒子程之元（德孺）、程之邵（懿叔）恢復來往；但是蘇軾和程之才的交往要等到四十二年多以後才恢復。

至和元年（1054），蘇軾跟眉州青神鄉貢進士王方當時年方十六的女兒王弗結婚。[18]王弗是一個聰明賢惠的女子，她嫁給蘇軾以後，不但幫他照顧家務，同時也跟著他一起讀書。開始的時候，蘇軾不清楚她的教育程度，見她坐在他身旁，就讓她一直坐在那裡，也沒跟她討論書中的內容，一心以為她只要陪著他，大概也讀不懂什麼。直到有一次，蘇軾把以前讀過的一本書中的一些內容忘了，跟王弗說起，而王弗卻還記得，他驚訝之下就問她別的書，她都記得一些，蘇軾這時方才知道他的妻子不同凡響，不但教育程度高，同時也能不自誇。日後蘇軾從政，她從旁協助，對蘇軾的決斷常提供難能可貴的看法，是蘇軾的賢內助，本書稍後會再提及。

同年，西南夷的邛部川散發謠言，說南詔的儂智高即將侵犯蜀境。當時的轉運使不查，誤信謠言，「聞之大驚，移兵屯邊郡，益調額外弓手，發民築城，日夜不得休息，民大驚擾，爭遷居城中，男女昏會，不復以年，賤粥穀帛市金銀埋之地中。」[19]朝廷因此在七月派遣張方平以戶部侍郎移鎮西蜀益州。張方平認為南詔離蜀甚遠，中間又有別的部落，不受南詔的轄制，南詔絕無可能會侵犯蜀地。因此他把從外地調來的兵眾遣返原地，下令停止築城的工程，並在上元節的時候通宵開放成都的城門。不久，張方平也逮獲邛部川散布謠言的人，梟首示眾，蜀境以此重得安定。

至和二年（1055），蘇洵上書給張方平，並到成都見張方平，暢談當時國家大勢與相應之道，賓主盡歡，張方平在讀到蘇洵的文章特別是〈審勢〉、〈審敵〉、〈洪範〉那幾篇的時候非常讚賞，說：「此王國之珍也。」本書序中提到宋朝的大臣幾乎全都看到當時國家弊病叢生，積弱不振的現象，蘇洵留心國是，雖然還沒做官，但已經看到國家所面臨的危機：

吾宋制治，有縣令，有郡守，有轉運使，以大系小，絲牽繩聯，總合於上。雖其地在萬里外，方數千里，擁兵百萬，而天子一呼於殿陛間，三尺豎子馳傳捧詔，召而歸之京師，則解印趨走，惟恐不及。如此之勢，秦之所恃以強之勢也。勢強矣，然天下之病，常病於弱。噫！有可強之勢如秦而反陷於弱者，何也？習於惠而怯於威也，惠太甚而威不勝也。夫其所以習於惠而惠太甚者，賞數而加於無功也；怯於威而威不勝者，刑弛而兵不振也。由賞與刑與兵之不得其道，是以有弱之實著於外焉。何謂弱之實？曰官吏曠惰，職廢不舉，而敗官之罰不加嚴也；多贖數赦，不問有罪，而典刑之禁不能行也；冗兵驕狂，負力幸賞，而維持姑息之恩不敢節也；將帥覆軍，匹馬不返，而敗軍之責不加重也；羌人強盛，陵壓中國，而邀金繒、增幣帛之恥不為怒也。若此類者，大弱之實也。久而不治，則又將有大於此，而遂浸微浸消，釋然而潰，以至於不可救止者乘之矣。[20]

賞罰不明、吏治不興、軍紀不振再加上冗員，就蘇洵看是當時朝廷所急須解決的問題，若這些問題不能根本解決，蘇洵以為國家滅亡不過是早晚的事。張方平顯然同意蘇洵對當時局勢的看法與評估，因此決定上書朝廷，推薦蘇洵接替成都學官黃柬，可是朝廷並不採納。由這件事情看來，蘇洵與張方平如同絕大多數舊黨的官員一樣，主張革新，幾年後他們反對重用王安石並不是反對改革本身，而是反對王安石改革的方法與重點，舊黨革新的內容與重點與新黨大相逕庭，此事本書後文會再詳論。

當時蘇洵也帶著蘇軾蘇轍一起拜訪張方平，張方平在看了蘇軾的文章，跟他談論一番之後，對蘇軾異常器重，「待以國士」。[21]在成都停留期間，蘇氏兄弟參觀了中和聖相院，跟惟度、惟簡兩個出家人有來往。蘇軾此時參觀佛寺，跟和尚交往，不是表示他對佛教有興趣；相反的，這時蘇軾對佛教頗有敵意：

今何其棄家毀服壞毛髮者之多也，意亦有所便歟？寒耕暑耘，官又召而役作之，凡民之所患苦者，我皆免焉。吾師之所謂戒者，為愚夫未達者設也，若我何用是為。剟其患，專取其利，不如是而已，又愛其名。治其荒唐之說，攝衣升坐，問答自若，謂之長老。吾嘗究其語矣，大抵務為不可知，設械以應敵，匿形以備敗，窘則推墮滉漾中，不可捕捉，如是而已矣。吾遊四方，見輒反覆折困之，度其所從遁，而逆閉其途。往往面頸發赤，然業已為是道，勢不得以惡聲相反，則笑曰：「是外道魔人也。」吾之於僧，慢侮不信如此。[22]

蘇軾在上文表示很多出家的僧侶就他所知都是為了逃離耕種艱苦的生活，躲避政府規定的義務勞役，希望過著舒適的生活。他們出家後，往往不守清規，「吾師之所謂戒者，為愚夫未達者設也，若我何用是為。」除了他們在生活上不守佛門的清規以外，蘇軾又說他們在表面上還常要擺出佛教大師的模樣，蘇軾在研究他們的學說以後，發覺他們講的相當抽象曖昧，「務為不可知」，「推墮滉漾中，不可捕捉」。因此蘇軾特別喜歡揭發他們虛偽的外表，證明他們的無知，常常跟他們反覆辯論，讓他們無從逃遁，「度其所從遁，而逆閉其途」，蘇軾所以對僧侶「慢侮不信如此」是因為他對真、善、美有著非常誠摯的追求的心理，本書下文還會提到往後與蘇軾持續往來的僧侶一般都須要在真、善、美這三方面符合他的期望，他們常是比較真誠善良特別是對詩文有涵養的人。例如蘇軾與中和聖相院的惟簡和惟度相交主要是因為惟簡為人「嚴謹」，又是他的同宗，而惟度性格「渾厚」，而且該寺有唐僖宗「及其從官文武七十五人」的畫像，惟度也「能言唐末、五代事傳記所不載者」，[23] 蘇軾並不是為了參禪拜佛而與他們接交走訪該寺。[24]

嘉祐元年（1056），蘇軾跟他父親和蘇轍一起到雅州謁見太守雷簡夫。雷簡夫讀了蘇洵的「洪範

記」寫信給歐陽修和張方平，極力推薦蘇洵，稱他「有王佐才」。這年的春天，蘇洵帶著蘇軾和蘇轍進京趕考，途中他們路過成都，會見張方平，張方平為蘇洵寫了一封信給歐陽修，推薦蘇洵。蘇洵自己屢考進士不中，不確定他兩個兒子是否應該先考個鄉試，得些經驗，他就此徵詢張方平的意見，張方平勸他不要多此一舉：「從鄉舉，乘騏驥而馳閭巷也。」[26]對蘇軾和蘇轍來說，他們的程度在鄉試之上，鄉試只會浪費他們的時間和精力，實沒有必要多此一舉。蘇洵接受張方平的建議，因此打消讓蘇軾和蘇轍先考鄉試的念頭，而直接取道關中赴京。

第四章　名動京師

嘉祐元年（1056）七月，朝廷命范師道、王疇、韓彥、王瓘、宋敏求等為開封舉人考試官。[1]這年的秋天，蘇氏兄弟在開封景德寺應考，結果袁轂（容直、公濟）考第一，蘇軾第二，蘇轍也通過。嘉祐二年一月六日，朝廷命歐陽修知貢舉，翰林學士王珪（1019-1085）、龍圖閣直學士梅摯、知制誥韓絳（1012-1088）、集賢殿修撰范鎮（1007-1087）權同知貢舉，梅堯臣（1002-1060）、鮮于侁等為禮部省試點檢試卷官。當時的士林流行艱澀怪誕的文體號為「太學體」，一代文宗的歐陽修很不以為是，亟圖改革；他因此藉著知貢舉的機會來貶黜太學體，提倡質樸的文風：「歐陽文忠公考試禮部進士，疾時文之詭異，思有以救之。」[2]蘇軾寫的文章〈刑賞忠厚之至論〉不專務藻飾，筆力豪騁，質樸可喜。梅堯臣（聖俞）見了他的試卷大喜，拿給歐陽修看，[3]「文忠驚喜，以為異人。」[4]歐陽修本來想把蘇軾列為榜首，但是因他猜測試卷可能是他弟子曾鞏（子固）的，為了避嫌，就把蘇軾列為第二。後來當考生再考《春秋》的時候，蘇軾就名列榜首。放榜的時候很多落第的考生不服，吵鬧不休。蘇軾和蘇轍一考即中，那時蘇軾才二十一歲，蘇轍十九，蘇軾兄弟兩人的名聲從此鵲起。

科舉考試題目一般都相當機械化，很難有由個人自由發揮的地方，可是蘇軾在答題的時候，卻出乎人預料之外，加入自己的意見。他在寫〈刑賞忠厚之至論〉的時候，說皋陶準備殺人，三次要殺，三次堯都說放人，歐陽修看了他的試卷，不知蘇軾引的典故出自何處，等放榜後，蘇軾去跟歐陽修道謝，歐陽修就問蘇軾，蘇軾答說：「何須出處」，歐陽修聽了以後，心中大為贊歎，「賞其豪邁，歎息不已。」[5]蘇軾

靈活豪邁富於創作的精神即使在考試的時候也自然地流露出來。

三月五日，仁宗親御崇政殿監試，程顥（1032-1085）、呂惠卿（1032-1111）、蘇軾、蘇轍、曾鞏（1019-1083）、曾布（1036-1107）、章惇（1035-1105）與張載（1020-1077）等一共兩百六十個考生通過為進士及第或同進士及第。在當時的進士中，蘇軾和蘇轍都異常年輕，而最得主考官歐陽修讚賞的就是蘇軾了。因一代文宗歐陽修的大力推舉，三蘇的名聲此時在京師突然鵲起，遠揚各地：

當至和、嘉祐之間，與其二子軾、轍，偕至京師，翰林學士歐陽修得其所著書二十二篇獻諸朝。書既出，而公卿士大夫爭傳之。其二子舉進士，皆在高等，亦以文學稱於時。眉山在西南數千里外，一日父子隱然名動京師，而蘇氏文章遂擅天下。[6]

歐陽修更特別預言一個世代以後文壇便是蘇軾的天下：「三十年後世上人更不道著我。」[7]

四月七日，當蘇軾父子還在慶祝通過進士考試之際，蘇軾留在家鄉的母親突然去世。[8] 蘇軾父子在得到消息之後，急得也沒跟歐陽修等辭行，就匆匆離京，回鄉守喪。嘉祐三年十一月五日朝廷下命，要蘇洵到京師的學士院應考，蘇洵以年近五十，沒絕對的把握會通過這次考試，而且兩個兒子最近都通過進士考試，如果他自己再名落孫山，那對他來說會是一個很大的羞辱，所以十二月一日，他上書給仁宗，以疾病為由，拒絕赴考：「臣不幸有負薪之疾，不能奔走道路，以副陛下搜揚之心。」[9] 嘉祐四年（1059）春，蘇大概為了希望超度亡妻及親人的亡魂，根據佛教的講法，蘇洵請人造了六個菩薩的像，安置在極樂院，蘇軾可能奉了父親之命前往成都，因此跟他的宗兄惟簡有所往來。[10] 此時王素由定州改知成都，蘇軾雖然還

未正式進入仕途，而且又在服喪期間，他對故鄉老百姓的關懷已經開始見諸於行動。他特地寫了一份陳情書，說明當地百姓多年來所經歷的折磨，為蜀人請命：

> 國家蓄兵以衛民，而賦民以養兵，此二者不可以有所厚薄也。然而薄於養兵者，其患近而易除。厚於賦民者，其憂遠而難救。故夫庚子之小變，起於兵離。而甲午之大亂，出於民怨。由此觀之，固有本末也。而為政者，徒知畏其易除之近患，而不知畏其難救之遠憂，而有志於民者，則或因以生事，非當世大賢，孰能使之兩存而皆濟？此其所以為難者一也。蜀人之為怯，自昔而然矣。民有抑鬱，至此而不能以告者。且天下未嘗無貪暴之吏，惟幸其上之明而可以訴，是以猶有所恃。今民怯而不敢訴，其訴者又不見省幸，而獲省者，指目以為兇民，陰中其禍。嗟夫，明天子在上，方伯連帥之職，執民之權，而不能為之地哉！夫惟天下之賢者，則民望之深而責之備。若夫庸人，誰復求之。自頃數公，其來也莫不有譽，其去也莫不有毀。夫豈其民望之深責之備，而所以塞之者未至耶？今之饑者待公而食，寒者待公而衣，凡民之失其所者，待公而安，傾耳聳聽，願聞盛德日新而不替。此其所以為難者二也。伏惟明公以高世之才，何施而不可，惟無忽其所以為易，而深思其所難者而稍加意焉，將天下被其澤，而何蜀之足云。[11]

蘇軾鼓勵王素用心吏治，避免對蜀施行高壓的手段，聽取蜀人的意見，幫助解決蜀人生活的苦楚，「願聞盛德日新而不替」，最終能成為蜀人景仰的賢臣。

嘉祐四年八月，蘇軾守喪完畢，蘇洵的妻子既已去世，他跟他岳丈的家庭又已斷絕關係，而且他的二

哥渙因做官經常在外，跟他比較親近的家人只有大哥一房，他大哥不仕，蘇洵這時積極謀求進取，因此他決定將眉州的房子交給楊濟甫看顧，全家遷到京師，跟兒子一起尋求發展的機會。

第五章　早期詩作

嘉祐四年（1059）十月四日，蘇氏一家離蜀，坐船由嘉州經三峽抵江陵，沿途蘇氏父子遊訪各地名勝古跡，作詩唱和，十二月八日在江陵將所作的詩文一百篇集成一冊，名為《南行集》，蘇軾寫了一篇〈南行集敘〉來表示他對文學的觀點：

> 夫昔之為文者，非能為之為工，乃不能不為之為工也。山川之有雲霧，草木之有華實，充滿勃鬱，而見於外，夫雖欲無有，其可得耶！自少聞家君之論文，以為古之聖人有所不能自已而作者。故軾與弟轍為文至多，而未嘗敢有作文之意。己亥之歲，侍行適楚，舟中無事，博弈飲酒，非所以為閨門之歡，而山川之秀美，風俗之朴陋，賢人君子之遺跡，與凡耳目之所接者，雜然有觸於中，而發於詠歎。蓋家君之作與弟轍之文皆在，凡一百篇，謂之《南行集》。將以識一時之事，為他日之所尋繹，且以為得於談笑之間，而非勉強所為之文也。[1]

蘇軾主張一個詩人傑出的創作並不只牽涉到機械性的技巧，而主要應該是詩人內心情緒在有所感發之後，不由自主自然的流露呈現出來，然後透過純熟的技巧現諸於文字：「夫昔之為文者，非能為之為工，乃不能不為之為工也。」這種創作過程如同地面的水氣蒸發上升到天空轉化成雲彩，或草木生長成熟而開花結果，完全是一種自然的過程，不能勉強。這跟很多人無病呻吟，為了應酬湊數而勉強寫出來的文字有天壤

之別。蘇軾在敘中表達的文學觀點跟英國浪漫主義的代表詩人華茲華斯（William Wordsworth, 1770-1850）的觀點非常接近，因為華茲華斯也說「詩是強烈情緒自然的呈現（產物）」；[2]但是華茲華斯還說：「詩起源於一個人在心情寧靜中回憶到的情緒」，一個詩人在心有所感以後，還有一段運用想像力來回憶過濾的工夫，這段回憶過濾的工夫就不是蘇軾賦詩的過程中特別強調的一部分。上個世紀美國思想界的一個泰斗勒釁（Lovejoy）發表他的研究成果，顯示十九世紀風行西方世界的浪漫主義有一部分的美學思想來自中國，[3]由蘇軾與華茲華斯兩人頗為類似的詩學觀念來看，勒釁的說法不但進一步獲得證實，而且顯示日後因蘇軾的作品流傳到國外，他對文學創作的主張因此有可能間接的促進了西方浪漫思潮的形成。

在《南行集》的百篇作品中，好詩不少，惟因限於篇幅，筆者只能挑選幾首具有代表性的作品來分析蘇軾創作的風格。筆者於此將探討的第一首詩名〈郭綸〉，它是蘇軾弟兄船行抵達嘉州時的作品。郭綸是一個蕃將的子弟，武藝嫻熟，南征北討，在不少戰役中立下戰功。不幸他的戰功並沒得到朝廷的獎賞，他因缺乏盤纏回鄉，當時流落在嘉州充當一個基層的稅務員。他跟蘇氏兄弟邂逅以後，涕泗縱橫地跟他們訴說自己的苦楚，蘇氏兄弟因此各自寫了一首詩來發抒他們的感慨：

郭綸

河西猛士無人識，日暮津亭閱過船。路人但覺驄馬瘦，不知鐵槊大如椽。因言西方久不戰，截髮願作萬騎先。我當憑軾與寓目，看君飛矢集蠻氈。（蘇詩 3: 1548）

這首詩雖然開始以日暮為背景來象徵郭綸的沒落，但蘇軾不是一個悲觀自我設限的人，他在詩的結尾仍是

鼓勵郭綸奮勇向前，等待良時，更立戰功。蘇軾這時感嘆沒人賞識郭綸的武勇才華，以致他淪落無聊到江邊去看來往的渡船。誰知二十年後，蘇軾在貶謫到黃州之時，也會同樣不時無聊地步到江邊去看過往的船隻人客。中國史上懷才不遇的人多如過江之鯽，蘇軾才華四射，初登宦途，對自己往後的生涯中所可能遭遇到的阻礙早已有所心理準備，難怪他特選此一題材為他詠歌的對象。這首詩通過對郭綸的描述以預知的方式影射蘇軾日後的失遇，可說是動人情懷的自我寫照，也是對中國史上類似郭綸懷才不遇的英雄表示他的同情與敬意。

雖然蘇軾深知他的仕途不會一帆風順，但是郭綸的際遇並沒讓蘇軾對他仕宦的前景產生灰心絕望的感覺；相反的，下面這首詩顯示蘇軾對自己的未來充滿了無限的信心與憧憬，他有耐心與毅力克服他未來可能遭遇的困境：

初發嘉州

朝發鼓闐闐，西風獵畫旃。故鄉飄已遠，往意浩無邊。錦水細不見，蠻江清可憐。奔騰過佛腳，曠蕩造平川。野市有禪客，釣臺尋暮煙。相期定先到，久立水潺潺。（蘇詩 3: 1548-9）

這首詩是蘇軾離開嘉州的時候寫的，詩中的狩獵意象「鼓闐闐」、「獵」、「旃」、「奔騰」賦予這首詩蓬勃的朝氣與活力，同時暗示作者立意為他的未來奮力向前克服阻礙的決心。詩中所描寫的前景——「往意浩無邊」——指的主要不是他赴京有限的路程，而是往後他的事跡與思維在中國史上所可能產生的深遠的影響。在蘇軾暗示他對前景無限的憧憬以後，接著他在詩的後半部指出他對寧靜生活的嚮往與道別。本

書上文已經提到蘇軾這時對佛教及其信徒有所質疑，所以「佛」與「禪客」這幾個字在這首詩裡並不是表示蘇軾對佛教的信仰，而是代表一種恆常寧靜的生活。據蘇軾自己的註，跟他約見的禪客是他宗兄惟簡，因而禪客所代表的應該是鄉間一種恬適的生活，他約了跟惟簡辭行，內心深知他早年寧靜恬適的生活可能將從此一去不復返，蘇軾等了良久，只是不見惟簡的蹤影，內心不免有些悵惘：「相期定先到，久立水潺潺。」因應詩意的變化，詩中的意象與背景也有相應的巧妙、靈活的調整，全詩由水及路，由早晨到黃昏，甚有理致。

三峽是自古有名的風景區，但同時也是高度危險的水域，蘇軾一家的船隻駛入這個區域，蘇軾的心裡自然而然的想到了生死存亡的問題，因此在他的〈入峽〉詩中，他一方面寫景，一方面思考生活上的問題：

自昔懷幽賞，今茲得縱探。長江連楚蜀，萬派瀉東南。合水來如電，黔波綠似藍。餘流細不數，遠勢競相參。入峽初無路，連山忽似龕。縈紆收浩渺，蹙縮作淵潭。風過如呼吸，雲生似吐含。墜崖鳴窣窣，垂蔓綠毿毿。冷翠多崖竹，孤生有石楠。飛泉飄亂雪，怪石走驚驂。絕澗知深淺，樵童忽兩三。人煙偶逢郭，沙岸可乘籃。野戍荒州縣，邦君古子男。放衙鳴晚鼓，留客薦霜柑。聞道黃精草，叢生綠玉簪。盡應充食飲，不見有彭聃。氣候冬猶暖，星河夜半涵。遺民悲昶衍，舊俗接魚蠶。版屋漫無瓦，岩居窄似庵。伐薪常冒險，得米不盈甔。嘆息生何陋，劬勞不自慚。葉舟輕遠溯，大浪固嘗諳。矍鑠空相視，嘔啞莫與談。蠻荒安可住，幽邃信難妉。獨愛孤栖鶻，高超百尺嵐。橫飛應自得，遠揚似無貪。振翮游霄漢，無心顧雀鶴。塵勞世方病，局促我何堪。盡解林泉好，多為富貴酣。試看飛鳥

樂，高遁此心甘。（蘇詩 3: 1574-6）

〈入峽〉這首詩全詩一共六十句，應該可分成三個部分，每一個部分二十句話，第一個部分基本上描寫自然景色，第二個部分敘述當地的社區，當時與更早些時候的歷史都涉及，第三個部分是作者的反思，表達他對人生的態度。[4]

全詩開始的兩句話不但說明了蘇軾對三峽的感覺，而且象徵性的暗示了他對人生的態度，「自昔懷幽賞，今茲得縱探。」三峽這個險峻的地區是蘇軾早就有意遊賞的地方，如今他既然有機會一遊，就要盡情發覺其中引人入勝奧秘非常的地方；同樣的，人生的旅程也難免有驚險之處，胸懷大志的人不但不畏懼退縮，反而能將驚險看做人生歷練與成長過程中不可或缺的一部分，盡心從中汲取心靈成長的養分與教訓。三峽的特色在於眾多平地的河川流到了這個長江的窄門，「萬派瀉東南」，突然間卻似乎變得無路可尋，仿佛進入絕境一般：「入峽初無路」。隨後便是驚險的水灘，地形的發展令人目眩神移，「飛泉飄亂雪，怪石走驚驂。」在介紹完了三峽的自然景色以後，蘇軾開始描述當地社區的情形，因三峽地處崇山峻嶺之中，耕地有限，當地百姓生活非常困苦，時常得冒生命的危險來換取每日生活所需，「伐薪常冒險，得米不盈甔。」蘇軾在看到當地百姓異常艱辛的生活以後，對人生發出感嘆，一個有遠大志向的人應該像他頭上的老鷹一樣遠揚高飛，「振翮游霄漢」，俯視天下，不要對發展有限的地方或人生旅途中所遭遇到的困境產生屈服或苟安的心理，「幽邃信難妉」，務必要克服人生的困境，努力向前。詩的結尾「高遁」兩個字在〈入峽〉這首詩中固然有享受高蹈的生活的意思，但更有突破瓶頸，克服困難，脫離危險而遠揚天際的象徵意義。

其實蘇軾追求的不是逃避責任的高蹈的生活，而是要實施他濟世助人的人生理想，本書前文提到蘇軾早年跟他母親讀書時，答應他母親要做一個如同范滂一般為政治理想犧牲的烈士，他一生都是朝著這個目標奮力前行。他在詩中常常談到隱逸高蹈的生活，主要是為了凸顯他對國家社稷的責任感，就如同屈原在他的詩中常談到黑暗邪惡，倒不是說同流合污對屈原來說真是一個可能性，而是要藉著是非善惡兩者強烈的對比來強調他堅持政治道德與理想的勇氣及決心。筆者稍後在討論蘇軾和陶詩的時候會再詳細解說，在此就暫不多說。

蘇軾為人沉穩達觀，隨遇而安，能在困境中保持鎮靜的工夫，下面這首詩描述他這方面的為人相當成功而生動：

新灘阻風

北風吹寒江，來自兩山口。初聞似搖扇，漸覺平沙走。飛雲滿巖谷，舞雪穿窗牖。灘下三日留，識盡灘前叟。孤舟倦鴉軋，短纜困牽揉。嘗聞不終朝，今此獨何久。只應留遠人，此意固亦厚。吾今幸無事，閉戶為飲酒。（蘇詩 3: 1585-6）

這首詩是蘇軾一家船隻行抵新灘之時因受風雪阻隔了三日而寫的。詩中形容蘇軾全家在被困期間，進退維谷，百無聊賴，沒太多事可做。在這種情況下，一般人的反應大概都會焦躁不安，恨不得能插翅而飛，在瞬間就能脫離困境，但是蘇軾本人的反應卻不太一樣。他開始或許也有些不耐煩的感覺，但他畢竟不是常人，他具有非比尋常的涵養工夫。他在逆境之中，不但不心生怨恨，反能把人生的逆境解成老天對他的美

意，挽留他在當地多歇息幾天，蘇軾就此寬心接納天公的盛意。蘇軾在逆境中能隨遇而安的涵養在另外一首詩〈出峽〉中就說得更明白了：

> 入峽喜巉巖，出峽愛平曠。吾心淡無累，遇境即安暢。東西徑千里，勝處頗屢訪。幽尋遠無厭，高絕每先上。前詩尚遺略，不錄久恐忘。憶從巫廟回，中路寒泉漲。汲歸真可愛，翠碧光滿盎。忽驚巫峽尾，巖腹有穿壙。仰見天蒼蒼，石室開南向。宣尼古廟宇，叢木作幃帳。鐵楯橫半空，俯瞰不計丈。古人誰架構，下有不測浪。石竇見天囷，瓦棺悲古葬。新灘阻風雪，村落去攜杖。亦到龍馬溪，茅屋沽村釀。玉虛悔不至，實為舟人誑。聞道石最奇，寤寐見怪狀。峽山富奇偉，得一知幾喪。苦恨不知名，歷歷但想像。今朝脫重險，楚水渺平蕩。魚多客庖足，風順行意王。追思偶成篇，聊助舟人唱。
>
> （蘇詩 3: 1588）

這首詩的前四句借景說情，表明自己不論處在什麼情況之下都能夠隨遇而安：「入峽喜巉巖，出峽愛平曠。」外在環境雖然不同，他自己總能以平和寧靜的心態來對待，不因外在的世界而失去鎮定的工夫：「吾心淡無累，遇境即安暢。」人生對他來說就如同他此時經歷的三峽一段行程，充滿變數與危機，但是他認為如果他能以恆常不亂的心態來處理紛至沓來的事件，最後他應該總能以適當的方法解決各種不同的問題：「今朝脫重險，楚水渺平蕩。」蘇軾二十年後入獄，有殺身的危機，隨後兩次貶謫，屢遭風險，主要都是因他能臨危不亂有異常鎮靜的工夫，幫助他安然渡過多次危機。〈出峽〉和〈新灘阻風〉這兩首詩一面寫景，一面抒懷，情景交融，都是一流的佳作。

嘉祐五年（1060）正月五日，蘇氏一家由陸路從江陵赴京，一路遊山玩水，迤邐而行。到了浰陽，蘇軾寫了一首〈浰陽早發〉：

> 富貴本無定，世人自榮枯。囂囂好名心，嗟我豈獨無。不能便退縮，但使進少徐。我行念西國，已分田園蕪。南來竟何事，碌碌隨商車。自進苟無補，乃是懶且愚。人生重意氣，出處夫豈徒。永懷江陽叟，種藕春滿湖。（蘇詩 3: 1606）

蘇軾在詩的開頭毫不隱瞞地述說自己向上進取的抱負，他認為一個人的富貴主要看自己的取向，一個人可以決定他自己的生活方式。蘇軾與一般人一樣，有力爭上游、出人頭地的心願，「囂囂好名心，嗟我豈獨無。」他懷念嚮往寧靜恬適的田園生活，但是他獻身社稷造福人群的意願更為強烈，蘇軾既然已經邁向了政治舞台，他必須跟寧靜恬適的田園生活分手，擺脫疏懶的習氣，以義氣為他人生旅途的重要指標，不可退縮，只能勇往直前。在〈初發嘉州〉中蘇軾還有心思細細品味他即將告別的寧靜恬適的生活，「久立水潺潺」，而在〈浰陽早發〉中，他對已經告別的閒適生活只有追憶嘆息了：「永懷江陽叟，種藕春滿湖。」

蘇軾路過唐州，見太守趙尚寬鼓勵農耕，招懷遠人，蘇軾特別寫了一首〈新渠詩〉來介紹他的仁政，特別是通過他的詩來告知各方的流民到唐州來參與新的開發計劃，取得自有土地，開拓自己新的家園：

> 新渠之水，其來舒舒。溢流於野，至於通衢。渠成如神，民始不知。問誰為之，邦君趙侯。

侯謂新民，爾既來止。其歸爾邑，告爾鄰里。良田千萬，爾擇爾取。爾耕爾食，遂為爾有。築室於唐，孔碩且堅。生為唐民，飽粥與饘。死葬於唐，祭有雞豚。天子有命，我惟爾安。（蘇詩 3:1617）

在詩中蘇軾提到趙尚寬已將新社區的水源問題解決了，同時新社區的建築計劃也已成形，開發的條件業已具備，只要流民有心墾殖，「良田千萬，爾擇爾取」，那些業已定居的流民，居住飲食都相當理想，「生為唐民，飽粥與饘」，就蘇軾看，唐州在趙尚寬的用心施政之下，可以做為流民定居終養的地方。

路過許州時，蘇軾結識了范仲淹的第二個兒子，時為許州觀察判官襄邑知縣的范純仁（堯夫）。[5] 范純仁此時三十四歲，長蘇軾大約九歲，一生施政公正清廉。根據《宋史》，他在許州任內，一次禁軍牧馬，不惜民物，踐踏農夫的莊稼，范純仁下令拘捕人犯，將他打了一頓，結果他的主人大怒，說：「天子宿衛，令敢爾邪？」[6] 並跟朝廷控告范純仁，事態鬧得頗為嚴重。范純仁回答說：「養兵出於稅畝，若使暴民田而不得問，稅安所出？」朝廷在調查完這件事以後，不僅開釋范純仁，並且決定禁軍所管轄的牧地此後歸屬於縣，范純仁的賢能由此可見。蘇軾這時跟范純仁結識，其後他們的友情隨著時間逐漸增長，直到去世方止。

大概是因為距京師已近，蘇軾這時寫的詩比較強調政治的一面，比如〈許州西湖〉雖說是以風景區為名，詩中實際關注的卻是政事：

西湖小雨晴，灩灩春渠長。來從古城角，夜半轉新響。使君欲春游，浚沼役千掌。紛紜具畚鍤，鬧若

蟻運壤。夭桃弄春色，生意寒猶快。惟有落殘梅，標格若矜爽。游人坌已集，挈榼三且兩。醉客臥道傍，扶起尚偃仰。池臺信宏麗，貴與民同賞。但恐城市歡，不知田野愴。潁川七不登，野氣長蒼莽。誰知萬里客，湖上獨長想。（蘇詩 3: 1617-18）

蘇軾記他西湖之行，不多說當地秀麗的景色，而就百姓的福祉去著筆。宋莒公做西湖太守之時，為了遊湖，興師動眾下令百姓去治湖，就蘇軾來說這種措施值得商榷。蘇軾不反對適當的休閒活動，但是如果為了個人的享樂而犧牲百姓的福祉，這不是他能苟同的。蘇軾此後一生施政的原則就是本著這種利民的理想而發，以後他對王安石新法不滿的地方，主要也就是因為新法有害民之處。

在快到京師之時，天大雪，蘇軾和他的家人只好在京師南邊九十里的尉氏的一個客棧歇腳。在尉氏歇息的時候，蘇軾一個人留在客棧，碰到了一個不知姓名的旅客，蘇軾毫不矜持，立刻就跟那個陌生人對飲暢談起來：

大雪獨留尉氏，有客入驛，呼與飲，至醉，詰旦客南去，竟不知其誰。

古驛無人雪滿庭，有客冒雪來自北。紛紛笠上已盈寸，下馬登堂面蒼黑。苦寒有酒不能飲，見之何必問相識。我酌徐徐不滿觥，看客倒盡不留瀝。千門晝閉行路絕，相與笑語不知夕。醉中不復問姓名，上馬忽去橫短策。（蘇詩 3: 1620-21）

蘇軾不擺架子，豪邁爽朗，無論他在何處都能跟四周的人開誠佈公地互相來往，不受拘束地跟人交通暢

談，「相與笑語不知夕，醉中不復問姓名」，明顯的表現出他具有異常的親和力與領導的天賦。日後蘇軾陸續結識了黃庭堅、秦觀、張耒、晁補之、李廌和陳師道，而在他的周圍形成了一個在政壇特別是文壇上有相當影響力的蘇門六君子。蘇軾雖然沒有建立門派的心意，而一個在歷史上受到稱譽的門派「蘇門六君子」卻環繞著他而出現，此一門派出現的原因除了蘇軾的文章學識讓大家推崇以外，他個人的品格與性情也是造成旁人樂於親炙他的一個主要因素。

嘉祐五年（1060）二月十五日，蘇軾一家順利抵達京師，抵京後他們一家在西岡租了一棟房子，蘇軾被分派為河南府福昌縣主簿，蘇轍被命為河南府澠池縣主簿，因官職不是很高，兄弟兩人都沒赴任，而準備更高一層的制科考試。歐陽修、楊畋分別推舉蘇軾、蘇轍考才識兼茂明於體用科；[1]為了專心準備考試，蘇氏兄弟一起住在懷遠寓。那時蘇洵還沒找到自己喜歡的工作，他們家中的經濟情況顯然相當拮据，所以蘇軾和他弟弟有一段日子每天都只能吃所謂的三白飯：一撮鹽、一碟生蘿蔔、一碗白飯，他們的飯食雖然非常簡陋，但是蘇軾仍然是吃得津津有味，「日享三白，食之甚美。」[2]蘇軾不講究物質上的享受，有什麼就心滿意足地吃什麼，這對他日後被貶謫到物質非常欠缺的蠻荒地區來說是一種強有力的精神支助。八月，蘇洵因趙抃的推薦，得秘書省試校書郎一職，因為這個職位工作繁重，薪水又不多，蘇洵沒有接受。[3]嘉祐六年（1061）七月，蘇洵再得霸州文安縣主簿一職，與項城令姚項修纂禮書。修纂禮書的工作不但比較清高而且也不是特別繁重，所以蘇洵頗為高興的接了下來。[4]蘇洵獲得自己喜歡的工作以後，心裡比較踏實，就跟他兒子把他們從江陵到京師途中所作的詩賦五十二篇編成《南行後集》出書。

蘇洵有了固定的工作，社交的層面也隨之擴大，京師淨因院的禪師懷璉當時聽到三蘇的名聲，有意結交，便送了蘇洵一幅唐朝名畫家閻立本的畫《水官》。懷璉送的那幅畫是京師不少富貴人家所渴望得到的，他們願意出重金購買，懷璉就是不賣，現在送給蘇洵，蘇洵為表達謝意，禮尚往來，回贈了一首詩，同時也叫蘇軾作詩來酬謝懷璉，蘇軾應命寫了下邊的〈次韻水官詩〉：

高人豈學畫，用筆乃其天。譬如善游人，一一能操船。閻子本縫掖，疇昔慕雲淵。丹青偶為戲，染指初嘗黿。愛之不自已，筆勢如風翻。傳聞貞觀中，左衽解椎髻。南夷羞白雉，佛國貢青蓮。詔令擬王會，別殿寫戎蠻。熊冠金絡額，豹袖擁幡旃。傳入應門內，俯伏脫劍劵。天姿儼龍鳳，雜沓朝鵬鱣。神功與絕迹，後世兩莫扳。自從李氏亡，群盜竊山川。長安三日火，至寶隨飛煙。尚有脫身者，漂流出東關。三官豈容獨，得此今已偏。吁嗟至神物，會合當有年。京城諸權貴，欲取百計難。贈以玉如意，豈能動高禪。惟應一篇詩，皎若畫在前。（蘇詩 3: 1623-25）

蘇軾對繪畫的看法跟他對文學創作的看法是一致的，強調由發自內心深處自然流露外現的過程。他認為一個傑出的畫家不是一味只模擬別人的作品，他應該有自己的創意，而這種創意不是抄襲別人，而是在自己融會貫通以後，出自一己心靈的獨特發明：「高人豈學畫，用筆乃其天。」閻立本就蘇軾來看原來也是個講求經世致用的儒者（縫掖），但是他在繪畫上的秉賦顯然是天生的，從他初試繪畫開始，便身不由主的投入繪畫的世界，最後他的「神工」創造出絕世的「神物」。此外蘇軾在詩中也主張詩畫的本質有互通之處，詩可以捕捉畫的優美意象，畫也可以表達詩的思想境界，他寫的〈次韻水官詩〉與閻立本的水官畫用的媒體雖然不同，但是它們的意境韻味應該是一致的。這是蘇軾日後大力提倡文人畫特別強調意境風格的先聲：「惟應一篇詩，皎若畫在前。」

在準備了一年多以後，朝廷於嘉祐六年（1061）八月十七日命翰林學士吳奎、龍圖閣直學士楊畋、權御史中丞王疇、知制誥王安石辦理制科考試。吳奎等呈上蘇軾兄弟的論文各六篇，審查通過，考試的科目定為賢良方正能直言極諫。二十五日，進呈論文二十五篇，其中有〈韓非論〉：

聖人之所為惡夫異端盡力而排之者，非異端之能亂天下，而天下之亂所由出也。昔周之衰，有老聃、莊周、列禦寇之徒，更為虛無淡泊之言，而治其猖狂浮游之說，紛紜顛倒，而卒歸於無有。由其道者，蕩然莫得其當，是以忘乎富貴之樂，而齊乎死生之分，此不得志於天下，高世遠舉之人，所以放心而無憂。雖非聖人之道，而其用意，固亦無惡於天下。自老聃之死百餘年，有商鞅、韓非著書，言治天下無若刑名之賢，及秦用之，終於勝、廣之亂，教化不足，而法有餘，秦以不祀，而天下被其毒。後世之學者，知申、韓之罪，而不知老聃、莊周之使然。

何者？仁義之道，起於夫婦、父子、兄弟相愛之間；而禮法刑政之原，出於君臣上下相忌之際。相愛則有所不忍，相忌則有所不敢。夫不敢與不忍之心合，而後聖人之道得存乎其中。今老聃、莊周論君臣、父子之間，泛泛乎若萍浮於江湖而適相值也。夫是以父不足愛，而君不足忌。不忌其君，不愛其父，則仁不足以懷，義不足以勸，禮樂不足以化。此四者皆不足用，而欲置天下於無有。夫無有，豈誠足以治天下哉！商鞅、韓非求為其說而不得，得其所以輕天下而齊萬物之術，是以敢為殘忍而無疑。

今夫不忍殺人而不足以為仁，而仁亦不足以治民；則是殺人不足以為不仁，而不仁亦不足以亂天下。如此，則舉天下唯吾之所為，刀鋸斧鉞，何施而不可？昔者夫子未嘗一日敢易其言。雖天下之小物，亦莫不有所畏。今其視天下眇然若不足為者，此其所以輕殺人歟！

太史遷曰：「申子卑卑，施於名實。韓子引繩墨，切事情，明是非，其極慘礉少恩，皆原於道德之意。」嘗讀而思之，事固有不相謀而相感者，莊、老之後，其禍為申、韓。由三代之衰至于今，凡所以亂聖人之道者，其弊固已多矣，而未知其所終，奈何其不為之所也。

蘇軾在他的論中首先說明老子和莊子的學說是一個「不得志於天下」的人的思想，「虛無淡泊之言」，「猖狂浮游之說，紛紜顛倒，而卒歸於無有。」因為老莊不像儒家一樣注重人倫關係，不講究尊君愛父，君臣父子之間的關係在老莊思想中「泛泛乎若萍浮於江湖而適相值也」，也不主張用仁義禮樂來教化天下，而「置天下於無有」，所以在老莊「輕天下齊萬物」的思想影響之下，一個社會會變得凶殘而不遵循任何行為規範。商鞅、韓非利用老莊虛無的思想發展出一套殘忍殺戮的治國政策，荼毒百姓，最後導致秦的滅亡，蘇軾以為這都是老莊思想所衍生出來的弊端。蘇轍在他的〈亡兄子瞻端明墓誌銘〉談到蘇軾的文章時說到蘇軾對莊子的為文技巧與手法表示稱許：「公之於文，得之於天。少與轍皆師先君，初好賈誼、陸贄書，論古今治亂，不為空言。既而讀《莊子》，喟然嘆息曰：『吾昔有見於中，口未能言，今見《莊子》，得吾心矣。』」[6]有些學者見到上引的蘇轍文字，以為蘇軾非常讚賞莊子的思想，[7]那是誤解，因為蘇轍談的是蘇軾及莊子寫文章的手法與技巧，而不是他們的思想，蘇軾所稱許的是莊子如同天馬行空似的文筆，而不是他虛無縹緲「紛紜顛倒」的思想。本書下文會再討論蘇軾對老莊思想的看法，筆者在此暫不多說。

再說蘇軾的制科考試，二十五日舉行最重要的筆試部分，仁宗親御崇政殿監試，考官為胡宿、沈遘、范鎮、司馬光、蔡襄。[8]仁宗在他出的試卷中問的問題一共有五百多字，強調他勤政不懈，在各方面勵精圖治，推行不同的政策，可是施政的效果卻令他失望，他要考生進言，據實評論他執政的缺失，不可有所隱瞞，也不要擔心直言不諱會遭到報復：「朕承祖宗之大統，先帝之休烈，深惟寡昧，未燭於理，志勤道遠，治不加進。夙興夜寐，於茲三紀。朕德有所未至，教有所未孚，闕政尚多，和氣或盭。田野雖闢，民多無聊。邊境雖安，兵不得撤。利入已浚，浮費彌廣。軍冗而未練，官冗而未澄。」[9]仁宗指出政府財政

上的浪費、冗兵與軍隊缺乏訓練、官員過多與吏治不清的諸種問題，他追求的是「富人強國」，國家強盛，人民富庶，要考生不要擔心他高興與否，據理直言，「悉意以陳，毋悼後害。」

蘇軾在他的答案中毫不保留首先指出仁宗求治只是為了他自己的名聲，在表面上應景而已，心中並沒很深的誠意。仁宗自稱「志勤道遠」，蘇軾以為那是不實之詞，原因是：「誠見陛下以天下之大，欲輕賦稅則財不足，欲威四夷則兵不強，欲興利除害則無其人，欲敦世厲俗則無其具，大臣不過遵用故事，小臣不過謹守簿書，上下相安，以苟歲月。此臣所以妄論陛下之不勤也。」[10]仁宗在至和年間生病，一度病情嚴重，痊癒以後，對政事的興趣顯然大減，在朝聽政往往一言不發，只是點頭或搖頭而已。蘇軾因此在答案中指出那是倦怠的徵兆，而不是勤政的表現：「臣又竊聞之，自頃歲以來，大臣奏事，陛下無所詰問，直可之而已。臣始聞而大懼，以為不信，及退而觀其效見，則臣亦不敢謂不信也。」[11]蘇軾進一步說，言語是指揮下屬與人交通的根本媒介，一個君主吝於言語，只可能造成政令不明，下屬無所適從的感覺：「人君之言，與士庶不同。言脫于口，而四方傳之，捷於風雨……今陛下之所震怒而賜譴者，何人也？合於聖意誘而進之者，何人也？所與朝夕論議深言者，何人也？越次躐等召而問訊之者，何人也？四者，臣皆未之聞焉。此臣所以妄論陛下之不勤也。」[12]蘇軾認為勤政的首要條件就是願意積極跟臣子溝通，廣泛深入地徵詢他們的意見，而不是保守的靜坐在一邊對臣子點頭或搖頭而已。他舉周武王和姜太公，齊桓公和管仲的溝通做例子來闡釋協商對統御的重要性：「武王用太公，其相與問答百餘萬言，今之《六韜》是也。桓公用管仲，其相與問答亦百餘萬言，今之《管子》是也。古之人君，其所以反覆窮究其臣者若此。」[13]接著蘇軾提出仁宗沒說到的一些問題：選舉用人不當、缺乏官吏考核規程、農業政策失誤導致貧富懸殊、富人「占田之數無限」，[14]這些都是促成國家社會出現亂象的原因，須要君臣協力解決。

為了解決社會經濟問題，蘇軾在他的對策中建議減輕賦稅，他的想法是富國必先富民，這種藏富於民的想法與日後王安石以各種方法充實朝廷財政的主張可說是背道而馳。除了減輕人民的賦稅以外，蘇軾同時主張裁抑皇室後宮的費用，他認為後宮一年的用度與宋朝的一個敵對國家幾乎不相上下：「後宮之費不下一敵國，金玉錦繡之工，日作而不息，朝成夕毀，務以相新。」[15]後宮的錢財豐厚，難免形成奢侈的風氣，造成無謂的浪費。仁宗以為宋朝的經濟問題或者跟實行儒家的思想有關，「孝文尚老子而天下富殖，孝武用儒術而海內虛耗。」蘇軾力斥此一說法，他說文帝朝國家安定倒不是用道家的說法，而是用儒家的教導，禮遇大臣，所以國家安定，但是因「儒術略用而未純」，所以無法消除匈奴對中國的威脅。正因文帝用道家無為的做法來治理人民，不講究儒家德化的教育，結果反而得常用髡刑、笞刑及死刑來懲罰犯法的人：「用老之失，豈不過甚矣哉！」[16]蘇軾在施政上顯然堅決支持儒家而反對道家。此外，就蘇軾來看，武帝表面上尊儒，實際上卻是反其道而行，所以他「博延方士，而多興妖祠，大興宮室，而甘心遠略」。[17]其實武帝如果為了國家安全遠略倒也不為過，只是他不會用人，眼高手低，徒有儒家君主之名，而無儒家治世之實，結果像李陵那麼傑出的將領都被他逼得一生老死匈奴，而為人忠誠才華出眾的司馬遷也被他凌辱施以宮刑，這些都不會是一個真正實行儒家學說的君主做得出來的。

至於邊防，仁宗說「邊境雖安，兵不得撤」，蘇軾回答道當時邊防的安全只是一個假相，因為邊防的威脅並沒根本解除，真正的安全因此並沒取得，「有安之名，而無安之實。」[18]蘇軾認為要真正取得安全，勢必要根除威脅的來源，要根除邊防的威脅，勢必要取得邊境的絕對優勢，要取得國防軍事上的絕對優勢，就勢必要瓦解契丹與西夏的聯盟，要達到瓦解契丹與西夏的聯盟，就勢必要掌控西北的國防要地靈武。靈武此時淪陷敵手已近百年，宋朝舉國幾乎沒有什麼人還有雄心壯志想要收回此一失地也，蘇軾既然

一談到收復靈武，舉國者沒信心，「世俗以為笑」，但是他認為收回靈武對宋朝的安全是絕對必要。他主張以靈武為一個重要的前哨基地，採取屯田自足的經營方式，授權將領對敵人進行持久的消耗戰，假以時日，必能瓦解西夏與契丹的聯盟：「朝廷置靈武於度外，幾百年矣。議者以為絕域異方，曾不敢近，而況于取之乎！然臣以為事勢有不可不取者。不取靈武，則無以通西域。西域不通，則契丹之強，未有艾也。」[20]

蘇軾在他對治天下的看法中提出了最令人注意的一個理念，即是公天下的思想與精神：「夫天下者，非君有也，天下使君主之耳。陛下念祖宗之重，思百姓之可畏，欲進一人，當同天下之所欲進；欲退一人，當同天下之所欲退。」[21] 堯舜時代的公天下的精神與體制建立在一種共識上，即天下不屬於任何一個人而屬於所有的人，君王只是一個經紀管理人，而不是一個財產所有人，蘇軾對天下的看法在本質上與堯舜時代公天下的精神和看法基本上一致，蘇軾有可能是在讀到堯舜時代的事跡而得到的啟發，非常難能可貴。中國古籍對公天下思想的記載，散見各處，例如《呂氏春秋．孟春記．貴公》中就有如下的記載：

> 昔先聖王之治天下也，必先公，公則天下平矣。平得於公。嘗試觀於上志，有得天下者眾矣，其得之以公，其失之必以偏。凡主之立也，生於公。故鴻範曰：「無偏無黨，王道蕩蕩；無偏無頗，遵王之義；無或作好，遵王之道；無或作惡，遵王之路。」天下非一人之天下也，天下之天下也。[22]

在上邊的引文中，《呂氏春秋》雖然沒有明載說公天下的思想是從堯、舜、禹的時代流傳下來的，但是它的用詞「昔先聖王」實際上包括了堯、舜、禹。《禮記．禮運》所記載的公天下思想，進一步具體的闡述

公天下時代的風氣與特色，更是後世耳熟能詳的文字：

> 大道之行也，天下為公，選賢與能，講信修睦。故人不獨親其親，不獨子其子，使老有所終，壯有所用，幼有所長，矜、寡、孤、獨、廢疾者皆有所養，男有分，女有歸。貨惡其棄於地也，不必藏於己；力惡其不出於身也，不必為己。是故謀閉而不興，盜竊亂賊而不作，故外戶而不閉，是謂大同。[23]

公天下時代用人的標準是道德與才能，「選賢與能」，與私天下時代通常以血緣與人際關係為準繩的用人措施大相逕庭。蘇軾在御試制科策文結尾的時候，把焦點放在人才的選拔上，強調以人際關係為準繩的人事任命與依據賢能原則的任命往往背道而馳，對政治的正常運作會造成莫大的戕害：「今者每進一人，則人相與誹曰：是出於某也，是某之所欲也。每退一人，則又相與誹曰：是出於某也，是某之所惡也。」[24]仁宗朝的政治運作不理想，就蘇軾來看，最終還得歸咎於用人失當：「聖人在上，而天下之所以不盡被其澤者，便變小人附于左右。」[25]蘇軾所以敢把天下非帝王私人所有及仁宗用人失當的想法跟仁宗直說，應該跟這個考試要求考生據理直言的性質有關，「臣是以敢復進其猖狂之說。」上述蘇軾的治國理念接近堯、舜時代公天下的精神，以賢能為用人準則的公天下思想，而與孔子所闡釋的建基於私天下觀念的儒家思想有著明顯的差距。

應考結果，五等中的前二等照例虛設，[26]無人入選，蘇軾為三等，蘇轍及王介為四等：「宋初以來，制策入三等，惟吳育與軾而已。」[27]吳育當年得的是第三次等，比蘇軾的第三等還是低了一等，所以蘇軾制科考試的成績在宋朝歷史上沒人比得上。蘇軾在試題的答案中，因很切地批評仁宗晚年執政的缺失，消

宿主張不讓他通過，執政支持他的看法，但是司馬光認為蘇轍所以力詆時政，就是因為考試的題目是要考生對政府施政不當之處提出一己的看法，考官既要考生批評，而考生盡心批評以後又因批評而被罷黜，這是很不合理的事：「但見其指陳朝廷得失，無所顧慮，於四人之中，最為切直。今若以此不蒙甄收，則臣恐天下之士皆以為朝廷虛設直言極諫之科。」[28] 最後仁宗支持司馬光的看法說：「求直言而以直棄之，天下其謂我何」，[29] 不許罷黜。考試通過後，蘇軾除大理評事、簽書鳳翔府判官，蘇轍除商州軍事推官。在除官的時候，知制誥王安石以蘇轍在制科考試的答案中「右宰相，專攻人主」，[30] 拒絕撰寫命詞，王安石與蘇氏兄弟不和，在此已漸萌徵象。

第七章　宦途伊始

鳳翔府判官一職雖不是高官，但權位僅在知府之下，在地方上自然是個相當重要的職位，照規定可有助理和十五個衛士。蘇軾在京師認得馬正卿（夢得），與蘇軾同歲，只比蘇軾小八天，為人清苦而有氣節，當時在做太學正的官，做得不很理想，「學生既不喜，博士亦忌之。」[1]蘇軾有次拜訪他，在他的書齋牆壁上寫了一首杜甫的〈秋雨嘆〉，觸動了馬正卿的心思，馬正卿隨即辭了他的官，乘機就改做蘇軾的幕僚，隨著蘇軾一起離開京師，前往鳳翔。當時他們都沒料到此後近三十四年的時間，馬正卿會忠心耿耿跟著蘇軾上下浮沉，宦遊各地，直到蘇軾第二次被貶為止。將近年尾的時候，蘇軾帶著妻小家眷前往鳳翔赴任。蘇轍因其官位不完全確定，便待在家中服侍他父親。嘉祐六年（1061）十一月十九日，蘇軾和給他送行的弟弟在鄭州的西門道別。這是他第一次離開他父親和弟弟，自然不免會有些感懷，特別是他的弟弟，從小跟他一起讀書，兩人感情頗似父子，所以蘇軾寫了下面一首詩：

辛丑十一月十九日既與子由別於鄭州西門之外，馬上賦詩一篇寄之。

不飲胡為醉兀兀，此心已逐歸鞍發。歸人猶自念庭闈，今我何以慰寂寞。登高回首坡壟隔，但見烏帽出復沒。苦寒念爾衣裘薄，獨騎瘦馬踏殘月。路人行歌居人樂，童僕怪我苦悽惻。亦知人生要有別，但恐歲月去飄忽。寒燈相對記疇昔，夜雨何時聽蕭瑟。君知此意不可忘，慎勿苦愛高官職。（蘇詩 3:1627-28）

蘇軾在這首詩中一方面抒寫他的離情，一方面規勸他的弟弟不要因求高官而放棄他們兄弟在一起生活的樂趣。蘇軾兄弟當初在懷遠寓一起苦讀準備制科考試的時候，一夜風雨突作，蘇軾跟他弟弟當時就約定他們應該從宦場早退，一起共享餘年，不可貪戀官位，[2]蘇軾在即將出仕之際特別提醒他弟弟當初他們的約定。元祐期間蘇轍位居副相位，蘇軾對當時的政壇頗為寒心，因此提到他們先前早退的約定。蘇轍那時在宦途正做得興味十足，對他哥哥的話自然沒放在心上，不願在政壇得意的時候就退休。在中國歷史上，一般傳統的知識份子真正能夠不迷戀高官的人委實不多，這就是為什麼蘇軾在這首詩的結尾特別規勸他弟弟的原因，此一題旨本文稍後會再涉及，在此不多敘述。

在離開他弟弟赴鳳翔的途中，蘇軾經過澠池，在路過當地的時候，他收到了蘇轍寫的一首〈懷澠池寄子瞻兄〉的詩。澠池是嘉祐元年（1056）蘇軾和蘇轍兄弟跟他們父親進京趕考時路過的地方，當時在快到澠池的那一段旅程中，氣候和路況都相當惡劣，因他們急著趕路，其中一匹座騎支撐不住，在路上死去，他們換了一匹驢子方才抵達澠池。因沿途勞累，他們決定在澠池的一個寺廟裡歇息。為紀念那一段辛苦的歷程，蘇軾和蘇轍在寺廟的牆上各自題了一首詩，所以兄弟兩人對澠池都記得特別清楚。蘇軾重訪他們那時歇息的寺廟時，發現當初接待他們的老和尚已經過世了，而且他們題的詩也因寺裡的整修工程而了無蹤跡，這種意想不到的巨變，給蘇軾一種人生醞釀著不可知的震撼感，他當即寫了如下的一首詩：

和子由澠池懷舊

人生到處知何似？應似飛鴻踏雪泥。泥上偶然留指爪，鴻飛那復計東西。老僧已死成新塔，壞壁無由見舊題。往日崎嶇還記否，路長人困蹇驢嘶。（蘇詩 3: 1629）

表面上這首詩似在感嘆人生捉摸不定的變化，讓人有難以適應，非常艱辛的感受。但細讀之後，這種不斷變化包含艱辛的人生過程中，也同時呈現出鼓舞讀者充滿希望的堅實感覺。蘇軾選用鴻這個意象來表示恆常的觀念，每到春夏之際，這種候鳥就一定會出現，由南飛回北方，從不令人失望，鴻鳥飛離以後不再計較牠留在泥中的爪印，因為牠預想中的目的地提供了令牠滿意的理想環境。人生不停的變化與恆常的本質在這首詩中是相因相成，密不可分的，正因「壞壁」被毀才有「新塔」出現的可能，因此變化與毀滅並不一定就代表絕望，相反的，它可以帶給人更好的景況。人生固然「崎嶇」，但對蘇軾來言，那是記憶中的「往日」，更好的時刻應該是由「往日」發展到目前此刻充滿希望與美好前景的時光。

蘇軾和他的妻小隨從繼續西行，路過長安，拜訪了劉敞（元父），參觀他所收藏的唐苑石，並賦〈次韻劉京兆石林亭之作，石本唐苑中物，散流民間，劉購得之〉一詩：

> 都城日荒廢，往事不可還。惟餘古苑石，漂散尚人間。公來始購蓄，不憚道里艱。忽從塵埃中，來對冰雪顏。瘦骨拔凜凜，蒼根漱潺潺。唐人惟奇章，好石古莫攀。盡令屬牛氏，刻鑿紛斑斑。嗟此本何常，聚散實循環。人失亦人得，要不出區寰。君看劉李末，不能保河關。況此百株石，鴻毛於泰山。但當對石飲，萬事付等閑。（蘇詩 3: 1630）

這首有關石林亭的詩不從奇石開始，而從備受摧殘的古都長安城說起，「都城日荒廢，往事不可還」，說明此詩的主旨不在歌詠玩物，而在從古玩上汲取歷史的教訓。沿承此一主旨，蘇軾在詩中勸劉敞不要在古玩上花費太多的錢財與精力，「公來始購蓄，不憚道里艱」，而應該了解古玩所以會流散到民間，成了也

的收藏品，完全是因為前代的執政疏忽政事，導致國家的滅亡，「君看劉李末，不能保河關。況此百株石，鴻毛於泰山。」那些奇石再珍貴，也無法跟國家的山河相比擬。最後蘇軾建議劉敞以平常心來看待欣賞奇石，適當地利用奇石來增進生活的情趣，「但當對石飲」，言下之意就是如果劉李兩家以帝王之尊都不能保住那些奇石，遑論劉敞，所以劉敞也不必非得擁有那些奇石不可。

十二月十四日，蘇軾抵達鳳翔。[3] 當時宋選（之才）為鳳翔知府，對蘇軾非常友善：「某出仕即佐先公，蒙顧遇之厚，何時可忘。」[4] 他的同事監軍王彭年是宋朝建國勳臣王全斌的曾孫，隨父討賊，功績卓著，頗得蘇軾的敬重，蘇軾跟他「日相從」。[5] 他利用機會常跟蘇軾說些佛教的思想，蘇軾對佛教的興趣可說主要是由王彭年引發出來的。蘇軾到任的時間接近年尾，大家都準備度歲，所以辦公廳的事情應該不多，他便乘著這段閒暇的時間遊覽了當地的名勝古跡，寫了〈鳳翔八觀〉的詩。他自述寫〈鳳翔八觀〉詩的動機如下：

> 〈鳳翔八觀〉詩，記可觀者八也。昔司馬子長登會稽，探禹穴，不遠千里；而李太白亦以七澤之觀至荊州。二子蓋悲世悼俗，自傷不見古人，而欲一觀其遺跡，故其勤如此。鳳翔當秦、蜀之交，士大夫之所朝夕往來此八觀者，又皆跬步可至，而好事者有不能遍觀焉，故作詩以告欲觀而不知者。（蘇詩 3: 1631-32）

蘇軾說得很清楚，他寫〈鳳翔八觀〉記遊詩的主要對象是心目中的「好事者」，他們有可能會像司馬子長和李白一樣要「不遠千里」從外地到鳳翔來看這八個景點，為了避免讓這些好事者為了專門來看這些景點

而跋涉千里，他以詩來代畫，描繪這些景點的特色，使這些好事者能夠神遊鳳翔八觀，在心靈上依然有所啟發。在此一前提之下，〈鳳翔八觀〉所重視的不但是詩情或詩意，而同時也留心客觀事實，〈鳳翔八觀〉的第一首是個典型的例子：

石鼓歌

冬十二月歲辛丑，我初從政見魯叟。舊聞石鼓今見之，文字鬱律蛟蛇走。細觀初以指畫肚，欲讀嗟如箝在口。韓公好古生已遲，我今況又百年後。強尋偏旁推點畫，時得一二遺八九。我車既攻馬亦同，其魚維鱮貫之柳。古器縱橫猶識鼎，眾星錯落僅名斗。模糊半已隱瘢胝，詰曲猶能辨跟肘。娟娟缺月隱雲霧，濯濯嘉禾秀稂莠。漂流百戰偶然存，獨立千載誰與友。上追軒頡相唯諾，下揖冰斯同鷇鷇。憶昔周宣歌《鴻雁》，當時籀史變蝌蚪。厭亂人方思聖賢，中興天為生耆耇。東征徐虜闞虓虎，北伏犬戎隨指嗾。象胥雜沓貢狼鹿，方召聯翩賜圭卣。遂因鼓鼙思將帥，豈為考擊煩矇瞍。何人作頌比《嵩高》，萬古斯文齊岣嶁。勛勞至大不矜伐，文武未遠猶忠厚。欲尋年歲無甲乙，豈有名字記誰某。自從周衰更七國，竟使秦人有九有。掃除詩書誦法律，投棄俎豆陳鞭杻。當年何人佐祖龍，上蔡公子牽黃狗。登山刻石頌功烈，後者無繼前無偶。皆云皇帝巡四國，烹滅強暴救黔首。六經既已委灰塵，此鼓亦當遭擊掊。傳聞九鼎淪泗上，欲使萬夫沈水取。暴君縱欲窮人力，神物義不汙秦垢。是時石鼓何處避，無乃天公令鬼守。興亡百變物自閒，富貴一朝名不朽。細思物理坐歎息，人生安得如汝壽。（蘇詩 3: 1632-37）

這一首長達四百二十字的七言古詩，是〈鳳翔八觀〉中的超級長詩。蘇軾用這麼多的字來形容一套石鼓，不是表示十個石鼓有特別優美的外觀或造型，而是表示它們有異常悠長的歷史淵源。歐陽修的《集古錄》說它們是周宣王時代的石鼓與刻字，[6] 現代學者把它們定為秦代的遺物，無論它們是周代還是秦代的作品，都可說是源遠流長。詩的開頭「冬十二月歲辛丑」是散文的句法，指出蘇軾參觀石鼓的時間，就詩意或詩情來說，不是特別醒人眼目的妙語，蘇軾用平淡無奇的陳句來描述石鼓之行，意味著石鼓外觀或造型都不甚起眼，甚至可說是淡而寡味。第二句「我初從政見魯叟」指出石鼓當時存放在鳳翔的孔廟中，蘇軾不直接說石鼓存放之處，卻婉轉的說他見到了孔子，言下之意是他寫詩的重點不只是在古代玩物的外觀造型，而是石鼓所代表的象徵意義——儒家治國的理想。蘇軾試著讀石鼓上的文字，但是絕大部分都讀不出來，「欲讀嗟如箝在口」，十個字中只認得一兩個，「時得一二遺八九」。蘇軾自己在詩的註中說，石鼓全部的刻文他只看得懂「我車既攻，我馬既同，其魚維何，維鱮維鯉，何以貫之，維楊維柳」六句話。為襯托出石鼓文字艱難的程度，蘇軾在〈石鼓歌〉中的遣詞用字也變得相當艱澀，譬如「隱㿀胝」就不是一般常用的詞句。再加上詩中引用為數甚多的典故，全詩變得幾乎跟石鼓刻文一般難讀。蘇軾藉著難度高的詩篇來描繪晦澀的石鼓文字，似在同時暗示除非學有專精的學者，一般人很難從石鼓處得到美妙的心靈感應。這篇詩最不尋常的地方是在它的結尾，當蘇軾說到秦始皇在動用全國人力收尋九鼎與石鼓失敗以後，石鼓霍然由一般沒有生命的古董變成了百折不撓對抗暴政的精神象徵，「暴君縱欲窮人力，神物義不汙秦垢。是時石鼓何處避，無乃天公令鬼守。」而這種對抗暴政的精神顯然得到鬼神的祝福而能在中國歷史上一直傳承下去，「興亡百變物自閒，富貴一朝名不朽。」蘇軾希望他一生的成就不是取得富貴，而是發揚對抗暴政的精神，因為富貴沒有不朽的價值，只有對抗暴政實行濟世助民的理想，方具如同石鼓一般永恆

的價值，「細思物理坐歎息，人生安得如汝壽。」這首詩表面上似乎在詠物，實質上其實在歌詠濟世助民對抗暴政的精神。

〈鳳翔八觀〉中的另外一首〈王維吳道子畫〉闡釋蘇軾對繪畫的看法，他把繪畫基本上分成兩大類，一是著重繪畫技巧的畫，蘇軾稱它為畫工的畫，一是超越繪畫技巧的畫，俗稱文人畫，而文人畫的境界要比畫工的畫更有藝術價值：

王維吳道子畫

何處訪吳畫？普門與開元。開元有東塔，摩詰留手痕。吾觀畫品中，莫如二子尊。道子實雄放，浩如海波翻。當其下手風雨快，筆所未到氣已吞。亭亭雙林間，彩暈扶桑暾。中有至人談寂滅，悟者悲涕迷者手自捫。蠻君鬼伯千萬萬，相排競進頭如黿。摩詰本詩老，佩芷襲芳蓀。今觀此壁畫，亦若其詩清且敦。祇園弟子盡鶴骨，心如死灰不復溫。門前兩叢竹，雪節貫霜根。交柯亂葉動無數，一一皆可尋其源。吳生雖妙絕，猶以畫工論。摩詰得之於象外，有如仙翮謝籠樊。吾觀二子皆神俊，又於維也斂衽無間言。（蘇詩 3: 1641-43）

他把吳道子的畫放在畫工一項下邊，「吳生雖妙絕，猶以畫工論」，而把王維的畫說成是能捕捉意象以外的精神的畫，「摩詰得之於象外，有如仙翮謝籠樊。」蘇軾雖然同時讚揚吳道子和王維兩個人的畫，但是他對王維的畫顯然更為推崇。

〈鳳翔八觀〉中〈維摩像唐楊惠之塑在天柱寺〉藉著維摩詰的塑像來表達他對佛教的看法。維摩詰

能稱維摩是一位印度有名的佛教居士，深通佛法，而且相傳有超人的法力：

> 昔者子輿病且死，其友子祀往問之。跰躚鑒井自歎息，造物將安以我為。今觀古塑維摩像，病骨磊嵬如枯龜。乃知至人外生死，此身變化浮雲隨。世人豈不碩且好，身雖未病心已疲。此叟神完中有恃，談笑可卻千熊羆。當其在時或問法，俯首無言心自知。至今遺像兀不語，與昔未死無增虧。田翁里婦那肯顧，時有野鼠銜其髭。見之使人每自失，誰能與詰無言師。（蘇詩 3: 1643-44）

這首詩表面上看似乎是在頌揚維摩詰傳說中能外生死，具有不尋常的法力，但是詩中的意象與文字卻暗含諷刺與質疑的意思。首先，蘇軾用「病骨磊嵬如枯龜」來形容維摩詰的塑像，給讀者一種病態不健康的感覺，雖然傳聞中維摩詰有大法力，「談笑可卻千熊羆」，但是當大家跟他求證傳說中他具有超人的法力時，他卻俯首不言，「當其在時或問法，俯首無言心自知」，以致一直到蘇軾賦詩的時候，都無法證實他的法力。就詞句的結構來看，「談笑可卻千熊羆」除了正面的意思，說他談笑間很輕鬆地就能擊退千熊羆，也可以解釋成維摩詰在言語中而不是在行動上可以擊退千熊羆的雙關意思，弦外之音就是蘇軾本人沒法證實有關傳聞到底是真是假。一般的村夫里婦顯然對他傳聞中的法力都持懷疑的態度，他的塑像在沒人照看的情形之下便成了野鼠嬉戲肆虐的場所，「田翁里婦那肯顧，時有野鼠銜其髭。」詩尾野鼠咬斷維摩詰塑像髭鬚的意象如同《西遊記》中的孫猴子在如來佛的掌心中方便，隱含揶揄諷刺的意思。[7] 結尾蘇軾表示他見到維摩詰的塑像時，總會有失落感，不確定誰真能窺測到傳聞中維摩詰的大法力。蘇軾在這首詩中雖然不直接攻擊佛教的理論，但是他對有關佛教無邊法力的傳聞誠然有所保留，在證據欠缺的情況下，

不能衷心接受。

鳳翔飽經戰亂，景色受到相當大的摧殘，以致當地山地缺乏樹木，水色也頗渾濁，「有山禿如赭，有水濁如泔。」只有城東邊的東湖，景色優雅，可以跟蘇軾的故鄉眉州相比：

東湖

吾家蜀江上，江水綠如藍。爾來走塵土，意思殊不堪。況當岐山下，風物尤可慚。有山禿如赭，有水濁如泔。不謂郡城東，數步見湖潭。入門便清奧，怳如夢西南。泉源從高來，隨流走涵涵。東去觸重阜，盡為湖所貪。但見蒼石螭，開口吐清甘。借汝腹中過，胡為目眈眈。新荷弄晚涼，輕棹極幽探。飄搖忘遠近，偃息遺佩篸。深有龜與魚，淺有螺與蚶。曝晴復戲雨，戢戢多於蠶。浮沉無停餌，倏忽遽滿籃。絲緡雖強致，瑣細安足戡。聞昔周道興，翠鳳棲孤嵐。飛鳴飲此水，照影弄毿毿。至今多梧桐，合抱如彭聃。彩羽無復見，上有鷙搏鷁。嗟予生雖晚，考古意所妉。圖書已漫漶，猶復訪僑郯。卷阿詩可繼，此意久已含。扶風古三輔，政事豈汝諳。聊為湖上飲，一縱醉後談。門前遠行客，劫劫無留驂。問胡不回首，毋乃趁朝參。予今正疏懶，官長幸見函。不辭日遊再，行恐歲滿三。暮歸還倒載，鐘鼓已韽韽。（蘇詩 3: 1645-47）

蘇軾經常到東湖去賞景，不僅是因為當地景色優美，同樣重要的是它具有非同尋常的歷史意義。相傳周代政治清明的時候，鳳鳥曾經在此停留，「聞昔周道興，翠鳳棲孤嵐。飛鳴飲此水，照影弄毿毿。」蘇軾當時在東湖所能看見的不再是鳳鳥，而是互相爭鬥的鷙鳥，「彩羽無復見，上有鷙搏鷁。」就此一層歷史意

義來看，蘇軾造訪東湖有追懷緬思古代聖王的心意，「嗟予生雖晚，考古意所妣。圖書已漫漶，猶復訪僑郯。」雖說王道消失已久，取而代之的是爭奪不已的霸道，但是蘇軾決心力挽狂瀾，重建王道，「卷阿詩可繼，此意久已含。」根據詩序，〈卷阿〉這首詩是召康公鼓勵成王任用賢能，「鳳凰于飛，翽翽其羽，亦傅于天。藹藹王多吉人，維君子命，媚于庶人。」蘇軾期許自己能如同召康公一般造就一個愛民賢能的君主。蘇軾崇高的政治理想不是每個人都了解的，有人會說他歷世不深，不懂政治，「扶風古三輔，政事豈汝諳」，蘇軾並不介意，他知道王道不是一夜之間就可以實現，一個執政推展王道需要恆心與毅力，循序漸進，實事求是，方能逐步達成王道的目標。蘇軾因此在詩尾表現出異常安閒的心態：「暮歸還倒載，鐘鼓已韽韽。」他耐心地等待未來執掌朝政實施王道的機會。

〈鳳翔八觀〉中有一個景點是真興寺的樓閣，高聳入雲，在後周乾德年間（963-968）鎮守鳳翔的節度使王彥超主要為了國防上的需要下令興建，表面上是佛教的樓閣，實際上卻是可做軍事用途的瞭望塔。王彥超不但是個傑出的將領，南征北討，建立了許多功勳，而且是個不貪念權柄利祿能知時而退的政治人物。開寶年間，王彥超從鳳翔返回京師，在宴席上聽到宋太祖跟高級將領的講話說：「卿等皆國家舊臣，久臨劇鎮，王事鞅掌，非朕所以優賢之意。」[8]知道宋太祖不希望他們繼續掌握軍權，便立刻謙下的辭去他節度使的職位：「臣本無勳勞，久冒榮寵，今已衰朽，乞骸骨，歸丘園，臣之願也。」[9]當時其他在座的將領都還眷念他們的權位，無意辭職，強調他們先前立下的功勳，結果宋太祖說：「此異代事，何足論？」還是解除了他們的軍職。所以蘇軾對王彥超相當尊崇：

眞興寺閣

山川與城郭，漠漠同一形。市人與鴉鵲，浩浩同一聲。此閣幾何高，何人之所營。側身送落日，引手攀飛星。當年王中令，斫木南山赬。寫真留閣下，鐵面眼有棱。身強八九尺，與閣兩崢嶸。古人雖暴恣，作事今世驚。登者尚呀喘，作者何以勝。曷不觀此閣，其人勇且英。（蘇詩 3: 1648-49）

蘇軾的詩一開始就從塔樓高聳天際的形象說起，站在塔頂往四方觀看，山川和城市都渺小到分不出彼此的形狀，「山川與城郭，漠漠同一形。」市人和飛鳥的聲音也不再能分辨得出來，「市人與鴉鵲，浩浩同一聲。」接著蘇軾直接以一個問句的方式來強調它的高度：「此閣幾何高？」這個塔的高度可說人間罕見，蘇軾用誇張的修辭手法來表達此塔稀有的崇高氣象，它不僅高到與日月相鄰，而且可與其爭輝。此一崇高的塔閣，在現實世界中可說找不到，但是在詩中的象徵寓意裡，它所代表的人物就再清楚不過，「身強八九尺，與閣兩崢嶸」，曾經身為中書令，出將入相的王彥超即是蘇軾眼中的英偉俊傑。再進一步來說，高聳天際的真興寺閣與功勛卓著的王彥超兩者都同樣象徵著蘇軾所憧憬的未來。

鳳翔鄰近宋的敵國西夏，為邊陲重鎮，又是京師建築材料的供應地，衙前之役相當頻仍，蘇軾在那兒差事繁劇，但他不辭辛勞，與部屬同甘苦，「盡心其職，老吏伏畏」，[10] 並處處為民請命，多方面協助他們解決問題。蘇軾上任不久就著手研究怎麼改善衙役的規定，冀望減輕人民的重擔：「關中自元昊叛命，人貧役重，岐下歲以南山木筏，自渭入河，經底柱之險，衙前以破產者相繼也。」[11] 蘇軾在探知人民不時因衙役而破產的原因以後就修改衙規，不再硬性規定河運的時節，讓役者自己選擇對他們有利的運作時間，因此役者都能因新的規定而得以避免在洪水爆發的時候被迫進行河運的工作，「自是衙前之害減

半」。同時，蘇軾又上書給三司使蔡襄（君謨），說三司的曹吏沮格朝廷放欠的旨意，收取賄賂：

軾於府中，實掌理欠……然其間有甚足悲者……官吏上下，舉知其非辜，而哀其不幸，迫於條憲，勢不得釋，朝廷亦深知其無告也，是以每赦必及焉。凡今之所追呼鞭撻，日夜不得休息者，皆更數赦，遠者六七赦矣。問其所以不得釋之狀，則皆曰：「吾無錢以與三司之曹吏。」以為不信，而考諸舊籍，則有事同而先釋者矣，曰：「此有錢者也。」嗟夫！天下之人以為言出而莫敢逆者，莫若天子之詔書也，今詔書且已許之，而三司之曹吏獨不許，是猶可忍邪？伏惟明公在上，必不容此輩，故敢以告，凡四十六條，二百二十五人，錢七萬四百五十九千，粟米三千八百三十斛。[12]

朝廷業已明令寬限貧民，而三司的曹吏貪污枉法，從中作梗，一定要那些一貧如洗的平民給他們一些錢財，方准放人。那些貧民走投無路，求助蘇軾，蘇軾不怕得罪惡人，仗義相助，替他們上了一狀給三司的最高主管。蘇軾公正不阿的作風在為那些貧民主持公道的立場上可說表現無遺，在揭露腐敗黑暗的政治內幕時，蘇軾難免會得罪某些高官權貴，但是為了伸張公理正義，蘇軾絕不會因為個人私利的考量就畏縮不行。

中國古代的行政長官在牧民的時候，常須要代表平民向天乞求良好的天候，以利農事，這種任務與西方現代先進國家奉行《聖經》的神職官員的職責頗為類似。《聖經．舊約》中規定一個國家的君王和官員要為國人祈雨求福，「向耶華神祈雨」（撒迦利亞 10: 1），其性質跟中國傳統政府的官員須為百姓祈求風調雨順的天候非常類似。嘉祐七年（1062）三月十九日，因鳳翔有一個月左右都沒下雨，有害農事，鳳

翔太守宋選和蘇軾因此帶領了上千人龐大壯觀的隊伍舉行祈雨的儀式：

眞興寺閣禱雨

太守親從千騎禱，神翁遠借一杯清。雲陰黯黯將噓遍，雨意昏昏欲醞成。已覺微風吹袂冷，不堪殘日傍山明。今年秋熟君知否，應向江南飽食粳。（蘇詩 3: 1675）

他們這次禱告相當有效，禱雨儀式完畢以後，天降大雨，而且連續下了三天，蘇軾因此把他家北邊他剛剛建成的一個亭子叫做喜雨亭，並寫了〈喜雨亭記〉來記載他感恩的心情：

丁卯大雨，三日乃止。官吏相與慶於庭，商賈相與歌於市，農夫相與忭於野；憂者以喜，病者以愈，而吾亭適成。於是舉酒於亭上，以屬客而告之，曰：「五日不雨，可乎？」曰：「五日不雨，則無麥。」「十日不雨，可乎？」曰：「十日不雨，則無禾。」無麥無禾，歲且薦饑，獄訟繁興，而盜賊滋熾，則吾與二三子雖欲優游以樂於此亭，其可得邪？今天不遺斯民，始旱而賜之以雨，使吾與二三子，得相與優游而樂於此亭者，皆雨之賜也，其又可忘邪？既以名亭，又從而歌之，曰：「使天而雨珠，寒者不得以為襦；使天而雨玉，饑者不得以為粟。一雨三日，伊誰之力？民曰太守，太守不有；歸之天子，天子曰不然；歸之造物，造物不自以為功；歸之太空，太空冥冥；不可得而名，吾以名吾亭。」[13]

蘇軾深知朝廷官員的福祉寄託在向政府納稅的老百姓身上，如果百姓遭殃，天下大亂，蘇軾和其他官員勢必會受到嚴重衝擊，而無法享受安適的生活，因此他對上天降雨，惠顧百姓，有難以掩飾的欣喜。這種民本思想是蘇軾一生從政的指導原則。

蘇軾對超自然的鬼神有興趣，他相信他們存在，他也相信他們跟人一樣有善惡邪正的分別。光明正直的鬼神跟有操守的人一樣也會樂意幫助世人，因此他願意向他們祈禱，特別是為了百姓，他樂意向有大能的善良的鬼神祈求良好的天候。就他來看，那些善良的鬼神就如同有氣節的人一般，不會詐騙傷害世人，也不會聚斂錢財，因此蘇軾對那些藉鬼神之名騙財的人攻之不遺餘力：

和子由踏青

春風陌上驚微塵，遊人初樂歲華新。人閒正好路旁飲，麥短未怕游車輪。城中居人厭城郭，喧闐曉出空四鄰。歌鼓驚山草木動，簞瓢散野烏鳶馴。何人聚眾稱道人，遮道賣符色怒嗔。宜蠶使汝繭如甕，宜畜使汝羊如麇。路人未必信此語，強為買符禳新春。道人得錢徑沽酒，醉倒自謂吾符神。（蘇詩 3: 1691-92）

上面這首詩是蘇軾在數月後寫給他弟弟的和詩，蘇轍在他〈記歲首鄉俗寄子瞻二首．踏青〉的詩中回憶家鄉在開春的時節人們踏青的情趣，蘇軾觀察的焦點不在人們的遊樂上，而在一個以鬼神為欺騙幌子的道士身上。那個道士為了一己的享樂，用符咒來賺取路人的金錢，聲稱他賣的符咒可以增加蠶絲和畜牧的產品，「宜蠶使汝繭如甕，宜畜使汝羊如麇。」蘇軾顯然不齒這種以鬼神為幌子的騙子，在詩中蘇軾把他比

做一個強收買路錢的盜賊，「遮道賣符色怒嗔」。詩尾以那個道士爛醉自詡的情景做結局，「道人得錢徑沽酒，醉倒自謂吾符神。」蘇軾認為一般人可以輕而易舉地揭穿那個道士的騙術，因為如果那個道士的符咒靈驗，他應該會把那些符咒用在自己身上，早就使自己富裕起來，而不必強迫他人購買他的符咒。

嘉祐七年（1062）秋，蘇軾到長安，和章惇一起主持永興軍路、秦鳳路的解試，因此結識章惇，「二人相得歡甚」。[14] 章惇是一個頗有幹才的官吏，只是人品不佳，十多年後，因王安石的變法，他逢迎王安石、呂惠卿，扶搖直上，做到相位，而蘇軾因批評新政遇難下獄，在蘇軾入獄的時節，因兩人的交情他還替蘇軾說過話，這是他兩人此時都無法預料到的。

嘉祐八年（1063）三月辛未（初一日），仁宗在位四十多年後，撒手人寰；為供應山陵修建的材料，鳳翔的老百姓頓時又忙碌起來，做得心疲力竭。蘇軾身為鳳翔判官，不辭辛勞，親自督導，與民同工，為此忙碌得常常食不知味。事後蘇軾回憶這個期間的繁重使命，說得相當生動：

和子由聞子瞻將如終南太平宮谿堂讀書

役名則已勤，殉身則已媮。我誠愚且拙，身名兩無謀。始者學書判，近亦知問囚。但知今當為，敢問向所由。士方其未得，惟以不得憂。既得又憂失，此心浩難收。譬如倦行客，中路逢清流。塵埃雖未脫，暫憩得一漱。我欲走南澗，春禽始嚶呦。鞅掌久不決，爾來已徂秋。橋山日月迫，府縣煩差抽。王事誰敢愬，民勞吏宜羞。中間罷旱暵，欲學喚雨鳩。千夫挽一木，十步八九休。渭水涸無泥，菑堰旋插修。對之食不飽，餘事更遑求。近日秋雨足，公餘試新篘。劬勞幸已過，朽鈍不任鎪。秋風迫吹帽，西阜可縱游。聊為一日樂，慰此百年愁。（蘇詩 3: 1710-11）

當時工程的艱巨由「千夫挽一木，十步八九休」這句話可窺見一斑。蘇軾本人櫛風沐雨，疲於奔命，有時連安心吃頓飯的時間也沒有。

蘇軾既然親見當地一般平民在沉重的徭役之下痛苦掙扎的情形，當然不能坐視不救，因此上書給當時的宰相韓琦，為民請願，希望能減輕他們的負擔：「朝廷自數十年以來，取之無術，用之無度，是以民日困，官日貧。一旦有大故，則政出一切，不復有所擇，此從來不革之過，今日之所宜深懲而永慮也。」[15]韓琦不但沒聽，反而心存芥蒂，一年以後等蘇軾磨勘升等之時，韓琦從中作梗，硬是不讓蘇軾升遷高位，不能說跟這次事情沒關係。

入夏時節，宋選罷知鳳翔府任，新知府陳希亮（公弼）到任。[16]陳希亮是眉州青神人，有幹才，只是為人嚴峻，不假顏色：「士大夫相與燕游，聞公弼至，則語笑寡味，飲酒不樂，坐人稍稍引去。」[17]他對蘇軾更是以鄉里長老自居，常加折辱。新官上任三把火，陳希亮到任聽到鳳翔府吏稱蘇軾為蘇賢良以後，說：「府判官何賢良也」，[18]就把那個府吏打了一頓。蘇軾寫府齋醮、祈禱等不需要怎麼特別費心經意的文字，陳希亮一定要塗改，並且常在公文往返幾次以後才讓蘇軾定稿。有時候，蘇軾要見陳希亮，陳希亮就讓蘇軾等個很長的時間：「謁入不得去，兀坐如枯株；豈惟主忘客，今我亦忘吾；同僚不解事，慍色見髯鬚；雖無性命憂，且復忍須臾。」（蘇詩 3: 1693）所以蘇軾覺得很難跟他相處：「軾官於鳳翔，實從公二年，方是時，年少氣盛，愚不更事，屢與公爭議，至形於言色，已而悔之。」[19]中元節蘇軾沒到知府廳，被陳希亮參了一狀，罰銅八斤。[20]所以當陳希亮在知府官邸旁建了一個凌虛臺要蘇軾寫篇文章紀念這事以壯聲勢時，蘇軾就委婉地指陳陳希亮的缺失，勸他不要枉費時間尋求感官上的快感：「廢興成毀相尋於無窮，則臺之復為荒草野田，皆不可知也。」[21]陳希亮看完蘇軾的文章後，知道蘇軾對自己不滿，就解

釋說：「吾視蘇明允猶子也，某猶孫子也。平日故不以辭色假之者，以其年少暴得大名，懼夫滿而不勝也，乃不吾樂邪？」[22]這次蘇軾寫的文章他一個字都不改，全部照原稿刊在石上。大概一方面因陳希亮對蘇軾的態度好轉，一方面蘇軾並不是一個處處記人過失的人，同時蘇軾的妻子很顯然也私下在旁勸解，以後他們相處無間，再無紛爭。在此後的兩年中，蘇軾並從陳希亮處學得辦事的技巧，這對他日後的行政助益匪淺。他的妻子也處處幫忙，提醒他做人的技巧：

> 軾有所為於外，君未嘗不問知其詳。曰：「子去君遠，不可以不慎。」日與先君之所以戒蘇軾者相語也。軾與客言於外，君立屏間聽之。退必反覆其言，曰：「某人也，言輒持兩端，惟子意之所嚮，子何用與是人言。」有來求與軾親厚甚者，君曰：「恐不能久，其與人銳，其去人必速。」已而果然。[23]

蘇軾的妻子王弗是一個很謹慎的女子，對人觀察入微，這對蘇軾有時不太留意小節的作風，在充滿風險的傳統宦場中，自然有很大的助益。

這年秋天因為英宗即位不久，西夏有意打探宋朝的虛實，派兵進攻靜邊寨，蘇軾為禦邊做準備，不時練習射箭的技巧：

次韻子由聞予善射

中朝鸞鷺自振振，豈信邊隅事執戟。共怪書生能破的，也如驍將解論文。穿楊自笑非猿臂，射隼長思逐馬軍。觀汝長身最堪學，定如髯羽便超群。（蘇詩 3: 1736）

本書前文提到宋朝重文輕武的政策，朝廷自來鼓勵男子埋首於六經之中，摒棄武藝，所以對宋朝的文人來說，武藝可以說是一個禁區。蘇軾的思維並沒完全受到宋代意識形態的限制，他不甘心只做一個文人，特別是宋朝周圍的強敵虎視眈眈，他想做一個文武雙全的男兒，不僅在治國的政策上能實施他的政治理想，而且在軍事上他也能夠將宋朝轉化成一個強國，所以他練習射箭。蘇軾委實多才多藝，不但思路敏捷，而且體能的技巧也不輸常人，雖然他手臂不長，沒有天生的神射手的體型，「穿楊自笑非猿臂」，但是他的領悟力高，學習能力強，能很精準地掌握到射箭的訣竅，所以他射箭的技巧出乎大家的意料之外，非常傑出，「共怪書生能破的」。蘇轍的手臂比較長，有利於射箭，「觀汝長身最堪學」，因此蘇軾也鼓勵他的弟弟進入武藝的禁區，跟他一樣勤練射箭。

此時由於西夏的入侵，蘇軾的心思不免常常在兵戎一事上打轉，他弟弟寫了一首關於書法的詩，蘇軾在回復蘇轍討論書法的詩中自然又提到他習射的情形：

次韻子由論書

吾雖不善書，曉書莫如我。苟能通其意，常謂不學可。貌妍容有矉，璧美何妨橢。端莊雜流麗，剛健含婀娜。好之每自譏，不獨子亦頗。書成輒棄去，謬被旁人裹。體勢本闊落，結束入細麼。子詩亦見推，語重未敢荷。爾來又學射，力薄愁官笴。多好竟無成，不精安用夥。何當盡屏去，萬事付懶惰。吾聞古書法，守駿莫如跛。世俗筆苦驕，眾中強嵬騀。鍾張忽已遠，此語與時左。（蘇詩 3: 1737-8）

蘇軾對書法的看法跟他對詩詞繪畫的看法一致，除了純熟的技巧之外，他強調一個人最終須要掌握超越技

巧之上神與意合的精神世界。在詩的開頭蘇軾很謙虛的說他的書法不佳，但隨即他又非常技巧的說世上沒有很多人比他更了解書法的藝術，「吾雖不善書，曉書莫如我。」接著他似非而是的說，只要一個人懂得書法的道理，那個人就不用再練習寫字，「苟能通其意，常謂不學可。」蘇軾的意思是一個人如果真能進入神與意合的境界，他的書法一定超乎世俗，自然就不用再練習寫字了；此外，蘇軾也同時表示神與意合的境界並不是通過技巧可以學到的。一篇上乘的書法就蘇軾看來應該變化多姿，而不拘泥於單一機械化的形式或風格，正如同貌美的西施，也有皺眉頭的時候：「貌妍容有矉，璧美何妨橢。端莊雜流麗，剛健含婀娜。」蘇轍在描寫蘇軾的書法風格時說：「吾兄自善書，所取無不可」，[24]蘇軾本人的書法就是包含萬象，多彩多姿。

接下來蘇軾就說：「好之每自譏」，陳新雄在《東坡詩選析》中把這句話解成是蘇軾討論一個人書法不能進入勝境的原因：「喜歡書法而常自責，不能達到此一境地。」[25]如果蘇軾真是在討論書法不入流的原因，他引用的理由就有些奇怪了，因為一個人對自己的作品不滿而產生自責的心理是一種求好的反應，這種求好的反應也往往是一個人努力改進的重要動力。在一般情況下，自責不但不是阻礙書法進步的原因，反而應該是促進書法進步的原因。如果「好之每自譏」被解釋成自責阻礙一個人進步的意思，它的涵義跟下一句「不獨子亦頗」便無從連接，上下兩句的意思因此變得風馬牛不相及。從全詩的脈絡來看，「好之每自譏」這句話應該是指蘇軾自己，形容他愛好書法的程度達到一種連自己也覺得可笑的地步。蘇軾進一步解釋說他所以提到愛好書法愛好到連自己都覺得好笑的程度，是因為蘇轍也愛好書法，不是只有蘇轍有如此的偏愛，「不獨子亦頗」。蘇軾所以會譏笑自己異常喜愛書法，是他認為世上還有許多跟書法同樣重要的事務，甚至有比書法更重要的東西，值得他喜好珍惜與重視，比如射箭即是。所以蘇軾並不特

別珍惜自己的書法作品，他每次完成一篇書法作品便棄置不顧，倒是別人看到他的作品，視如珍品，當即收藏起來。別人對他的書法作品的珍視讓蘇軾不免汗顏。為了避免讓別人把大好的精力全用在書法上，蘇軾特別提醒大家射箭對捍衛國土的重要性，他以自己為榜樣，致力於習射，「爾來又學射」。但是在宋朝重文輕武的政策之下，蘇軾一個文官可做的有限，練習的時間也不能太多，所以他在詩的註裡說官府規定一個人練習射箭，一次得射完十二枝箭，才算達到標準，蘇軾一次只能射十一枝，「力薄愁官笴」，蘇軾因此很謙虛的責怪自己，聲稱他喜好的事務太多，不專心，因此箭術不佳，「多好竟無成」。其實，蘇軾並不是箭術不精，而是沒有足夠的耐力與體力，在先天不足、後天失調的大政治環境中，就蘇軾來看，一個人力量足，一次能射十二枝，固然重要，但更重要的應該是精準，「不精安用夥」。如果勉強射而射不到目標，還不如不射好，「何當盡屏去，萬事付懶惰。」在這裡「懶惰」一詞並不是尋常所說的不努力的意思，而是以悠閒寬緩的方式與心態來處理須要費心突破的課題，蘇軾自己根據蘇轍的描述是一年到頭都勤於習箭的有心人，「終歲惟箭笴」，他不會有失敗便放棄的想法，蘇軾了解培養體能不是一蹴而就的事，而須要按部就班，持之以恆。蘇軾在此詩中用「懶惰」一詞一方面也有鼓勵他弟弟的意思，因為蘇轍在他的詩中說「余雖繆學文，書字每慵墮」。蘇軾勸他弟弟不要心急，當緩則緩，凡事順其自然。就蘇軾來看，詩詞、繪畫及書法都是一個人心神的自然流露，勉強不得，世間一般的書法，就他觀察所得毛病就在於牽強不自然：「世俗筆苦驕，眾中強嵬騀。」

蘇軾的箭術相當高明，不僅在〈次韻子由聞予善射〉中可證實，同時在約略同一時間寫的〈凌虛臺〉中也可看出：

才高多感激，道直無往還。不如此臺上，舉酒邀青山。青山雖云遠，似亦識公顏。崩騰赴幽賞，披豁露天慳。落日銜翠壁，暮雲點煙鬟。浩歌清興發，放意末禮刪。是時歲云暮，微雪灑袍斑。吏退跡如掃，賓來勇躋攀。臺前飛雁過，臺上雕弓彎。聯翩向空墜，一笑驚塵寰。（蘇詩 3: 1742）

因為蘇軾跟陳希亮早先的衝突，蘇軾在詩的開頭委婉的指出在傳統的社會中有才華的人往往都無法施展他們的抱負，特別是當他們同時具備了高尚的人品，他們常會因不願同流合污而變得相當孤單，在世上幾乎會找不到友人，「才高多感激，道直無往還。」雖然人間社會摒棄他們，他們對這個世界特別是祖國的山河大地卻充滿了熱愛，「不如此臺上，舉酒邀青山。」可能因為他們被社會摒棄，或者正因為他們被社會摒棄，他們比常人往往更能欣賞神州大地山河的美景，「崩騰赴幽賞，披豁露天慳。落日銜翠壁，暮雲點煙鬟。」〈凌虛臺〉以才高志大開始，也以才高結尾。蘇軾在眾人面前展現他傑出的箭術，射中掠空而過的飛鳥，他爽朗豪邁的笑聲伴著從空而墜的飛雁，震驚了當場的眾人：「臺前飛雁過，臺上雕弓彎。聯翩向空墜，一笑驚塵寰。」

蘇軾下工夫習射，目的是捍衛國家疆土，但是宋廷自宋太祖、太宗北征失利以來，對外一貫的政策是姑息退讓，西夏來犯，宋廷只求守禦苟全，並無全面出征徹底殲敵的想法。蘇軾是屬於班超同一個類型的豪傑，如果宋朝實施如同漢朝般文武並重的政策，蘇軾有可能成為疆場上的另一個民族英雄。他在離開鳳翔之前寫的〈和子由苦寒見寄〉非常清楚的表達了男兒為國獻身疆場的心願：

人生不滿百，一別費三年。三年吾有幾，棄擲理無還。長恐別離中，摧我鬢與顏。念昔喜著書，別來

不成篇。細思平時樂，乃謂憂所緣。吾從天下士，莫如與子歡。羨子久不出，讀書虱生氈。丈夫重出處，不退要當前。西羌解仇隙，猛士憂塞壖。廟謨雖不戰，虜意久欺天。山西良家子，錦緣貂裘鮮。千金買戰馬，百寶粧刀鐶。何時逐汝去，與虜試周旋。（蘇詩 3: 1743）

在這首詩中，蘇軾一方面表示羨慕他弟弟悠閒的讀書生活，一方面又說：「丈夫重出處，不退要當前，西羌解仇隙，猛士憂塞壖」，蘇軾自視為猛士，擔心宋朝的國防，有在疆場上建功立業的雄心壯志。蘇軾雖然有跟西夏一決雌雄的決心，但當時的宋廷並沒有與敵軍對決的想法，「廟謨雖不戰，虜意久欺天。」無論外在的天氣有多寒冷，蘇軾內心獻身許國的念頭都不會冷卻，「何時逐汝去，與虜試周旋。」只有宋廷一味畏縮不前的政略方針，才會讓蘇軾真正感到寒心，這應該是蘇軾在苦寒的天氣，談到敵我對峙情勢的主要原因之一。

第八章　返鄉守喪

英宗治平元年（1064）十二月，蘇軾罷簽書鳳翔府節度判官廳公事一職，升為殿中丞，被調回京師，除判登聞鼓院，他的弟弟蘇轍因他回京便出任大名府推官一職。當時英宗在位，他因即位以前就已經聽到過蘇軾的聲名，所以這時他希望重用蘇軾。可是韓琦反對，他表示蘇軾太過年輕，應該先讓他磨練一些時日，看他的表現，再做定奪：

> 英宗自藩邸聞其名，欲以唐故事召入翰林，知制誥。宰相韓琦曰：「軾之才，遠大器也，他日自當為天下用。要在朝廷培養之，使天下之士莫不畏慕降伏，皆欲朝廷進用，然後取而用之，則人人無復異辭矣。今驟用，則天下之士未必以為然，適足以累之也。」英宗曰：「且與修註如何？」琦曰：「記註與制誥為鄰，未可遽授。不若於館閣中近上帖職與之，且請召試。」英宗曰：「試之未知其能否，如軾有不能邪？」琦猶不可，及試二論，復入三等，得直史館。軾聞其語，曰：「公可謂愛人以德矣。」[1]

韓琦一而再，再而三的阻撓英宗大用蘇軾應該跟蘇軾在鳳翔的時候上書為民請願語涉批評有關。韓琦此一不智之舉，後人頗多非議，它對宋廷日後朝政的發展，確有非常不利的影響。當然，蘇軾本人是不會為個人官位的高低對韓琦產生懷恨的心理，他甚至為韓琦辯解說他「愛人以德」；其實，如果韓琦真是「愛人

以德」的話，他大可以照他自己對英宗做出的建議，諮詢其他大臣的意見，確定其他大臣是否會跟他同樣拒絕支持蘇軾擔任責任更為重大的職位，但是韓琦知道其他大臣例如歐陽修、張方平等人有可能不會支持他的立場，所以韓琦只憑一己的好惡，始終拒絕給予蘇軾一個責任更為重大的職位，讓蘇軾真正有一個一展長才的試煉機會，這對蘇軾個人及國家來說，都是無可彌補的不幸的損失。

因韓琦的主張，蘇軾在治平二年（1065）二月到學士院考試，考了第三等，當時最高的成績，得到史館的一個職位。英宗因為韓琦的阻撓，沒能給蘇軾一個高位，不能隨心所欲讓他進入中央的權力中心，但是他想重用蘇軾的心意並沒完全落空，二十一年之後，他的妻子宣仁攝政，顯然記得英宗的用心，在短短的一年多的時間之內，將蘇軾從低層的地方官汝州團練副使迅速的提拔到中央的權力核心翰林學士知制誥一職，緣由在此。此事下文會再詳細討論，在此暫不多說。

蘇軾在史館做了才三個月左右，他的妻子去世。上文曾經提到蘇軾的妻子王弗，她是蘇軾的賢內助，很顯然她生前不但跟蘇軾處得很好，更難得的是，她也能取得她公公的歡心，因蘇洵這時候對蘇軾說：「婦從汝於艱難，他日必葬之其姑側。」（蘇詩 1: 583）蘇洵特別要蘇軾日後把王弗葬在程夫人墓地之旁，表明他對王弗的為人非常滿意。難怪蘇軾對她的感情那麼深厚，十年以後，他雖早已再娶，但有時還不免懷念著王弗：

江城子

乙卯正月二十日夜記夢

十年生死兩茫茫，不思量，自難忘。千里孤墳，無處話淒涼。縱使相逢應不識。塵滿面，鬢如霜。

夜來幽夢忽還鄉，小軒窗，正梳妝。相顧無言，惟有淚千行。料得年年腸斷處，明月夜，短松岡。[2]

蘇軾的詩詞很少寫他自己悲傷的情懷，上面這首詞寫他在夢中跟過世已經十年的王弗在家鄉相會的情景，寫得異常淒涼感人。上片從他自己寫起，說他宦遊在外，人漸漸衰老；下片說他在夢中回到四川的老家，跟他闊別十年的愛妻相見，鄉情跟愛情結合在一起，確實感人肺腑。

老天似乎有意試煉蘇軾，也似乎有意懲罰宋廷，不讓蘇軾一展他的才華來襄理國政，因治平三年（1066）四月二十五日，蘇軾在京做了不到一年，他的父親也跟著去世，年五十八。按照當時的規定，蘇軾得辭官回鄉守二十五個月的喪。蘇軾辭掉朝廷所賜的銀絹，請皇帝賜官，朝廷因此贈了蘇洵光祿寺丞一銜，並下令有司提供船隻給蘇軾扶柩回鄉。治平四年（1067）正月初八，當蘇氏兄弟還在途中跋涉的時候，英宗不幸去世，神宗即位。英宗的早逝，神宗的即位對蘇氏兄弟，特別是蘇軾，有非常不利的影響。英宗的心願是重用蘇軾，神宗卻要提拔王安石，等蘇氏兄弟守完喪回京的時候，朝廷的政局已經由王安石把持，蘇軾因此不再能取得要職。這對蘇軾個人來說誠然是大不幸，即使對宋廷來說，也有深遠的負面影響。中國俗語說：「謀事在人，成事在天」，外界局勢的發展與演變有時取決於天，非個人所能完全控制，蘇軾個人與宋室的不幸就這一方面來看只好說是天意。

四月，蘇氏兄弟安抵家鄉。返鄉後，蘇軾和蘇轍一起整理家裡的舊書，發現他父親遺留下來一些有關於他祖父蘇序事跡的文稿，還未寫完，於是蘇軾決定替他父親把他祖父的事跡寫成行狀。九月十五日，蘇軾的同宗寶月大師惟簡從成都來請蘇軾為他所在的寺廟撰寫一篇文章。[3]蘇軾這時對一般的佛教徒[4]不是特別親近，但惟簡是他的同宗，他們認識已久，而且惟簡為人嚴謹，也認識有一段時間，所以勉為其難寫

了〈中和聖相院記〉一文，本書前文業已引了其中一部分文字，在此將其全文引錄於下：

佛之道難成，言之使人悲酸愁苦。其始學之，皆入山林，踐荊棘蛇虺，袒裸雪霜。或刲割屠膾，燔燒烹煮，以肉飼虎豹鳥烏蚊蚋，無所不至。茹苦含辛，更百千萬億年而後成。其不能此者，猶棄絕骨肉，衣麻布，食草木之實，晝日力作，以給薪水糞除，暮夜持膏火薰香，事其師如生。務苦瘠其身，自身口意莫不有禁，其略十，其詳無數。終身念之，寢食見之，如是，僅可以稱沙門比丘。雖名為不耕而食，然其勞苦卑辱，則過於農工遠矣。計其利害，非僥倖小民之所樂，今何其棄家毀服壞毛髮者之多也。意亦有所便歟？

寒耕暑耘，官又召而役作之，凡民之所患苦者，我皆免焉。吾師之所謂戒者，為愚夫未達者設也，若我何用是為。剟其患，專取其利，不如是而已，又愛其名。治其荒唐之說，攝衣升座，問答自若，謂之長老。吾嘗試究其語矣，大抵務為不可知，設械以應敵，匿形以備敗，窘則推墮滉漾中，不可捕捉，如是而已矣。吾遊四方，見輒反覆折困之，度其所從遁，而逆閉其塗。往往面頸發赤，然業已為是道，勢不得以惡聲相反，則笑曰：「是外道魔人也。」吾之於僧，慢侮不信如此。今寶月大師惟簡，乃以其所居院之本末，求吾文為記，豈不謬哉！

然吾昔者始遊成都，見文雅大師惟度，氣宇落落可愛，渾厚人也。能言唐末、五代事傳記所不載者，因是與之遊，甚熟。惟簡則其同門友也。其為人，精敏過人，事佛齊眾，謹嚴如官府。二僧皆吾之所愛，而此院又有唐僖宗皇帝像，及其從官文武七十五人。其奔走失國與其所以將亡而不遂滅者，既足以感慨太息，而畫又精妙冠世，有足稱者，故強為記之。[5]

上引這篇文章是研究蘇軾與佛教思想兩者之間的關係非常重要的文獻之一，蘇軾對佛教並不陌生，上文提到他同宗的親戚惟簡是出家人，他在鳳翔的同事王彭年為他講解佛教的教義，蘇軾自己也涉獵過一些佛教的經典，所以他對佛教的基本教義應該是清楚的。他知道佛教教導人修行成佛是一個異常艱辛又漫長無比的過程：「茹苦含辛，更百千萬億年而後成。」就蘇軾看來，一般人都不會選擇出家的道路，只有那些為了逃避世上痛苦的責任和義務的人才可能出家，「寒耕暑耘，官又召而役作之，凡民之所患苦者，我皆免焉。」而世上的責任和義務，不論有多麼痛苦，對蘇軾來講，都是不應該躲避的，況且有些僧侶在逃脫社會的責任和義務之後，又不遵守佛教的清規戒律，「吾師之所謂戒者，為愚夫未達者設也，若我何用是為。」更惡劣的是，那些僧侶還常常故弄玄虛，以荒唐的說法來騙人，「治其荒唐之說，攝衣升座，問答自若，謂之長老。吾嘗試究其語矣，大抵務為不可知」，所以蘇軾對這種僧侶特別防範，有機會就一定要揭露他們本來的面目，「吾遊四方，見輒反覆折困之，度其所從遁，而逆閉其塗，往往面頸發赤」。

在上引這篇蘇軾為他的同宗一個出家的和尚寫的文章裡，蘇軾不但沒有表示推崇奉行佛教的意思，而且對佛教所說的三寶佛、法、僧之一的僧侶不時有奚落「慢侮」之舉，見到僧侶就跟他們辯論，刻意給他們難堪，揭露他們不實的言行，以至於有的佛教徒稱他為「外道魔人」。惟簡顯然沒受到那些佛徒的影響，還是請蘇軾為他們寫一篇有關他們寺廟的文章，蘇軾在驚訝之餘，勉強為他寫了〈中和聖相院記〉，理由不是他推崇信奉佛教，而是他覺得惟簡和惟度為人善良，「氣宇落落可愛，渾厚人也」，同時惟簡是他的同宗，惟度熟知官史所沒記載的唐末五代的史實，是兩個值得交的朋友。

為了進一步說明蘇軾與佛教的關係，筆者在此引一首蘇軾在半年後（元豐二年三月）寫的一首詩來證實他對佛教存有保留的態度：

秀州僧本瑩靜照堂

鳥囚不忘飛，馬繫常念馳。靜中不自勝，不若聽所之。君看厭事人，無事乃更悲。貧賤苦形勞，富貴嗟神疲。作堂名靜照，此語子謂誰。江湖隱淪士，豈無適時資。老死不自惜，扁舟自娛嬉。從之恐莫見，況肯從我為。（蘇詩 3: 1759）

在上引的詩中蘇軾以被囚的鳥和被拴的馬來形容一個在寂靜中修行的僧侶，總希望能回到一個熙攘的世界。本瑩耐不住山中的寂靜，下山到京師，就蘇軾來看是極其自然的事情，「靜中不自勝，不若聽所之。」蘇軾認為一個和尚為逃避世事而投入佛教的寂靜世界中，其實比一個俗事纏身的人更可悲，一個人濟世助人，即使再忙，也比一個終日靜坐無事的和尚好得多，「君看厭事人，無事乃更悲。」在蘇軾的眼中那些逃脫社會責任和義務的人，都是不顧他人，只貪圖一己的享受，「江湖隱淪士，豈無適時資。老死不自惜，扁舟自娛嬉。」雖然蘇軾知道他的勸告對本瑩不會起什麼效果，但是他盡他個人的義務，還是寫了上引的詩來表達他的意見，「從之恐莫見，況肯從我為。」在蘇軾的一生中，他一般只講求事情的對錯，一個人應不應該做一件事，而不怎麼理會別人對他自己的反應與評價。

本書下文會再提到十五年後，當蘇軾討論佛教對中國政治負面的影響時，他會進一步說「梁以佛亡……歐陽子沒十有餘年，士始為新學，以佛老之似，亂周孔之真，識者憂之」，[6] 非常鮮明地表明他反對佛教的立場；蘇軾對佛教始終持保留的態度，歷來不少學者把蘇軾說成一個虔誠的佛教徒，那是沒有確切實證的臆測之辭。本書後文會再詳析蘇軾與佛教的關係，筆者在此暫不多論。

十月二十七日，蘇軾和蘇轍把他們父親葬在眉州彭山安鎮可龍里他們母親的墓旁，並在他們的墓邊種

了一棵松樹。葬禮後，蘇軾寫完他祖父〈蘇廷評行狀〉，並於神宗熙寧元年（1068）寫信到京師請求曾鞏為他的行狀寫一篇墓誌銘：「熙寧元年春，余之同年友趙郡蘇軾，自蜀以書至京師，謂余曰：『軾之大父行甚高，而不為世用，故不能自見於天下。然古之人亦不必皆能自見，而卒有傳於後者，以世有發明之者耳。故軾之先人嘗疏其事，蓋將屬銘於子，而不幸不得就其志。軾何敢廢焉？子其為我銘之。』」[7]同年（1068）六月，蘇軾遵照他父親生前的意思將他的妻子王弗葬在他母親墓地的旁邊。七月蘇軾除喪，隨後遵照他父親的遺命，辦理埋葬他姑姑杜氏的事情。在此期間，蘇軾記述了有關華陰老嫗的奇異事跡：

> 眉之彭山進士有宋籌者，與故參知政事孫抃夢得同赴舉，至華陰，大雪，天未明，過華山下。有牌堠云「毛女峰」者，見一老姥嫗坐堠下，鬢如雪而無寒色。時道上未有行者，不知其所從來，雪中亦無足迹。與宋相去數百步，宋先過之，未怪其異，而莫之顧。孫獨留連與語，有數百錢掛鞍，盡以予之。既追及宋，道其事。宋悔，復還求之，已無所見。是歲，孫第三人及第，而宋老死無成。此事蜀人多知之者。[8]

蘇軾記述這件超自然的事跡，表示他相信正義存在於天地之間，天地間懷有正義感的鬼神會祝福善人，詛咒惡人，就如同在大雪之中來去不見蹤跡的老嫗祝福了好心的孫抃，而懲罰了缺乏愛心的宋籌。蘇軾一生行善，濟世助人，為老百姓爭取福祉，這跟他認為天地有正義的信念有很密切的關係。

在埋葬他父親、妻子及他的姑姑以後，過了一些時日，蘇軾娶青神人王介（君錫）的幼女潤之（季璋）為妻。十月，蘇軾舉家離開眉山，臨走把祖墳交給堂兄不危（子安）及楊濟甫照管，[9]蔡褒來送，並

手種荔枝樹，表示期望蘇軾歸來的心意：「故人送我東來時，手栽荔子待我歸。」蘇軾自己雖然也希望以後能重返家鄉，但是此去以後，蘇軾終其餘生總是宦遊在外，不得老死家園。

熙寧二年（1069）二月庚子（初三），神宗任命王安石為參知政事，約在王安石升為副相的同時，蘇軾抵京，甲子（二十七日），「陳升之、王安石創置三司條例，議行新法」，[11]變法的大局已定，所有不合王安石心意的臣子包括韓琦在內，以後都遭貶抑，蘇軾只有扮演次要的角色，而無擔當全國政策策劃人的期望。更有甚者，因王安石的敵意，蘇軾在往後的政壇中屢遭迫害，幾乎慘遭殺身之禍。

第九章　政壇異動

神宗是宋朝少見的一個力思圖治，勇於作為的皇帝。他對宋朝不能綏靖四夷，年年要給遼、夏巨額的歲賜以取得和平非常痛心。因此他即位以後，積極推行改革的政策，希望達到富國強兵的目的。他在藩邸的時候，因為他老師韓維的推薦，就早已聽到王安石的名聲，有意重用王安石：

> 安石本楚士，未知名於中朝，以韓、呂二族為巨室，欲借以取重，故深與韓絳、韓維及呂公著友。三人更游揚人，名始盛。帝在藩邸，維為記室，每講說輒曰：「此維友王安石之說。」及為太子庶人，又薦以自代。帝由是想見其人。[1]

王安石在早年官位不大的時候，為了表示他的清高，對官爵表現出不屑一顧的姿態。皇祐三年（1051）宰臣文彥博等推薦他任「士人所欲」[2]清高的館閣之職，王安石推辭不就。至和元年（1054）九月，朝廷任命他為郡牧判官，他又辭，還是歐陽修跟他特別說了以後，他才表示勉為其難地勉強上任。四年五月，朝廷令他直集賢院，他還是力辭，辭了多次最後才又勉強接受。五年十一月，朝廷命他為同修起居注，他再三力辭，「五辭乃受」，[3]給人一個他真是不要官的印象：「安石終辭之，最後有旨，令門吏賚敕就三司授之，安石不受。隨而拜之，安石避於廁。吏置敕於案而去，安石遣人追還之，朝廷卒不能奪。」[4]為了沽名釣譽，表示清高，王安石不惜藏身於一般相當污穢的廁所，其為人虛偽剛愎，做事不合情理，於此可

見其端倪。一年多以後，朝廷再申前命，王安石又辭了七、八次，才接受。六年六月，朝廷命他為知制誥，因為官位確是不小，王安石便放下他的假面具，不再推辭。

神宗受到他老師的影響，即位以後便召王安石赴闕，王安石「屢引疾」，[5]神宗就問他的大臣，到底王安石是真的生病，還是待價而沽。當時位居宰輔的曾公亮不滿意久居相位的勳臣韓琦權傾一時，有意跟他抗爭：「時，宰相韓琦執政三朝，或言其專，曾公亮因力薦王安石，覬以間琦。」[6]曾公亮已經看出神宗有用王安石為相的心意，滿心以為只要韓琦被擠出朝廷，日後王安石應該不是他的對手，他在朝可以獨大，因此這時極力替王安石辯護，並力引王安石：「必以疾病，不敢欺罔……安石真輔相之才。」[7]而副相參知政事吳奎不以為然，他指出王安石是因「韓琦沮抑」，不肯入朝，並進一步指出王安石的缺點：「臣嘗與安石同領群牧，備見其臨事迂闊。」[8]神宗不聽吳奎的話，於治平四年（1067）閏三月，命王安石知江寧府。[9]半年以後，治平四年九月二十三日，又命王安石為翰林學士。[10]韓琦在朝被擠，因此屢次稱疾求去，神宗見留不住他，只好授韓琦守司徒兼侍中、鎮安武勝軍節度使、判相州，並說：「今許卿暫臨藩服，朕將虛上宰之位以待卿還。」[11]臨行以前，韓琦跟神宗辭行，神宗詢問他對王安石的意見：

> 韓琦既得判相州，入對，帝泣下，琦亦垂涕稱謝。詔琦出入如二府儀，又賜興道坊宅一區，擢其子秘書丞忠彥為秘閣校理。帝曰：「卿去，誰可屬國者？王安石何如？」琦曰：「安石為翰林學士則有餘，處輔弼之地則不可。」帝默然。[12]

神宗對韓琦恩典有加，原以為韓琦因感恩會支持他以王安石為相的心願，沒想到韓琦不因私損公，並不支

持王安石入相，神宗顯然不很開心，但他也不明說什麼。雖然韓琦不支持安石為相，神宗要改弦更張，富國強兵的心願並沒改變。熙寧元年（1068）四月，早先為相的富弼出判汝州，入覲辭行，富弼看出他意圖改革，勸他不要急躁：

> 夏四月壬寅朔，判汝州富弼入見，以足疾許肩輿至殿門。帝特為御內東門小殿見之，令其子紹隆掖以進，且命勿拜，坐語從容至日昃。問以治道。富弼知帝銳於有為，對曰：「人君好惡不可為人窺測。可窺測則奸人得以傳會其意，陛下當如天之鑒人善惡，皆所自取，然後誅賞隨之，則功罪無不得其實矣。」又問邊事甚悉。富弼曰：「陛下臨御未久，當先布德澤，願二十年口不言兵，亦不宜重賞邊功。干戈一起，所繫禍福不細。」帝默然良久。13

富弼跟神宗談了很長的時間，他勸神宗按部就班，循序漸進，不要讓臣子看出他心中的好惡，「人君好惡不可為人窺測」，特別是在國家強盛以前不要輕易對外用兵。富弼要神宗先強化國家軍備，二十年以後再談戰爭，乍聽之下，時間似嫌過長，但富弼是一個有豐富行政經驗的老臣，他深知宋朝積弱不振的實情，當時宋朝的軍事及經濟都處在異常脆弱的狀態之中，在沒準備妥當以前就對外用兵，自然是無異自殺之舉。年輕氣盛的神宗顯然不同意老臣富弼的看法，自以為國家變得富強乃輕而易舉，不多時便可以成就的事。

不論他的大臣說什麼，神宗要用王安石為相的心意早定，等熙寧元年四月己巳，王安石拖了半年多以後入朝，神宗特別召見，問他治國之道：

上曰：「方今治當何先？」安石曰：「以擇術為先。」上問：「唐太宗何如？」對曰：「陛下當以堯舜為法，太宗所知不遠，所為不盡合先王，但乘隋亂，子孫又皆昏惡，所以獨見稱述。堯舜所為至簡而不煩，至要而不迂，至易而不難，但末世學者不能通知，常以為高不可及。不知聖人經世立法以中人為制也。」上曰：「卿可為責難於君。朕自視眇然，恐無以副卿此意，可悉意輔朕，庶同濟此道。」[14]

王安石的治國方略，名義上雖說是法堯舜，實質上並不是以傳統儒家所提倡的仁義為基礎，而是以法家所講求的法則條例為其施政重點：「以擇術為先」。

王安石為順利推行他的改革政策，有意拉攏大臣，因此主張大臣應該享受特權。照慣例，在國家舉行祭祀大禮以後，大臣多少都會收到皇帝的一些賞賜。那時天災頻仍，不少人民生活頗為艱苦，有的大臣因此主張皇帝暫停賞賜。王安石卻以為一般平民百姓的生活跟大臣的特權不應該混為一談，大臣既是國家的棟梁，理當享受特權。他跟當時有氣節的大臣就此一事件因此起了衝突；此一衝突充分表明王安石與其他有氣節的大臣雙方之間確有非常懸殊的施政立場。王安石的政策顯然迎合特權階級；而反對他的大臣卻以人民的利益為他們的出發點。下面一段記載很清楚的顯示，王安石在大臣所得的賞賜這一事件上，態度強硬，毫不退讓，不論人民死活如何，大臣的特權就他來看就是不能受到任何影響：

宰臣曾公亮等言：「伏見故事，南郊禮畢，陪祀官並蒙賜。方今河朔菑沴，調用繁冗，所宜自內裁節，況二府祿廩豐厚，頒賚頻仍，更於此時，尚循舊式，實非臣等所安。慾望特從誠請大禮畢，兩府

臣僚，罷賜銀絹。」……司馬光奏曰：「向者慶曆之末，河決商胡，民田雖傷，官倉無損，而河北父子相食，餓殍蔽野。今河決之外，加以地震，官府居民，蕩為糞壤。繼以霖雨，倉廩腐朽，軍食且乏，何暇及民？冬夏之交，民必大困，甚於慶曆之時。國家豈可坐而視之不知振恤乎？況復城櫓須修，河防應塞，百役並興，所費不貲。當此之際，朝廷上下安可不同心協力，痛加裁損，以徇一方之急？凡宣布惠澤，則宜以在下為先；撙節用度，則宜以在上為始。今欲裁損諸費，不先於貴者、近者，則疏遠之人安肯甘心而無怨乎？」……介甫曰：「國家富有四海，大臣郊賚所費無幾，而惜之不與，未足富國，徒傷大體。」[15]

就曾公亮、司馬光來看，大臣的俸祿已經非常豐厚，平日過著優裕的生活，而一般的老百姓尋常生活已經就有些困難，在遇到災害時，更普遍缺乏糧食，當時不但黃河氾濫成災，而且接著又有地震水災，軍方供糧已經相當困難，民間就更不必說。在慶曆期間，「餓殍蔽野」，老百姓有饑餓到父子相食的慘事，而神宗時的災情比慶曆期間更為嚴重，民間的慘況可想而知。曾公亮、司馬光以老百姓的角度為出發點，希望國家的資源財富能朝著比較平均的原則來分配，王安石以特權階級的利益為出發點，兩者出現尖銳的對峙情勢，神宗支持王安石，堅持特權階級的利益，遭殃的自然是老百姓。蘇軾日後在杭州擔任知州期間跟朝廷寫的一個奏摺中提到杭州在熙寧期間餓死了約五十萬人：「臣聞熙寧中，杭州死者五十餘萬，蘇州三十餘萬，未數他郡」，[16]那便是王安石以特權階級利益為出發點制定出來的政策所必然產生的悲慘結局。神宗即位不久，一方面為了表示他為人慷慨大方，籠絡人臣，一方面為了造成「國家富有四海」的表象，欺瞞社會大眾，也就贊同王安石的意見，不許大臣辭賞。

在神宗任命王安石為翰林學士的次日，司馬光看出神宗富國強兵的用心，特別上了一個劄子〈橫山疏〉，肯定改革的需要，與富弼一樣力勸神宗不可急躁，應漸次以按部就班的方式來進行改革：

今陛下新即大位，尚未逾年，朝廷之政未盡修也，封域之中未盡治也。內郡無一年之蓄，左帑無累月之財，民間貧困，十室九空，小有水旱則化為流殍，承平日久，人事不講，將帥乏人，士卒驕惰，上下姑息，有如兒戲，校閱稍嚴，則慍懟怨望，給賜小稽，則揚言不遜，被甲行數十里，則喘汗不進，遇鄉邑小盜，則望塵奔北，此乃眾人所共知，非臣敢為欺罔也……陛下視今天下如此，而欲謀境外之事，起兵革之端，挑陸梁之虜，冀難立之功，此臣所為寒心者也。為今之計，莫若收拔賢俊，隨才受任，以舉百職。有功必賞，有罪必罰，以修庶政。選擇監司，澄清手令，以安百姓。屏絕浮費，沙汰冗食，以實倉庫。尋謀智略，查驗武勇，以選將帥。申明階級，剪戮桀黠，以立軍法。料簡驍銳，罷去羸老，以練士卒，完整犀利，變更苦窳，以精器械。俟百職即舉，庶政既修，百姓既安，倉庫既實，將帥既選，軍法既立，士卒既練，器械既精，然後為陛下之所欲……無不可也。[17]

宋自開國以來就受遼的威脅，即使像宋太祖、太宗那麼有作為的開國君主也沒法徹底消除遼國的勢力。神宗在深宮中長大，從來沒親身經歷過什麼陣仗，憑著血氣之勇，就要宋朝突然強盛，這是不切實際的想法。司馬光形容當時宋朝的經濟脆弱不堪，「內郡無一年之蓄，左帑無累月之財，民間貧困，十室九空，小有水旱則化為流殍」；軍事上更是嚴重缺乏訓練有素、具有強大戰力的軍隊，「將帥乏人，士卒驕惰，上下姑息，有如兒戲，校閱稍嚴，則慍懟怨望，給賜小稽，則揚言不遜，被甲行數十里，則喘汗不進，遇

鄉邑小盜，則望塵奔北」。司馬光分析得相當具體客觀，宋朝承平日久，軍政懈弛，戰力羸弱，國家要富強，不是一朝一夕可急蹴而成的。前文引富弼勸導神宗須等二十年方可言兵的說法，參照司馬光的講法，應該距離客觀事實不會太遠。可惜神宗沒能聽信富弼、司馬光的意見，急躁進行他的改革計劃，結果宋王朝不但沒能綏靖四夷，反而因他改革引起新舊黨爭，最後被金人擊敗，導致北宋的滅亡。此事本書稍後會再詳細論及。

神宗在政治上焦躁的做法跟現代毛澤東的大躍進在精神上頗有類似之處。一九五七年毛澤東在第一個五年國民經濟計劃完成以後，希望中國的經濟能在十五年之後超過英國趕上美國，因此發動大躍進的運動，實施了很多不切實際有害國民生計的政策，結果導致了史無前例慘絕人寰的大饑荒，死了約「三千六百萬人」。[18]歷史證明政治上任何重大的改革措施，若任由幾個執政閉門造車，不徵詢大眾的意見，不按部就班循序而成，而想在短期之內就能突飛猛進，有奇蹟似的發展，其後果往往會變得不堪設想，相當淒慘。

王安石被任命為翰林學士以後，因神宗的寵信，他的權力駕乎宰輔之上，凡事幾乎都要經過他的同意，方可施行：

時執政進除目，上久之不決，既數日，乃曰：「朕問安石以為然，可即施行。」介曰：「陛下比擇大臣付以天下之事，此中書小小遷除，陛下尚未以為信，雖廣詢博訪，亦宜謹密。今明白如此，使中書政事決可否於翰林學士。臣近每聞陛下宣諭某某事問安石，以為可即施行，某某事以為不可未得施行，如此則執政何所用？必以臣為不才，當先罷免，此語傳之天下，恐非信用體也。」[19]

神宗的措施確如唐介所說非常不恰當，如果宰相不好，理當罷黜；既然有宰相，就應該遵照體制，尊重宰相的權位。在神宗偏頗的心態下，王安石鶴立雞群，凌駕於群臣之上，連宰相都得聽命於翰林學士，中書省基本的人事權力也被剝奪，宋朝的體制等同虛設。神宗這種偏頗的態度助長了日後王安石在朝專斷獨大的局面，導致了一言堂的出現。

王安石做了翰林學士不到半年，熙寧二年（1069）二月庚子，神宗再升他為右諫議大夫、參知政事。[20]在任命以前，神宗諮詢了一些大臣，其中有很多持反對的意見：

> 上問孫固曰：「安石可用否？」固曰：「安石文行甚高，侍從獻納其選也。宰相自有度，安石為人少容，恐不可。」曾公亮薦安石，唐介曰：「安石好學而泥古，議論迂闊，若使為政，必多變以擾天下。」[21]

就史籍的記載，神宗原來也不急著授予王安石行政大權，但是因為很多大臣的反對，神宗畢竟年輕，在被激之下，意氣用事，不再多行考慮，立即決定新的任命：「朕亦欲從容除拜，覺近日人情於卿極有欲造事傾搖者，故急欲卿就職。朕嘗以呂晦為忠直，近亦毀卿。趙抃、唐介皆以言捍塞卿進用。」[22]在王安石任命之初，雖然有很多大臣反對，但並不是每個人都如此，其實不少人特別是他的朋友都支持他，像司馬光就是一個很好的例子：

> 安石既執政，士大夫素重其名，以太平可立致，雖司馬光亦以是望之。呂晦任中丞，將對，光為學士

侍讀，亦將趨資政堂，相遇並行，光密問曰：「今日言語何事？」晦曰：「袖中彈文乃新參也。」光曰：「介甫之命甫下，眾喜得人，奈何論之！」晦正色曰：「君實亦為此言乎？安石好執偏見，喜人佞己，則天下必受其弊。」語未竟，閤門追班。光退，終日思不得其說。既而搢紳間有傳其疏，光往往疑其太過。[23]

不幸的是王安石這個人確是像孫固、呂晦等人所說沒有宰相的度量，喜歡人拍他的馬屁，更糟糕的是，他不允許別人有跟他不同的意見，凡是持有異議的人日後幾乎都被他整肅，主要因他而起的新舊黨爭，最後不幸成了宋朝亡國的因素之一。

因為反對王安石的大臣委實不少，為順利推行新政，神宗採納了王安石的建議，二月甲子特別為他設立了一個新的行政部門名叫制置三司條例司，權力駕乎其他部門之上，而絲毫不受其他部門的牽制。神宗這種做法有點像毛澤東在文革期間為了防止眾人的阻撓，順利推行他的政策，特別利用一個權力駕乎政府其他部門之上的中央文革小組，對全國發號施令。如同毛澤東，神宗成立新的機構名義上是為了要讓事權專一，提高行政效率，實質上造成了極度專斷獨裁的局面。毛澤東的文革給中國帶來了無比的災難，而神宗的變法衍生了日後持續不斷的新舊黨爭，最後促成了北宋的滅亡。

在制置三司條例司成立以後，王安石推薦呂惠卿為他的左右手，說：「惠卿之賢，雖前世儒者未易比也。學先王之道而能用者，獨惠卿而已。」[24] 呂惠卿因此被命為制置三司條例司檢詳文字，所有重要的事情王安石都交給呂惠卿去處理：「事無大小，安石必與惠卿謀之，凡所請建章奏，皆惠卿筆也。」[25] 當時的人就叫王安石為孔子，呂惠卿為顏子。[26] 日後呂惠卿得勢，翻臉不認人，恩將仇報，利用各種手段把王

安石擠下臺，「惠卿之所為，有滔天之惡，而無抑畏之心，發口則欺君，執筆則玩法，秉心則立黨結朋，移步則肆奸作偽」，[27]這就不是王安石早先所能預料到的。

王安石在做了宰相以後，更是跋扈，幾乎連神宗也不放在眼內，他主張以後中書省可以權宜辦事，不必事事都要遵照聖旨：

> 安石既執政，奏言：「中書處分事用劄子，皆言奉旨，不中理者常十八九，不若令中書自出牒，不必稱聖旨。」上愕然。介曰：「太宗時寇準用劄子遷馮拯等官不當，拯訴之，太宗曰：『前代中書有堂牒指揮事，乃權臣藉此以威服天下。太祖朝趙普為相，堂牒重於敕命，尋令削去。今復置劄子，何異堂牒？』張洎因言：『劄子乃中書行遣小事，若廢之，則別無公式。』太宗曰：『大事則降敕，其當用劄子，亦須奏裁。』此所以稱聖旨也。今安石不欲稱聖旨，則是政不自天子出也，使執政皆忠實，猶為人臣擅命，義亦難安，或非其人，豈不害政？」上曰：「太宗制置此事極當。」[28]

神宗雖然看到了王安石擅權的傾向，可惜他沒能事先預防制止，劄子這件事他也沒能堅持採用唐介的看法，雖然他剛聽到王安石建議說中書省辦事不必都遵照聖旨時愣住了，一開始還為他的祖先宋太宗辯護說即使小事中書省仍須要向皇帝請示，但最後還是從了王安石。紹聖期間，章惇以王安石為例，擅權誤國，這跟神宗此時縱容王安石的做法有密切的關係。唐介這個人向來以正直敢言著名，是當時輔相中對王安石具有制衡作用的重要人物，最後因跟王安石辯論一件謀殺傷人的案件，王安石強詞奪理，神宗偏袒王安石，「介不勝憤悶，居頃之，疽發背而卒。」[29]唐介死後，輔相中再沒人能跟王安石抗爭者，王安石在朝

一人獨大的局面因此確立：「介既死，同列無人敢與之抗者。曾公亮屢請老，富弼稱疾不視事，趙抃力不勝，遇一事變，更稱苦者數十，故當時謂『中書有生老病死苦』，蓋言安石生，公亮老，富弼病，唐介死，趙抃苦也。」[30]如果曾公亮、富弼、趙抃都能夠像唐介一樣跟王安石據理力爭，王安石最後是否能夠擅權，還是很難說的，但中國傳統中的政治運作一般深受孔子所代表的儒家思想的影響，而孔子對一個君王的態度是相當消極不切實際的。

《禮記．曲禮下》說：「為人臣之禮，不顯諫，三諫而不聽，則逃之。」「顯」這個字一般被解釋成公開的意思，筆者以為大臣跟君主私下相處的機會有限，如果做公開解，那麼大臣可以進諫的機會就少之又少，甚至可能根本就沒機會進諫。「顯」這個字在這裡應該解作明顯或俗語所說講話講得太露骨的意思，《禮記．曲禮下》建議大臣進諫應該要委婉含蓄，不要說得太過強烈，針鋒相對，把局勢鬧僵，斷絕了後來繼續進諫的機會。《禮記》說一個臣子如此進諫三次，諫了三次以後，君王不聽，就只能離開。《禮記．表記下》同時記載孔子有關大臣進諫君主的一段談話說：「子曰：是君三違而不出竟，則利祿也。」[31]孔子以為一個大臣服侍君主，進諫三次以後都無效，大臣還不離開，那就是貪心利祿了。此外，孔子在《論語．先進》裡也強調此一原則：

> 季子然問：「仲由、冉求可謂大臣與？」子曰：「吾以子為異之問，曾由與求之問。所謂大臣者：以道事君，不可則止。今由與求也，可謂具臣矣。」曰：「然則從之者與？」子曰：「弒父與君，亦不從也。」[32]

當子路、冉求的意見不被季氏採納的時候，孔子主張他們應該辭職，「以道事君，不可則止。」曾公亮、富弼、趙抃都是受孔子思想影響的學者，他們三個人在跟神宗說了幾次，神宗都不聽的情況下便遵守孔子的教導，一心想離開朝廷，再也沒有跟神宗或王安石據理力爭的想法與決心，所以曾公亮就不斷辭職申請退休，富弼就乾脆不去辦公室辦公，趙抃去了朝廷也只是默不作聲，得過且過。在這種情況之下，王安石當然會趾高氣揚，為所欲為，而神宗也會誤以為王安石辦事得體，很得人心。這不但是神宗朝政治的不幸，其實也是中國歷來傳統政治上常見的一大弊病。

儒家的學者當然不是完全都沒有看到這個問題，他們或多或少都感覺到孔子學說在這一方面的缺陷，例如當時的大儒邵雍就告訴他的門徒不要在新法推行的時刻辭職：「時天下以新法騷然，邵雍屏居於洛，門人故舊仕宦中外者，皆欲投劾而歸，以書問雍。雍曰『正賢者所當盡力之時。新法固嚴，能寬一分則民受一分之賜矣，投劾何益邪。』」[33]雖然邵雍建議他的門人不要在那個時刻辭職，但是他沒有告訴他們應該奮鬥到底的原則，也沒有教導他們不達到消除邪惡的目的就不停止的準則，他更沒有就孔子學說本質上的缺點去徹底思考提出解決問題的根本方法，他只表示了那個時節並不是辭職最佳的時刻，對他和其他儒者來說，當一個儒者在政壇面臨逆境時，他們須要考慮的問題並不是應該不應該辭的問題，而是什麼時候辭比較好的問題，所以在政治情況不理想的時候，一般奮鬥意志薄弱的儒者就會比較早脫離政壇，而奮鬥意志強的會比較晚才離開，但是無論早退還是晚退，到最後稍微有原則和理想的官員，幾乎都還是退了，「賢士多引去，以避王安石」，[34]拱手把政治舞台交給小人去進行一手遮天迫害他人的事，確實令人扼腕。

第十章　力挽狂瀾

在這個時候，蘇氏兄弟已經回到了京師，蘇轍在他取得進士資格以後，閒了一段時間，只做了一年多的官，乘著神宗即位急於推行新法的時機，上書給神宗皇帝，提供改革的意見：「臣深思極慮，以為方今之計，莫如豐財。然臣所謂豐財者，非求財而益之也，去事之所以害財者而已矣……故臣謹為陛下言事之害財者三：一曰冗吏，二曰冗兵，三曰冗費。」[1]神宗看了他的書狀以後，心中相當欣喜，手批評語交給中書：「詳觀疏意，如轍潛心當今之務，頗得其要，鬱於下僚無所伸，誠亦可惜。」[2]並及時召見，而於熙寧二年（1069）三月癸未命他為制置三司條例司檢詳文字。王安石雖然不喜歡蘇轍，但是神宗的任命他沒法拒絕，他們的衝突不過是早晚的事。

蘇軾還朝以後，王安石給了他一個閒差。宋史說：「王安石執政，素厭惡其議論異己，以判官誥院。」[3]其實在這以前，王安石跟蘇軾並沒有什麼接觸，也沒什麼過節，他不太喜歡蘇軾部分原因固然是因為蘇軾的議論跟他相異，而更主要的應該是他父親的議論。因為蘇洵在五年多以前，嘉祐八年（1063）寫了一篇文章，名叫〈辨姦論〉，攻擊王安石的虛偽做作：

昔者山巨源見王衍曰：「誤天下蒼生者，必此人也！」郭汾陽見盧杞曰：「此人得志，吾子孫無遺類矣！」自今而言之，其理固有可見者。以吾觀之，王衍之為人，容貌言語，固有以欺世而盜名者。然不忮不求，與物浮沉，使晉無惠帝，僅得中主，雖衍百千，何從而亂天下乎？盧杞之姦，固足以敗

國；然而不學無文，容貌不足以動人，言語不足以眩世，非德宗之鄙暗，亦何從而用之？由是言之，二公之料二子，亦容有未必然也。

今有人，口誦孔老之言，身履夷齊之行，收召好名之士、不得志之人，相與造作言語，私立名字，以為顏淵、孟軻復出；而陰賊險狠，與人異趣，是王衍、盧杞合而為一人也，其禍豈可勝言哉！夫面垢不忘洗，衣垢不忘澣，此人之至情也。今也不然，衣臣虜之衣，食犬彘之食，囚首喪面而談詩書，此豈其情也哉？凡事之不近人情者，鮮不為大姦慝，豎刁、易牙、開方是也。以蓋世之名，而濟其未形之患，雖有願治之主，好賢之相，猶將舉而用之，則其為天下患，必然而無疑者，非特二子之比也。

孫子曰：「善用兵者，無赫赫之功。」使斯人而不用也，則吾言為過，而斯人有不遇之歎，孰知禍之至於此哉！不然，天下將被其禍，而吾獲知言之名，悲夫！[4]

蘇洵寫〈辨姦論〉的時候，神宗還未即位，王安石並沒權傾一時，蘇洵已經看到王安石虛偽的一面，說他口中講的都是孔孟之道，外表做的也像伯夷叔齊一樣清高，不求權位利祿，給他好的官位，他總是拒絕再三，不願接受。本書上文已經提到王安石屢辭官位甚至會躲到廁所，「安石避於廁」，虛偽到大悖情理的地步。蘇洵預言如果王安石一旦得志，他勢必會禍國殃民，「誤天下蒼生者，必此人也！」

蘇洵寫了〈辨姦論〉以後，拿給跟他關係特別親近的張方平看，張方平非常同意他的說法，認為跟自己對王安石素來的評價完全吻合。王安石得勢後，張方平便把這篇文章抄錄進他為蘇洵寫的〈文安先生墓表〉中。[5] 蘇軾和蘇轍當初看到這篇文章的時候，覺得他們父親在文章中的用詞似乎稍嫌嚴厲，心想蘇洵可能有些小題大做，杞人憂天：「〈辨姦〉之始作也，自軾與舍弟皆有『嘻其甚矣』之諫，不論他人。」

[6]等王安石掌權以後，他們兄弟看到他專斷獨裁的作風，方才知道他們父親和張方平有先見之明：「獨明公一見，以為與我意合。公固已論之先朝，載之史冊，今雖容有不知，後世決不可沒。而先人之言，非公表而出之，則人未必信。信不信何足深計，然使斯人用區區小數以欺天下，天下莫覺莫知，恐後世必有秦無人之嘆。此〈墓表〉之所以作，而軾之所以流涕再拜而謝也。」[7]蘇洵的〈辨姦論〉、張方平的〈文安先生墓表〉及蘇軾的〈謝張太保撰先人墓碣書〉相繼出版以後，歷經宋、元、明、清初都沒人提出異議，一直到康熙雍正之際才有支持王安石的同鄉李紱在《穆堂初稿．書辨姦論後二則》中為王安石辯護，聲稱〈辨姦論〉、〈文安先生墓表〉及〈謝張太保撰先人墓碣書〉都是邵伯溫的偽作：「皆邵氏於事後補作也。」[8]稍後，蔡上翔於《王荊公年譜考略》中也跟著李紱說邵伯溫為了發泄他對王安石禍國殃民的憤恨而撰寫那三篇文章：「明允見微知著，果若此乎？」[9]在他們的眼中，蘇洵應該不會有〈辨姦論〉中所顯示的那麼深遠的先見之明。

自蔡上翔提出疑問以後，學界沉寂了一百多年，一直到文革期間，王安石的地位再度升高，如日中天，鄧廣銘在《王安石》中沿承李、蔡二氏的說法，重申〈辨姦論〉、〈文安先生墓表〉及〈謝張太保撰先人墓碣書〉為偽作。文革以後，學術界漸漸又趨向贊同宋、元、明學者的看法，肯定〈辨姦論〉為蘇洵的作品。孔凡禮在《三蘇年譜》中敘述此一爭端相當允實，筆者徵引他的一些文字於下：

> 就〈辨姦論〉真偽爭論而論，持肯定之說者終將全面佔據統治地位……謂〈辨姦論〉非蘇洵作，至今為止，既無直接證據，又無間接證據（南宋一代人無任何人提出疑問，其中有從北宋入南宋者，如方勺、葉夢得等）……葉夢得《避暑錄話》卷上云蘇洵作〈辨姦論〉，夢得乃晁補之外甥……徽宗時知

潁昌，蘇軾次子迨、三子過與夢得朝夕相處……夢得之記載，直接得之補之及蘇迨兄弟，十分可信……邵伯溫乃邵雍之子，邵雍乃著名理學家。自小受聖人正心誠意之教……秉承家教，有其自身規範……為泄憤而偽造作品以攻荊公以愜意於一時，此乃小人之所為，邵伯溫豈能為之！作偽！就受儒家詩禮之教之一般正直士大夫而言，乃屬不敢思及、不可想像之事，而況伯溫為醇儒之子乎！須知假終究為假，一旦被揭穿，尚有何面目立世。其時距蘇軾年代甚近，知情者大有人在，為假，揭穿之險會接踵而來。理學家、忠誠之儒家信徒視名譽高於生命。謂邵伯溫偽作，實乃對中國儒家信徒、中國正直之士大夫之不了解。[10]

葉夢得跟蘇軾的兒子蘇迨和蘇過的關係相當密切，他在《避暑錄話》一書中敘述蘇洵撰寫〈辨姦論〉一事：「明允作〈辨姦〉一篇密獻安道，以荊公比王衍、盧杞，而不以示歐文忠」[11]，如果其事確為虛構，就如孔凡禮所說，蘇迨和蘇過勢必會糾正葉夢得的說法；既然蘇迨和蘇過沒表示異議，葉夢得有關〈辨姦論〉的記載自然可信。

除了孔凡禮陳述的諸多原因以外，筆者以為蘇洵在宋朝的政壇沒有舉足輕重的地位，他的〈辨姦論〉在他生前死後的政壇上都沒起什麼重要的實際作用，清人李紱、蔡上翔為王安石美言，聲稱〈辨姦論〉是偽作，為了堅持〈辨姦論〉是偽作，便說〈文安先生墓表〉、〈謝張太保撰先人墓碣書〉也是偽作，都是邵伯溫的手筆。其實如本書所論，在邵伯溫以前已經就有非常多的人對王安石的作風表示不滿，例如鮮于侁在英宗之時，也同樣指出王安石可能亂國的事情：

初，王安石居金陵，有重名，士大夫期以為相，恍惡其沽激要君，嘗語人曰：「是人若用，必壞亂天下。」至是，乃上書論時政曰：「可為憂患者一，可為太息者二，其他逆治體而召民怨者，不可概舉。」其意專指安石，安石怒，毀短之。神宗曰：「恍有文學，可用。」安石曰：「陛下何以知之？」帝曰：「有章奏在。」安石乃不敢言。[12]

當王安石仍在金陵服喪期間，沒有一官半職，鮮于侁就也在說王安石日後可能誤國，所以邵伯溫委實沒有必要為了泄憤，而冒天大的風險去偽作三篇沒有什麼特別重要性的文章，筆者以為李紱、蔡上翔偽作的說法有違一般常識。此外，蘇洵原本就很能相人，本書前文提到蘇洵為他兩個兒子命名，證明他確實有知人之能，所以他寫〈辨姦論〉剖析王安石的個性並預測他未來對宋朝所可能造成的災難實不足為奇：「使斯人而不用也，則吾言為過，而斯人有不遇之歎，孰知禍之至於此哉！不然，天下將被其禍，而吾獲知言之名，悲夫！」另外，更重要的一點是張方平在認識蘇洵以前就已經看透了王安石不近人情的個性，而且早已拒絕跟王安石互相往來：「方平頃知皇祐貢舉，或稱安石文學，辟以考校，既至，院中之事，皆欲紛更。方平惡其為人，檄之使出，自是未嘗與語。」[13] 蘇洵在跟張方平認識以後，受到張方平的賞識，他必然會從張方平處得知宦場的一些動態，而張方平也自然可能會告訴蘇洵他對王安石的看法，蘇洵在得知張方平的看法後，不僅表示贊同，而且再進一步提出自己所觀察到的一些現象，因此寫下〈辨姦論〉就教於張方平是絕對合理可能的。

筆者在探討完〈辨姦論〉在近代學術界所引起的爭議以後，現在再進一步繼續分析王安石與蘇軾的關係。除了上述有關蘇洵攻擊王安石的原因以外，另據《邵氏聞見錄》說，跟王安石非常接近的呂惠卿對蘇

軾有嫉妒之心，從中離間：「王介甫與蘇子瞻初無隙，呂惠卿忌子瞻才高，輒間之。」[14] 因此王安石很可能主要因為早先蘇洵寫了〈辨姦論〉，後來呂惠卿更暗地中傷，所以對蘇軾懷有甚深的敵意。

熙寧二年（1069）四月，神宗下詔徵詢更改學校貢舉法的意見，蘇軾因此應詔上〈議學校貢舉狀〉，建議貢舉法不當輕改：

> 右臣伏以得人之道，在於知人，知人之法，在於責實。使君相有知人之才，朝廷有責實之政，則胥史皂隸，未嘗無人，而況於學校貢舉乎？雖因今之法，臣以為有餘。使君相無知人之才，朝廷無責實之政，則公卿侍從，常患無人，況學校貢舉乎？雖復古之制，臣以為不足矣。[15]

蘇軾在他的狀子中首先指出用人之道在於知人，而知人最佳的辦法莫過於從旁觀察一個人的品德與辦事能力，如果神宗有知人之明，當時業已實行的制度足夠做為神宗選拔人才的依據；反過來說，如果神宗無知人之明，即使怎麼改貢舉的制度也不會有什麼效果。蘇軾所說人才的選拔與任用取決於一個領導，確為古今中外放諸四海而皆準的一個常識性的原則。接著蘇軾說，選拔人才不一定要靠學校才培養產生得出來：

> 夫時有可否，物有廢興。方其所安，雖暴君不能廢。及其既厭，雖聖人不能復。故風俗之變，法制隨之。譬如江河之徙移，順其所欲行而治之，則易為功；強其所不欲行而復之，則難為力。使三代聖人復生於今，其選舉養才，亦必有道矣，何必由學？且天下固嘗立學矣。慶曆之間，以為太平可待，至於今日，惟有空名僅存。今陛下必欲求德行道藝之士，責九年大成之業，則將變今之禮，易今之俗，

又當發民力以治宮室，斂民財以食遊士，百里之內，置官立師，獄訟聽於是，軍旅謀於是，又當以時簡不率教者，屏之遠方，終身不齒，則無乃徒為紛亂，以患苦天下耶？若乃無大變改，而望有益於時，則與慶曆之際何異？故臣以謂今之學校，特可因循舊制，使先王之舊物不廢於吾世，足矣。16

蘇軾早年的教育受惠於父母之處甚多，本書前文提到他對國家民族的責任感主要來自母親的啟迪，他父親同樣也給他的學問打下了深厚的根基，他父親本身主要又是自學出身，所以蘇軾對學校在一個人成長過程中所擔任的角色並不像一般人那麼看重。美國近幾十年來家庭教育（home school）的現象相當普遍，政府鼓勵父母教導他們自己的子女，准許已屆學齡的學生在家學習，家長可以授予他們的子女學分及畢業證明，家庭教育可以取代學校的義務教育，結果家庭教育的效果有時反比公立學校還佳，蘇軾以為人才不一定是學校才選拔培養得出來的觀點，與美國近幾十年來流行的家庭教育可說不謀而合。蘇軾在他的狀子中舉例說慶曆（1041-1048）期間大舉興辦學校，「以為太平可待」，但是二十年過後，宋朝並沒有因慶曆興學而突然一躍成為預期中傲視四鄰的強國，現在神宗仿傚仁宗想在貢舉制度上大事更張，違背人心事理，其結果勢必如同慶曆汲汲興學的結果一般。學校幫助培養選拔人才，但不應該是用來培養選拔人才的唯一方法，貢舉可以用來鑑定人才，但也不一定就是用來鑑定人才的唯一標準，蘇軾進一步解釋說：

至於貢舉之法，行之百年，治亂盛衰，初不由此。陛下視祖宗之世貢舉之法，與今為孰精？言語文章，與今為孰優？所得文武長才，與今為孰多？天下之事，與今為孰辦？較比四者，而長短之議決矣。今議者所欲變改，不過數端。或曰鄉舉德行而略文章；或曰專取策論而罷詩賦；或欲舉唐室故

事，兼采譽望，而罷封彌；或欲罷經生樸學，不用貼、墨，而考大義。此數者皆知其一，不知其二者也。

臣請歷言之。夫欲興德行，在於君人者修身以格物，審好惡以表俗，孟子所謂「君仁莫不仁，君義莫不義」。君之所向，天下趨焉。若欲設科立名以取之，則是教天下相率而為偽也。上以孝取人，則勇者割服，怯者廬墓。上以廉取人，則弊車羸馬，惡衣菲食。凡可以中上意，無所不至矣。德行之弊，一至於此乎！自文章而言之，則策論為有用，詩賦為無益；自政事言之，則詩賦、策論均為無用矣。雖知其無用，然自祖宗以來莫之廢者，以為設法取士，不過如此也。豈獨吾祖宗，自古堯舜亦然。《書》曰：「敷奏以言，明試以功。」自古堯舜以來，進人何嘗不以言，試人何嘗不以功乎？議者必欲以策論定賢愚、決能否，臣請有以質之。近世士大夫文章華靡者，莫如楊億。使楊億尚在，則忠清鯁亮之士也，豈得以華靡少之。通經學古者，莫如孫復、石介，使孫復、石介尚在，則迂闊矯誕之士也，又可施之於政事之間乎？自唐至今，以詩賦為名臣者，不可勝數，何負於天下，而必欲廢之！近世士人纂類經史，綴緝時務，謂之策括。待問條目，搜抉略盡，臨時剽竊，竄易首尾，以眩有司，有司莫能辨也。且其為文也，無規矩準繩，故學之易成；無聲病對偶，故考之難精。以易學之士，付難考之吏，其弊有甚於詩賦者矣。唐之通榜，故是弊法。雖有以名取人，厭伏眾論之美，亦有賄賂公行，權要請托之害，至使恩去王室，權歸私門，降及中葉，結為朋黨之論。通榜取人，又豈足尚哉。諸科舉取人，多出三路。能文者既已變而為進士，曉義者又皆去以為明經，其餘皆樸魯不化者也。至於人才，則有定分，施之有政，能否自彰。今進士日夜治經傳，附之以子史，貫穿馳騖，可謂博矣。至於臨政，曷嘗用其一二？顧視舊學，已為虛器，而欲使此等分別註疏，粗識大義，而望其才能增

長，亦已疏矣。[17]

蘇軾再度強調選拔與任用人才最重要的關鍵在於君王，「君之所向，天下趨焉」，一個君王如果能以身作則，正直公允，他的影響勢必波及全國，造成風氣，官員便會以清廉相勉，賢才勢必會應運而生。至於當時大家討論的廢棄詩賦，專重策論，或者廢棄文章，專重道德，或者廢棄考試，專重聲望等等問題不但是技術層面的小節，而且皆有其弊病，不值得為了枝節小事而把全國都鬧翻了。

蘇軾在他狀子的最後一部分因此建議神宗不要為了技術性的小節而忽略領導的重要原則與國家的重大事件：「臣故曰：此數者皆知其一，而不知其二也。特願陛下留意其遠者大者。必欲登俊良，黜庸回，總覽眾才，經略世務，則在陛下與二三大臣，下至諸路職司與良二千石耳，區區之法何預焉！」在討論完了培養選拔及任用人才的問題以後，蘇軾在狀子的結論中特別就當代學術風氣以及全國文化發展趨勢嚴重的影響到人才的培養問題上提出他的見解：

然臣竊有私憂過計者，敢不以告。昔王衍好老莊，天下皆師之，風俗淩夷，以至南渡。王縉好佛，舍人事而修異教，大歷之政，至今為笑。故孔子罕言命，以為知者少也。子貢曰：「夫子之文章，可得而聞也。夫子之言性與天道，不可得而聞也。」夫性命之說，自子貢不得聞，而今之學者，恥不言性命，此可信也哉！今士大夫至以佛老為聖人，粥書於市者，非莊老之書不售也。讀其文，浩然無當而不可窮；觀其貌，超然無著而不可挹，豈此真能然哉？蓋中人之性，安於放而樂於誕耳。使天下之士，能如莊周齊死生，一毀譽，輕富貴，安貧賤，則人主之名器爵祿，所以礪世摩鈍者，廢矣。陛下

> 亦安用之？而況其實不能，而竊取其言以欺世者哉。臣願陛下明敕有司，試之以法言，取之以實學。博通經術者，雖樸不廢；稍涉浮誕者，雖工必黜。則風俗稍厚，學術近正，庶幾得忠實之士，不至蹈衰季之風，則天下幸甚。[18]

本書前文提到蘇軾排斥佛教的主張，「吾之於僧，慢侮不信如此」，蘇軾將其近一年半以前私下的看法現在在他對神宗皇帝的狀子中正式地提出來，此舉有借神宗為全國至尊的地位向全國宣告的意味。蘇軾就國家的興亡來闡述他對老莊佛教的看法，據他的觀察，老莊無為的說法與佛教遁世的思想是促成國家社會衰敗的主因，特別是老莊佛教的教導與儒家致世的思想格格不入，蘇軾因此鼓勵神宗發揮儒家致世的主張而排斥「以佛老為聖人」的想法。

神宗看了議狀，相當高興，「即日召見」，[19]「問何以助朕？」[20]蘇軾回答說他有輕率急進的缺失，「陛下生知之性，天縱文武，不患不明，不患不勤，不患不斷，但患求治太速，進人太銳，聽言太廣」，[21]神宗聽了悚然接納，「卿所獻三言，朕當熟思之」，[22]神宗並特別鼓勵蘇軾以後對他實行的政策有話就直說：「凡在館閣，皆當為朕深思治亂，指陳得失，無有所隱者。」[23]蘇軾的意見代表了當時反對王安石變法的絕大多數官員的立場。宋朝積弱不振，由來已久，政治、軍事、經濟、社會等等體系的弊端甚多，固然要改，但神宗和王安石所犯的錯誤是操之過急，他們不顧多數官員的意見，憑著個人的想法，期望透過高壓政策，使用鐵腕的手段，在瞬息之間就把國家轉化成為一等的強國，這是天真幼稚非常不切實際的想法。這就如同毛澤東在大躍進期間希望中國能在十五年之內「超英趕美」，以高壓強制的手段實施各種不切實際的政策，結果不但沒能達到目的，反而讓三千多萬的生靈活活餓斃。在古今中外的歷史上，一意

孤行、不恤眾意的統治者因此常給國家人民帶來無比災難的事例不勝枚舉。

神宗初次跟蘇軾接觸，因為蘇軾「奏對明敏」，[24] 直話直說，對他有相當良好的印象，「面賜獎激」，[25] 希望能大用蘇軾：「欲用軾修中書條例。」[26] 可是王安石反對，說：「不宜輕用。」據《續資治通鑑長編紀事本末》說，五月神宗問王安石對蘇軾的印象如何，「安石知軾素與己異，疑上亟用之也，因極稱呂惠卿，上許召見之。」[27] 王安石不但多方阻撓蘇軾的晉升，而且力薦善於逢迎的十足小人呂惠卿。這時王安石任宰輔雖說才三個月左右，他在朝跋扈的作風大概除了神宗以外，大家都看得很清楚，即使是王安石的舊友，也慢慢開始對他有些失望。上一章提到的呂晦是王安石向來敬重的同事，他心目中理想的宰相：「呂十六不作相，天下不太平……晦叔作相，吾輩可以言仕矣」，[28] 被他目為師友：「師友之義，實有望於晦叔。」[29] 王安石在做宰相之後就推薦他做御史中丞，這時候呂晦已經看穿王安石的為人，深知王安石獨斷的作風對國家政治會造成極大的戕害：「臣究安石之迹，固無遠略，惟務改作，立異於人，徒文言而飾非，將罔上而欺下。臣竊憂之，誤天下蒼生，必是人也。陛下圖治之宜，當稽於眾。」[30] 呂晦是王安石自己推薦的人，既然他推薦的朋友也參劾他，他別無選擇，只好遞出辭呈。神宗收到辭呈，對王安石並沒責難，卻加以挽留，更要求呂晦不要再批評王安石。呂晦畢竟是一個有責任感的官員，他不但沒閉口，反而評得更厲害，他說：「臣受國恩，家有忠範，惟知死節，以圖報效。」[31] 因此六月呂晦落御史中丞一職，被分派到鄧州；安石過了這異常緊要的一關，「益自信」，[32] 此後不論別人說什麼，他都不怎麼放在心上，而更肆意張膽地更張政事。同月，張方平應詔舉諫官，推薦蘇軾，朝廷不用。七月，均輸法跟著頒行，新法的全面實施已是不可避免的事情。[33]

熙寧二年（1069）八月，蘇軾充當國子監舉人考試官，這時他對王安石在朝專斷的作風對宋廷所造成

不利的影響憂心忡忡，所以就針對這個問題特別出了一道考題，問晉武帝伐吳、符堅伐晉，兩人都很獨斷，為什麼一個成功，一個失敗；漢昭帝信任霍光，唐德宗信任盧杞，為什麼一個成功，一個失敗。[34]王安石見了試題，知道蘇軾在暗中抨擊自己，因此「不悅」，[35]對蘇軾更增添些了敵意。同月，原來支持王安石為相的司馬光這時對王安石的行政措施已經大失所望，於是上書給神宗指出不妥的地方：「今乃使兩府大臣悉取三司條例別置一局，聚文士數人，與之謀議，改更制置，三司皆不與聞。」[36]據司馬光的觀察，神宗是一個有心勵精圖治的帝王：「臣竊見陛下日出視朝，繼以經席，將及日中，乃還宮禁。入宮之後，竊聞亦不自閒省，閱天下奏事，群臣章疏。逮至昏夜，又御燈火，研味經史，博觀群書。」[37]可惜他行事急躁，誤用王安石，以至不但沒能達到綏靖四夷的心願，反而因此英年早逝。

同月癸卯，侍御史劉琦、御史裡行錢顗、御史知雜劉述因彈劾王安石：「臣竊見陛下用王安石為參知政事，未逾年，中外人情囂然不安」，[38]同時被貶；劉琦被貶為監處州酒稅，御史裡行錢顗監衢州鹽稅，劉述因別案待決，稍後於壬戌始被貶為江州知州。錢顗在離開御史臺以前，痛罵他同事殿中侍御史孫昌齡無恥：「平日士大夫未嘗知君名正，以王安石昔居憂金陵，君為幕府官，奴事安石，乃薦君及彭思永得舉為御史，今日亦當少念報國，奈何專欲附安石求美官！顗今日罪分當遠竄，君在後為美官，自謂得策耶！我視君犬彘不如也！」[39]孫昌齡畢竟是一個有正義感的官員，在被罵之後，覺得過不去，也站出來說話：「王克臣阿奉當權，欺蔽聰明」，結果在乙巳日也被貶為蘄州通判。

丙午日，知諫院范純仁上書批評王安石，說他「專任己能，不曉時事」，[40]請求神宗解除王安石丞相的職位：

安石以富國強兵之術啟迪上心，欲求近功，忘其舊學，尚法令則稱商鞅，言財利則背孟軻，鄙老成為因循，棄公論為流俗，異已者為不肖，合意者為賢人。劉琦、錢顗等一言，便蒙降黜。在廷之臣方大半趨附，陛下又從而驅之，其將何所不至。道遠者理當馴致，事大者不可速成，人才不可急求，積弊不可頓革。儻欲事功急就，必為憸佞所乘。宜速還言者而退安石，答中外之望。[41]

范純仁說王安石是假藉堯舜的名義來推行橫征暴斂的政策，自以為是，心胸狹隘，喜歡別人拍自己的馬屁，凡是反對他的人就對他們進行無情的報復和打擊。神宗看了范純仁的奏摺，便把他的摺子留著，並不對外宣布，而且不久也把他調到國子監，希望他不要再繼續批評王安石，王安石並派人跟他說他已經決定把他升為知制誥，希望能夠籠絡范純仁。可是范純仁對王安石的建議並不感興趣，他回答說他不會為了高官便出賣自己的人品：「此言何為至於我哉，言不用，萬鍾非所顧也」，[42]並且進一步把他的奏摺謄錄以後再呈送給中書省。王安石因此大怒，準備重貶范純仁。神宗勸他說：「彼無罪，姑與一善地」，結果范純仁被外調，做了河中府的知府。

庚戌，蘇轍因不贊同王安石青苗法的措施，觸怒王安石，辭去制置三司條例司詳檢文字一職：「伏自受命於今五月，雖日夜勉強，而才性樸拙，議論迂疏，每於本司商量公事，動皆不合。」[43]據《東都事略》說，王安石在提出青苗的構想以後，蘇轍指出它的問題：「以錢貸民，出納之際，吏緣為姦，錢入民手，雖良民不免妄用；及其納錢，雖富民不免違限，恐鞭箠必用，州縣不勝煩矣。」[44]王安石聽了以後說「君言有理」，就不再談青苗。後來河北轉運判官王廣廉「乞度僧牒數千為本錢，行陝西漕司前所私行青苗法，春散秋斂」，[45]王安石見他的行事跟自己的主意相合，便不再顧忌，下令施行青苗法，蘇轍不同

意，去見陳升之，「又以書抵王安石，力陳其不可。」[46] 王安石很生氣，要治蘇轍的罪，幸好陳升之保全蘇轍，說他無罪，蘇轍才得以脫險，如此只好辭職。

神宗想用蘇軾代替蘇轍，讓他進入當時推動全國新政的中樞要地：「轍與軾何如？觀其學問頗相類」，[47] 王安石聽了毫不猶豫地馬上找個藉口來排斥他們：「軾兄弟大抵以飛箝捭闔為事。」雖然神宗覺得王安石的議論有點牽強，「如此，則宜時事，何以反為異論？」但因寵信王安石，只好作罷。此時富弼見王安石專權跋扈，自己沒法跟他爭衡，只好常常稱病不上中書省，時間久了，覺得常常托病也不是辦法，最後決定辭去相位。富弼連上了幾十道辭章，神宗最後同意，於十月甲午日以開府儀同三司、行左僕射、門下侍郎平章事的名銜派他為武寧軍節度使、判亳州。在走以前，富弼跟神宗坦誠交談：

> 弼將去，言於上曰：「此見親舊，乃知人情大不安，所進用者多小人……」上問弼曰：「卿去，誰可代卿？」弼薦文彥博，上默然良久，曰：「安石何如？」弼默然。[48]

富弼雖然是非常資深的官員，但這時他已失去神宗的寵信，所以他的意見對神宗當然沒起什麼作用。

十月七日，神宗要司馬光推薦諫官：「諫官難得，卿更為擇其人」，司馬光因此推薦蘇軾，朝廷還是不用。[49] 十一月六日，神宗希望用蘇軾修起居注，稱他「有文學，朕見似為人平靜」，[50] 王安石再加阻撓，說：

> 邪憸之人，臣非苟言之，皆有事狀。做〈賈誼論〉，言優游浸漬，深交絳、灌，以取天下之權；欲附

> 麗歐陽修，修作〈正統論〉，章望之非之，乃作論罷章望之。其論都無理。非但如此，遭父喪，韓琦等送金帛不受，卻販數船蘇木入川，此事人所共知。司馬光言呂惠卿受錢，反言蘇軾平靜，斯為厚誣。陛下欲變風俗，息邪說，驟用此人，則士何由知陛下好惡所在？此人非無才智，以人望人誠不可廢，若省府推、判官有闕，亦宜用，但方是通判資序，豈可便令修注？[51]

王安石對蘇軾的批評可說是毫無根據，顛倒是非善惡黑白。他惡意中傷蘇軾，稱蘇軾為「邪險之人」。十五年後，蘇軾離開黃州貶謫之地，路過南京，王安石那時遭呂惠卿排擠，已被迫離開朝廷，閒居在家，聽說蘇軾從黃州到了南京，便不請自來，「野服乘驢謁於舟次」，[52]主動來到蘇軾的所在地，跟他釋嫌和好，他對蘇軾的態度前倨後恭，先後判若兩人，日後事實證明王安石此時是昧了良心說話。

蘇軾的〈賈誼論〉談到賈誼短暫的一生，批評賈誼「志大而量小，才有餘而識不足」，[53]觀點中肯，並非如王安石所說的「其論都無理」。蘇軾認為賈誼確實是有才能的臣子，只是他在遭到挫折之後便心灰意冷，「縈紆鬱悶」，最後自暴自棄，「自傷哭泣，至於夭絕」，蘇軾根據這些史實立論說賈誼遭到挫折的時候，不應該短視，而須要忍耐，「夫君子之所取者遠，則必有所待；所就者大，則必有所忍」，須要安心等待東山再起的時機，「夫謀之一不見用，則安知終不復用也？不知默默以待其變，而自殘至此。」其實，王安石對〈賈誼論〉真正不滿的原因應該是蘇軾在文章中主張賈誼須要注意他跟漢朝的開國元老絳侯周勃和灌嬰等的關係，「優游浸漬，深交絳灌」，爭取他們的支持來進行改革。王安石對宋朝的元老如韓琦、文彥伯等相當厭惡，把他們都當做他推行新法的障礙，所以對蘇軾說的這點特別不滿意，歷史證明王安石推行新法卻不能取得賢能大臣的幫助，是他新政所以弊端叢生的主要原因之一，王安石不但不能採

用蘇軾的看法，反而因他的言論將他抹黑，這是他為人執政極大的缺失之處。

至於蘇軾的〈正統論〉也不像王安石所說的「其論都無理」。蘇軾的論點是無論統治者是以武力打江山或篡位取得天下，都應該像歐陽修一樣把他們視為中國正統王朝的一部分，「聖人得天下，篡君亦得天下，顧其勢不得不與之同名」；[54]而不必像章望之一樣一定要把篡位的視為霸統，把他們排除出中國傳統之外。在敘述歷代統一中國的朝代，章望之勉強把秦梁放在裡邊，而把魏朝剔除出去，蘇軾認為列舉中國歷朝的名稱只是承認哪些朝代統一了中國，跟各個統治者怎麼取得王位無關，歐陽修和蘇軾的觀點一直沿承至今，成為歷史公論，中國人敘述中國的朝代到現在還是說魏、晉、南北朝，並沒有採納章望之的意見把魏朝給剔除出去，所以王安石的批評可以說是不分黑白，顛倒是非。此外，王安石一口咬定蘇軾寫〈賈誼論〉是阿諛歐陽修，「欲附麗歐陽修」，這也不合事實，蘇軾在〈賈誼論〉中很清楚地指出，「歐陽子之論，猶有異乎吾說者」，蘇軾跟歐陽修的觀點不盡相同，要說蘇軾「附麗歐陽修」便難免顯得牽強。再說王安石指控蘇軾走私蘇木這一事件，「遭父喪，韓琦等送金帛不受，卻販數船蘇木入川」，事後王安石動用龐大的行政與司法力量來偵察這件事情，結果證明純屬子虛烏有，是別人惡意捏造的謠言。

在王安石蓄意中傷之下，神宗只好放棄了擢用蘇軾的想法。一方面為了敷衍神宗要大用蘇軾的心願，一方面也為了要牽制蘇軾，王安石決定讓蘇軾權攝行政事物異常繁重的開封府推官。蘇軾這個人的確有行政長才，他做了開封府推官以後，大出王安石的意料之外，做得有聲有色，「決斷精敏，聲聞益遠。」[55]據《續資治通鑑長編拾補》說，「是時上方以政事試練天下之材，下至布衣疏遠或州縣吏，有以片言小善不知其人而超擢不日至侍從者」，[56]而蘇軾以天縱之材，屢次被王安石阻難，不克晉升，這不能不說是神宗的缺失，也是宋朝的不幸。

鄧廣銘和漆俠在他們合著的《宋史專題課》中說：「司馬光指責王安石『拒諫』、『遂非』、『執拗』，南宋朱熹指責王安石『違眾自用』、『足己自聖』，顯然都是惡意誣蔑。」[57]言下之意似乎整個宋朝只有司馬光和朱熹兩個人對王安石專斷的作風有所不滿，而且似乎他們對王安石專斷的批評也全是惡意的誹謗之詞。本書上文顯示，本書在以後的章節中也還會繼續不斷地證實，當時與王安石同時，稍有氣節的官員幾乎全都異口同聲的指責王安石剛愎自用的個性，他們為了維護老百姓生活上的基本權益，拒絕阿諛王安石；他們寧願不做高官，冒著被貶謫的危險，也不放棄對百姓危害甚大的新法的抗爭。他們堅持抗爭並不是如鄧廣銘和漆俠所稱全是對王安石惡意中傷，實際上是有其客觀事實的依據與理由的。

熙寧二年（1069）十一月已丑，與安石同領制置三司條例司的陳升之，因已取得相位，這時便公開表明他反對條例司的立場，不願再以宰相的地位來繼續條例司的工作，神宗因此別命樞密副使韓絳為同制置三司條例。陳升之的基本立場是宰相主管全國的行政事務，不應該兼領一個別的行政部門：

初，陳升之既拜相，遂言制置三司條例司難以簽書……安石曰：「臣熟思此事，但可如故無可改者。」升之曰：「臣待罪宰相，無所不統，所領職事，豈可稱司！」安石曰：「於文反后為司，后者君道也，臣固宜稱司。」陳升之曰：「今之有司、曹司，皆一職之名，非執政之所宜稱。」安石曰：「古之六卿，即今執政，有司馬、司徒、司空各名一職，何害於理！」曾公亮曰：「今之執政乃古三公，古之六卿，即今之六尚書也。」[1]

他們反覆辯論，「日高不決」，最後還是決定由韓絳取代陳升之主管三司條例司的位置，此後王安石與陳升之便反目成讎。據《續資治通鑑長編紀事本末》說，陳升之這個人跟其他擁護新法的官員一樣，沒什麼崇高的行政原則，做官主要的目的是求一己的榮華富貴，並不是在追求施政的理想：

升之深狡多數，善附會以取富貴。為小官時，與安石相遇淮南，安石深器之。安石時為揚州簽判，有

送升之序。及安石用事，務變更舊制。患同執政者間不從，奏設制置條例司，引之共事，凡所欲為，自條例司直奏行之，無復齟齬。升之心知其不可，而竭力贊助，或時為小異，陽若不與安石皆同者。安石不覺其詐，深德之。安石推升之使先為相，升之既登相位，於條例司事遂不復肯關預，安石固以請，升之曰：「茲事曷歸之三司，何必攬取為己任也！」安石大怒，二人於是乎始判。[2]

陳升之跟呂惠卿一樣都是王安石特別推薦倚靠的黨羽，他們的為人，一般人都相當清楚，像司馬光就跟神宗指出過他們的缺點：

以陳升之同平章事，上問司馬光曰：「近相陳升之，外議如何？」光曰：「閩人狡險，楚人輕易。今二相皆閩人，二參政皆楚人，風俗何以更得醇厚！」上曰：「升之有才智，他人莫及。朕知其才智足典軍政，今任之為相，欲輔政治之缺失，必能勝其任。」光曰：「升之才智，誠如聖旨，但恐不能臨大節而不奪……」上曰：「然，升之圓甚，朕已戒之。」光曰：「富弼老成有人望，其去可惜。」上曰：「朕留之至矣，彼堅欲去，蓋以所言不用，與同列不合也。」上又曰：「王安石何如？」光曰：「人言安石姦邪，則毀之太過；但不曉事，又執拗耳。」論及呂惠卿，光曰：「惠卿憸巧，非佳士。」上曰：「應對明辨，亦似美才。」光曰：「惠卿誠文學辨慧，然用心不端。」[3]

王安石跟這些「善附會以取富貴」的人一起進行改革，難怪他的改革會慘遭失敗。王安石引用一般小人，其實也並不是完全不知他們為人的缺點，只是他人過於自信，自以為以執政的地位應付這些小人應該卓卓

有餘，憑自己的聰明才智，叫他們俯首聽命應該易如反掌。據南宋人托名李燾的《續宋編年資治通鑑》說，王安石所以要引用小人，主要是因為有氣節的官員不願跟他苟同合作，不得已方出此下策：

> 程顥謂王安石曰：「介甫行新法，人方疑以為不便，今乃引用一副當小人，或為險要，或為監司，何也？」介甫曰：「方新法之行，舊時人不肯而前，因一切有才力候法行已成，即逐之，卻用老成者守之，所謂知者行之，仁者守之。」顥曰：「以斯人而行新法，介甫誤矣。君子難進易退，小人反是，若小人得路，豈可去也？若欲去，必成仇敵，他日將悔之。」安石默然。後果有賣金陵者，雖悔之，何及也。[4]

王安石雖然打算在新法確立以後革除這些小人，再行引用君子，但是誠如程顥所說，等新法確立以後，一般有原則的君子，被放逐的既被放逐，引退的也已經引退，再要他們出山合作，確是難上加難，而小人既已在位，要他們自動放棄權位，難免是異想天開，安石被程顥說得沒話可說。人算不如天算，日後王安石自己本人不但被他引用的小人擠出朝廷，宋朝也終因新法引用的小人而遭亡國之禍。

十一月庚午，神宗在邇英講讀完畢後請司馬光留下來，問他對變更宗室法有什麼意見。司馬光回答說：「此誠當變更，但宜以漸，不可急耳。」[5]司馬光此時回答神宗的說辭跟蘇軾一致，弊端誠然要改，但應多方諮詢，詳加講求，不可操之過急。可惜在十多年以後，當司馬光自己做相的時候，不能遵守早年的原則，不幸也犯了與王安石同樣的錯誤，操之過急，在幾天之內就把實行多年的新法盡廢。庚辰，司馬光在邇英殿講讀《資治通鑑》蕭規曹隨的一段故事，說曹參為相，沿襲蕭何的法則，天下晏然。兩天之

後，王午，王安石的左右手呂惠卿就司馬光的講讀內容與司馬光在朝起了一場相當激烈的爭辯。呂惠卿以為司馬光在借題發揮，指桑罵槐，說變法的不是：「光之措意，蓋不徒然，必以國家近日多更張舊政而規諷；又以臣制置三司條例，看詳中書條例，故有此論也。臣願陛下深查光言，苟光言是，則當從之；若光言為非，則陛下亦當播告之，修不匿厥旨，召光詰問，使議論歸一。」[6]司馬光對神宗講讀蕭規曹隨的一段故事，不一定就如呂惠卿所稱是批評新法，呂惠卿有可能藉著這件事希望神宗對司馬光施加壓力。果然，神宗聽了呂惠卿的建議，不多斟酌，就把司馬光召到跟前，問他因由。司馬光回答說：「臣所謂率由舊章，非坐視舊法之弊端而不變也。臣承侍經筵，惟知講讀經史，有聖賢事業可以裨益聖德者，臣則委曲發明之，以助萬分，本實無意譏惠卿。」[7]雖然司馬光解釋說他的講讀跟呂惠卿所推行的新法無關，呂惠卿顯然不願放過司馬光，希望藉著這次事件，給司馬光一個致命的打擊，把他驅出朝廷：「司馬光備位侍從，見朝廷事有未便，即當論列。有官守者，不得其守則去；有言責者，不得其言則去，豈可但已？」司馬光因此就問神宗說：「前者，詔書責侍從之臣言事，臣遂上此書，指陳得失，如制置條例司之類，皆在其中，未審得達聖聽否？」神宗回答說：「見之。」司馬光就說：「然則臣不為不言也，至於言不用而不去，則臣之罪也。惠卿責臣，實當其罪，臣不敢辭。」神宗聽了，大概有些不好意思，覺得呂惠卿有些逼人過甚，就不再讓他們繼續爭辯下去：「相共講是非耳，何至乃爾。」王珪此時也順著神宗的語氣從旁勸解：「光所言，蓋以朝廷所更之事，或利少害多，亦不必更爾。」等王珪讀完《史記》，司馬光讀完《通鑑》，神宗請司馬光、王珪、呂惠卿等人留下來，繼續討論新法的設施，希望大家能得到一個共識：

上曰：「朝廷每更一事，舉朝士大夫洶洶，皆以為不可，又不能指明其不便者，果何事也？」光曰：

一朝廷散青苗，茲事非便。」呂惠卿曰：「光不知此事，彼富室為之，則害民，今縣官為之，乃可以利民也。」光曰：「昔太祖平河東，輕民租稅，而戍兵甚眾，命和糴糧草以給之，當是時人希物賤，米一斗十餘錢，草一圍八錢，民皆樂與官為市，不以為病。其後人益眾，物益貴，而轉運司常守舊價，不肯復增，或更折以茶布，或復支移、折變，歲饑租稅皆免，而和糴不免，至今為膏肓之疾，朝廷雖知其害民，以用度乏，不能救也。臣恐異日青苗之害亦如河東之和糴也。」上曰：「陝西行之久矣，民不以為病也。」光曰：「臣陝西人也，見其病，不見其利。朝廷初不許也，有司尚能以病民，況今立法許之乎？」上曰：「坐倉糴米，何如？」王珪等皆起對曰：「坐倉甚不便，朝廷近罷之，甚善。」上曰：「未嘗罷。」光曰：「今京師有七年之儲而錢常乏，若坐倉錢益乏，米益陳，奈何？」惠卿曰：「坐倉得米百萬石，則歲減東南百萬之漕，以其錢供京師，何患無錢？」光曰：「東南錢荒而米狼戾，今不糴米而漕錢，棄其有餘，取其所無，農皆病末矣。」惠卿曰：「光所言皆吏不得人，故為民害耳。」光曰：「如惠卿言，乃臣前日所謂『有治人而無治法也』。」吳申曰：「司馬光之言可謂至論。」光曰：「此等細事，皆有司之職所當講求，不足煩聖慮。陛下但當擇人而任之，有功則賞，有罪則罰，此乃陛下職爾。」上曰：「然。『文王罔攸，兼於庶言，庶獄，惟有司之牧者。』此也。」上復謂光曰：「卿勿以呂惠卿言遂不慰意。」光曰：「不敢。」[8]

青苗貸款的事情，呂惠卿說有錢的人對平民貸款就會出問題，而政府出面貸款，什麼問題都沒有，表面上聽起來冠冕堂皇，好像一件事情一碰到政府出面就能圓滿解決，而只有民間自由進行就會衍生諸多問題，這是自欺欺人的論調。一個政府特別是中國歷代具有絕對權力的專制政府，不受人民的監督，它的腐敗是

必然存在的。就總體來說，由百姓自由交易，需要貸款的人一般都會在各個商家之間盡力去尋找爭取簽訂一個對自己條件有利的貸款合約，考量自己每個月能還多少貸款的本錢和利息，哪個時候有能力去申請貸款，如果貸款的條件不理想就不貸，不會被商家硬逼著非申請貸款不行。而由政府發放的貸款，百姓沒有講價還價的餘地，特別是那些經手貸款的官僚一般是為了自己升官發財，不論老百姓同意不同意，他們可以利用權力逼迫老百姓就範，以配額的方式發給老百姓，老百姓最後還不出貸款，那些經手的官僚可以名正言順輕而易舉的抄他們的家，沒收他們的土地，本書稍後會詳細分析青苗法施行的各種細節，全面討論它的得失。在這次有關新法的討論中，司馬光的意見顯然獲得眾人的支持，不但神宗同意他所說的，就是呂惠卿也沒法反駁。可惜神宗不能擇善固執，事後在王安石的堅持慫恿下，又改變初衷，依然照行新法無誤。

閏十一月十六日（己酉），蘇軾的同年進士，曾鞏的弟弟著作佐郎曾布差看詳衙司條例。[9]據《邵氏聞見錄》說，「呂惠卿丁父憂去，王荊公未知心腹所託可與謀事者。曾布時以著作佐郎編敕，巧黠善迎合荊公意，公悅之。數日間相繼除中允、館職，判司農寺。」[10]曾布因迎合王安石而迅速高升，日後在政壇上相當活躍，有很大的影響力。十二月癸未，呂公著對朝廷大量進用小人表示不滿，神宗聽了他的諫言，對那些新人不能不起疑慮，因此他問王安石和韓絳：「呂公著言：『條例司近轉疏脫，所舉官皆是奴事呂惠卿得之，並非韓絳、王安石所識。』」安石照例立即替呂惠卿辯護：「自外舉者，誠或非臣等所識，然取於眾議，若謂奴事呂惠卿，則惠卿在條例司用事以來，幾日在外，人如何奴事得？」[11]神宗聽了，也不調查，就當場作罷，這不是一個賢能的領導者所應該做的。

同月，神宗以中旨下開封府，要減價購買浙燈四千餘盞，蘇軾看到一國的國君為了貪圖小利竟然[illegible]

到要殺價強買平民的產品，儼如盜賊，因此上〈諫買浙燈狀〉，勸神宗不要因嗜欲玩好而剝奪細民的利益：

右臣嚮蒙召對便殿，親奉德音，以為凡在館閣，皆當為朕深思治亂，指陳得失，無有所隱者。自是以來，臣每見同列，未嘗不為道陛下此語，非獨以稱頌盛德，亦欲朝廷之間如臣等輩，皆知陛下不以疏賤間廢其言，共獻所聞，以輔成太平之功業。然竊謂空言率人，不如有實而人自勸。欲知陛下能受其言之實，莫如以臣試之。故臣願以身先天下試其小者，上以補助聖明之萬一，下以為賢者卜其可否，雖以此獲罪，萬死無悔。

臣伏見中使傳宣下府市司買浙燈四千餘盞，有司具實直以聞，陛下又令減價收買，見已盡數拘收，禁止私買，以須上令。臣始聞之，驚愕不信，咨嗟累日。何者？竊為陛下惜此舉動也。臣雖至愚，亦知陛下游心經術，動法堯舜，窮天下之嗜欲，不足以易其樂；盡天下之玩好，不足以解其憂，而豈以燈為悅者哉。此不過以奉二宮之歡，而極天下之養耳。然大孝在乎養志，百姓不可戶曉，皆謂陛下以耳目不急之玩，而奪其口體必用之資。賣燈之民，例非豪戶。舉債出息，畜之彌年，衣食之計，望此旬日。陛下為民父母，唯可添價貴買，豈可減價賤酬。[12]

因為神宗皇帝在七個月以前曾召見過蘇軾，鼓勵蘇軾直言極諫，「指陳得失，無有所隱」，蘇軾因此尊崇神宗的指令，盡心發言，即使因此犧牲性命也在所不惜。蘇軾認為民間小本經營的燈籠業者一年之中就靠元宵時節賺取一些利益，皇室掌控全國的財政，沒有理由剝奪燈籠業者賴以為生的合理利潤。神宗在看到

蘇軾的狀子以後，知道以賤價強行收購浙燈是一種強橫霸道傷害百姓的宵小行為，對皇帝來說，實在不太體面，因此接受蘇軾的建議，及時追還前命。

神宗在處理買燈的這件事上，表現出勇於任事的作風，讓蘇軾相當感動，給蘇軾一個錯覺以為神宗是一個有度量能接納善諫的皇帝，因此他接著又呈進〈上神宗皇帝書〉，長達萬言，表示他對神宗皇帝的讚佩之情：

> 臣近者不度愚賤，輒上封章言燈事。自知瀆犯天威，罪在不赦，席藁私室，以待斧鉞之誅；而側聽逾旬，威命不至，問之府司，則買燈之事尋已停罷，乃知陛下不惟赦之，又能聽之。驚喜過望，以至感泣。何者？改過不吝，從善如流，此堯舜禹湯之所勉強而力行，秦漢以來之所絕無而僅有。顧此買燈毫髮之失，豈能上累日月之明，而陛下翻然改命，曾不移刻，則所謂智出天下而聽於至愚，威加四海而屈於匹夫。臣今知陛下可與為堯舜，可與為湯武，可與富民而措刑，可與強兵而伏戎狄矣。[13]

蘇軾在表達了對神宗的讚佩以後，接著便說明他寫萬言書另外一個目的便是希望盡他的心智來輔佐神宗成為堯舜一般的聖君：

> 有君如此，其忍負之！惟當披露腹心，捐棄肝腦，盡力所至，不知其它。乃者臣亦知天下之事，有大於買燈者矣，而獨區區以此為先者，蓋未信而諫，聖人不與；交淺言深，君子所戒。是以試論其小者，而其大者固將有待而後言。今陛下果赦而不誅，則是既已許之矣；許而不言，臣則有罪；是以願

終言之。

蘇軾首先指出立國的三個重要的綱領，以精神為先為重，以體制為輔，「結人心，厚風俗，存紀綱」。蘇軾解釋所謂「結人心」的意思就是廣泛地徵詢大眾的意見，按照大眾的需求，以大眾願意接受的方法來處理國家的政事：

人莫不有所恃，人臣恃陛下之命，故能役使小民；恃陛下之法，故能勝服強暴。至於人主所恃者誰與？書曰：「予臨兆民，凜乎若朽索之馭六馬。」言天下莫危於人主也。聚則為君民，散則為仇讎。聚散之間，不容毫釐。故天下歸往謂之王，人各有心謂之獨夫。由此觀之，人主之所恃者，人心而已。人心之於人主也，如木之有根，如燈之有膏，如魚之有水，如農夫之有田，如商賈之有財。木無根則槁，燈無膏則滅，魚無水則死，農無田則飢，商賈無財則貧，人主失人心則亡。此理之必然，不可逭之災也。其為可畏，從古以然。苟非樂禍好亡，狂易喪志，則孰敢肆其胸臆，輕犯人心。昔子產焚載書以弭眾言，賂伯石以安巨室，以為眾怒難犯，專欲難成，而孔子亦曰：「信而後勞其民，未信則以為厲己也。」惟商鞅變法，不顧人心，雖能驟至富強，亦以召怨天下。使其民知利而不知義，見刑而不見德，雖得天下，旋踵而失也；至於其身，亦卒不免負罪出走，而諸侯不納，車裂以殉，而秦人莫哀。君臣之間，豈愿如此。宋襄公雖行仁義。失眾而亡；田常雖不義，得眾而強。是以君子未論行事之是非，先觀眾心之向背。謝安之用諸桓，未必是，而眾之所樂，則國以乂安。庾亮之召蘇峻，未必非，而勢有不可，則反為危辱。自古及今，未有和易同眾而不安，剛果自用而不危者也。14

蘇軾雖然不知道現代的政治體制，但是他所說的「結人心」就是現代民主體制運作中最重要的原則。民主體制中權力的轉移是以人心的向背為標準，凡是得到民眾支持的個人或團體就能夠通過選舉掌握政權，凡是民眾所摒棄的個人或團體，即使他們原先掌握政權，在選舉失敗之後，就會失去政權。蘇軾所說的「結人心」就是要政府通過公正開明的措施來取得一般臣民的支持，雖然他沒有使用民主的名稱，他主張的卻是民主的精神。蘇軾暗示如果神宗一意孤行，不能獲得一般臣民的支持，國家勢必不安，禍患便會接踵而至。

蘇軾在分析完「結人心」的意義與重要性以後，跟著談到神宗推行一系列的新政措施引起了全國各地驚惶的情勢，在新政倉促強制推行之下，很多人都認為神宗準備橫征暴斂，剝削平民：

今陛下亦知人心之不悅矣。中外之人，無賢不肖，皆言祖宗以來，治財用者不過三司使副判官，經今百年，未嘗闕事。今者無故又創一司，號曰制置三司條例。使六、七少年日夜講求於內，使者四十餘輩，分行營幹於外，造端宏大，民實驚疑，創法新奇，吏皆惶惑。賢者則求其說而不可得，未免於憂，小人則以其意度朝廷，遂以為謗。謂陛下以萬乘之主而言利，謂執政以天子之宰而治財，商賈不行，物價騰踴。近自淮甸，遠及川蜀，喧傳萬口，論說百端。或言京師正店，議置監官，夔路深山，當行酒禁，拘收僧尼常住，減刻兵吏廩祿，如此等類，不可勝言。而甚者至以為欲復肉刑。斯言一出，民且狼顧。陛下與二三大臣亦聞其語矣，然而莫之顧者，徒曰我無其事，又無其意，何恤於人言。夫人言雖未必皆然，而疑似則有以致謗。人必貪財也，而後人疑其盜；人必好色也，而後人疑其淫。何者？未置此司，則無其謗，豈去歲之人皆忠厚，今歲之人皆虛浮？孔子曰：「工欲善其事，必

先利其器。」又曰：「必也正名乎。」今陛下操其器而諱其事，有其名而辭其意，雖家置一喙以自解，市列千金以購人，人必不信，謗亦不止。夫制置三司條例司，求利之名也；六七少年與使者四十餘輩，求利之器也。驅鷹犬而赴林藪，語人曰，我非獵也，不如放鷹犬而獸自馴。操網罟而入江湖，語人曰，我非漁也，不如捐網罟而人自信。故臣以為，消讒慝以召和氣，復人心而安國本，則莫若罷制置三司條例司。[15]

蘇軾指出所謂的新法不過是幾個資淺年輕的臣子在王安石的帶領之下閉門造車，草率從事全國大規模的改革，他們的意見既沒有徵得大多臣子的同意，又不顧改革措施對平民所可能造成的傷害，以致鬧得全國人心惶惶，情勢不安：「今者無故又創一司，號曰制置三司條例，使六、七少年日夜講求於內，使者四十餘輩，分行營幹於外，造端宏大，民實驚疑，創法新奇，例皆惶惑。」蘇軾因此主張先行穩定人心，廢除制置三司條例司，然後按照正常的渠道，廣泛地徵詢全國大眾的意見，徐徐從容策劃國家大計：

夫陛下之所以創此司者，不過以興利除害也。使罷之而利不興，害不除，則勿罷；罷之而天下悅，人心安，興利除害，無所不可，則何苦而不罷？陛下欲去積弊而立法，必使宰相熟議而後行。事若不由中書，則是亂世之法，聖君賢相，夫豈其然？必若立法不免由中書，熟議不免使宰相，則此司之設，無乃冗長而無名。智者所圖，貴於無迹，漢之文景，《紀》無可書之事；唐之房杜，《傳》無可載之功；而天下之言治者與文景，言賢者與房、杜，蓋事已立而迹不見，功已成而人不知。故曰：「善用兵者，無赫赫之功。」豈惟用兵，事莫不然。今所圖者，萬分未獲其一也，而迹之布於天下者，已若

泥中之鬥獸，亦可謂拙謀矣。陛下誠欲富國，擇三司官屬與漕運使副，而陛下與二三大臣孜孜講求，磨以歲月，則積弊自去而人不知。但恐立志不堅，中道而廢，孟軻有言：「其進銳者其退速。」若有始有卒，自可徐徐，十年之後，何事不立？孔子曰：「欲速則不達，見小利則大事不成。」使孔子而非聖人，則此言亦不可用。書曰：「謀及卿士，至於庶人。翕然大同，乃底元吉。」若違多而從少，則靜吉而作凶。今上自宰相大臣，既已辭免不為，則外之議論，斷亦可知。宰相，人臣也，且不欲以此自污，而陛下獨安受其名而不辭，非臣愚之所識也。君臣宵旰，幾一年矣，而富國之效，茫如捕風，徒聞內帑出數百萬緡，祠部度五千餘人耳。以此為術，其誰不能。[16]

蘇軾認為體制不是不能改變，如果神宗真的覺得有必要改變體制，他應該經過正常渠道，授權掌管全國事務的宰相，由宰相再按照正常討論諮商的渠道改動體制。既然宰相可以辦理改動體制的事宜，制置三司條例司便是一個多餘的部門，沒有設立的必要。蘇軾勸告神宗消除全國由來已久的積弊須要有恆心與耐心，切忌操之過急，「欲速則不達，見小利則大事不成。」此外在策劃全國大規模改革的時候，蘇軾強調應該要廣泛徹底地徵詢全國的意見，「謀及卿士，至於庶人」，然後在眾多的意見之中，進行探析，取得共識，「翕然大同，乃底元吉」，如是改革便有望成功。蘇軾所說的廣泛徹底地徵詢全國的意見，最終取得共識是民主政治運作中異常重要的一個特徵。蘇軾雖然沒用民主這個詞，但他對神宗建議的內涵在原則、精神及運作的程序上與現代民主體制的原則與精神可說是如出一轍。

蘇軾隨即批評神宗派遣四十多個專使到各地推行新法的不當之處。蘇軾指出從中央派遣專使到地方上駕馭地方行政首長是非常手段，常會導致嚴重後果：

且遣使縱橫，本非令典。漢武遣繡衣直指，桓帝遣八使，皆以守宰狼籍，盜賊公行，出於無術，行此下策。宋文帝元嘉之政比文、景，當時責成郡縣，未嘗遣使。及至孝武，以為郡縣遲緩，始命臺使督之，以至蕭齊，此弊不革。故景陵王子良上疏，極言其事，以為此等朝辭禁門，情態即異，暮宿村縣，威福便行，驅迫郵傳，折辱守宰，公私勞擾，民不聊生。唐開元中，宇文融奏置勸農判官使裴寬等二十九人，並攝御史，分行天下，招攜戶口，檢責漏田。時張說、楊瑒、皇甫璟、楊相如，皆以為不便，而相繼罷黜。雖得戶八十餘萬，皆州縣希旨，以主為客，以少為多。及使百官集議都省，公卿以下，懼融威勢，不敢異辭。陛下試取其《傳》而讀之，觀其所行，為是為否？近者均稅寬恤，冠蓋相望，朝廷亦旋覺其非，而天下至今以為謗，曾未數歲，是非較然。臣恐後之視今，亦猶今之視昔。且其所遣，尤不適宜，事少而員多，人輕而權重。夫人輕而權重，則人多不服，或致侮慢以興爭；事少而員多，則無以為功，必須生事以塞責。陛下雖嚴賜約束，不許邀功，然人臣事君之常情，不從其令而從其意。今朝廷之意，好動而惡靜，好同而惡異，指趣所在，誰敢不從？臣恐陛下赤子，自此無寧歲矣。17

蘇軾解釋中央派駐地方上的專使往往會作威作福，利用特權魚肉地方，「公私勞擾，民不聊生」；況且神宗所派遣的又是資淺位卑的官員，容易造成地方首長憤怨不服的心理，從而對他們進行抵制，產生爭端。更有甚者，神宗派遣的專使不只是一兩個，而多達四十多個，如果地方上的官員做事沒有原則，察言觀色，諂媚邀寵，希圖取悅於專使，與專使勾結，塗炭百姓，則地方上就不太可能見到太平的日子，「臣恐陛下赤子，自此無寧歲矣。」

接下來蘇軾就新法實施的細節進行分析。他首先由朝廷當時正在進行有關農田水利的事項說起，指出朝廷在沒經過縝密諮詢的情形下草率行事，貿然推動一系列不合事理的計劃：

> 至於所行之事，行路皆知其難。何者？汴水濁流，自生民以來，不以種稻。秦人之歌曰：「涇水一石，其泥數斗；且溉且糞，長我禾黍。」何嘗言長我粳稻耶！今欲陂而清之，萬頃之稻，必用千頃之陂；一歲一淤，三歲而滿矣。陛下遽信其說，即使相視地形，萬一官吏苟且順從，真謂陛下有意興作，上糜帑廩，下奪農時，堤防一開，水失故道。雖食議者之肉，何補於民！天下久平，民物滋息，四方遺利，蓋略盡矣。今欲鑿空，訪尋水利，所謂即鹿無虞，豈惟徒勞，必大煩擾！凡有擘畫屬害，不問何人，小則隨事酬勞，大則量才錄用。若官格沮，並行黜降，不以赦原；若才力不辦興修，便許申奏替換，賞可謂重，罰可謂輕，然並終不言諸色人妄有申陳或官私誤興功役，當得何罪？如此則妄庸輕剽，浮浪姦人，自此爭言水利矣！成功則有賞，敗事則無誅。官司雖知其疏，豈可便行抑退！所在追集老少，相視可否。吏卒所過，雞犬一空，若非灼然難行，必須且為興役。何則？格沮之罪重，而誤興之過輕，人多愛身，勢必如此。且古陂廢堰，多為側近冒耕，歲月既深，已同永業；苟欲興復，必盡追收，人心或搖，甚非善政。又有好訟之黨，多怨之人，妄言某處可作陂渠，規壞所怨田產，或指人舊業，以為官陂，冒田之訟，必倍今日。臣不知朝廷本無一事，何苦而行此哉！[18]

蘇軾說農作物的種植與水利的開發，事關重大，影響深遠，但是朝廷卻將重任交託給淺薄自大、沒有專業知識的人，如此災難勢必會發生。為了執意擴大稻米生產面積，朝廷鼓勵眾人興建池塘隄防；凡建議興建

隄防池塘，不問可行與否，便予獎勵晉昇，如有批評興建計劃者便予懲罰，興建出了問題，造成災難，也不認真追究責任，「成功則有賞，敗事則無誅」，結果大家盲目從事隄防池塘的興建，造成國家財政的損失，人民土地的流失。蘇軾形容新法實施時朝廷鼓勵各地興建池塘隄防的景象，與大躍進期間大家盲目在各地甚至在住家的後院興建鋼鐵廠頗為相似。

至於役法，蘇軾以為改差役為僱役，政府為了出錢僱人，向人民徵收新的稅收，人民「必怨無疑」，特別是新的稅收擴及女子與單丁，政策相當嚴苛，「女戶單丁，蓋天民之窮者也，古之王者首務恤此，而今陛下首欲役之，此等苟非戶將絕而未亡，則是家有丁而尚幼，若假之數歲，則必成丁而就役，老死而沒官。富有四海，忍不加恤。」[19] 五年之後，蘇軾在密州任知州期間，觀察到僱役雖然須要向人民徵收新的稅收，但也省去人民被徵調執行義務勞動的困擾，僱役差役實際上各有利弊，他的觀點因此稍微有所改變，後文當再詳析此事。

新法的重點之一是青苗法，牽涉到政府貸款給農民的法則。前文提到在討論青苗法的時候，蘇轍就已經指出它的缺點，反對朝廷實施，蘇軾更詳細的分析它的弊端，因其危害民間甚大，堅持反對：

> 青苗放錢，自昔有禁。今陛下始立成法，每歲常行，雖云不許抑配，而數世之後，暴君汙吏，陛下能保之歟？異日天下恨之，國史記之，曰青苗自陛下始，豈不惜哉！且東南買絹，本用見錢。陝西糧草，不許折兌，朝廷既有著令，職司又每舉行。然而買絹未嘗不折鹽，糧草未嘗不折鈔，乃知青苗不許抑配之說亦是空文。只如治平之初，揀刺義勇，當時詔旨慰諭，明言永不戍邊，著在簡書，有如盟約。於今幾日，議論已搖，或以代還東軍，或欲抵換弓手，約束難恃，豈不明哉！縱使此今決行，果

不抑配，計其間願請之戶，必皆孤貧不濟之人。家若自有贏餘，何至與官交易。此等鞭撻已急，則繼之逃亡，逃亡之餘，則均之鄰保。勢有必至，理有固然。且夫常平之為法也，可謂至矣，所守者約，而所及者廣。借使萬家之邑，止有千斛，而穀貴之際，千斛在市，物價自平。一市之價既平，一邦之食自足，無操瓢乞匄之弊，無里正催驅之勞。今若變為青苗，家貸一斛，則千戶之外，孰救其饑？且常平官錢，常患其少，若盡數收糴，則無借貸，若留充借貸，則所糴幾何？乃知常平青苗其勢不能兩立，壞彼成此，所喪愈多，虧官害民，雖悔何逮。臣竊計陛下欲考其實，則必亦問人，人知陛下方欲力行，必謂此法有利無害。以臣愚見，恐未可憑。何以明之？臣頃在陝西，見刺義勇，提舉諸縣，臣常親行，愁怨之民，哭聲振野。當時奉使還者，皆言民盡樂為，希合取容，自古如此。不然，則山東之盜，二世何緣不覺？南詔之敗，明皇何緣不知？今雖未至於此，亦望陛下審聽而已。[20]

本書上文提到青苗貸款常發展成抑配的現象，執行官吏為了業績，不論人民願意與否，往往強迫大眾貸款，屆時貸款的大眾無法償還貸款，官府就抄平民的家，沒收其土地財產，同時要求中保賠償積欠金額，貧民為了還債，往往會賣妻鬻子，慘不堪言。即使朝廷禁止官員強行分配貸款給平民，官員為了一己的升遷，勢必不予理會，照樣強行抑配。此外，蘇軾指出官府沒有太多的資金可以用來做貸款之用，為了籌措用來貸款的資金，勢必會挪用平常準備救災用的常平基金，結果會影響到日後救災的行動。青苗法在民間所衍生出來的問題在大臣之中引起連續不斷的抗爭，本書下文會再繼續深入討論。

除了青苗法，新法之中還有市易法。蘇軾解釋說市易法的實施名義上是官府買賤賣貴，幫助民間平抑物價，但是實質上卻是官府經營企業，與民間爭利，目的在聚斂財務，略似今日的國營企業以行政手段排

擠民間企業，企圖壟斷市場，獨佔利潤：

夫商賈之事，曲折難行，其買也先期而予錢，其賣也後期而取直，多方相濟，委曲相通，倍稱之息，由此而得。今官買是物，必先設官置吏，簿書廩祿，為費已厚，非良不售，非賄不行，是以官買之價，比民必貴。及其賣也，弊復如前，商賈之利，何緣而得？朝廷不知慮此，乃捐五百萬以予之，此錢一出，恐不可復。縱使其間薄有所獲，而征商之額，所損必多。今有人為其主牧牛羊，不告其主，而以一牛易五羊，一牛之失則隱而不言，五羊之獲則指為勞績。陛下以壞常平而言青苗之功，虧商稅而取均輸之利，何以異此？[21]

蘇軾認為在執行市易法之時，官府勢必先要投下龐大資金，成立大規模的營業機構，聘用大批的營業人員，經營成本高昂，貨物售價因此會比民間昂貴，結果貨品必然會缺乏競爭力。再加上官府人員經手留易，常有賄賂的事情發生，導致腐敗；為了官府的利潤，一般官員也可能會打擊民間的商人，民營企業繳納的稅金因此會相對減少，就蘇軾來看，那些都是得不償失的事情。以現代的觀點來看，蘇軾所說的並不誇張，在世界各地，因官僚的腐化，國營企業一般都有各種弊端，問題重重，很難提供理想的服務。

在分析完了新法的弊端以後，蘇軾建議神宗把行政的重心放在培養全國善良的風俗上：「國家之所以存亡者，在道德之淺深，不在乎強與弱，曆數之所以長短者，在風俗之厚薄，不在乎富與貧。道德誠深，風俗誠厚，雖貧且弱，不害於長而存。道德誠淺，風俗誠薄，雖強且富，不救於短而亡。人主知此，則知所輕重矣。是古之賢君不以弱而忘道德，不以貧而傷風俗。」[22]神宗為了實施新法，急功近利，大量擢用

新人，以致在全國造成了投機取巧，僥倖獵取功名的不良心態。蘇軾希望神宗能按部就班，鼓勵務實的作風，「大抵名器爵祿，人所奔趨，必使積勞而後遷，以明持久而難得，則人各安其分，不敢躁求。今若多開驟進之門，使有意外之得，公卿侍從，跬步可圖，其得者既不肯以僥倖自名，則其不得者必皆以沉淪為恨。使天下常調，舉生妄心，恥不若人，何所不至？」[23]自從神宗任用王安石以後，反對王安石的諫官一個個被迫離職，取代他們職務的人幾乎都是王安石的派系，造成王安石擅權的局面，這對國家政治安全的運作造成了潛在的威脅，蘇軾因此強調培養諫官特立獨行的重要性：

歷觀秦、漢以及五代，諫爭而死，蓋數百人。而自建隆以來，未嘗罪一言者，縱有薄責，旋即超升，許以風聞，而無官長，風采所繫，不問尊卑，言及乘輿，則天子改容，事關廊廟，則宰相待罪。故仁宗之世，議者譏宰相但奉行臺諫風旨而已。聖人深意，流俗豈知。臺諫固未必皆賢，所言亦未必皆是，然須養其銳氣而借之重權者，豈徒然哉，將以折姦臣之萌，而救內重之弊也……臣自幼小所記及聞長老之談，皆謂臺諫所言，常隨天下公議，公議所與，臺諫亦與之，公議所擊，臺諫亦擊之……今者物論沸騰，怨讟交至，公議所在，亦可知矣，而相顧不發，中外失望。夫彈劾積威之後，雖庸人亦可奮揚，風采消委之餘，雖豪傑有所不能振起。臣恐自茲以往，習慣成風，盡為執政私人，以致人主孤立，紀綱一廢，何事不生……若使言無不同，意而不合，更唱迭和，何者非賢。[24]

蘇軾勸神宗維持御史臺的獨立性，不要讓滿朝的官員都變成宰相的親信，受到宰相的支配，造成一言堂的局面。蘇軾所謂「存紀綱」，其實是要朝廷確保群臣可以自由評論時政的機制，讓群臣能夠不受宰相的控

制而自由發表他們對時政的意見。

神宗的新政當然不是全無是處，蘇軾也並不是反對所有的新法，他只是反對那些具有弊端的法條：「臣非敢歷詆新政，苟為議論，如近日裁減皇族恩例、刊定王子條式、脩完器械、閱習鼓旗，皆陛下神算之至明，乾剛之必斷，物議既允，臣安敢有詞。」[25]最後蘇軾在結尾的時候預測雖然神宗對他沒有敵意，但他周圍的大臣是絕對不會放過他的，他們一定會想盡辦法，對他誹謗中傷：「臣之所懼者，譏刺既眾，怨仇實多，必將詆臣以深文，中臣以危法，使陛下雖欲赦臣而不可得，豈不殆哉。死亡不辭，但恐天下以臣為戒，無復言者。是以思之經月，夜以繼晝，表成復毀，至於再三。感陛下聽其一言，懷不能已，卒吐其說。」[26]蘇軾預測得沒錯，十年以後，蘇軾果然被他的政敵詆毀攻擊，身陷囹圄，這是後話，本書下文會再詳述。

蘇軾上了萬言書以後，神宗沒有什麼特別的反應。神宗在沒有即位之前，就非常認真的研讀《韓非子》，而韓非反對以民心的向背做為施政的依據：「今不知治者必曰：『得民之心。』欲得民之心而可以為治，則是伊尹、管仲無所用也，將聽民而已矣。民智之不可用，猶嬰兒之心也。」神宗遵循韓非的治國原則，「以擇術為先」，[27]對蘇軾強調人心的觀點顯然是聽不進去的。[28]

中國自古以來以農立國，在所有的新法中青苗法應該是對農民和一般人影響最大的一條法則，這也是眾多大臣反對最烈的重點之一。除了司馬光、蘇軾反對之外，大部分的大臣都反對。例如翰林學士范鎮認為青苗法根本比不上中國歷來施行已久的常平倉：「常平倉始於漢之盛時，賤則貴而斂之恐傷農也，貴則賤而散之恐傷民也，最為近古，雖唐虞之政，無以易也。而青苗者，唐衰亂之世所為。苗者青在田，錢估其值，收斂未畢，而必其償，是盜跖之法也。」[29]右正言李常、孫覺也說：

王廣廉近至京師，倡言取三分之息，又聞制置局欲行其法於天下。乞明詔有司，勿以強民……初敕旨放青苗錢，並聽從便，毋得抑勒，而提舉官務以多散為功；又民富者不願取，而貧者乃欲得。即令隨戶等高下分配，又令貧富相兼，十人為保首。王廣廉在河北，第一等給十五貫，第二等十貫，第三等五貫，第四等一貫五百，第五等一貫。民間喧然，不以為便。而廣廉入奏，稱民間歡欣鼓舞，歌頌聖德。[30]

因為反對的人委實太多，神宗自己也說不出來新法究竟有什麼好處，為了袪除眾慮，他也不能不敷衍反對新法的官員，因此在熙寧三年（1070）正月癸丑，下詔禁止抑勒：「諸路常平、廣惠倉散給青苗錢，本為惠恤貧乏，並取民情願，今慮官吏不體此意，追呼均配抑勒，反成搔擾。其令諸路提點刑獄官體量覺察，違者禁止，立以名聞，敢沮遏願請者，案罰亦如之。」[31]青苗法不但遭到在朝大臣的反對，也給地方帶來很大的不安。同月庚申，提點開封府界縣事的呂景就說：「府界人戶見倚閣貸糧二十餘萬石，今又散青苗錢十五萬貫，恐民力不能堪。」[32]原來呂景的上司侯叔獻屢次催促他散青苗錢，呂景實在不忍傷民，因此呈了一張狀紙，為民請願。神宗原來想要透過中書省警告提舉官，王安石知道若通過中書省，中書省的官員不一定會支持他的施政措施，所以他請求神宗讓他自己掌控的部門條例司來處理：「若召提舉官至中書，諸路聞此必顧望，不敢推行新法，只令條例司指揮可也。」神宗同意，王安石因此躲過政治上的一個難關。

舊的問題還沒完全解決，新的問題又發生了。一月壬戌，韓琦從相州上書給神宗，細說青苗法的不便之處：

臣竊以國之頒號令，立法制，必信其言，而使民受實惠，則四方視聽，孰不欣服！詳熙寧二年詔書，務在優民，不使兼並之家，乘其急以邀倍息，皆以為民，公家無所利其入，謂先王散惠興利，抑民豪奪之意也。今乃鄉村自第一等而下皆立借錢貫陌，三等以上更許增數；坊郭人戶有物產抵當者，依青苗例支借。且鄉村三等並坊郭有物業人戶，乃從來兼併之家也。今皆多得借錢，每借一千，令納一千三百，則是官放息錢，與原敕抑兼併、濟困乏之意絕相違戾，欲民信服，不可得也。又鄉村每保須要有物力人為甲頭，雖云不得抑勒，而上等之戶既有物力，必不願請。官吏既防保內近下貧戶不能送納，豈免差充甲頭以備代賠也！復峻責諸縣，如人戶不願請領，即令結罪申報，選官曉諭……官吏懼提舉司勢可升黜，又防選官，曉諭之時，豈無貧下浮浪願請之人？苟免捃摭，則其勢須行散配。且貧下人戶見官中散錢，誰不願請從？然本戶夏秋各有稅賦，又有預買及轉運司和買，兩色紬絹，積年倚閣，借貸錢糧麥種錢之類，名目甚多。今更增納此一重出利青苗錢，愚民一時借請則甚易，至納時則甚難也。故自敕下以來，一路官吏，上下惶惑，皆謂若不抑散，則上戶必不願請領，只據近下等第與無業客戶，雖或願請者支俵，實難催納，將來必有行刑督索，及勒干係書手、典押、耆戶長、同保人等均賠之患。33

韓琦預料得沒錯，日後因無法還債而下獄的及因做中保而破產的人確是多如過江之鯽。

青苗法在社會上所造成的問題跟美國二〇〇七～二〇〇九年的住家房屋貸款所造成的社會經濟危機頗有些類似。美國在二〇〇七前幾年因房地產事業看好，很多人在這方面投下大量資金，一般金融機構的貸款負責人為了提高公司的利潤，拼命地拉顧客，不論他們貧富如何，符合不符合公司貸款的條件，他們都

盡量通融濫貸，結果非常多的人在貸款之後都沒法償付他們的貸款，而被迫歸還他們的房產，甚或宣布破產。許多銀行也因呆帳太多，虧損太大，而相繼倒閉，最後情勢嚴重到美國聯邦政府被迫接管最大的兩家貸款銀行泛妮美（Fannie Mae）、斐第邁可（Freddie Mac）和別的大公司，並提供七百億美金的貸款給各個急需資金的公司。[34]因此這一個問題在美國造成了極大的經濟震撼，導致經濟蕭條，並且引發了全球性的經濟危機。

如同前幾年美國金融機構貸款的負責人，執行青苗法的官員，為了提高業績，常不顧人民貧富如何，只求多貸：不但貧戶可以請款，如富戶不需要貸款，也硬性分配給他們一定的貸款數額，如他們拒絕，便定他們一個罪名，不貸不休。結果貧戶事後因無法償債而逃亡或下獄，富戶平白無故地得付利錢，「官放息錢」；更有甚者，富戶因做中保，得代窮人償還債務，常遭破產的命運。青苗法跟美國住家危機的貸款固有很多相似之處，它們也有根本的歧異，其中最大的差異就是青苗法的貸款人是政府的官吏，而美國住家貸款的機構一般卻是私人公司。在美國民間人們願不願意貸款，完全是個人的事，所謂願者上鈎，跟他人毫不相涉，如果貸款人不能償債，私人的貸款機構只好承受損失；而青苗法的貸款人是政府的官吏，青苗法規定要富人做中保，如遇呆帳，就找富有的中保理賠，幾乎毫無風險，一本萬利，絕少虧損。此外，政府的官吏為了行政業績及一己的遷升問題，雖然明知窮人可能事後無法償還貸款，他們還是照貸不誤，因即使貧人無法償債，他們藉著富人為保的立法，可以逼迫富人理賠。

美國目前住家的貸款，年利率一般不到一分，青苗法規定三分的利率，雖說比當時民間提供的一些利率要低，但照現在的標準來看，還是高利貸。另外，政府的貸款跟私人貸款在性質上也有差別。償還政府貸款的期限一般比較沒有彈性，而私人的貸款卻有通融的可能性。如果逾期不能還債，私人的貸款只要雙

方同意，便可延期歸還；但是朝廷的貸款，到期不還，一般也沒什麼太多可爭論的，公事公辦，肯定下獄。這就是為什麼兩年多以後，蘇軾通判杭州，在除夕的時候官府擠滿了不能歸還政府貸款的老百姓。所以就通融性來說，政府的貸款不見得比私人貸款要好得多。同時許多貧窮的人，一時只見有錢可使，不見日後因無法償債會有家破人亡的可能性，即使不夠資格也拼命想辦法貸到一些款項；而富有的人不願貸款，卻被不肖官吏強迫做中保，最後因須代償他人的債務，而無辜地面臨絕境——這就是當時那些有氣節包括韓琦在內的眾多官員為什麼會極力反對的原因。在他們的眼中，政府在公開放高利貸。如果青苗只牽涉到利錢的問題也還比較單純，問題是青苗不只是錢的問題，它在民間還常常導致百姓傾家蕩產、鬻妻賣子、入獄、流轉死亡的種種慘劇。美國的貸款在完全自願的政策下，受害者已經有令人震驚的千百萬之數，青苗的受害者極多都是受到不肖官吏的逼迫或引誘，在政府的壓力之下，受害者在比例上應該只可能比美國多，而不太可能少；青苗法在當時社會上所造成的問題，比美國房屋住家危機在二〇〇七～二〇〇九年所造成的問題，可想見的不會相差太遠。為了人民的利益，宋朝那些有原則的官員，當然不會跟王安石妥協。

韓琦以一國元老勳臣的身分，據他在地方上親身施政的經歷，就事論事，細說其中的利害關係，讓神宗不能不起疑慮。熙寧三年（1070）二月二日，神宗帶著韓琦的奏摺上殿，讓大臣過目，說：「韓琦真忠臣，雖在外，不忘王室。朕始謂可以利民，不意乃害民如此！出令不可不審。且坊郭安得青苗而使者亦強與之乎！」[35]神宗對城鎮殷富之家不需要貸款，卻硬被分配一定的數額特別不滿，王安石聽了之後馬上辯說：「苟從其所欲，雖坊郭何害！」據王安石的說法，城鎮殷富之家也需要貸款，這可以說是強辯之辭。難怪這時曾公亮、陳升之都覺得青苗法不當在城鎮殷富之家施行，因殷富之家一般不需要錢，如硬性實

施，難免會造成抑配的情況：「但恐州縣避難索之，故抑配上戶耳。」王安石馬上又辯說：「抑配誠恐有之，然俟其行此，嚴行黜責一二人，則此弊自絕。」王安石雖然不斷爭辯，神宗仍然不表滿意：「須要盡人言，料文彥博、呂公弼亦以為不可，但腹誹耳。韓琦獨肯來說，真忠臣也。」第二天，王安石便稱疾家居，翰林學士司馬光替神宗批答說：「朕以卿才高古人，名重當世，召自岩穴，置諸廟堂，推忠委誠，言聽計用，人莫能閒，眾所共知。今士大夫沸騰，黎民騷動，乃欲委還事任，退處便安。卿之私謀，固為無憾，朕之所望，將以委誰！」王安石見了大怒，抗章自辨。神宗安慰王安石說：「詔中二語，乃為文督迫之過，而朕失於詳閱，今覽之甚愧。」次日，王安石入朝辭職，神宗慰留，並說了很多勉勵的話。王安石退朝之後，便不斷請辭，不再入朝。壬申，神宗不顧王安石的反對，命翰林學士兼侍講學士、右諫議大夫、史館修撰司馬光為樞密副使。王安石這時的行徑已經相當極端了，他反對司馬光的理由可說是強詞奪理：「有人於此，外託靡上之名，內懷附下之實，所言者盡害政之事。」[36]王安石不但攻擊司馬光，而且也把蘇軾一起抹黑：「光雖好為異論，然其才豈能害政！但如光者，異論之人倚以為重；今擢在高位，則是為異論之人立赤幟也。光朝夕所與切磋琢磨者，乃劉攽、劉恕、蘇軾、蘇轍之徒而已。觀近臣以其所主，所主者如此，其人可知也。」[37]神宗雖然不是個天資神武的政治人物，但也並不愚蠢，王安石誇大不實的說辭他沒採信，還是照舊提升司馬光。同日，神宗命兵部員外郎傅堯俞直昭文館、同判流內銓。傅堯俞是王安石的舊知，他此時除喪回京並沒馬上就去見權重一時的王安石，直等到王安石幾次召他來見以後，他才拜望王安石。王安石一心歡喜，以為他的舊友一定會幫他的忙：「方今紛紛，遲君來久矣，將以寶文閣待制、同知諫院還君。」[38]傅堯俞並不因王安石要給他高位而昧著良心說些逢迎的話，他坦白地告訴王安石說：「新法世不以為便，誠然當力論之。平生未嘗欺，敢以實告。」王安石聽了很不高興，只給

他一個不是非常起眼的職位。

司馬光在收到樞密副使的任命之後，並不以得高位而放棄他的理想，相反的，他推掉這個幾乎人人都想獲得的高位，並利用這個機會於二月二十日再次上疏勸告神宗放棄具有諸多弊端的新法：「陛下若終信條例司所言，推而行之，不肯變更，以循舊貫，十年之後，富室既盡，常平已壞，帑藏又空，不幸有方二三千里之水旱，饑殍滿野，加以四夷侵犯邊境，羽書狎至，戎車塞路，爭戰不已，轉餉不休。當此之時，民之羸者不轉死溝壑，壯者不聚為盜賊，將何之乎？」[39] 韓琦、司馬光這些有名氣的大臣，據理直言，說得神宗對新法不能不更起疑慮。

在司馬光上疏的同一時期，蘇軾得知神宗已有回心轉意的趨向，因此也再上一書，直截了當勸神宗改弦易轍：

> 近者中外讙言，陛下已有悔悟意，道路相慶，如蒙大賚，實望陛下於旬日之間，煥發德音，洗蕩乖僻，追還使者，而罷條例司……人皆謂陛下聖明神武，必能徙義修慝，以致太平，而近日之事，乃有文過遂非之風……自古惟小人為難去，何則？去一人而其黨莫不破壞，是以為之計謀遊說者眾也。今天下賢者亦將以此觀望陛下，以為進退之決，或再失望，則知幾之士，相率而逝耳。[40]

因為蘇軾不斷的上書，而且反對新法的大臣委實太多，神宗對新法的信心開始動搖。此時，王安石因神宗對他的新法提出質疑，以致「怒，在告不出」，並屢奏辭位，神宗就問其他的執政：「此事如何？」[41] 他們這時對新法都不表示熱切支持，結果神宗決定廢棄新法。執政曾公亮、陳升之準備奉詔立即實施，可是

參知政事趙抃大概為了表示客氣，要給王安石一些面子，提議等王安石回朝上班的時候，再由他自己做廢除的決定，因此「連日不決」[42]。他們這麼推拖拉，給神宗一個不良的印象，而且御史王子韶、程顥，諫官李常在聽到王安石辭職的消息以後，「皆稱有急奏，乞登殿，言不當聽安石去位」，[43]讓神宗反而覺得新法似乎並不是像眾多大臣所說的那麼惡劣。退朝以後，曾公亮為討好王安石，那天晚上就派他兒子孝寬去王安石的家中，告知事態的嚴重性，要他準備應變的措施。第二天，王安石回朝，就在神宗面前力爭不已，神宗自然同意：「青苗法，朕誠為眾論所惑。寒食假中，靜思此事，一無所害」，結果新法不廢，照舊實施，趙抃因此也被貶出京。[44]在新法施行的初期，這是極具關鍵性的一刻，神宗不但業已下令廢棄新法，執政也已同意，朱弁在《曲洧舊聞》中說：「當此時人心倚魏公為重，而介甫亦以此去就。微魯公之助，則必去無疑。既久，則羽翼已成，裕陵雖亦悔，而新法終不能改，以用新法進而為之遊說者眾也。」[45]趙抃拘泥小節，以致失去廢棄新法的良機，日後不但他自己難逃貶謫的命運，宋朝也從此因實施新法大量進用小人而漸漸走向亡國之路。

因為蘇軾這時一而再，再而三的上書論事，神宗對蘇軾的印象相當深刻，就選任蘇軾做殿試的考官。神宗出的策問要考生就「方今之弊」[46]提出改革的意見，很多考生為投神宗所好，把宋朝開國以來的體制和人物任意非毀。蘇軾因此上〈擬進士廷試策〉，勸神宗論政要以大多數人的意見為基礎，「必從眾」，[47]不要強行「以人主之勢，賞罰之威，脅而成之」；[48]不要以富國的名義來剝奪人民的財富：「臣不知陛下所謂富者富民歟？抑富國歟？」[49]不要任用沒有知人之明的宰輔：「陛下必欲立非常之功，請待知人之佐。」神宗看了蘇軾的建議，顯然覺得言之有理，就叫王安石也參閱。王安石的反應是：「蘇軾才亦高，但所學不正，今又以不得逞之故，其言遂跌蕩至此，請黜之。」[50]王安石知道蘇軾才大名高，直言極諫，

對他的權位極可能會造成不利的影響，立意要除掉這個眼中釘。他的做法不是每個人都同意，像曾公亮就說：「蘇軾但異論耳，無可罪者」，神宗自己當然也很清楚，所以並沒照著王安石的話去做。王安石排除蘇軾的心意與日俱增，在這次交談不久之後，他又跟神宗說：「陛下何以不黜軾，豈為其才可惜乎？譬如調惡馬，須減芻秣加捶撲，使其帖服，乃可用。如軾者，不困之使自悔，而紬其不逞之心，安肯為陛下用？」[51]

王安石自從神宗由反對青苗法轉而表示再支持以後，趾高氣揚，「志氣愈悍」，[52]什麼話再也聽不進去。王安石在告的時候，曾公亮、陳升之等執政趁機把神宗詔書中「毋得抑遏不散」青苗錢的話給刪去，王安石回朝之後，就當面指責他們說：「為宰相當有職守，何得妄降劄子，今體抑配青苗，又輒去當日詔語？」曾公亮等連氣也不敢吭一聲，自此王安石掌控朝政更是為所欲為，不再有任何顧忌。癸未，神宗派李舜舉勸司馬光接受樞密副使的職位，代他傳話說：「樞密院本兵之地，自有職分，不當更引他事為辭。」[53]神宗的意思是要司馬光不要再批評青苗法，只做他的樞密副使就好了，可是司馬光的原則是高官可以不做，惡事卻不能不說：「臣今若已受樞密副使敕告，即誠如聖旨，不敢更言職外之事，今未受恩命，猶是侍從之臣，於朝廷缺失，無不可言者」，因此稱病謁告。甲申，神宗既已決定支持王安石，就把韓琦論青苗的奏摺交給條例司去處理。右正言李常是王安石的舊知，他所以能做諫官主要是因為王安石的推薦，上文曾經提到王安石在面臨被貶謫的危機的時候，他曾站出來為王安石說話。雖然他跟王安石相善，但是他既然做了諫官就不能不盡忠職守，遇事直言。他在做諫官以前曾做三司條例檢詳官，那時已經不同意青苗收息錢的政策，這時候青苗法的弊端更是明顯，因此他上疏說：「條例司始建，已致中外之議，至於均輸、青苗，斂散取息，傅會經意，人且大駭，何異王莽猥析《周官》片言，以流毒天下！」[54]

王安石見了他的疏狀，就派了一個親信勸李常不要多言，但是李常不聽，他又跟神宗說：「州縣散常平錢，實不出本，勒民出息。」神宗就問王安石，王安石要李常提供那些官吏的名字，曾公亮、陳升之就說：「諫官許風聞言事，豈可令分析？」[55]曾公亮這時對王安石跋扈的作風已經看不慣了，就再說：「王安石但欲己議論勝耳。」神宗不以為然，曾公亮就說了重話：「此言若誣，天實臨之。」神宗處處支持王安石，自然什麼話都很難聽進去，李常最後還是被貶為滑州通判。

五月，范鎮應詔推舉諫官，蘇軾是他推薦的人選，[56]王安石依舊阻撓，朝廷因此不採納范鎮的建議，王安石一不做二不休，事後更驅使他的黨羽劾奏蘇軾，此為後話，下文會再提及。在朝廷紛紛爭論不休的光景中，蘇軾的第二子迨（仲豫、叔寄）出生，為蘇軾和他的家人在緊張的政治氛圍中帶來了溫馨的氣息。

第十二章　政治迫害

蘇軾的行政長才，直言極諫的作風，頻頻得到神宗的青睞，這讓王安石心中惴惴不安。他深知只要蘇軾在朝一日，他的相位就不可能有安穩的一日，因此熙寧三年（1070）八月五日王安石終於發難，驅使他的姻親當時身任侍御史知雜事的謝景溫誣奏蘇軾「丁憂歸鄉日，舟中曾販私鹽」。[1]奏上第二天，朝廷下詔調查。據《太平治迹統類》說，王安石在下了除掉蘇軾的決心以後，曾召見蘇軾的表親，問他蘇軾為人可有什麼不道德的地方：「軾有外弟，與之不諧，安石召之，問軾過失。其人言，向丁憂，販私鹽蘇木等事。」[2]《太平治迹統類》的記載應該有失誤之處，因為蘇軾與他的兩個表弟程之元和程之邵交情良好，而他的表兄程之才，如本書上文所說，曾經娶了蘇軾的三姐，待她很是冷漠，結果她十八歲就死了，蘇軾的父親跟程家斷絕往來，因此是程之才跟蘇軾一家以前有過節，此時構陷蘇軾的應該是程之才，而不是他的表弟。程之才利用這個機會中傷蘇軾，捏造「販私鹽蘇木等事」，除了惡意打擊蘇軾以外，當然還有逢迎王安石的用心。果然王安石聽了以後，「大喜」，[3]就用這個理由要來剷除蘇軾。蘇軾既然沒做什麼不合法的事，王安石和謝景溫不論怎麼查，自然查不出什麼不法的地方。但是這整個事件，經過王安石和他的手下大事渲染，鬧得有聲有色，讓神宗也不能不信：

司馬光對垂拱殿，乞知許州……上曰：「卿何得出外，朕欲申卿前命，卿且受之。」光曰：「臣舊職且不能供，況當進用？」上曰：「何故？」光曰：「臣必不敢留。」上沉吟久之，曰：「王安石素與

卿善，何自疑？」光曰：「臣素與安石善，但自其執政，違迕甚多。今迕安石者，如蘇軾輩，皆毀其素履，中以危法，臣不敢避削黜，但欲苟全素履……」上又曰：「蘇軾非佳士，卿誤知之……韓琦贈銀三百兩而不受，乃販鹽及蘇木瓷器。」光曰：「凡責人當察其情，軾販鬻之利，豈能及所贈之銀乎？安石素惡軾，陛下豈不知？以姻家謝景溫為鷹犬，使攻之，臣豈能自保，不可不去也！」[4]

王安石誣告蘇軾，蘇軾雖然無辜，神宗還是中了他的圈套，也開始排斥蘇軾。這一事件種下了蘇軾後來因御史參劾而被捕下獄的遠因。

熙寧三年九月庚子（十三日），左僕射兼門下侍郎平章事曾公亮罷相。上文曾提到早先曾公亮因不滿韓琦，所以全力支持王安石入相，自以為韓琦罷相後，他對付王安石應該綽綽有餘，沒料到神宗對王安石會那麼死心支持。蘇軾早先曾面責曾公亮，說他沒盡到做相的職責，不能勸阻朝廷實施王安石那些不合理的法條，曾公亮的反應是：「上與安石如一人，此乃天也。」[5]等曾公亮發現他沒法對付王安石的時候，為時已晚，王安石因曾公亮不完全執行自己的旨意，等勢力鞏固以後就要曾公亮下臺：「然安石猶以公亮不盡同己，數加毀訾。」[6]曾公亮被王安石逼得沒法，只好辭職。熙寧三年十月己卯（二十二日），先前推舉蘇軾為諫官的范鎮見蘇軾因他的推薦而受害，也決定致仕以表示抗議：

軾治平中父死京師，先帝賜之絹百匹、銀百兩，辭不受，而請贈父官。先帝嘉其意，贈其父光祿寺丞，又敕諸路應副人船。是時，韓琦亦與之銀百兩，歐陽修與二百兩，皆辭不受，軾之風節，亦可概見矣。今言者以為多差人船販私鹽，是厚誣也。軾有古今之學，文章高於時，又敢言朝廷得失，臣所

以舉充諫官，今反為軾之累。[7]

蘇軾因范鎮替他說話，特別跟范鎮見了一面，表示他的欽佩之意。[8] 因范鎮請求致仕的書狀中有批評到王安石的地方：「陛下有納諫之資，大臣進拒諫之計，陛下有愛民之性，大臣用殘民之術」，[9] 王安石見了大怒，就自行草制，把范鎮痛詆了一頓。

熙寧三年十二月，蘇軾罷權開封府推官一職，次年正月，以年資遷太常博士。二月辛酉（初五），司馬光出知許州，在走前他上了一章，猛烈抨擊王安石，並稱讚蘇軾敢言：

臣之不才，最出群臣之下。先見不如呂誨公，直不如范純仁、程顥，敢言不如蘇軾、孔文仲，勇決不如范鎮。誨於安石始參政事之時，已言安石為姦邪，謂其必敗亂天下，臣以為安石止與不曉事與狠愎爾，不至如誨所言。今觀安石汲引親黨，盤據要津，擠排異己，占固權寵。常自以己意陰贊陛下內出手詔，以決外庭之事，使天下之威福在己，而謗議悉歸於陛下。臣乃自知先見不如誨遠矣。[10]

神宗對司馬光的批評毫不在意，對王安石依然信任有加。五月，參知政事馮京推薦蘇軾出掌外制，神宗沒反應。[11] 六月，歐陽修以觀文殿學士、太子少師致仕。這時京裡跟蘇軾比較熟悉的那些有氣節的官員，致仕的致仕，貶謫的貶謫，幾乎全都離開了京城。蘇軾一個人在京頗覺孤掌難鳴，而且為了暫時躲避風頭，蘇軾因此請求外調。六月神宗批出知州一職給蘇軾，王安石不同意，只給了一個通判的官位，[12] 而且分派他到比較貧瘠的潁州，神宗改批為山川富麗的杭州。

本書前文提到中國傳統的知識份子受到孔子的影響，「以道事君，不可則止」，在遇到挫折之時便常思退路，不願與對手繼續抗爭下去，蘇軾也不例外，在這方面自然也受到孔子的影響，他認為他話已說盡，能做的也做了，所以決定離開京師，其實他離開京師固然暫時脫離了紛爭，但是問題並沒解決，他的政敵既沒放棄他們施政的目標，也沒終止他們打擊異己的行動，更嚴重的是，在王安石的對手先後離京以後，王安石及其黨羽可以全盤把持政權，全力攻擊他們的對手，不再受到反對勢力的制衡，這對蘇軾及其他與王安石敵對的勢力來說自然更為不利，日後新法官員獨大及蘇軾下獄跟傳統儒家以逃避問題來解決問題的思維邏輯有非常密切的關係。

第十三章　離京赴杭

熙寧四年（1071）夏秋之交，蘇軾離開京師，當時天氣相當炎熱，他決定先到陳州看他做學官的弟弟蘇轍，跟他「相聚四五十日」，[1]等到天氣變得涼快以後再繼續他的行程。在赴陳州的旅途上，蘇軾在船艙中看到前人題的八首小詩，他心有感觸，就寫了和詩，描述他當時的心境：

出都來陳所乘船上有題小詩八首不知何人作有感余心者聊為和之

蛙鳴青草泊，蟬噪垂楊浦。吾行亦偶然，及此新過雨。
鳥樂忘罝罦，魚樂忘鉤餌。何必擇所安，滔滔天下是。
煙火動村落，晨光尚熹微。田園處處好，淵明胡不歸。
我行無疾徐，輕楫信溶漾。船留村市鬧，閘發寒波漲。
舟人苦炎熱，宿此喬木灣。清月未及上，黑雲如頹山。
萬竅號地籟，沖風散天池。喧豗瞬息間，還掛斗與箕。
潁水非漢水，亦作蒲萄綠。恨無襄陽兒，令唱銅鞮曲。
我詩雖云拙，心平聲韻和。年來煩惱盡，古井無由波。（蘇詩 3: 1784-5）

在這首詩中，蘇軾又提到陶潛，「田園處處好，淵明胡不歸」，表面上好像他又想要脫離政治過隱逸

的生活，其實本書上文提到過蘇軾在詩文中用隱逸的生活為主題，並不是表示他業已放棄他的政治理想，或已經決定歸隱田園，而主要是來凸顯他追求政治理想的勇氣與決心。他的意思是雖然他可以像陶潛一樣脫離政治，但他絕不會考慮退隱的道路，他實施政治理想的決心，不會因他一時陷入困境而有所改變，無論時局有多艱難，他會始終保持平和的心態，「心平聲韻和」，奮力向前。

七月蘇軾抵達陳州，張方平寫了一首送行詩勸他遠離是非：「且作阮公離是非」。[2] 八月，文同從陵州寄了一首詩給蘇軾，也勸他不要在詩中批評時政：「北客若來休問事，西湖雖好莫吟詩。」[3] 據《石林詩話》說，文同當初在京跟蘇軾一起在館閣任職的時候，就覺得蘇軾說話說得太多，勸他住口：「熙寧初，時論既不一，士大夫好惡紛然，同在館閣，未嘗有所向背。時子瞻數上書論天下事，退而與賓客言，亦多以時事為譏誚，同極以為不然，每苦口力戒之，子瞻不能聽也。」[4] 文同雖是好意勸蘇軾，但蘇軾不是怕事的人，他不可能像文同一樣做好人，什麼話都不說，他早年對他母親許諾要做范滂一類的烈士，應該時時在耳，所以他明知危險，卻不退縮，依然繼續批評時政。

九月，蘇軾在跟他弟弟相聚了七十多天以後離陳，[5] 他弟弟送他一直送到潁州。蘇軾在潁州跟他弟弟一起拜見了歐陽修，在會見歐陽修時，歐陽修令蘇軾就他所藏的一個石屏賦詩，蘇軾運用他驚人的想像力，把石屏上的花紋解作唐代兩個大畫家畢宏、韋偃死後靈魂化生的傑作：

歐陽少師令賦所蓄石屏

何人遺公石屏風？上有水墨希微蹤。不畫長林與巨植，獨畫峨嵋山西雪。嶺上萬歲不老之孤松，崖崩澗絕可望不可到。孤烟落日相溟濛，含風偃蹇得真態，刻畫始信天有工。我恐畢宏韋偃死葬虢山下，

骨可朽爛心難窮。神機巧思無所發，化為烟霏淪石中。古來畫師非俗士，摹寫物像略與詩人同。願公作詩慰不遇，無使二子含憤泣幽宮。（蘇詩 3: 1800）

蘇軾在上面這首詩中再度表示詩畫相通的主旨，畫家和詩人所追求的意境在本質上大體相同，「古來畫師非俗士，摹寫物像略與詩人同」，歐陽修因此可以用詩跟畢宏、韋偃互相交流。詩的結尾說：「願公作詩慰不遇，無使二子含憤泣幽宮」，表面上勸歐陽修也來寫首石屏詩，暗中應該是鼓勵歐陽修不要氣餒，在退休後仍可以繼續用文字表達他對時政的看法。畢宏、韋偃在死後都仍然表達他們的藝術理想，「骨可朽爛心難窮」，就蘇軾來看，歐陽修在退隱中自然也應該繼續弘揚他的政治理念。

月底，蘇軾跟歐陽修和他弟弟道別。蘇軾此去與當初到鳳翔走馬上任不同，當時政治大局對蘇軾有利，仁宗以未來宰相的人選來看待蘇軾，如今蘇軾被神宗當做罪犯來處置，往後在宦途上他勢必處處受制，這對蘇軾來說不是一件令他歡欣鼓舞的事，他的心情較鳳翔之行自然沉重許多：

潁州初別子由二首

征帆掛西風，別淚滴清潁。留連知無益，惜此須臾景。我生三度別，此別尤酸冷。念子似先君，木訥剛且靜。寡詞真吉人，介石乃機警。至今天下士，去莫如子猛。嗟我久病狂，意行無坎井。有如醉且墜，幸未傷輒醒。從今得閑暇，默坐消日永。作詩解子憂，持用日三省。

近別不改容，遠別涕沾胸。咫尺不相見，實與千里同。人生無離別，誰知恩愛重。始我來宛丘，牽衣舞兒童。便知有此恨，留我過秋風。秋風亦已過，別恨終無窮。問我何年歸，我言歲在東。離合既循

環，憂喜疊相攻。語此長太息，我生如飛蓬。多憂髮早白，不見六一翁。（蘇詩 3: 1801-4）

蘇軾有一個錯覺，他以為離開京師之後，他的日子會變得比較清閒，如同在仁宗或英宗的太平時代，「從今得閑暇，默坐消日永」；但是自新法實施以後，南方第一大都會杭州首當其衝，為施行新政的重點城市，蘇軾要處理的政務因此較往日不但不見少，反而變得繁重無比。但是無論政治情況如何惡劣，蘇軾有勇氣與毅力承受重擔，他詩的結尾表示他開懷向前的決心：「多憂髮早白，不見六一翁」，蘇軾自信他不會像他恩師歐陽修一般憂心忡忡的消沉下去。

十月二日，蘇軾在旅途上接近渦口的時候遭遇大風，決定在附近的港灣裡先避個風，等風平浪靜以後再繼續前行：

十月二日將至渦口五里所遇風留宿

長淮久無風，放意弄清快。今朝雪浪滿，始覺平野隘。兩山控吾前，吞吐久不嘬。孤舟繫桑本，終夜舞澎湃。舟人更傳呼，弱纜恃菅蒯。平生傲憂患，久矣恬百怪。鬼神欺吾窮，戲我聊一噫。瓶中尚有酒，信命誰能戒。（蘇詩 3: 1804-5）

蘇軾對淮河突起大風打斷他的行程的感覺，如同十四年前嘉祐二年（1057）他北上路經新灘遭到風雪而中斷他的行程的感覺，兩者大體相似，都是隨遇而安，毫無焦慮的心態：「平生傲憂患，久矣恬百怪」。只是這次蘇軾在經歷了甚多挫折以後，比十四年前他寫〈新灘阻風〉的時候要成熟許多，他對邪惡的本質有

了更深一層的認識，知道宇宙中有的鬼神對人並不一定總是保持友善的態度，「鬼神欺吾窮，戲我聊一噫」，但是即使世間有邪靈與他為敵，蘇軾也依然能秉持他正直的原則，過著隨遇而安的生活，「瓶中尚有酒，信命誰能戒」，不為世間邪惡的勢力所脅迫。

從渦口到濠州的時候，蘇軾稍事停留，觀賞了附近一些名勝古蹟，包括項羽的愛妾虞姬的墓地，發出強烈的感嘆：

濠州七絕・虞姬墓

帳下佳人拭淚痕，門前壯士氣如雲。倉黃不負君王意，只有虞姬與鄭君。（蘇詩 3: 1810）

虞姬在項羽垓下棄她突圍之後，自刎而死，鄭榮在項羽死後，拒絕遵循漢朝的命令，這兩個忠心人物是蘇軾讚許的對象，也是蘇軾此時對神宗心態的自我寫照，詩尾「只」字暗示蘇軾個人不顧生死堅持理想的毅力與決心。

當蘇軾從濠州出發，進入泗州的時候，河面又起大風，蘇軾的船隻再度停航。蘇軾在當地逗留，遊賞景點的時候寫了下面一首相當有名的詩：

泗州僧伽塔

我昔南行舟繫汴，逆風三日沙吹面。舟人共勸禱靈塔，香火未收旗腳轉。回頭頃刻失長橋，卻到龜山未朝飯。至人無心何厚薄，我自懷私欣所便。耕田欲雨刈欲晴，去得順風來者怨。若使人人禱輒遂，

造物應須日千變。今我身世兩悠悠，去無所逐來無戀。得行固願留不惡，每到有求神亦倦。退之舊云三百尺，澄觀所營今已換。不嫌俗士污丹梯，一看雲山繞淮甸。（蘇詩 3: 1812-3）

五年前當蘇軾護送他父親的靈柩回鄉的時候，狂風突作，阻撓了他們船隻的行程，船主建議蘇軾向僧伽塔的神靈祈禱，請求神靈將逆風轉變成順風，讓他們能安然繼續他們的航程。蘇軾應了船主的請求，禱告似乎立即奏效，他們順利地繼續他們的航程。蘇軾如今回想，當時他祈求順風，對他們有利，可是對迎面而來的船隻卻會造成干擾，如此他的禱告只顧到自己，而忽略了對別人所可能造成的妨害，因此他決定順其自然，「去無所逐來無戀」，不希望因自己的私心而妨害別人。在這五年期間，蘇軾的心靈顯然不斷的成長，他變得更為成熟，更能為他人著想，也更能泰然應付逆境。

當水面平靜以後，蘇軾離開泗州，一路安然無事駛抵洪澤；但是當蘇軾再從洪澤前行的時候，水面又起了大風，蘇軾應景寫了下面一首詩：

發洪澤中途遇大風復還

風浪忽如此，吾行欲安歸。掛帆卻西邁，此計未為非。洪澤三十里，安流去如飛。居民見我還，勞問亦依依。攜酒就船賣，此意厚莫違。醒來夜已半，岸木聲向微。明日淮陰市，白魚能許肥。我行無南北，適意乃所祈。何勞弄澎湃，終夜搖窗扉。妻孥莫憂色，更典篋中衣。（蘇詩 3: 1815-6）

在困境的時候，蘇軾利用機會賦詩，對他來說不僅是一種消閒活動，同時在精神上也有一種寄託昇華

的作用。他的妻子家人在大風頻頻來襲的情況下難免會顯出憂心忡忡的光景，蘇軾不但不能跟他們一樣顯出沮喪的心情，他還得在逆境中鼓勵他們，「妻孥莫憂色，更典篋中衣。」在此種情況下，通過賦詩來追求理想美麗的世界，能幫助他澄清心中糾結的情緒，進而獲得精神上和平與寧靜的心態，成為妻子家人心靈上的支柱。

水路的旅程一般較陸路便捷，但氣候的變數遠比陸路要大，在風和日麗的情況下出發，很難說當天就一直會風平浪靜，在水面上行駛，往往瞬時間就可能天候大變，由晴空萬里轉變成風雨交加的情況。蘇軾的船隻到楚州山陽的時候，就碰到這種天氣在瞬間劇變的情景：

> 十月十六日記所見
>
> 風高月暗雲水黃，淮陰夜發朝山陽。山陽曉霧如細雨，炯炯初日寒無光。雲收霧卷已亭午，有風北來寒欲僵。忽驚飛雹穿戶牖，迅駛不復容遮防。市人顛沛百賈亂，疾雷一聲如頹牆。使君來呼晚置酒，坐定已復日照廊。怳疑所見皆夢寐，百種變怪旋消亡。共言蛟龍厭舊穴，魚鱉隨徙空陂塘。愚儒無知守章句，論說黑白推何祥。惟有主人言可用，天寒欲雪飲此觴。（蘇詩 3: 1816-7）

因水路充滿了難以預測的變數，有些人喜歡占卜旅程吉凶，「愚儒無知守章句，論說黑白推何祥」，蘇軾認為水上天候瞬間的變化不是占卜所能預測的，一個正直無愧的人不必無端操心突變的天候，而應該放心享受旅途中休閒的時刻。這首詩同時象徵性的影射了蘇軾在宦途上充滿了變數的旅程，當他面臨險境的時候，他會樂意克服各種挑戰，不會屈服在危險的威脅之下。

船到揚州，蘇軾與當地太守錢公輔（君倚）聚餐，參加餐會的還有劉攽（貢父）、孫洙（巨源）和劉摯（莘老）。錢公輔、劉攽和劉摯都是蘇軾在京的老相識，劉攽與王安石不合，被外放到泰州做通判；孫洙原為同知諫院，與王安石起衝突，外調做海州知州；劉摯原為監察御史裡行，與王安石不合，被外調監衡州鹽倉。五個老相識都因王安石而被迫出京，在揚州相聚，感觸自是良多：

廣陵會三同舍各以其字爲韻仍邀同賦

劉貢父

去年送劉郎，醉語已驚衆。如今各漂泊，筆硯誰能弄。我命不在天，羿彀未必中。作詩聊遣意，老大慵譏諷。夫子少年時，雄辯輕子貢。爾來再傷弓，戢翼念前痛。廣陵三日飲，相對怳如夢。況逢賢主人，白酒潑春甕。竹西已揮手，灣口猶屢送。羨子去安閒，吾邦正喧鬨。（蘇詩 3: 1817-9）

本書上文說到孔子的教導「以道事君，不可則止」對正統知識份子不良的影響，削弱了他們與黑暗的政治勢力周旋到底的決心與毅力。蘇軾他們如果繼續留在京師，監督王安石的派系，盡心輔佐神宗，宋朝的生命應該不會如同歷史上的記載，幾十年後便戛然而終。蘇軾他們感情再好，現已無法在一處共事，只能各奔東西，「如今各漂泊」；他們再有理想，此刻也只能無奈眼睜睜的看著王安石和他的黨羽在京師排演的鬧劇。

十一月三日，蘇軾到了金山，決定遊覽位處大江之中的金山寺，當地的僧人見全國有名的蘇軾來訪，不希望他蜻蜓點水似的看了就走，苦勸蘇軾觀賞大江中落日的景色，並留宿寺中：

遊金山寺

我家江水初發源，宦游直送江入海。聞道潮頭一丈高，天寒尚有沙痕在。中泠南畔石盤陀，古來出沒隨濤波。試登絕頂望鄉國，江南江北青山多。羈愁畏晚尋歸楫，山僧苦留看落日。微風萬頃靴文細，斷霞半空魚尾赤。是時江月初生魄，二更月落天深黑。江心似有炬火明，飛焰照山棲鳥驚。悵然歸臥心莫識，非鬼非人竟何物。江山如此不歸山，江神見怪驚我頑。我謝江神豈得已，有田不歸如江水。

（蘇詩3: 1825-6）

蘇軾當晚看到江心有奇怪的火焰，照耀山頭，頗為驚奇，因他所在的地方是離開塵世的佛廟，蘇軾不免揣測當地的鬼神或許有譴責他戀棧仕途的意思，「江山如此不歸山，江神見怪驚我頑。」蘇軾出仕並不是為了俸祿，而是要實現他從政的理想，他拒絕佛教離世的想法，以生活為理由，婉轉的表達他繼續為政治理想奮鬥的必要，「我謝江神豈得已，有田不歸如江水。」蘇軾以經濟為由，駁回他想像中山神的指控。

蘇軾遊覽過金山，決定再到附近的焦山，焦山雖然離金山不遠，但途中的水流頗為洶湧，香火因此不如金山一般旺盛，但環境卻比金山寧靜許多：

自金山放船至焦山

金山樓觀何耽耽，撞鐘擊鼓聞淮南。焦山何有有修竹，采薪汲水僧兩三。雲霾浪打人跡絕，時有沙戶祈春蠶。我來金山更留宿，而此不到心懷慚。同遊興盡決獨往，賦命窮薄輕江潭。清晨無風浪自湧，中流歌嘯倚半酣。老僧下山驚客至，迎笑喜作巴人談。自言久客忘鄉井，只有彌勒為同龕。困眠得就

紙帳暖，飽食未厭山蔬甘。山林饑餓古亦有，無田不退寧非貪。展禽雖未三見黜，叔夜自知七不堪。行當投劾謝簪組，為我佳處留茆庵。（蘇詩3: 1827-8）

蘇軾在詩中比較金山和焦山，金山比焦山要熱鬧許多，「撞鐘擊鼓聞淮南」，而焦山卻是罕見人蹤，「雲靄浪打人跡絕」。雖然焦山的水勢洶湧，遊客稀少，蘇軾還是不願放棄，堅持往訪，「同遊興盡決獨往」。就象徵的層面來說，蘇軾對人生的態度同樣是擇善固執，不因他人的反對而對自己的理想產生懷疑或動搖的感覺，即使所有的人都棄他而去，他仍然會堅持繼續完成他早已選擇了的正義之旅，如同在〈濠州七絕．虞姬墓〉中一般，蘇軾在此詩中使用「只」的同義字「獨」字來表示他一人勇往直前的毅力。當蘇軾抵達焦山之後，當地的和尚頗為吃驚，全國的名人蘇軾居然會排除困難前來造訪；而蘇軾本人也非常意想不到，居然會在偏僻的焦山碰見一個同鄉，「老僧下山驚客至，迎笑喜作巴人談。」這次旅遊對雙方來說都是一種意外的驚喜，特別是蘇軾，他在被眾人遺棄之下，單獨完成他的旅途，結局完美到超乎他的想像之外，幾乎可以跟他想像中的退休時的樂趣相比擬，「行當投劾謝簪組，為我佳處留茆庵。」

第十四章　杭州通判

熙寧四年（1071）十一月二十八日蘇軾抵達杭州擔任通判，[1] 沈立是當時杭州的太守，有豐富的吏治經驗。張靚和俞希旦為杭州的監司，人品不佳，蘇軾把他們比做陽虎一類的人物，避免跟他們建立密切的個人關係。蘇軾到杭州的心情跟他初仕鳳翔可說相差甚遠，當時雄心萬丈，抱負遠大，而此時在經歷了很大的挫折之後，無奈之情形諸文字：

初到杭州寄子由二絕

眼看時事力難勝，貪戀君恩退未能。遲鈍終須投劾去，使君何日換聾丞。

聖明寬大許全身，衰病摧頹自畏人。莫上岡頭苦相望，吾方祭灶請比鄰。（蘇詩 3: 1832-3）

蘇軾離京以後對國家的安危福祉並沒有忘卻，「眼看時事力難勝」。蘇軾原以為神宗是一個年輕有為的君主，在他的領導之下，朝中的賢臣可以各展其才，兩年多以前他上〈議學校貢舉狀〉，神宗即日召見，徵詢他對朝政的意見，並鼓勵他知無不言，「方今政令得失安在，雖朕過失，指陳可也」；他上〈諫買浙燈狀〉，勸神宗不要因嗜欲玩好而剝奪細民的利益，神宗從善如流，接納了他的意見。曾幾何時，神宗竟然允許王安石對他提出不實的指控，進行中傷迫害。此一發展雖早在蘇軾〈上神宗皇帝〉萬言書中就已經預測到了：「臣之狂愚，非獨今日，陛下容之久矣。豈其容之於始而不赦之於終？恃此而言，所以不懼。臣

之所懼者，譏刺既眾，怨仇實多，必將詆臣以深文，中臣以危法，使陛下雖欲赦臣而不可得，豈不殆哉！死亡不辭，但恐天下以臣為戒，無復言者。」但是正因為他早已預知他的政敵會竭盡全力對他發動攻擊，如今既已兌現，因此他更憂心他預測國家衰亡的後果也會不幸跟著發生：「其禍乃至於喪邦」。在經歷了王安石和他的黨羽的迫害以後，蘇軾對支持新法的官僚格外警覺，「衰病摧頹自畏人」。蘇軾誠然擔心他一己往後的安危，但他更擔心國家的結局，他到任時思前想後，心情的沉重可以想見。

十二月一日，上任沒幾天，蘇軾記得歐陽修特別提到他的舊相識惠勤和尚，趁上任開始，急須處理的事項不多，頗多閒暇，就去孤山拜訪他，一方面打探一下當地的風土人情，一方面建立一些新的人事關係：

臘日遊孤山訪惠勤惠思二僧

天欲雪，雲滿湖，樓臺明滅山有無。水清石出魚可數，林深無人鳥相呼。臘日不歸對妻孥，名尋道人實自娛。道人之居在何許，寶雲山前路盤紆。孤山孤絕誰肯廬，道人有道山不孤。紙窗竹屋深自暖，擁褐坐睡依團蒲。天寒路遠愁僕夫，整駕催歸及未晡。出山迴望雲木合，但見野鶻盤浮圖。茲游淡泊歡有餘，到家恍如夢蘧蘧。作詩火急追亡逋，清景一失後難摹。（蘇詩 3: 1835-7）

蘇軾在天寒地凍的時候到孤山，「天寒路遠愁僕夫」，並不是去求佛法，也不是去遊山玩水，而是按照歐陽修的建議去認識一些有原則有人品的人物。蘇軾在〈六一泉銘〉中解釋道：「予昔通守錢塘，見公於汝陰而南。公曰：『西湖僧惠勤甚文，而長於詩。吾昔為〈山中樂〉三章以贈之。子間於民事，求人於湖山

間而不可得，則盍往從勤乎？』予到官三日，訪勤於孤山之下，抵掌而論人物。」[2]惠勤詩文不凡，人品又佳，他對歐陽修更是特別尊崇，稱他為「天人」，[3]因此蘇軾相當樂意跟他交往，「茲遊淡泊歡有餘」，兩個此後便成了好友。

杭州是新政實施的重點城鎮，本書前文提到，執行新法的官員利用各種方法鼓勵甚至強迫平民向政府貸款，包括強行分配一定的款額給不願意貸款的平民，使用各種手段提高官府貸款的業績，希望通過傑出的業績，迅速往上爬升。很多平民因無法償還貸款，以致被官府關押，擔任貸款中保的人連帶遭殃，損失了用來做抵押的房地產，鬧得家破人亡。蘇軾執行新法，親見平民受苦受難的情景，在他的詩中做了生動的描述：

李杞寺丞見和前篇復用元韻答之

獸在藪，魚在湖，一入池檻歸期無。誤隨弓旌落塵土，坐使鞭箠環呻呼。追胥連保罪及孥，（近屢獲鹽賊，皆坐同保徙其家。）百日愁歎一日娛。白雲舊有終老約，朱綬豈合山人紆。人生何者非蘧廬，故山鶴怨秋猿孤。何時自駕鹿車去，掃除白髮煩菖蒲。麻鞋短後隨獵夫，射弋狐兔供朝晡。陶潛自作五柳傳，潘閬畫入三峰圖。吾年凜凜今幾餘，知非不去慚衛蘧。歲荒無術歸亡逋，鵠則易畫虎難摹。

（蘇詩 3: 1837-9）

李杞當時是大理寺丞發運司勾當公事，主要的任務即為執行新法。蘇軾在跟他唱和的詩中，一開始就把自己比喻成被捉到的野獸和游魚一般，失去了自由，從此沒了歸期。其實這個意象更適用於因無法償還貸款

而被關押的平民，蘇軾看到許多平民身陷囹圄之時，身為執法者，他無法排除參預迫害平民的罪惡感，「坐使鞭箠環呻呼」。在他的想像中，他也成了他們之中的一份子，跟他們一起受苦。在官府追討貸款的過程中，用刑在所難免，妻子兒女也會受到折磨，「追胥連保罪及孥」。蘇軾眼見平民在他面前痛苦呻吟，但卻無法幫助他們徹底解決問題，心中的歉疚感可想而知，「知非不去慚衛蘧」。

蘇軾在執行新法繁重的工作之餘，不時抽空到附近的西湖去思考他的處境，同時舒解心中的鬱悶：

遊靈隱寺得來詩復用前韻

君不見，錢塘湖，錢王壯觀今已無。屋堆黃金斗量珠，運盡不勞折簡呼。四方宦遊散其孥，宮闕留與閒人娛。盛衰哀樂兩須臾，何用多憂心鬱紆。溪山處處皆可廬，最愛靈隱飛來孤。喬松百丈蒼髯鬚，擾擾下笑柳與蒲。高堂會食羅千夫，撞鐘擊鼓喧朝晡。凝香方丈眠氍毹，絕勝絮被縫海圖。清風徐來驚睡餘，遂超義皇傲几蘧。歸時棲鴉正畢逋，孤煙落日不可摹。（蘇詩 3: 1841-3）

唐朝滅亡後在兩浙建立吳越王國的錢氏家族，在蘇軾到杭州上任以前早已喪失了他們的王位國土，他們的家族被迫離開家鄉遷徙他處，有的甚至遭逢妻離子散的命運，「四方宦遊散其孥」。他們當初用橫征暴斂的手段得來的錢財所建造的豪華宮殿也已變成後人的遊樂場所，「宮闕留與閒人娛」。言下之意，神宗斂財的措施日後也不會有什麼好結局。蘇軾在各方面儘量幫助當地的老百姓，他在做了他所能做的事以後，只能提醒自己要有宏觀的眼界，長遠的思維，徒然憂鬱，不但於事無補，反而會使每日的生活不堪忍受，「盛衰哀樂兩須臾，何用多憂心鬱紆。」

在忙碌之餘，蘇軾有時想到他的弟弟，蘇轍當時在陳州宛丘充當學官，不必負責執行新法的任務，這對蘇軾來說，是讓他替他弟弟高興的地方：

戲子由

宛丘先生長如丘，宛丘學舍小如舟。常時低頭誦經史，忽然欠伸屋打頭。斜風吹帷雨注面，先生不愧旁人羞。任從飽死笑方朔，肯為雨立求秦優。眼前勃谿何足道，處置六鑿須天遊。讀書萬卷不讀律，致君堯舜知無術。勸農冠蓋鬧如雲，送老虀鹽甘似蜜。門前萬事不掛眼，頭雖長低氣不屈。餘杭別駕無功勞，畫堂五丈容旂旄。重樓跨空雨聲遠，屋多人少風騷騷。平生所慚今不恥，坐對疲氓更鞭箠。道逢陽虎呼與言，心知其非口諾唯。居高志下真何益，氣節消縮今無幾。文章小技安足程，先生別駕舊齊名。如今衰老俱無用，付與時人分重輕。（蘇詩 3: 1843-5）

據《太平寰宇記》，宛丘在河南道陳州境內：「宛丘縣，本漢陳縣。春秋時，楚滅陳，縣之。秦漢仍為陳縣，漢屬淮陽國。後漢屬陳國。晉屬梁國。宋屬南梁郡。高齊文宣帝省陳郡，仍移項縣理於此。隋文帝立陳州，改項縣為宛丘縣。」[4] 在宛丘教學的蘇轍不但不須要負責執行新法的任務，他也不必學習新法，在當時官府進行迫害百姓的時候，他可以置身事外，不必成為官府迫害百姓的工具，值得推許，「讀書萬卷不讀律，致君堯舜知無術。」同樣一句話也可以解釋成蘇軾形容他自己，他雖然博學，但卻不是繁瑣的法律專家，神宗名義上要師法堯舜以道德教化人的王道，實際上卻是用法律來鉗制百姓，蘇軾以為神宗要依靠法律來達到王道的理想是不切實際的想法。摒棄道德依賴法律來治國的政策，會鼓勵各地官府以法律為

名，利用平民的無知，壓榨平民，對平民造成巨大的傷害，「平生所慚今不恥，坐對疲氓更鞭箠。」蘇軾身為刑法的執行人，目睹那些無知的平民因觸犯法條而受到刑罰，他們痛苦呻吟的聲音，在蘇軾的內心產生了揮之不去的極大撼動的效果。

除了新法所帶來的人禍以外，杭州地區的農民那時還得應付天災，熙寧五年（1072）四月，正值農忙時節，雨卻不停的下。身為百姓長官，蘇軾有義務為農民祈求良好的天候，他因此走訪當地供奉觀音的寺廟：

雨中遊天竺靈感觀音院

蠶欲老，麥半黃，前山後山雨浪浪。農夫輟耒女廢筐，白衣仙人在高堂。（蘇詩 3: 1856）

白衣仙人高高的坐在廟堂裡，對百姓的災難似乎聽而不聞，視而不見，蘇軾對傳說中救苦救難的觀世音提出委婉的質疑。蘇軾對佛教的持疑態度，在他描述觀音坐看「農夫輟耒女廢筐」而不採取及時的救助行動時，再度浮現出來。白衣仙人除了指中國佛教中的觀世音以外，他也象徵高高在上的天子神宗，無論民間有多大的苦難，神宗似乎毫無反應。陳新雄在《蘇軾詩選析》中說這裡的白衣仙人指的是「當朝宰相」，[5]筆者覺得應該不是，因為觀音是中國佛教徒崇拜的對象，宰相權力固然很大，但是一般大不到被中國百姓神化的地步，只有天子自來是中國人神化崇拜的對象；同時，在蘇軾的詩中，他通常都會很清楚的指出他批評的對象是大臣，比方說，他常用西漢的大臣龔遂、黃霸來反喻推行新法的權臣，而在上述這首詩中，他卻只用象徵的手法點到為止，所以筆者以為白衣仙人在這裡應該是影射神宗。更重要的一點是，在

私天下的體制之下，包括宋代，天子獨攬大權，代表國家社稷與天交通，其他人員，即使是宰相，都無權越俎代庖。當老天通過天災來表示祂對國家的行政不滿時，天子須要負責，可以藉著「避殿減膳，赦天下，降死罪一等」[6]諸種相應的措施向老天陳情，表明天子負責任的態度。蘇軾對神宗的期待，就如同他在詩中對白衣仙人的期待一般，希望兩者都能夠大發慈悲，消弭民間禍患。此外，蘇軾在他的制科考試中很清楚的表示，天子是所有大臣的表率，他的一舉一動都不可避免地影響到整個朝廷與國家的動向，對國家的興衰要負絕對的責任。神宗重用王安石，支持王安石推行新法，對一般老百姓造成了相當大的傷害，就蘇軾來看，神宗最終自然不能逃脫責任。

蘇軾做為地方官，必須執行朝廷的命令，王安石、呂惠卿執政，即使蘇軾不同意他們剝削平民的政策，也只能接受他們的命令，變成他們迫害百姓的工具，這對蘇軾來說是沉重的心靈負擔與精神壓力，有經常抒解的必要，因此他碰到機會就不時的遊訪山中的寺廟，希望能暫時消除心頭一時鬱結的情緒：

遊徑山

眾峰來自天目山，勢若駿馬奔平川。中途勒破千里足，金鞭玉鐙相迴旋。人言山住水亦住，下有萬古蛟龍淵。道人天眼識王氣，結茆宴坐荒山巔。精誠貫山石為裂，天女下試顏如蓮。寒窗暖足來朴渥，夜鉢呪水降蜿蜒。雪眉老人朝叩門，願為弟子長參禪。爾來廢興三百載，奔走吳會輸金錢。飛樓湧殿壓山谷，朝鐘暮鼓驚龍眠。晴空仰見浮海蜃，落日下數投林鳶。有生共處覆載內，擾擾膏火同烹煎。近來愈覺世路隘，每到寬處差安便。嗟余老矣百事廢，卻尋舊學心茫然。問龍乞水歸洗眼，欲看細字銷殘年。（龍井水洗病眼有效。）（蘇詩 3: 1866-9）

徑山佛寺裡佛徒清閒的生活給正在政治火爐中備受煎熬的蘇軾一種解脫自在的感覺，這種感受使得蘇軾寫出了「願為弟子長參禪」的詩句。但是蘇軾並不是真要出家了，而是從反面來強調他在政壇上所遭受的強大的壓力，言下之意就是如果他在政壇能做的事，只是苟且順從王安石，專門從事迫害百姓的工作，即使他再不喜歡佛徒避世的心態，還不如勉為其難加入佛教的空寂世界，如此，他就不必非得昧著良心去做傷天害理的事。在談完他想像中的解脫以後，蘇軾在詩的後半段便以對照的手法，表明他對當時政治世界的不滿，解釋他在前半段中提及參禪的原因。只要新政繼續實施，根本的問題不能獲得解決，百姓繼續受到迫害，蘇軾心靈上的壓力就不會徹底消失，他便勢必會與那些受到迫害的老百姓一樣，有度日如年的感受：「有生共處覆載內，擾擾膏火同烹煎。近來愈覺世路隘，每到寬處差安便。」時光不斷消逝，往日的政治理想卻毫無實現的可能，蘇軾在心理上感到他逐漸老化，「嗟余老矣百事廢，卻尋舊學心茫然。」在艱困的政治環境中，蘇軾此時能做的就是勉為其難，盡力而為。

蘇軾此時在杭州寫的詩中有一首與新法沒有直接的關係，是關於當時一個孝子的故事，由於詩中表彰孝行的思想，與新黨官員急功近利摒棄道德的想法相抵觸，對蘇軾日後的仕途種下了意想不到的禍根：

> 朱壽昌郎中少不知母所在刺血寫經求之五十年，去歲得之蜀中，以詩賀之
>
> 嗟君七歲知念母，憐君壯大心愈苦。羨君臨老得相逢，喜極無言淚如雨。不羨白衣作三公，不愛白日升青天。愛君五十著彩服，兒啼卻得償當年。烹龍為炙玉為酒，鶴髮初生千萬壽。金花詔書錦作囊，白藤肩輿簾蹙繡。感君離合我酸辛，此事今無古或聞。長陵揭來見大姊，仲孺豈意逢將軍。開皇苦桃空記面，建中天子終不見。西河郡守誰復譏，潁谷封人羞自薦。（蘇詩 3: 1900-02）

根據《宋史》，朱壽昌的母親在他還沒出生以前就被休，朱壽昌在出生後回到他父親家中，從此不見他母親，「母子不相聞五十年，行四方求之不置，飲食罕御酒肉，言輒流涕。用浮屠法灼背燒頂，刺血書佛經，力所可致，無不為者。熙寧初，與家人辭訣，棄官入秦，曰：『不見母，吾不反矣。』遂得之於同州。劉時年七十餘矣，嫁黨氏有數子，悉迎以歸。」[7] 當時因支持新法而迅速爬升的李定，為了避免返鄉服喪，繼續在京追逐更高的權位，曾經隱瞞生母去世的消息，成了當時一大政治醜聞。蘇軾鑑於當時一般新法官員如李定之流，為求一己利祿，幾乎無所不為，道德淪喪，深有所感，因此特地寫了上引的一首詩來稱頌朱壽昌對母親真摯的感情。蘇軾稱頌朱壽昌的詩，看在李定的眼中，自然被視為對一己人品的攻擊；七年之後，李定升為御史中丞，大權在握，決定置蘇軾於死地，他發動對蘇軾的攻擊跟上引的這首詩有一定的關聯。

熙寧五年（1072）十月，蘇軾接到轉運司的命令，要徵用義務民伕，在湯村開鑿運鹽用的運河，運河開工的時間定得非常緊迫，而且得限期完成，蘇軾在接到命令之後，只好天一亮就帶著民伕開挖：

> 湯村開運鹽河雨中督役
>
> 居官不任事，蕭散羨長卿。胡不歸去來，滯留愧淵明。鹽事星火急，誰能恤農耕。薨薨曉鼓動，萬指羅溝坑。天雨助官政，泫然淋衣纓。人如鴨與豬，投泥相濺驚。下馬荒堤上，四顧但湖泓。線路不容足，又與牛羊爭。歸田雖賤辱，豈失泥中行。寄語故山友，慎毋厭藜羹。（蘇詩 3: 1902-3）

動工以後，天公不配合新政，開始下起雨來，使得工地泥濘不堪，施工倍加困難。蘇軾在詩中用反諷的手

法來攻擊新政，「天雨助官政，泫然淋衣纓」；表面上老天似乎夥同官府來折磨老百姓，但實際上老天是在跟新政作對，不希望見到新政官吏強徵民伕開鑿運河的計劃即時完工。

在蘇軾的時代，人神關係一般比現代中國要密切得多，天候通常被用來做為評審執政的標準之一，如果一年的氣候都是風調雨順，大家會把這種現象歸功於政府，稱其為賢能；相反的，如果一年之中，天災頻仍，水旱相繼，大家也會把這種現象歸罪於政府，稱其為腐敗無能，「去年大蝗，秋冬亢旱，以至今春不雨，麥苗乾枯……皆由中外之臣，輔佐陛下不以道，以至於此。」[8]蘇軾寫完雨水對施工影響的詩，接著寫大雨對農事所造成的災害：

吳中田婦嘆（和賈收韻）

今年粳稻熟苦遲，庶見霜風來幾時。霜風來時雨如瀉，杷頭出菌鐮生衣。眼枯淚盡雨不盡，忍見黃穗臥青泥。茅苫一月隴上宿，天晴獲稻隨車歸。汗流肩赬載入市，價賤乞與如糠粞。賣牛納稅拆屋炊，慮淺不及明年饑。官今要錢不要米，西北萬里招羌兒。龔黃滿朝人更苦，不如卻作河伯婦。（蘇詩3:1918）

這首詩描寫當時農民在新政實施期間悲慘的生活，在所有的行業中大概沒有第二個行業比農業更須要依賴天候運作的，當農民不須要雨水的時候，雨卻下個不停，「眼枯淚盡雨不盡」，導致農作物大量的損失，「忍見黃穗臥青泥」。為了減少損失，農民在田裡用茅草搭起了臨時帳篷在裡邊住了一個月，「茅苫一月隴上宿」，好不容易等到天晴收割，把米挑到市裡，肩膀挑得都紅腫了，「汗流肩赬載入市」，結果賣的

價錢低到如同賣米糠碎米一般。既然收成不夠納稅的錢，農民被逼得把耕種用的牛和每天生活必須有的炊具都賣掉，向政府納稅，他們沒有考慮到明年耕種沒有牛怎麼辦，「慮淺不及明年饑」。朝廷當時為了招納西北的羌人，需要大量的金錢，因此規定人民納稅不能像往年一般用米代繳，一定要現錢，「官今要錢不要米」，結果造成錢荒米賤的現象，在這種情形之下，賤賣米往往只能賣得正常米價的一半，造成農民的重大損失。龔遂和黃霸是西漢有名的賢臣，蘇軾在詩中諷刺當時朝廷推行新法的官吏都聲稱他們的政策會像龔遂和黃霸的一般順利解決國家社稷的問題，結果是「龔黃滿朝人更苦」，百姓生活得更苦。在新法之下生不如死，他們的感覺是與其被長期折磨之後痛苦的死去，還不如像祭河神的婦女，雖然被丟掉河裡也是死，但是死的快也不必忍受長期的痛苦與折磨。

四個多月後，熙寧五年（1072）四月四日，蘇軾的第三子過（似叔）出生。[9]蘇軾為他的兒子取了「過」這個名字，透露出他心靈深處一種強烈的內疚感，他覺得平民受害似乎是他的錯，他的過失，他透過他兒子的名字對被迫害的老百姓表示誠摯的歉意，坦承自己沒有盡到牧民的職責。

十二月除夕的那天晚上，因觸犯新法而被捕的人擠滿了官廳和監獄，蘇軾不得不留下來處理這些緊急案件，心中對那些遭到迫害的平民有無限的同情，以致下淚：「除日當早歸，官事乃見留；執筆對之泣，哀此繫中囚。」[10]在除夕的時候，那些百姓不但不能在家跟家人一起吃團圓飯，反被官廳抓起來關在牢裡，飽受折磨，全家遭遇此一災難，變得分離破碎，如此淒涼的情景很難不讓稍有憐憫之心的人潸然淚下。

蘇軾在他詩中不遺餘力抨擊新政，他的親朋好友自然會勸他韜光養晦，以免觸怒執政，章傳道就是其中的一個：

次韻答章傳道見贈

並生天地宇，同閱古今宙。視下則有高，無前孰為後。達人千鈞弩，一弛難再彀。下士沐猴冠，已繫猶跳驟。欲將駒過隙，坐待石穿溜。君看漢唐主，宮殿悲麥秀。而況彼區區，何異壹醉富。鵷鶵非所養，俯仰眩金奏。髑髏有餘樂，不博南面后。嗟我昔少年，守道貧非疚。自從出求仕，役物恐見囿。馬融既依梁，班固亦事竇。效顰豈不欲，頑質謝鐫鏤。仄聞長者言，婞直非養壽。唾面慎勿拭，出胯當俯就。居然成懶廢，敢復齒豪右。子如照海珠，網目疏見漏。宏材乏近用，巧舞困短袖。坐令傾國容，臨老見邂逅。吾衰信久矣，書絕十年舊。門前可羅雀，感子煩屢叩。願言歌緇衣，子粲還予授。

（蘇詩 4: 1932-3）

章傳道勸蘇軾要逆來順受，委曲求全，避免批評時政，「仄聞長者言，婞直非養壽。唾面慎勿拭，出胯當俯就。」蘇軾知道自己耿直不屈為民喉舌的作風會激怒執政，但蘇軾不會因危險便噤口不言，在答覆章傳道的詩中，他反而婉轉地勸他效法賢能的臣子，「願言歌緇衣，子粲還予授。」《詩經．鄭風．緇衣》一章在傳統中一向被解成是讚揚賢臣的詩：「緇衣之宜兮，敝，予又改為兮。適子之館兮，還，予授子之粲兮。」[11]《毛詩序》說緇衣這首詩的主旨是「美武公也。父子并為周司徒，善於其職，國人宜之，故美其德，以明有國善善之功焉。」[12] 如《禮記．緇衣》也說：「好賢如《緇衣》。」[13] 蘇軾在詩的結尾表達他的願望，希望章傳道也能夠成為大家傳頌的賢臣。當然最後一句話除了可以看成是蘇軾對章傳道的期許，它也可以解釋成蘇軾用來自勉的話，他希望後世的人能把他看成一個賢能的臣子。

蘇軾對迫害平民的措施是不可能如同他親朋好友期望的那般保持緘默的，他不會因生命有危險，便放

棄了他的政治理想，他因堅持他的政治原則，對遁世的心態總是有所保留。熙寧六年（1073）一月十五日，蘇軾到祥符寺去看花燈，順便走訪廟裡的和尚可久，在他的詩中便流露出他對遁世思想的懷疑：

上元過祥符僧可久房蕭然無燈火

門前歌鼓鬥分朋，一室清風冷欲冰。不把琉璃閒照佛，始知無盡本無燈。（蘇詩 4: 1935-6）

蘇軾用「冷欲冰」來形容可久的房間，象徵佛教的教義給人一種死寂世界的感覺，三年之後，蘇軾在〈水調歌頭〉描述月宮的仙境時也同樣用寒冷的意象來表達他對道教天界的懷疑：「我欲乘風歸去，唯恐瓊樓玉宇，高處不勝寒。」[14]此外，最後一句「始知無盡本無燈」語義雙關。「無盡」是佛教術語，指「無為法」，[15]一方面，蘇軾似乎在解釋說無為法「離生滅相」，所以有燈沒燈根本不是一個問題；另一方面，他也在暗示佛教原本就沒有能夠為蘇軾提供照明的燈火。綜觀全詩的脈絡，筆者以為後者的詮釋應該更符合原作的意思。

熙寧六年（1073）一月二十一日，蘇軾前往富陽，在走訪深山之中的普照庵時寫的詩中，仍然表現出他對遁世生活有所保留的態度：

自普照遊二庵

長松吟風晚雨細，東庵半掩西庵閉。山行盡日不逢人，裛裛野梅香入袂。居僧笑我戀清景，自厭山深出無計。我雖愛山亦自笑，獨往神傷後難繼。不如西湖飲美酒，紅杏碧桃香覆髻。作詩寄謝采薇翁，

本不避人那避世。（蘇詩 4: 1941-3）

蘇軾不辭辛苦，走了近一日才到普照庵，庵中的僧侶看到蘇軾遠道而來，頗覺好笑，因為他們想離開山區都沒辦法，而蘇軾卻不請自來，「居僧笑我戀清景，自厭山深出無計。」蘇軾聽了他們的處境以後，也不覺莞爾，「我雖愛山亦自笑」，他覺得此後應該認真秉持入世的精神，即使在抒解鬱悶心情的時候，也不必一定要遠赴人跡罕至的山區，近在咫尺的西湖其實較深山的閉鎖世界更具豐富的意味，「不如西湖飲美酒，紅杏碧桃香覆髻。作詩寄謝采薇翁，本不避人那避世。」

蘇軾人如其言，他表示西湖以後會成為他尋幽的重點之一，說到做到，西湖此後果然是他時常走訪的地方。在他多次遊訪西湖的過程中，他察覺到西湖有近乎靈異般的美，結果寫下了下面兩首眾人傳頌的詩句，點出西湖如幻似化的美景：

飲湖上初晴後雨二首

朝曦迎客豔重岡，晚雨留人入醉鄉。此意自佳君不會，一杯當屬水仙王。（湖上有水仙王廟。）

水光瀲灩晴方好，山色空濛雨亦奇。若把西湖比西子，淡粧濃抹總相宜。（蘇詩 4: 1937-8）

上引兩首詩的重心都在對比上，在第一首的前二句中，「朝曦」與「晚雨」互對，後二句把人和外界的景物結合在一起，「此意自佳君不會，一杯當屬水仙王。」第二首除了加強第一首詩中山水、晴雨、人與景物的三種對比之外，又增加了一個淡粧濃抹的對比。蘇軾在短短的兩首詩中用不同的對比象徵性地描述了

西湖各種不同的景色，強調西湖無論如何變化，總能保持它迷人的色彩。當蘇軾把西湖比成西施的時候，西湖在詩中頓然由沒有生命的景物，轉化成如同西施一般靈異的尤物，這一畫龍點睛的手法，是蘇軾能在中國文學史上，賦予西湖永恆的生命至關重要的神來之筆。

蘇軾因為執行公務，常須要在各個縣市鄉鎮之間往返奔波，因此他有很多機會觀察到新法對人民所造成的惡劣影響。在他奔走各地的路途上他不斷的創作詩歌，用詩歌來記述他在各地親眼目睹的各種可悲的景象，此類詩作充溢了對平民苦難關注的情懷，如同杜甫的〈三吏〉、〈三別〉，[16]是探討政治與社會互動關係的珍貴資料。熙寧六年（1073）一月底，蘇軾在往新城的途中，路過鄉下，途中見到農村貧苦的情形，深有感觸，寫下有名的〈山村五絕〉：

竹籬茅屋趁谿斜，春入山村處處花；無象太平還有象，孤烟起處是人家。
烟雨濛濛雞犬聲，有生何處不安生；但令黃犢無人佩，布穀何勞也勸耕。
老翁七十自腰鎌，慚愧春山筍蕨甜；豈是聞韶解忘味，邇來三月食無鹽。
杖藜裹飯去匆匆，過眼青錢轉手空；贏得兒童語音好，一年強半在城中。
竊祿忘歸我自羞，豐年底事汝憂愁；不須更待飛鳶墮，方念平生馬少游。
（蘇詩 4: 1944-6）

上面這五首七言絕句以簡潔的筆法來綜合敘述新法對農村老百姓所造成的傷害。第一首指明詩中所描述的是偏遠的農村，第二、三、四首分別就壯年、老年及少年人來說，最後一首說到蘇軾自己對農村百姓的同

情。根據元豐二年（1079）御史臺所發布的《烏臺詩案》說，第二首「言是時販私鹽者多帶刀杖，故取前漢龔遂事，意謂但將鹽法寬平，令人不帶刀劍而買牛買犢，則自力耕不勞勸督，以譏諷鹽法太峻不便也。」[17]第三首繼續批評鹽法對鄉村造成的影響，「意山中之人，饑貧無食，雖老猶自採筍蕨充饑；時鹽法峻急，僻遠之人無鹽食，動經數月。若古之聖人，則能聞韶忘味，山中小民，豈能食淡而樂乎？以譏鹽法太急也。」[18]在農村的壯年人理該下田耕作，卻把時間用來販運私鹽，耽誤農作。壯年人既然不能下田耕作，老年人只好拿起鐮刀代勞，耕作收穫因此有限，只有採食筍蕨，而且因政府專賣的鹽太貴，山村裡窮苦的百姓買不起，常常三個月都沒鹽吃，只能白煮竹筍、蕨菜。第四首「意言百姓雖得青苗錢，立便於城中浮費使，卻又言鄉村之人，一年兩度夏秋稅，又數度請納和預買錢，今此更添青苗助役錢，因此莊家幼小子弟多在城市，不著次第，但學得城中語音而已，以譏諷朝廷新法青苗助役不便也。」[19]蘇軾雖然反對新法，非常同情那些受害的百姓，但朝廷的法律他不能不遵守，所以他只能在職權許可的範圍內，盡可能的來幫助他們：「是時，四方行青苗、免役、市易，浙西兼行水利、鹽法。公於其間，常因法以便民，民賴以少安。」[20]要徹底幫助老百姓，蘇軾知道唯一的指望就是說服神宗，除了利用機會給神宗寫奏摺以外，蘇軾也以抒情文字為媒介，透過詩句將他親眼目睹的悲慘事情傳到宮中，希望神宗能在看到他的文字以後有所感動而廢止害民的新法。

蘇軾對民間的關愛不僅形於詩詞文字，而且見諸實際行動。他到任後就積極四處尋訪民間疾苦：「軾於熙寧中通判杭州，訪問民間疾苦。」[21]蘇軾發覺杭州人多依靠井水過活，而原有的那些井「例皆廢壞」，[22]於是蘇軾與知州陳襄策劃修井的事宜，他們找了子珪等四個僧人主持工程，熙寧五年動工，六年春竣工；不久杭州大旱，新修竣的井源泉不絕，正好派上用場，澤惠民間甚大。

蘇軾在杭州認識了有名的詞人張先（990-1078），因此開始寫詞，雖然蘇軾不是一個音樂家，「平生未識宮與角」（蘇詩 3: 1895），但是他的文學天賦在詞的領域中也取得罕見的成就。歷來的批評家都強調蘇軾詞豪放的一面，其實蘇軾的詞幾乎什麼都寫，而且不僅豪放的詞寫得好，其他各類性質的詞也寫得出類拔萃。例如下面這一首〈行香子〉，寫景兼寫懷，讓人讀了有非常清新的感覺：

過七里瀨

一葉舟輕，雙槳鴻驚，水天清影湛波平。魚翻藻鑑，鷺點烟汀，過沙溪急，霜溪冷，月溪明。　重重似畫，曲曲如屏，算當年虛老嚴陵，君臣一夢，今古空名，但遠山長，雲山亂，曉山青。[23]

這首詞上片寫水，由「急」「冷」到「明」，下片寫山，由「長」「亂」到「青」，由不穩定的意象到穩定，在山水之間，加入作者的心懷，表明跟漢光武帝（25-58）一起遊學的嚴光（子陵）拒絕出仕的不智，[24]「虛老嚴陵」，寫得一絲不紊，甚有理致，就文辭、意象及情懷來說，確是上乘之作。

熙寧六年七月，沈括到兩浙察訪，出京前神宗特別交代：「蘇軾通判杭州，卿其善遇之。」[25]沈括大概為了要討好王安石，在見到蘇軾的時候，要蘇軾給他一些最近寫的詩，回京以後加了些註解就呈進，告蘇軾語涉訕怨，這個事件幾年後成了御史李定、舒亶詩案的濫觴。沈括欲圖陷害蘇軾的消息輾轉傳到蘇軾的耳中，蘇軾泰然的調侃了自己一句，說不愁自己的作品不被神宗看到，「不憂進了也」，[26]沈括為了討好執政，以蘇軾的言論著作做為迫害的理由與手段，不僅對蘇軾個人造成巨大的傷害，同時對中國後世鉗制知識份子言論自由，產生了極其深遠的負面影響。

第十五章　新政風暴

自熙寧六年（1073）七月到熙寧七年三月初，前後有八個月左右的時間，北方天氣乾旱，長久沒下雨，農民歉收，生活異常艱困：「人無生意，東北流民，每風沙霾曀，扶攜塞道，羸瘠愁苦，身無完衣。並城民買麻糝麥麩，合米為糜，或茹木實草根。」[1]因此熙寧七年三月初三（庚子）神宗命大臣祈雨，[2]可是老天沒什麼反應。十天後，神宗再下令，除了要大臣祈雨之外，還要各地的官吏把轄區內的刑案儘速了結，以爭取民心，感動天心：「以旱遣官分禱京城、京畿內諸祠，其五岳、四瀆並委常吏致祭，仍令諸路監司檢查巡按所部淹延枝蔓刑獄、審刑大理未斷公事，疾速結絕以聞。」[3]神宗在採取各種祈雨的措施以後，天氣乾旱如故，神宗「憂形于色，嗟嘆懇惻，欲盡罷法度之不善者」。[4]王安石勸神宗不要把長期的旱災，看做是老天對神宗實施新法不滿的徵兆，他認為只要注意用人就行了：「水旱常數，堯、湯所不免。陛下即位以來，累年豐稔，今旱暵雖久，但當修人事以應之。」[5]神宗回答說他就是擔心他用人不當，所以老天不悅：「朕所以恐懼者，正為人事之未修爾。」神宗此時對王安石的信心開始起了動搖。

王安石這時雖然已經入相六年，大權在握，因新法弊端委實太多，王安石和他的黨羽，當然極盡其能事封鎖對新政不利的消息，但是紙包不住火，新政的弊端還是經由不同的管道，輾轉傳到了神宗耳裡。神宗關心國是，因此不能不把他心中的疑慮告訴王安石：「上又批問安石，百姓為貨市易抵擋所錢，多沒產及枷錮者。」[6]王安石聽了輕描淡寫地解釋說只有幾個人被關了起來：「自置市易以來，有六戶賣抵擋納欠錢。有納戶教唆，令眾人並不須納錢，且申展限，故送三司枷錮納錢。」上文提到，光是蘇軾主管的杭

州一地，除夕那天晚上官廳就已經黑壓壓地擠滿了無法還債的人犯，不要說全國了。王安石說全國只有六戶沒還錢，顯然讓人難以置信。所以神宗一聽只有幾家被抓，心中自然不以為是，就舉證反駁：「人言賣產極多枷錮，乃至無人可監守。」王安石要神宗把通風報信的人名交給他，好讓他轉到有關單位去調查，神宗聽王安石要他把提供消息的人名交出來，心裡雖然覺得不是，但是當場也沒再說什麼。

神宗在跟王安石談了多次都沒有什麼結果的情況下，在二十日（丁巳）那天晚上給曾布逕行下了一個劄子，要他去調查實況：「聞市易務日近收買貨物，有違朝廷元初立法本意，頗妨細民經營，眾語喧嘩，不以為便，致有出不遜語者，卿必知之，可詳具奏。」[7]神宗沒跟王安石說，而秘密的叫曾布去調查個中情形，顯然對王安石已經有不信任的心理。

第二天，二十一日（戊午），神宗上朝又跟王安石討論新法，說抱怨新法的人實在太多，不但韓維、馮京等大臣反對，就連神宗自己家裡的人也說不好：「近臣以至后族無不言不便，何也？兩宮乃至泣下，憂京師亂起，以為天旱更失人心如此。」[8]神宗的祖母和母親，都是旁觀者清，看得比神宗明白。她們對新法殘害平民的情形聽多了，知道如果繼續實施新法，對國家會造成甚深的損害，因此力勸神宗廢除新法：

> 太皇太后曰：「吾聞民間甚苦青苗、助役錢，宜因赦罷之。」帝不懌，曰：「以利民，非苦之也。」太皇太后曰：「王安石誠有才學，然怨之者甚眾。帝欲愛惜保全，不若暫出之於外，歲餘復召用可也。」帝曰：「群臣中惟安石能橫身為國家當事耳。」祁王曰：「太皇太后之言，至言也。陛下不可不思。」帝因發怒，曰：「是我敗壞天下耶？汝自為之。」祁王泣曰：「何至是也。」皆不樂而罷。[9]

如果大臣說新法不好，神宗可以說他們因為不願意辦事，是找藉口；現在他心愛的祖母和母親說新法不好，他就不能那麼說了。他知道她們勸他都是好意，他就不能不深思。因此神宗在朝就特別跟王安石指出他認為有問題的地方，他說市易法造成了政府跟平民競爭做生意，平民無法生存的現象：「市易，如米麥之類能平價便民，固好，其他細微須害細民，緣市易務既零賣，即民間零賣不得。」[10] 王安石照例死不認賬，說都沒問題：「此事亦不然。」

王安石是一個不太懂得也不很注重人事關係的人，這對一個往往須要使用靈活手腕的執政來說，是一個相當不利的因素。因他不注重人際關係，所以別人做什麼，有什麼反應，或者他周圍發生了什麼事，他一般都不很注意也不太有興趣去理會。宋朝流行一個關於王安石的故事，說他吃飯的時候，根本不注意吃什麼，只吃放在他身邊的菜，放得遠一點的，他就動都不動：「然荊公氣習，自是一個要遺形骸、離世俗底模樣，吃物不知饑飽。嘗記一書，載公於飲食絕無所嗜，惟近者必盡。左右疑其為好也，明日易以他物，而置此品於遠，則不食矣，往往於食未嘗知味也。」[11] 這個故事一般都被用來說明王安石不貪圖生活上的享受，其實這個故事還有它的深意，它很清楚地說明了王安石不很注意他周圍的事情，也不注意別人的反應。筆者在此再舉一個前人不太常引的例子，來進一步說明王安石的個性：

王荊公在相位，子婦之親蕭氏子至京師，因謁公，公約之飯。翌日，蕭氏子盛服而往，意謂公必盛饌。日過午，覺饑甚而不敢去。又久之，方命坐，果蔬皆不具，其人已心怪之。酒三行，初供胡餅兩枚，次供彘臠數四，頃即供飯，傍置菜羹而已。蕭氏子頗驕縱，不復下箸，惟啖胡餅中間少許，留其四傍。公顧取自食之，其人愧甚而退。人言公在相位，自奉類不過如此。[12]

這個故事同樣也是稱許王安石自奉清簡，不講求生活上的享受。但是讀者閱讀過後，難免思及一些其他須要考慮照顧的地方。一個人能夠不追求感官上的享受，在古今中外的社會中毫無疑問是一種難得的品德，但是如果有人要尋求感官上的享受，他不一定就不對，只要他尋求的享受合情合理，那就無可厚非。就如同苦行僧一般，既不講究吃穿娛樂，對男女之欲也不感興趣，值得一般人刮目相看，但如果要每個人都做苦行僧，那是會有問題的。政治倫理是群體的活動，牽涉到他人，不只是個人的事；一個生活在群體中的個體，不能只顧自己，絕對須要顧慮到別人的需求。王安石的親戚到京師來看他，難得相見，既然已經約定共餐，禮數上應盡招待的責任，儘量使客人心滿意足而去。王安石讓親戚久等，先令他饑餓不堪，最後到了吃飯的時間，又不提供果蔬，只具備了胡餅兩枚及少許豬肉，從這個角度來看，王安石顯然不是個樂意關注別人，善盡招待責任的主人。

做為一個執政，就如同做主人一般，舉手投足自然會影響到別人：他須要關心民瘼，施惠大眾，做到民心大悅的地步。上文曾經提到，當老百姓生活在水深火熱之中，衣不蔽體，食不果腹，別的大臣建議神宗不要在郊禮後給大臣賞賜，王安石卻堅持己意，非要賞賜不可，這在在顯示他的行事主要以個人喜好為出發點，不特別考慮別人的需求和感受。自王安石秉政之後，反對之聲此起彼伏，不絕於耳，而神宗自己也不時追問，一個常人總會想法求證一下，而王安石獨不然。他獨斷獨行拒絕求證的作風，自然很容易被他的屬下利用，造成舞弊欺矇的現象。這時主管市易事務的呂嘉問就是一個知道怎麼利用王安石的弱點來瞞上欺下的人：

初，呂嘉問以戶部判官提舉市易務，挾王安石之勢，陵慢三司使薛向，且數言向沮害市易事，安石信

之。其實向於嘉問未嘗敢與之較曲直，凡牙儈市井之人有敢與市易爭買賣者，一切循其意，小則笞責，大則編管。嘉問自知不直，慮間己，故先以沮害加之，使其言不信於安石。市易本隸三司，而嘉問氣燄日盛，三司固多出其下。[13]

王安石為人固執，喜歡別人說他好話，而不願聽反對他的意見，所以即使民間對新法怨聲載道，他也不主動調查求證，他信賴的人像呂嘉問之流，因此利用機會為非作歹，殘害百姓。

曾布在二十日那天晚上，受神宗之命要他報告以後，就找督察市易業務的魏繼宗談話，魏繼宗「憤惋自陳，以謂市易主者權固掊克，皆不如初議，都邑之人不勝其怨。」[14]曾布是王安石一手提拔上來的人，當初跟呂惠卿一起創設新法，韓琦反對新法給神宗寫奏摺的時候，也是他代王安石寫答辯的。現在推行市易既然出了問題，他在跟神宗報告之前，覺得應該先跟王安石打個招呼，因此就帶著魏繼宗去見王安石，跟王安石述說其中的情形。王安石聽了自然很不高興，就譴責魏繼宗說：「事誠如此，何故未嘗以告安石？」[15]魏繼宗回答說：「提舉（呂嘉問）日在相公左右，何敢及此。」王安石一聽，也就不好再說什麼了。曾布在禮貌上既然已經跟王安石打過了招呼，他便不再猶豫，當下便跟王安石說他明天準備向神宗報告，王安石表面上只能同意，但是心底卻相當銜恨，此事下文會再細說。

三月二十四日（辛酉），朝廷花了不少時間討論新法的問題。首先翰林學士承旨韓維對新法再度提出異議，王安石因前晚曾跟曾布談話，知道今天在朝須要為新法辯解一番，因此事先已做準備，就提出呂嘉問給他的材料，辯說民間沒有什麼問題：「此皆百姓情願，不如人言致咨怨也。」神宗便回答說：「韓維極言此不便，且云，雖取得案牘看詳亦無補。」因為神宗堅持，王安石覺得不讓神宗調查也不行，就建議

要開封的知府孫永也參加。結果神宗同意下詔要韓維和孫永一起調查民間商行的反應。接著，神宗就私下接見曾布，聽取他的報告。曾布轉述魏繼宗的話說：「嘉問等務多收息以干賞，凡商旅所有，必賣於市易，或市肆所無，必買於市易。而本務率皆賤買貴賣，重入輕出，廣收贏餘，誠如繼宗所言，則是挾官府而為兼并之事也。」[16]神宗一聽，嚇了一跳，大概因為他每次跟王安石提到有人抱怨新法的時候，王安石總是回答說沒什麼問題，神宗可能也聽膩了，但他也沒什麼證據，所以一直不能說什麼，現在既然曾布和主管市易事務的官員都這麼說，有了憑據，他露出高興的神色，就問王安石知不知道這件事。曾布把經過的情形告訴神宗，並且說：「事未經覆案，未見虛實。」神宗就要曾布深入調查，是否真如魏繼宗所說的一樣。曾布就跟神宗說：「所召問行人，往往涕咽，陛下以久旱焦勞，誠垂意於此，足以致雨。」神宗便鼓勵曾布，勸他一定要查明真相：「必欲考見實狀，非卿莫可。」

神宗這時對王安石雖然不再像先前一樣那麼盲從，但他基本上還是維護王安石。他也不等曾布進一步調查的結果水落石出，就跟王安石說曾布反對市易法，並問王安石知不知道這件事。王安石自然還是死不認賬，一概否定市易有問題：「市易事，臣每日考察，恐不致如言者，陛下但勿倉卒，容臣一一推究，陛下更加覆驗，自見曲直。若陛下為眾毀所搖，臨事倉卒，即上下協力，承望為欺，恐致忠良受枉。」[17]王安石顯然是個不太通達事理的人，凡是批評他的人，他常要毀謗、打擊與報復。上文提到他對蘇軾的作風就是如此，現在他對自己一手提拔起來的曾布也是如此。他說曾布反對市易一事是曾布跟呂嘉問不合，想找呂嘉問的麻煩：「布與嘉問不相足，爭互牒事亦可見。」神宗覺得王安石不就事論事而去批評個人的做法似乎有些過分，就替曾布說話：「布或緣與卿素親厚，故如此。」王安石見神宗維護曾布，心裡不是味道，當場就提出辭職的意思：「備位久無補時事，不能令風俗忠厚，幸陛下早改命，臣久如此，必負陛下

寄託。」神宗這時顯然只希望王安石就事論事，把市易的弊端解決，倒還沒有要王安石辭職的意思，所以當時也沒要王安石寫辭呈，只是在當天晚上寫了一個條子給王安石，希望他能處理問題：「恐嘉問實欺罔，非布私忿移怒。」王安石這個人不但倔強，而且也沒堅定不搖的是非原則，他明知呂嘉問有問題，就是不肯認錯，仍然堅持他自己的看法：「安石具奏，明其不然。」為了預防曾布對他會有不利之舉，他建議讓呂惠卿跟曾布一起進行調查，神宗沒辦法，只好依從。

這時韓維還是不斷地跟神宗指陳新法害民的地方；早先他跟孫永調查新法弊端的事，因王安石的阻撓而沒什麼結果，但他並不氣餒，此時鼓足幹勁再跟神宗報告說很多平民無法還債，被政府追索異常痛苦：「近日畿內諸縣，督索青苗錢甚急，往往鞭撻取足，至伐桑為薪以易錢貨，旱災之際，重罹此苦。夫動甲兵，危士民，匱財用於荒夷之地，朝廷處之不疑，行之甚銳；至於蠲除租稅，裕逋負以救愁苦之良民，則遲遲而不肯發。望陛下自奮英斷行之，過而養人，猶愈於過而殺人也。」[18]神宗前幾天才聽了曾布揭發新法弊端的報告，現在又聽到韓維的批評，內心不安的感覺難免加深。

再說曾布收到詔命深入調查市易的弊端後，別人就跟他說：「中書每以不便事詰嘉問，嘉問未嘗不巧為蔽欺，至於案牘往往藏匿改易，如不懲革此弊，雖根究無以見其實。」[19]曾布這時也聽到呂嘉問已經叫人把官府的檔案拿回家中去刪改，他因此請求神宗出榜懸賞能向官府揭發任何有關市易不法事實的人。二十六日，神宗批准曾布的請求：「依奏付三司施行。」曾布就在呂嘉問的住宅旁邊張貼佈告。第二天，二十七日，呂惠卿看事態緊急，就到三司召魏繼宗和一些商行的人問話，他們異口同聲地批評市易的措施。呂惠卿看大勢不好，就單獨一個人繼續跟魏繼宗溝通，「再三誘脅繼宗，令誣布以增加所言。」[20]同時呂惠卿也派他的弟弟呂溫卿去跟王安石說：「行人辭如一，不可不急治繼宗，若繼宗對語小差，則事必

可變。」呂嘉問這時更是急得如同熱鍋上的螞蟻，拼命求王安石趕快採取行動，王安石想在夜晚的時分，沒有什麼路人的情況下，把呂嘉問住家附近的佈告給挪走，但是他左右的人跟他說那是神宗批准的，王安石方才作罷。魏繼宗這個人相當有骨氣，他不但不受恐嚇，反而把呂惠卿威脅他的事跟曾布說。

結果二十八日，呂惠卿以「急速公事」要求單獨會見神宗，請求神宗授權讓他一人調查處理市易的事：「奉詔與曾布同根究市易事，勾集行人照證，而有臣未到以前布所取狀，臣恐當再行審覆，乞下開封府暫追赴臣處供析，即更不禁繫。」[21]神宗顯然不太信任呂惠卿，就下令要曾布跟他報告近況。曾布見了神宗，轉述魏繼宗被脅迫的事，並說：「惠卿所見不同，不可共事，乞別選官根究。」[22]神宗聽了之後，不許他辭職，並花了很長的時間安慰曾布說：「惠卿誠不可更共事」，[23]鼓勵他繼續調查。曾布看神宗此時開誠布公地跟他交談，膽子大了一些，就順便跟神宗報告薛向拘捕無辜的中間商，神宗聽了跟曾布說此事跟他自己也有關，很難過地承認自己的過失：「此事朕與有罪，當時失於詳究，便令依奏，今已無及，惟當速釋之耳。」[24]這時神宗有意廢掉呂惠卿，選用別的人來施行新法，但是王安石不同意，堅持使用呂惠卿，神宗無法，只好讓呂惠卿繼續主管其事，但是神宗對呂惠卿的做法已經不滿，因此下令不讓呂惠卿單獨審訊人證，要求曾布在場參預：「可令布、惠卿一處取問，所貴不致互有辭說。」

就在曾布與呂惠卿調查之際，各地的饑民紛紛逃難，輾轉來到京師，當時的守門人光州司法參軍鄭俠每天看到許多饑渴的流民入城，為了活命，有的甚至「質妻賣女」，景象悲慘。鄭俠內心難過，正好他懂得繪畫，就把他每日所見繪成圖像，然後上書皇帝，可是衙門拒絕受理，鄭俠於是「假稱密急，發馬遞上之」，[25]以傳遞緊急消息的方式呈給神宗看：

去年大蝗，秋冬亢旱，以至今春不雨，麥苗乾枯，黍、粟、麻、豆皆不及種，五穀踊貴，民情憂惶，十九懼死，逃移南北，困苦道路。方春斬伐，竭澤而漁，大營官錢，小購升米，草木魚鱉，亦莫生遂。外敵輕肆，敢侮君國，皆由中外之臣，輔佐陛下不以道，以至於此。[26]

鄭俠的奏摺由當時發生的天災說起，他指出持續經年的旱災造成大饑荒，迫使許多百姓流離失所，甚至被逼到販賣妻女，以求活命。除了天災，他同時也提到宋朝北方強敵壓境，有爆發衝突的可能性，這些現象就鄭俠來看，說明了朝廷政策的缺失與執政大臣的平庸。接著鄭俠建議解救之道：

臣竊惟災患致之有漸，而來如疾風暴雨，不可復禦。流血藉屍，方知喪敗，此愚夫之見，而古今比比有之。所貴於聖神者，為其能圖患於未然，而轉禍為福也。於今之勢，猶有可救，臣伏願陛下開倉廩以賑貧乏，諸有司掊斂不道之政，一切罷去，庶幾早召和氣，上應天心，調陰陽，降雨露，以延天下蒼生垂死之命，而固宗社萬萬年無疆之祉。[27]

他要求朝廷立即開倉放糧，拯救災民，同時更進一步乘機請求神宗廢除造成人民巨大負擔，橫征暴斂的新政，給全國百姓一個喘息的機會。鄭俠接著指出朝廷政策的缺失，就他來看，並不是神宗本人的過錯，而是執政大臣的失誤：

以臣之愚，深知陛下愛養民庶甚於赤子，故自即位以來，一有利民便物之事，靡不毅然主張而行，陛

下之心，亦欲人人壽富，而躋之堯、舜、三代之盛。夫豈區區充滿府庫，盈溢倉廩，終以富盛強大勝天下哉？而中外之臣，略不推明陛下此心，乃恣其叨懫，剝割生民，侵肌及骨，使之困苦而不聊生。夫陛下所存如彼，群臣所為如此，不知君臣際會，千載一時，欲何所為？徒只日超百資，意指氣使而已乎？[28]

鄭俠以為神宗有愛民之心，期望百姓有安定富樂的生活，「陛下之心，亦欲人人壽富」，只是大臣誤導了神宗，執行了與神宗意旨相違背的政策，以致造成民不聊生的災難，「剝割生民，侵肌及骨，使之困苦而不聊生。」鄭俠維護君主攻擊大臣的論點是中國私天下精神與體制的一個特點，其實在君權至高無上的私天下體制之下，大臣的任用絕對是要獲得國君的首肯，執政推行的重大的國家政策也一定須要握有實權的國君的贊同與支持才行得通，不是大臣主觀上希望如何實行就可了事，所以在君權至高的私天下體制之下，任何重大國家政策的實行，跟手握實權的君主是絕對脫離不了關係的。本書前文業已論述到王安石所以能夠推行新法，完全是神宗的衷心贊同與大力支持的緣故，因此神宗對新法所造成的災難，絕對要負最大的責任，只是在私天下的體制之中，一個儒家的臣子，一般都會有意無意地為君王遮掩過失，而把錯誤全推給大臣，要大臣做替罪的羔羊。鄭俠在私天下的體制之中運作，難免會受到這種體制的限制，自然尊君，照例把天災人禍推給大臣，但是鄭俠畢竟是一個非常特殊直言不諱的臣子，他在把災難推給大臣後，能夠再追根究底，委婉的指出君王疏遠忠臣而重用奸臣，終究應該負領導上的責任：

臣又惟何世而無忠義？何代而無賢德？亦繫其人君所以駕馭之如何爾！古之人在山林有廊廟之憂，至

> 於芻蕘，匹夫匹婦欲猶自盡以規其後。陛下之朝，臺諫之臣，默默其位而不敢言事，至有規避百為，不敢居是職者。凡百執事，又皆貪猥近利，使懷道抱識之士，皆不欲與之言。不識時然耶？陛下有以使之然邪？以為時然，則堯、舜在上，便有夔、稷；湯、文在上，便有伊、呂。君作於內，臣應於外；主唱於上，臣和於下，以成康濟之業。膏潤德澤，下浸昆蟲草木，至治馨香，達於上下，至於千萬世，莫不欣慕而效之。獨陛下以仁聖當御，撫養為心，甚於前古，而群臣所為如此，其非時然，抑陛下所以駕馭之道未審爾！陛下以爵祿駕馭天下忠賢，而使之如此，甚非宗廟社稷之福也。[29]

在中國歷史上能夠像鄭俠一樣坦直深切地指謫君王的臣子實在不多，鄭俠認為神宗應該擔負起指揮不善的責任，這種對君王直率的指控，一般都會導致君王及大臣的報復，鄭俠自然知道，他說：

> 夫得一飯於道傍，則銘記不忘，而終身飽飫於其父，則不以為德，此庸人之常情也。今之食祿，往往如此。若臣所聞則不然，蓋朝廷設官，位有高下，臣子事上，忠無兩心，與其見怒於有司，孰與不忠於君上；與其苟容於當世，孰與得罪於皇天。臣所以不避萬死以告陛下，誠以上畏天命，中憂君國，而下憂生民爾。於臣之身，使其粉粹如一螻蟻，無足顧惜。[30]

鄭俠在上他的奏摺以前心理上已經做了必死的準備，他請求神宗放棄損害百姓的新法，如果神宗改變施政措施以後，災害依然存在，他甘願被殺：

臣又見南征北伐，皆以其勝捷之勢，山川之形，為圖而來，料無一人以天下憂苦，質妻賣女，父子不保，遷移逃走，困頓藍縷，拆屋伐桑，爭貨於市，輸官糴米，遑遑不給之狀，為圖而獻。臣不敢具以聞。謹以安上門逐日所見，繪為一圖，百不一及，但經聖明眼目，不必多見，已可咨嗟涕泣，使人傷心，而況於千萬里之外哉？謹隨狀呈奏。如陛下觀臣之圖，行臣之言，自今已往至於十日不雨，乞斬臣於宣德門外，以正欺君慢天之罪。如少有所濟，亦乞正臣越分言事之刑。[31]

鄭俠顯然是個很有膽氣的人物，他勸神宗革除施政的弊端，憂心國是到能不惜把命給獻上的地步，尤其難得的是他是王安石相當欣賞的學生，能夠不為名利所惑，不袒護自己的老師，而一心以百姓的福祉為他關切的對象。他早年還沒中進士的時候，就已經認識王安石，以後跟隨王安石，兩人交情一直很好，是王安石得意的門生；王安石在地方上施政有擾民的地方，他知道的都跟王安石說，王安石當時也能謙卑，聽得下他的話，全照他說的去做，這讓鄭俠有知遇之感，對王安石更是肝膽相照。

王安石推行新法，有意引用鄭俠，鄭俠親見新法殘害平民的景況，不願把自己的幸福建立在人民的痛苦上，因此婉辭王安石給他的美官，同時也提出他一己不能贊同的看法：「青苗、免役、保甲、市易數事，與邊鄙用兵，在俠心不能無區區也。」[32] 王安石現在做相，早年謙卑的心態不復存在，鄭俠的話他當做耳邊風，不做反應。王安石雖然不高興鄭俠批評他，但是並不放棄希望鄭俠替他效命的主意，因此他分別派他的兒子王雱和他的門人黎東美進行說服的工作，邀他做檢討的官。鄭俠再辭：「讀書無幾，不足以辱檢討。所以來，求執經相君門下耳。而相君發言持論，無非以官爵為先，所以待士者亦淺矣。果欲援俠而成就之，取其所獻利民便物之事，行其一二，使進而無愧，不亦善乎？」[33] 鄭俠把話跟王安石說得那麼

清楚，王安石就是不改初衷。

神宗收到鄭俠的奏摺，反覆觀看，「長吁數四」，感慨異常，當晚就寢無法入睡，第二天，二十八日，神宗上朝把他的奏摺拿給大臣看，同時問王安石認不認識鄭俠。王安石自然不能否認他們之間親近的關係，就說：「嘗從臣學」，[34]同時提出辭職的要求。神宗這幾天處理新法的事務，確定新法確有害民之處，現在看王安石又認錯，便再也狠不下心了，當天「命開封體放免行錢，三司察市易，司農發常平倉，三衛具熙河所用兵，諸路上民物流散之故。青苗、免役權息追呼，方田、保甲並罷，凡十有八事。」[35]同時下詔尋求直言：

朕涉道日淺，晻於致治，政失厥中，以干陰陽之和。乃自冬迄今，旱暵為虐，四海之內，被災者廣。間詔有司，損常膳，避正殿，冀以塞責消變，歷月滋久，未蒙休應。嗷嗷下民，大命近止，中夜以興，震悸靡寧，永惟其咎，未知攸出。意者朕之聽納不得於理歟？獄訟非其情歟？賦斂失其節歟？忠謀讜言鬱於上聞，而阿諛壅蔽以成其私者眾歟？何嘉氣之久不效也？應中外文武臣僚，並許實封言朝政闕失，朕將親覽，考求其當，以輔政理。三事大夫，其務悉心交儆，成朕志焉。[36]

這篇詔文寫得非常謙下，很能鼓舞當時的人心，那時司馬光看了也感動得下淚：「臣伏讀詔書，喜極以泣。」[37]可惜神宗對新法剝削人民的弊端雖然不滿，但新法畢竟增加了政府的收入，讓他不愁用度，這就不能不讓他對新法仍有眷戀之心，所以他在採取了一些權宜的措施以後，便戛然止住，拒絕全面廢除害民的新法。往後他的兒子哲宗和徽宗不顧新法的弊端，堅持推行新法，主要的原因也在此。

說也奇怪，在神宗宣布暫時廢除害民的新法以後，當天便下起大雨，「是日，果大雨，遠近沾洽。」[38]鄭俠的頭也因此保住。

神宗雖然採取了權宜的措施來消除一些新法的弊端，他並沒放棄繼續實施新法的決心。他的權宜性的措施，不過是做給反對新法的人看，主要為了消除一時的壓力，等風聲稍微平靜，他依然故我，我行我素。事後，為了維護王安石，他下詔要開封府治鄭俠擅自調用傳遞緊急消息的馬匹的罪。到了四月中旬，神宗對曾布及呂惠卿兩人共同辦案的態度也有了改變。先前神宗支持曾布，還說要廢除呂惠卿；現在他來了個一百八十度的大轉彎，轉而支持呂惠卿，敷衍曾布：

> 布復對，上獨指糯米收虛息事曰：「此事極分明。」布因言：「前後所陳事理，無不明白，聖意無不曉然，今獨以此事為分明，則其他殆未明矣。」上默然，布又言：「臣自立朝以來，每聞德音，未嘗不欲以王道治天下。今市易之為虐固已凜凜乎間架、阡陌之事矣。近日嘉問奏稱，熙寧六年收息八十餘萬，乞推賞官吏。其間有貼黃云，近差官往湖南販茶，陝西販鹽，兩浙販紗，皆未敢計息。臣以謂如此政事，書之簡牘，不獨唐、虞、三代所無，歷觀秦、漢以來，衰亂之世，恐未之有也。」上笑而頷之。謂布曰：「惠卿不免共事，不可與之諠爭，於朝廷觀聽為失體。」退，與惠卿召行人於東府，再詰其所陳，如前不變。[39]

神宗這時的表現如同昏君，他明知呂惠卿舞弊，是個奸臣，但為了朝廷有足夠的金錢供他使用，他不但不再堅持要廢除呂惠卿，反而在心中盤算等王安石支撐不下去的時候重用呂惠卿，他還特別告誡曾布，要他

不要跟呂惠卿做對。一個君王不但縱容底下的奸臣犯法，同時也要別的大臣如法炮製，跟他一樣包涵，朝廷政治的腐化至此已不言可喻。

神宗雖然一味維護王安石，但是反對的聲浪太高，新法問題又層出不窮，神宗不能不認真考慮他祖母和母親的建議，讓王安石先退下第一線，暫且避個風聲。正好此時王安石在他一向器重的門生鄭俠給神宗上了奏摺以後，很不好受，就不斷請辭。神宗因此決定讓王安石辭去執政的位子：

> 安石益自任，時論卒不與。他日，太皇太后及皇太后又流涕為上言新法之不便者，且曰：「王安石變亂天下。」上流涕，退，命安石議裁損之。安石重為解，乃已。會久旱，百姓流離，上憂見顏色，每輔臣進對，嗟嘆懇惻，益疑新法不便，欲罷之。安石不悅，屢求去，上不許。而呂惠卿又使其黨日詣匭函，假名投書乞留安石，堅守新法。上乃遣惠卿，以手詔諭安石：「欲處以師傅之官，留京師。」而安石堅求去，又賜手詔曰：「繼得卿奏，以義所難處，欲得便郡休息。朕深體卿意，更不欲再三邀卿之留，已降制命，除卿知江寧，庶安心休息，以適所欲。朕體卿之誠，至矣，卿宜有以報之。手劄具存，無或食言，從此浩然長往也。」又賜手詔曰：「韓絳懇欲得一見卿，意者有所諮議，卿可為朕詳語以方今人情政事之所宜急者。」安石薦絳代己，仍以惠卿佐之。於安石所為，遵守不變也。時號絳為「傳法沙門」，惠卿為「護法善神」。[40]

神宗的做法可說是換湯不換藥，他依舊實施新法，只是暫時把王安石調下來，換上呂惠卿，這可以說是公開准許官員因新法而舞弊。呂惠卿大權在握，小人面目頓時顯示出來。四月乙酉（十八日），「布復與惠

卿會，惠卿頗有得色，詬罵行人及胥吏，以語侵布，布不敢校也。」[41]這時神宗的態度已經表明，為了實施新法，他可以不顧是非原則，為了增加他的收入，他可以不顧百姓的死活。他的兩個兒子哲宗和徽宗日後秉承這種精神，繼續執行殘民的政策，直到國破家亡為止。

四月丙戌（十九日），韓絳由大名府入相，呂惠卿也以翰林學士正式升參知政事，三年前他跟蘇轍同在制置三司條例司做檢詳文字，現在搖身一變，已是副相，這全是王安石大力推薦的結果。五月一日，天章閣待制李師中請神宗召回司馬光、蘇軾等以備大用：「今日之事，非有勤民之行，應天之實，臣恐不足以塞天變。一切利害，曾何足數！伏望陛下詔求方正有道之士，召詣公車對策，如司馬光、蘇軾、蘇轍輩，復置左右，以輔聖德。」[42]呂惠卿素來忌諱蘇軾，這時又升為副相，當然不希望給蘇軾任何大用的機會，因此說他罔上。神宗根據他的意見批出「李師中朋邪罔上，愚弄朕躬，識其奸欺，所宜顯黜」[43]，把他貶為和州團練副使。由神宗處理這件事情異常嚴峻的態度來看，他這時對蘇軾的印象，已受到王安石一黨的左右，逐漸轉劣，神宗對蘇軾採取行動只是早晚的問題。

第十六章　密州知州

熙寧七年（1074）十二月三日，蘇軾因他弟弟早先六月調到齊州任掌書記一職，所以請求朝廷給他一個距齊州比較近的州郡，以是移知密州。在離開杭州的時候，當地的人有相當難捨的感覺：「吏民畏愛，及罷去，猶謂之學士而不言姓。」[1] 這次跟蘇軾一起離開杭州的家眷又多了一口人，名叫王朝雲（子霞）（1062-1096），錢塘人；她十二歲來到蘇軾家中，為人聰慧賢淑，「敏而好義」，[2] 長大後成了蘇軾的妾，在此後二十三年的光景中，她忠心耿耿地跟著蘇軾走遍大江南北，直到去世為止。

密州景色沒杭州那麼秀麗，物產也沒杭州那麼豐富，加上那時有蝗害，因而當地人民的生活異常艱苦，沿路所見，讓蘇軾頗生感傷，再加上呂惠卿入相，朝廷已是王安石一黨的天下，國家的興敗與一己的政治生涯交織在他心中，展現出頗為晦暗的景色，心中感慨良多，因此寫了如下的一首詞：

沁園春

赴密州早行，馬上寄子由。

孤館燈青，野店雞號。旅枕夢殘，漸月華收練，晨霜耿耿，雲山摛錦，朝露團團，世路無窮，勞生有限。似此區區長鮮歡。微吟罷，凭征鞍無語，往事千端。　當時共客長安，似二陸初來俱少年，有筆頭千字，胸中萬卷，致君堯舜，此事何難，用舍由時，行藏在我，袖手何妨閒處看。身長健，但優游卒歲，且鬥尊前。[3]

這段文字雖然是詞的形式，但其中的用語像上片的「晨霜耿耿，雲山摛錦，朝露團團，世路無窮，勞生有限」和下片的「胸中萬卷，致君堯舜，此事何難，用舍由時，行藏在我」，都是散文式的字句，在詞史上用散文的筆法來寫詞，蘇軾應該是第一個。這首詞由黑暗的意象寫到光明，由「長鮮歡」的沮喪寫到開懷暢飲，「優游卒歲，且鬥尊前」，很有理蘊地表達出蘇軾開放達觀的人生觀。

蘇軾到任以後就馬上進行消除蝗害的工作，上書給新入相的韓絳，請求朝廷免除當地人民的秋稅，書中並同時提到方田均稅法的害處，建議免除京東、河北榷鹽的措施：

自入境，見民以蒿蔓裹蝗蟲而瘞之道左，纍纍相望者，二百餘里，捕殺之數，聞於官者幾三萬斛。然吏皆言蝗不為災，甚者或言為民除草。使蝗果為民除草，民將祝而來之，豈忍殺乎。軾近在錢塘，見飛蝗自西北來，聲亂浙江之濤，上翳日月，下掩草木，遇其所落，彌望蕭然。此京東餘波及淮浙者耳，而京東獨言蝗不為災，將以誰欺乎？郡已上章詳論之矣，願公少信其言，特與量蠲秋稅。[4]

雖然蝗災非常嚴重，可是不負責任的官吏不但不去救助百姓，反而顛倒是非，說這些蝗蟲可幫人民除草，阻撓救助的措施，這讓蘇軾進行救災的工作變得格外艱辛。

另外，河北、京東民性強悍，盜賊常見，在天災橫行之際，問題更形嚴重。新法的實施更加深了問題的嚴重性，蘇軾因此給神宗寫了一個〈論河北京東盜賊狀〉：

熙寧七年十一月日，太常博士直史館權知密州軍州事蘇軾狀奏：臣伏見河北、京東比年以來，蝗旱相

仍，盜賊漸熾。今又不雨，自秋至冬，方數千里，麥不入土，竊料明年春夏之際，寇攘為患，甚於今日。是以輒陳狂瞽，庶補萬一。[5]

蘇軾在他的奏摺裡首先說明密州當時面臨三大問題：蝗災、盜賊及旱災，持續不斷的天災使得盜賊更加猖獗。接下來，蘇軾解釋為什麼密州的問題特別值得朝廷的重視：

> 謹按山東自上世以來，為腹心根本之地，其與中原離合，常係社稷安危。昔秦并天下，首取三晉，則其餘強敵，相繼滅亡。漢高祖殺陳餘，走田橫，則項氏不支。光武亦自漁陽、上谷發突騎，席捲以并天下。魏武帝破殺袁氏父子，收冀州，然後四方莫敢敵。宋武帝以英偉絕人之資，用武歷年，而不能并中原者，以不得河北也。隋文帝以庸夫穿窬之智，竊位數年而一海內者，以得河北也。故杜牧之論以為山東之地，王者得之以為王，霸者得之以為霸，猾賊得之以亂天下。自唐天寶以後，奸臣僭峙於山東，更十一世，竭天下之力，終不能取，以至於亡。近世賀德倫挈魏博降後唐，而梁亡。周高祖自鄴都入京師，而漢亡。由此觀之，天下存亡之權，在河北無疑也。[6]

蘇軾從歷史上許多朝代的興亡來證明密州對國家的重要性，密州如果發生動亂，朝廷勢必會受到撼動，「缾竭則罍恥，脣亡則齒寒。」在解釋完了密州異常重要的戰略地位以後，蘇軾便進一步談論密州的問題：

陛下即位以來，北方之民，流移相屬，天災譴告，亦甚於四方，五六年間，未有以塞大異者。至於京東，雖號無事，亦當常使其民安逸富強，緩急足以灌輸河北。缾竭則罍恥，脣亡則齒寒。而近年以來，公私匱乏，民不堪命。

今流離饑饉，議者不過欲散賣常平之粟，勸誘蓄積之家。盜賊縱橫，議者不過欲增開告賞之門，申嚴緝捕之法。皆未見其益也。常平之粟，累經賑發，所存無幾矣，而饑寒之民，所在皆是。人得升合，官費丘山。蓄積之家，例皆困乏，貧者未蒙其利，富者先被其災。昔季康子患盜，問於孔子。對曰：「苟子之不欲，雖賞之不竊。」乃知上不盡利，則民有以為生，苟有以為生，亦何苦而為盜？其間兇殘之黨，樂禍不悛，則須敕法以峻刑，誅一以警百。今中民以下，舉皆闕食，冒法而為盜則死，畏法而不盜則饑，饑寒之與棄市，均是死亡，而賒死之與忍饑，禍有遲速，相率為盜，正理之常。雖日殺百人，勢必不止。苟非陛下至明至聖，至仁至慈，較得喪之孰多，權禍福之孰重，特於財利少有所捐。衣食之門一開，骨髓之恩皆徧，然後信賞必罰，以威克恩，不以僥倖廢刑，不以災傷撓法，如此而人心不革，盜賊不衰者，未之有也。[7]

蘇軾非常坦白的指出神宗的新政是造成百姓困境的主要原因，「陛下即位以來，北方之民，流移相屬，天災譴告」。本書前文提到在古代君王與上天的關係非常密切的時代，天災總是被看成是老天對君王的譴責，在臣民的眼中君王對天災須要負責，蘇軾因此把天災解釋成神宗新政失敗的徵象與結果。神宗的新政理論上在追求國家的富強，但蘇軾所觀察到的現象卻與其宣揚的目標相反，「近年以來，公私匱乏，民不堪命。」蘇軾認為朝廷現行處理天災人禍的措施不是解決問題的根本辦法，政府開倉濟民，支出浩大，而

百姓所得卻相當有限，「常平之粟，累經賑發，所存無幾矣，而饑寒之民，所在皆是」；政府加強緝捕盜賊的工作，盜賊卻緝捕不盡，「雖日殺百人，勢必不止。」蘇軾解釋說，生活在困境中的老百姓面臨著饑餓與搶劫之間的抉擇，對不少百姓來說饑餓必死，而搶劫卻可能還有存活的機會，因此只要面臨饑餓，老百姓總有可能變成盜賊，「今中民以下，舉皆闕食，冒法而為盜則死，畏法而不盜則饑，饑寒之與棄市，均是死亡，而賒死之與忍饑，禍有遲速。相率為盜，正理之常。」要徹底解決問題，蘇軾認為首先得從神宗開始。蘇軾引了《論語》中孔子與季康子有關解決盜賊問題的一段對話來支持他的論點，君王應該以身作則，避免對百姓橫征暴斂，「乃知上不盡利，則民有以為生，苟有以為生，亦何苦而為盜？」蘇軾在引用孔子與季康子的一段對話時，把季康子跟神宗連在一起，無論蘇軾是有意還是無意把神宗比成平庸的季康子，神宗在看到蘇軾的引文時，難免不生這種聯想，極可能因此而產生對蘇軾更大的敵意。特別是當王安石和別的新法官員都把神宗恭維成堯舜一般的聖君，「陛下以堯舜為法」，蘇軾有意或無意的把神宗比擬成季康子更容易觸怒神宗。這應該是兩年以後，蘇軾在密州任滿回京，準備晉見神宗，神宗不准他進京的主要原因。

在解釋完總體的原則以後，蘇軾分別就旱災、鹽稅及盜賊問題提出解決的具體方案。首先，蘇軾請求朝廷減免受害災區的稅金：

臣所領密州，自今歲秋旱，種麥不得，直至十月十三日，方得數寸雨雪，而地冷難種，雖種不生，比常年十分中只種得二三。竊聞河北、京東，例皆如此。尋常檢放災傷，依法須是檢行根苗，以定所放分數。今來二麥元不曾種，即無根苗可檢，官吏守法，無緣直放。若夏稅一例不放，則人戶必至逃

移。尋常逃移，猶有逐熟去處，今數千里無麥，去將安往？但恐良民舉為盜矣。且天上無雨，地下無麥，有眼者共見，有耳者共聞。決非欺罔朝廷，豈可坐觀不放？欲乞河北、京東逐路選差臣僚一員，體量放稅，更不檢視。若未欲如此施行，即乞將夏稅斛㪷，取今日以前五年酌中一年實直，令三等已上人戶，取便納見錢或正色，其四等以下，且行倚閣。緣今來麥田空閑，若春雨調勻，卻可以廣種秋稼。候至秋熟，並將秋色折納夏稅。若是已種苗麥，委有災傷，仍與依條檢放。其闕麥去處，官吏諸軍請受，且支白米或支見錢。所貴小民不致大段失所。[8]

朝廷在辦理災區百姓減免稅金之時，照規定要檢視枯乾的根苗，然後根據枯乾根苗的數目決定免稅的金額，但是因為當時密州旱情嚴重，土壤乾硬，根本無法播種，所以毫無根苗可供檢視，蘇軾因此建議全部免稅。如果朝廷無法實行全面免稅的建議，蘇軾主張延長貧農繳稅的期限，等明年秋收的時候，看收成正常與否，再行繳稅或免稅。接下來蘇軾討論新政大幅度提高食鹽稅金所引發的問題：

河北、京東，自來官不榷鹽，小民仰以為生。近日臣僚上章，輒欲禁榷，賴朝廷體察，不行其言，兩路官民，無不相慶。然臣勘會近年鹽課日增，元本兩路祖額三十三萬二千餘貫，至熙寧六年，增至四十九萬九千餘貫，七年亦至四十三萬五千餘貫，顯見刑法日峻，告捕日繁，是致小民愈難興販。朝廷本為此兩路根本之地，而煮海之利，天以養活小民，是以不忍盡取其利，濟惠鰥寡，陰銷盜賊。舊時孤貧無業，惟務販鹽，所以五六年前，盜賊稀少。是時告捕之賞，未嘗破省錢，惟是犯人催納，役人量出。今鹽課浩大，告訐如麻，貧民販鹽，不過一兩貫錢本，偷稅則賞重，納稅則利輕。欲為農

夫，又值兇歲。若不為盜，惟有忍饑。所以五六年來，課利日增，盜賊日眾。臣勘會密州鹽稅，去年一年，比祖額增二萬貫，卻支捉賊賞錢一萬一千餘貫，其餘未獲賊人尚多，以此較之，利害得失，斷可見矣。欲乞特敕兩路，應販鹽小客，截自三百斤以下，並與權免收稅，仍官給印本空頭關子，與竈戶及長引大客，令上曆破使逐旋書填月日姓名斤兩與小客，限十日內更不行用。如敢借名為人影帶，分減鹽貨，許諸色人陳告，重立賞罰，候將來秋熟日仍舊，並元降敕榜，明言出自聖意，令所在雕印，散榜鄉村。人非木石，寧不感動，一飲一食，皆誦聖恩，以至舊來貧賤之民，近日饑寒之黨，不待驅率，一歸於鹽，奔走爭先，何暇為盜？人情不遠，必不肯捨安穩衣食之門，而趨冒法危亡之地也。議者必謂今用度不足，若行此法，則鹽稅大虧，必致闕事。臣以為不然。凡小客本少力微，不過行得三兩程。若三兩程外，須藉大商興販，決非三百斤以下小客所能行運，無緣大段走失。且平時大商所苦，以鹽遲而無人買。小民之病，以僻遠而難得鹽。今小商不出稅錢，則所在爭來分買。大商既不積滯，則輪流販賣，收稅必多。而鄉村僻遠，無不食鹽，所賣亦廣。損益相補，必無大虧之理。縱使虧失，不過卻只得祖額元錢，當時官司，有何闕用，苟朝廷捐十萬貫錢，買此兩路之人不為盜賊，所獲多矣。今使朝廷為此兩路饑饉，特出一二十萬貫見錢，散與人戶，人得一貫，只及二十萬人。而一貫見錢，亦未能濟其性命。若特放三百斤以下鹽稅半年，則兩路之民，人人受賜，貧民有衣食之路，富民無盜賊之憂，其利豈可勝言哉。若使小民無以為生，舉為盜賊，則朝廷之憂，恐非十萬貫錢所能了辦。又況所支捉賊賞錢，未必少於所失鹽課。臣所謂「較得喪之孰多，權禍福之孰重」者，為此也。[9]

因為新法提高了老百姓須要繳納的稅額，稅金過重，蘇軾說經營小本生意的老百姓在納稅以後，所剩不足養家活口，因此便淪為盜賊，政府為了捕盜，動用大量金額，那些用來捕盜的金額跟提高稅額以後增收的稅金金額相差不遠，「所支捉賊賞錢，未必少於所失鹽課」，結果朝廷在增稅以後，除去捕盜的賞金，真正存庫的金額委實不多，但是因朝廷不斷提高稅收，卻因此導致許多百姓淪落為盜賊，「課利日增，盜賊日眾。」蘇軾因此建議如果經營小本生意的百姓銷售額沒超過政府規定的數量，他們可以享受免稅的優待。在蘇軾建議如何紓解百姓的困境以後，他請求對情節重大不願悔改的盜賊從重量刑：

> 勘會諸處盜賊，大半是按問減等災傷免死之人，走還舊處，挾恨報讎，為害最甚。盜賊自知不死，既輕犯法，而人戶亦憂其復來，不敢告捕。是致盜賊公行。切詳按問自言，皆是詞窮理屈，勢必不免，本無改過自新之意，有何可愍，獨使從輕！同黨之中，獨不免死。其災傷，赦雖不下，與行下同，而盜賊小民，無不知者，但不傷變主，免死無疑。且不傷變主，情理未必輕於偶傷變主之人，或多聚徒眾，或廣置兵仗，或標異服飾，或質劫變主，或驅虜平人，或賂遺貧民，令作耳目，或書寫道店，恐動官私，如此之類，雖偶不傷人，情理至重，非止闕食之人，苟營餱糧而已。欲乞今後盜賊贓證未明，但已經考掠方始承認者，並不為按問減等。其災傷地分，委自長吏，相度情理輕重。內情理重者，依法施行。所貴兇民稍有畏忌，而良民敢於捕告。臣所謂「衣食之門一開，骨髓之恩皆徧，然後信賞必罰，以威克恩，不以僥倖廢刑，不以災傷撓法」者，為此也。[10]

蘇軾認為輕判盜賊會造成鼓勵他們繼續犯罪的效應，那些盜賊在服滿刑期之後往往會重回舊地，對昔日協

助政府捕捉他們的百姓進行報復，如此便造成一般百姓不願協助政府捕捉盜賊的心理，為了有效遏止盜賊對社會的危害，蘇軾主張無論盜賊是否殺人，情節重大者應該一律重判。在結尾的時候，蘇軾再度強調密州對國家安危的重要性，並引用仁宗採納大臣的建議准許災區百姓免稅的案例來支持他的論點：

右謹具如前。自古立法制刑，皆以盜賊為急。盜竊不已，必為強劫。強劫不已，必至戰攻。或為豪傑之資，而致勝、廣之漸。而況京東之貧富，係河北之休戚，河北之治亂，係天下之安危！識者共知，非臣私說。願陛下深察！此事至重，所捐小利至輕，斷自聖心，決行此策。臣聞天聖中，蔡齊知密州。是時東方饑饉，齊乞放行鹽禁，先帝從之，一方之人，不覺饑旱。臣愚且賤，雖不敢望於蔡齊，而陛下聖明，度越堯禹，豈不能行此小事，有愧先朝？所以越職獻言，不敢自外，伏望聖慈察其區區之意，赦其狂僭之誅。臣無任悚慄待罪之至。謹錄奏聞，伏候敕旨。[11]

蘇軾認為如果百姓富有，國家自然富有，他的奏摺的出發點一貫為老百姓，特別是貧民，他維護老百姓的立場與追求皇室利益的新政在本質上因而有根本的歧異，兩種不同的觀點難免常會發生衝突。蘇軾建議救災免稅，給垂垂待斃的百姓帶來一線生機，但對皇室的收入而言，卻是一項額外的開支，尤其是神宗須要籌措龐大的經費來發動他對鄰國的戰爭，蘇軾對新政的批評，遲早會觸及神宗的神經，遭到神宗的處置。在中國傳統的官場，一般官員喜歡報喜不報憂，蘇軾據實報告各地災傷及民間疾苦的作風，很容易遭到他人打擊，特別是蘇軾歸咎的對象，主要是神宗推行的新政，因此那些靠新政迅速遷升的達官要員，對蘇軾難免更是耿耿於懷，這些都是數年之後，蘇軾遭到在朝要員的攻擊而被神宗貶謫的導火線。

蘇軾一方面上奏摺請求朝廷減免貧困人户的賦稅，一方面致力解決密州的盜賊問題，獲得非常顯著的成效，「明立購賞，隨獲隨給，人用競勸，盜亦斂迹。」[12]有時，一些官吏藉著捕盜的名義，竟肆意危害百姓，蘇軾也從容機智地處理：

郡嘗有盜竊發而未獲，安撫轉運司憂之，遣一三班使臣，領悍卒數十人，入境捕之。卒凶暴肆行，以禁物誣民，入其家爭鬬至殺人，畏罪驚散，欲為亂。民訴之，公投其書不視，曰：「必不至此。」潰卒聞之少安。徐使人招出，戮之。[13]

蘇軾的腦筋非常靈活，轉得很快，他運用機智，讓那些囟犯失去了警覺的心理，再加以逮捕，手到擒來，毫不費事。蘇軾在密州的德政跟在杭州一樣很得百姓的愛戴，所以當蘇軾調離密州以後，密人不時的在他的畫像之前拜謁。

蘇軾到密州在實施給田募人充役的新法四個多月後，發現在新法中，這條免役法優多劣少，可以採行：

臣伏見熙寧中嘗行給田募役法，其法亦係官田……及用寬剩錢買民田，以募役人，大略如邊郡弓箭手。臣知密州，親行其法，先募弓手，民甚便之。曾未半年，此法復罷……臣謂此法行之，蓋有五利。朝廷若依舊行免役法，則每募一名，省得一名雇錢，因積所省，益買益募，要之數年，雇錢無幾，則役錢可以大減……其利一也。應募之民，正與弓箭手無異，舉家衣食，出於官田，平時重犯

法，緩急不逃亡，其利二也。今者穀賤傷農，農民賣田，常苦不售，若官與買，則田穀皆重，農可小紓，其利三也。錢積於官，長苦幣重，若散以買田，則貨幣稍均，其利四也。此法既行，民享其利，追悟先帝所以取寬剩錢者，凡以為我用耳，疑謗消釋，恩德顯白，其利五也。[14]

蘇軾就事論事，不因人而廢事，這就是為什麼日後在元祐時期蘇軾會堅決反對司馬光廢除免役法的原因，詳情下文會再敘及。

可以想見，蘇軾這時忙著國家大事，一心一意幫助平民改善他們的生活，對陶淵明之類消極隱遁的文人是不可能有什麼大興趣的。因此他在熙寧八年（1075）寫了〈和頓教授見寄，用除夜韻〉，很清楚地顯示他對陶淵明不以為然的看法：「我笑陶淵明，種秫二頃半。婦言既不用，還有責子歎。無絃則無琴，何必勞撫玩。我笑劉伯倫，醉髮蓬茆散。二豪苦不納，獨以鍤自拌。既死何用埋？此身同夜旦。孰云二子賢？」（蘇詩 4: 2110-1）。蘇軾以為陶淵明和劉伶兩個人都有做作之嫌，陶淵明彈無絃之琴，劉伶駕車出遊，要僕人拿著鍤跟在車後，等他一死就當地把他埋了，他們都不算什麼賢人。

蘇軾獻身政治的情懷在熙寧九年（1076）中秋節所寫的〈水調歌頭〉一詞中顯現得更加清楚：

丙辰中秋，歡飲達旦，大醉，作此篇，兼懷子由。

明月幾時有？把酒問青天。不知天上宮闕，今夕是何年。我欲乘風歸去，唯恐瓊樓玉宇，高處不勝寒。起舞弄清影，何似在人間。　轉朱閣，低綺戶，照無眠。不應有恨，何事長向別時圓。人有悲歡離合，月有陰晴圓缺，此事古難全。但願人長久，千里共嬋娟。[15]

李國文在《李國文說宋》一書中說：「中國文人寫中秋的詩詞很多，最膾炙人口的莫過於蘇軾的〈水調歌頭〉。」[16]雖然一般中國人對蘇軾的〈水調歌頭〉都相當熟悉，但是嘗試分析詞中深意的人不多。蘇軾〈水調歌頭〉的讀者一般都把這首詞解成是位居高位所必有的隱患，如李國文說：「『我欲乘風歸去，唯恐瓊樓玉宇，高處不勝寒』，幾乎成為身居高位者的自警語。」[17]這種讀法依筆者的淺見跟詞的原意有些出入，因為蘇軾的理想就是希望能夠施展他濟世助人的抱負，而在他的時代，一個儒者要達到此一目標，就只有取得高位，進入政治的權力中樞。當然，在向前邁進的過程中，一個人自然可能經歷到危機四伏的驚險狀況，但是蘇軾應該不會因危險而變得心寒。此外，因為蘇軾在詞中用了「天上宮闕」來形容月亮，隨後便用「人間」跟月宮相對，「何似在人間」，如果月宮是影射宋廷，「人間」就無法解釋影射什麼了，所以蘇軾〈水調歌頭〉中的月亮並非指的是宋室的朝廷，而是應該是傳說中的月宮仙境。

這首詞的開頭頗耐人尋味。蘇軾在歡飲之際，突然問了兩個玄妙的問題：到底月亮是什麼時候出現的？相傳在月亮上的天宮今年又是什麼年頭？如果把開頭的幾句話解成宋廷，這首詞的意思就會顯得牽強難解，只有把月亮解成超越世間的仙境時，蘇軾〈水調歌頭〉開頭的幾句話才不僅顯得雋永有趣，而且含有超越人世永恆的深意。蘇軾所以會問那兩個問題，從表面上來看，他似乎對天宮趣味盎然：「我欲乘風歸去」。蘇軾用「乘風歸去」這四個字來暗示他原來可能是從天上下凡的，所以似乎理當回去。[18]但是詞的下片立刻表明他對天宮並沒很大的興趣，他特別用了「寒」這個字來描寫天宮；相傳中不食人間烟火的神仙世界對蘇軾來說高高在上，遠離世間，欠缺對人世的熱情與熱心：「唯恐瓊樓玉宇，高處不勝寒。」因為這個緣故，蘇軾覺得留在人情味濃厚的人世應該比回到冷漠的天界好得多，所以他還是選擇留在人間：「起舞弄清影，何似在人間。」本書上文提到蘇軾在三年前寫〈上元過祥符僧可久房蕭然無燈火〉的

詩句「一室清風冷欲冰」時，同樣用寒冷的感覺來描寫佛教的出世思想，蘇軾對仙境的故事，如同他對佛教出世的說法，同樣有扞格不入的感覺。此一感覺在十二年以後蘇軾寫〈書王定國所藏煙江疊嶂圖〉中的詩句「桃花流水在人世，武陵豈必皆神僊」仍然沒有改變，他愛人濟世的入世想法始終屹立不搖，主導他的思想行為。人世間雖有悲歡離合、不得意的時候，但蘇軾以為只要一個人常存祝福他人的心，這種愛心可以克服所有的困境：「但願人長久，千里共嬋娟。」他雖然不能跟他弟弟在一起，但是只要他們都健在，能不斷為政治理想共同奮鬥，即使他們遠隔千里，他們的心靈仍然能夠互相溝通。

蘇軾在密州任職一段期間之後，知青州的向京、陳薦、提舉李孝孫、權京東路轉運副使王居卿等先後舉薦蘇軾任中央要職，[19]王安石當時仍然在京掌權，否決了所有推薦蘇軾晉升的建議，神宗也沒什麼反應。熙寧九年（1076）十月，在眾人交相指摘之下，王安石終於罷相。王安石罷相之後不久，十一月京東路安撫使、知青州的蘇澥推薦蘇軾任侍從；[20]熙寧十年（1077）正月，樞密直學士陳襄也跟著推薦蘇軾任館職：「子史百氏之書，無所不覽，文詞美麗，擅於一時，居官敏恕，尤通政事。」[21]神宗還是都不應，很顯然王安石、呂惠卿中傷蘇軾的話已經深植於神宗的腦海之中，對蘇軾在神宗心目中的地位造成了無可彌補的傷害。

第十七章　兩敗俱傷

呂惠卿入相以後，趾高氣揚，一心想獨霸朝局，便開始鞏固他的權位。為了防止王安石返回朝廷，也為了報復，他決定向素來跟他對敵的王安石的弟弟王安國開刀。鄭俠因為是王安石的得意門生，跟王安石一家人的關係一向都很密切，特別是王安國，因反對新法，對鄭俠更是友善。鄭俠上書給神宗，王安國想看看他的稿子，鄭俠覺得不很妥當就不給他看，王安國堅持要看：「能言之者子也，能揄揚、流布於人者我也。子必以其草示我。」[1]鄭俠就跟他說：「已焚之矣。」呂惠卿就此藉著懲治鄭俠的機會把王安國也修理一番，當時的御史中丞鄧綰順從呂惠卿的旨意就說：「俠肆意謗訕朝廷，議罪投之遠方，此人臣之所共嫉。安國以下士擢置文館，而獎激狂妄，非毀其兄。」[2]結果王安國被奪官，遣返家鄉，神宗為了這件事，特別派了個使者到王安石家中跟王安石說明此事的前因後果，說到王安石眼淚直流，從此王安石和呂惠卿便成為仇敵。

呂惠卿打擊王安石的事情讓韓絳深感不安，韓絳跟呂惠卿平日已經時起衝突，這時看到呂惠卿整肅別人陰險的手段，他不希望在朝受到呂惠卿的挾制，因此建議再請王安石入相，神宗同意，於熙寧八年二月十一日（癸酉）下令復相王安石。王安石接到命令，一點也不謙讓，火速進京。王安石第二次入相，沒能吸取前次罷相的經驗，依然故我，排斥異己。閏四月，神宗在朝看到鄧綰奏摺說御史盛陶「資性端謹，終始如一，乞甄擢」[3]諂媚的評語，便朝著王安石和呂惠卿發笑，王珪就說：「惠卿適改云資性頗邪，終始如一。」王安石接著說鄧綰為人不佳：「綰為國司直，其言事如此，何止屍素而已。」正說著，神宗忽然

把話鋒一轉提到蘇軾，而把他比成鄧綰之流的人物：「如蘇軾輩為朝廷所廢，皆深知其欺，然奉使者回輒稱薦。」這當然是王安石和呂惠卿這些年來在神宗面前不斷進讒言的結果，神宗聽多了，不知不覺全相信了。王安石這時打鐵趁熱，從旁添油加醋，說蘇軾的不是：「奉使者稱薦此輩，即為群邪所悅，群邪所悅則少謗議，少謗議則陛下以為奉使勝其任。若正言讜論，即為群邪所惡，群邪所惡則多譖訴，譖訴多則陛下安能不疑？又奉使一路，安能無小過失？因其過失上聞，考核有實，即無所逃其罪，此所以不敢不為邪，以免群邪誣陷也。」[4] 王安石在上面一段話中，顛倒是非黑白，把蘇軾、司馬光之流反對新法的人物都詆毀為「群邪」，毫無正直原則可言，可說是充滿惡意的讒言。因王安石頻頻的中傷，蘇軾在神宗心目中的地位持續下降，這時神宗已經把他給當成像鄧綰一樣的一類人物了。

王安石回朝，呂惠卿因先前把他弟弟王安國廢了，心中不安，於五月戊寅請求外調：「今府界事多不治，且治府界為天下法足矣。」[5] 這時王安石跟呂惠卿的衝突還沒表面化，神宗以為他們相處得還好，因此不同意他外調。呂惠卿是王安石先前大力推薦的人，現在已經做到副相的地位，頗得神宗的信任，王安石知道要罷黜呂惠卿不是輕而易舉的事，尤其他這次回朝，神宗對他的信賴已經大不如昔，「陛下初用安石，以其勢孤助之，故每事易。今日陛下以謂安石之助多節之，故每事難就。」[6] 王安石因此效法呂惠卿早先的伎倆，先從他的弟弟下手。

九天以後，五月二十七日，御史蔡承禧上章彈劾呂惠卿的弟弟呂升卿，說他「招權慢上」[7]，同時也牽扯到呂惠卿。王安石跟呂惠卿在神宗面前討論這件事的時候，神宗特別稱讚王安石說只有他能大公無私，呂惠卿知道這是針對他自己而發的，因此在第二天就提出辭呈，但是神宗沒有同意。其實神宗這時雖然沒有一定要罷黜呂惠卿的意思，他對呂惠卿倒是確實有些不滿，他對王安石說：「惠卿不濟事，非助卿

者也。」王安石這時候還不很確定神宗的心意，是否真是要罷黜呂惠卿，還是在試探他。王安石為了表示自己為人寬正，同時也想試探神宗的意向，這時就替呂惠卿說話：「人材如惠卿，陛下不宜以纖介見於辭色，使其不安。」[8]神宗這時果然沒有一定要呂惠卿離朝的意思，他聽了王安石的話就叫王安石去慰勉呂惠卿，王安石不願意，就說：「此在陛下。陛下不加恩禮，臣雖敦勉，何補也？」神宗這時對呂氏兄弟的去留還沒堅持不變的想法，所以第二天討論呂升卿一事的時候，神宗又說：「升卿材能難得。」他想給他比較高的官位：「欲令升卿作方面，如何？」王安石當然不願意看呂氏兄弟的勢力持續擴大，就回答說：「升卿材能何所不可，然都未曾作官，且更委以事，令其練習乃佳。」王安石顯然在等待一個比較合適的機會，把呂惠卿逐出京師，但在時機成熟以前，他不希望跟呂惠卿起正面的衝突，因此他既不直接出面指陳呂惠卿的不是，也不像以往一般在各方面去維護呂惠卿。

呂惠卿見神宗對他的意圖不明，只能很婉轉的就王安石對他的不善跟神宗抱怨：「呂惠卿甚怪卿不為升卿辨事，言卿前為人所誣，極力為卿辨，今己為人所誣，卿無一言。朕說與，極為卿兄弟解釋，又疑小人陷害。朕問是誰，乃云在側，似疑練亨甫。深疑練亨甫何也？」王安石在塵埃落地以前，希望給神宗一個他持客觀中允的立場的印象，因此他既不幫呂惠卿，也不支持練亨甫，既說呂惠卿不是，也說練亨甫不好：「亨甫，臣所不保。然惠卿兄弟無故沮抑亨甫，臣勸之勿如此，恐反為其所害。亨甫陷害惠卿，臣所不知。然亨甫實未見其闕，而惠卿兄弟多方疾惡之，實為過當，大抵惠卿兄弟好逆料人將為姦。」[9]王安石有過罷相的經驗，知道神宗現在不再像當初一般對他那麼信賴，所以在處理呂惠卿的事情上比往日要謹慎多了。

六月丁未，呂升卿拒絕採用王安石和王雱的《詩義》註解，王氏父子很不高興，王、呂二氏的衝突至

此升高。三天以後，辛亥那天，因《詩經》、《書經》及《周禮》的註解脫稿，神宗給王安石、王雱、呂惠卿及呂升卿加官進爵。王安石、王雱、呂惠卿三人都拒絕接受新的官銜，神宗堅持要他們接受，最後王雱的官因呂惠卿說可以不給，神宗就不再堅持，王雱因此沒能得到新的官位，「由是王、呂之怨益深。」[10]

八月十六日，御史蔡承禧升高對呂惠卿一黨的攻擊，這次呂惠卿的得力助手曾旼也變成他的目標：

> 旼科場小生，略無聲實，輕儇陰狡，依倚城社。呂惠卿置在門下，又令編修令敕，職為檢討，曾無論撰之補；忽侮同列，動有呵叱之辱。謬為剛狷，陰招權利。臣初至京師，嘗聞其人得為檢討，慮有異才，及遇與語，其人才乃奴僕之下者。頃嘗登對，陛下之明，已悉其人，別無擢用。臣欲乞下經義所並令敕所檢會曾旼檢討編修有何勞效？若無所備，乞下屏斥。[11]

因蔡承禧的抨擊，曾旼失去了在京的官位，而被派到福建負責常平倉的事情。等外派的命令一下，蔡承禧又上一章批評說提舉的官位還是太高，不應該給他那麼好的官位：

> 旼奴隸小物，卑事惠卿左右，依倚為奸，利口上讒。自及第後，即入條例司，不一二年，即為提舉，豈曰為官擇人？提舉之命，雖未為監司，在京視之則眇然，在外道則可以廢置官吏，利害民庶，動關國家調度，所繫不輕。若以庸下輕浮小人雜廁其間，不惟有害於事，亦使一路吏民無訴。至於轉運、提刑，其勢足以相執，或有恣意妄施喜怒，行遣官吏難與之較。伏乞送銓院，與合入差遣。提倉之命，乞別選人。[12]

在攻擊曾旼的同時，蔡承禧每次都提到呂惠卿，強調他們之間的密切關係，他雖然還沒有直接攻擊呂惠卿，但是項莊舞劍，座上客自然知道其目的何在。

呂惠卿看王安石來勢不妙，也採取攻勢，主動跟神宗詳細解釋他跟王安石之間的衝突，特別是兩人對朝廷頒布新的《詩經》版本爭執的過程與問題：

> 臣伏見王安石劄子，奏乞詩序用呂升卿所解，詩義依舊本頒行。其小有刪改，即依先得指揮。奉聖旨令安石並所解詩序刪定進呈。安石稱：「於新本略論所以當刪復之意，不曾降出。臣無由知其故。至謂以雱所進詩義，則一一經其手，而設官置局有所改定，文辭義理當與人共，故不敢專守己見為是。既承詔頒行，學者頗謂所改未安，以為陛下欲以經術造就人才，而職任其事，苟在所見小有未盡，義難依違。」臣於其說，皆所未諭。

呂惠卿說王安石最近對朝廷頒布做為科考用的《詩經》範本提出質疑是不可理解的事，他解釋說在王安石首次罷相之前，神宗下詔令王安石主持編撰出版幫助全國學子準備科考用的官定《詩經》教科書，他的兒子王雱和呂惠卿從旁協助。呂惠卿在撰寫的過程中都把稿件呈給王安石看，然後再把王安石修改後的版本重新謄寫，最後的定稿都由王安石自己呈給神宗：

> 臣惟朝廷初置經局，令臣與雱修撰，而安石提舉詳定，皆自陛下發之，非因建請也。苟以為舊義不刊，則不知設官置局，欲令何為？宜有增損也，則草創討論，修飾潤色，自有次第。而詩義，臣等初

奉德音，以謂舊文頗約，新學不知，今之修定，宜稍加詳。至其進論多涉規諫，非學者所務，宜稍削去，仍解其序。即不曾令誰訓其辭，誰訓其義也。故自置局以來，先檢討官分定篇目，大抵以講義為本，其所刪潤，具如聖旨。草創既就，臣即略為論次，初解大序及二南，凡五卷，每數篇已，即送安石詳定。一句一字如有未安，必加點竄，再令修改如安石意，然後繕寫，安石親書臣名上進，則雱所進義，雖一一經安石之手，不知何以加此？[13]

王安石回朝，第二次做宰相，呂惠卿說他仍然如同往日一般呈遞稿件給王安石審核修改，最後的定稿同以往一樣都是王安石核定過的，而王安石呈遞的稿件也都經過神宗本人親自審閱批准，「陛下褒稱」，人證物證俱在，版本不會有錯。但是在六月十九日新版印刷出書以後，王安石卻突然聲稱新版《詩經》中〈二南〉的部分有刪改的地方，違背他的原意，要求收回新的版本，禁止發行。呂惠卿說余中、葉唐懿來跟他報告王安石的決定時，他還不相信，但是問了幾次以後，他才確定。呂惠卿說新版中《詩經》〈二南〉那個部分的詮釋跟早先刊行的版本完全一樣，神宗還親自參與核定，絕不像王安石所稱有所改動。呂惠卿此時顯然已經跟王安石正式決裂，如果王安石跟他的衝突只是誤會，他照理自己會跟王安石澄清，但是他卻只派人去王安石處打聽消息，呂惠卿和王安石兩人在此之前，應該已經斷絕交往了。在解釋完王安石對最新版本的意見以後，呂惠卿便毫不留情的批評王安石：

又修邶、墉、衛以後數卷，安石在此間，或就局已經數覽，洎去江寧，又送詳定，簽貼鑿書，其處非一。自此以後，臣以安石去局，而義又加詳，更不欲輒改舊文，只令解序。自安石到京，令檢討官以

續所撰義歷呈安石，其餘，臣於中書與安石面讀，皆有修改去處，經局草卷宜尚有存，檢討官僚今多在此，皆可驗問。臣自少以來與安石游，凡有議論，更相是正，未嘗有嫌。矧於是時承詔論撰，欲傳久遠，如能修改使成全書，豈有彼此？而安石又以相臣董其事，意有未安，留加筆削，不為稽緩。而修寫進呈，得旨刊布，幾及千本。刊印經義在六月十九日。忽見余中、葉唐懿來謂臣，安石怒經義局改其二南舊義，止令勿賣，須得削去。臣意中等聽之謬也，再令審之，復如前說。又令升卿往問，輒復大怒，其言如中等所聞。當初進二南義之時，陛下特開便殿，召延兩府，安石與臣對御更讀，以至終篇，陛下褒稱，聖言可記。安石未耄，何至廢忘，而其言如此，誰不駭聞。然臣猶以謂安石特發於一時之不思也。今安石乃乞用舊本頒行，若以謂小有未盡，當如先降指揮刪定，有誰不欲，致使依違？若以謂皆不可取也，則以安石之才，於置局之日，國風以前看詳修改，有至於數過者。苟其文至於皆不可取，則曷為不見，而今日獨賴何人發明而後見之也？

在批評王安石的時候，呂惠卿特別強調他自己的才華，聲稱王安石在各方面都依賴他，不但《詩經》的編訂主要是他的手筆，即使新法的頒行絕大部分也是他的功勞，照他的說法，似乎是沒了他，王安石什麼事情也辦不了：

臣於安石之學素所諳識，凡讀文字，臣以為是，安石是之；不然，安石所否。安石學雖日益，去春今秋不應頓異，而以為陛下欲以經術造成人才，不得不爾，則前日之所是，今日為未定；今日之所是，他日豈可定哉？安石當國，以經術自任，意欲去取，誰敢爭之！然臣反覆求其所以然之故，而莫之喻

也……安石欲並序刪定。置局修撰非一日，今既皆不可用，而轉官受賜，於理何安？臣亦當奪官……然縱朝廷不奪臣官，臣何面目。安石必言垂示萬世，恐誤學者，洪範義凡有數本，易義亦然，後有與臣商量改者三二十篇，今市肆所賣新改本者是也。制置條例司前後奏請均輸、農田、常平等敕，無不經臣手者，何至今日遽不可用，反以送練亨甫？臣雖不肖，豈至不如亨甫？[14]

呂惠卿所以要吹噓自己的才華，貶抑王安石，用意相當明顯，他希望藉此撼動神宗對王安石的信心，最終能讓自己取代王安石的相位。為取信於神宗，呂惠卿呈給神宗他的日錄來證明當初經義的刊行，都經過王安石的同意，曾幾何時，王安石現在又要推翻以前他們曾經商議過大家也都同意的觀點。這種說辭讓神宗看了，不能不對王安石的為人起了一些疑心，再加上呂惠卿是王安石以前極力推薦的人物，現在王安石跟他起衝突，自損立場，這對王安石來說當然更是不利，王安石的二次罷相跟呂惠卿因此有絕大的關係。

呂惠卿既然把事情在神宗面前給攤開了，王安石的兒子王雱便積極展開攻勢，慫恿御史中丞鄧綰調查呂惠卿從政的紀錄，蒐尋可以彈劾他的資料，對他進行彈劾。鄧綰早先看到王安石罷相，以為呂惠卿從此掌控大局，便一邊倒，協助呂惠卿來打擊王安石；現在王安石復相，鄧綰「欲彌縫前附惠卿之跡，以媚安石」，[15]欣然同意王雱的請託。九月二十二日，鄧綰上章攻擊呂惠卿說：「（張）若濟先知華亭縣，參知政事呂惠卿及其諸弟與之密熟，托若濟使縣吏王利用借富民朱庠等六家錢四千餘緡，於部內置田，利用管勾催收租課等事。」[16]神宗下令要司農寺主簿王古調查此事。四天以後，二十六日，呂惠卿上了一道劄子表示他的忠貞清白，同時也更進一步指出王安石施政的弊端。這時也有人跟神宗說呂升卿表示他對王安石的復位有功：「聞升卿求安石進用，以謂有復相之功。」[17]雖然呂惠卿否認這件事：「升卿剛介自守，理

必無之，可質諸神明。且陛下擢在經筵，尚可進用，縱使好利，豈至如此！」神宗不完全相信他的說辭，心理已經有貶抑呂惠卿的意思。

十月二日，御史蔡承禧大概看出神宗打算貶抑呂惠卿，就把呂惠卿本人和他所有親朋好友的罪狀一一列舉出來，洋洋灑灑的寫了一個非常長的奏摺把呂惠卿攻擊得體無完膚，一無是處：「臣累言參知政事呂惠卿奸邪不法，威福賞刑，天下共憤。頃在延和，面陳其事，以為不可置之左右……臣前論升卿疏中，備言惠卿之惡。」[18]在他的奏摺中他首先指出當初的司農寺丞劉載因為批評新法，結果被呂氏兄弟找了一個罪名把他貶為杭州監稅；此外，司農勾當公事時孝孫、孫鰲抃兩個人也因批評新法被呂惠卿以司農寺官員名額過多的名義免職。蔡承禧在他的奏摺中繼續說道呂惠卿在裁減時孝孫、孫鰲抃兩人的職位以後，不久又以司農寺官員的名額不足為理由，再恢復以前裁減的司農勾當公事的員額，政府官員名額的增減全由呂惠卿因個人好惡而決定，「當其減員，乃惠卿力行私忿，及其增也，又何謂哉？此惠卿之罔上，反覆顛倒，任意自專也。」呂惠卿不但因個人好惡增減朝廷官員的名額，他甚至為了個人利益而隨意設立或撤銷朝廷的一個部門。蔡承禧解釋說當呂惠卿任命王頤監管三司雜納庫的時候，王頤不願意做三司雜納庫的主管，請調別的工作，呂惠卿因此把三司雜納庫的部門撤銷，而命王頤知管城畿縣，後來朝廷認為三司雜納庫有設立的必要，如此又再恢復三司雜納庫，「夫為一人而即以官局擅廢更置，此惠卿之弄權自恣也。」呂惠卿因為個人好惡而裁減或增加朝廷官員的名額，甚至撤銷或設置朝廷的一個部門，可說是玩弄朝廷於股掌之上。

俗語說：「一人得道，雞犬升天」，呂惠卿大權在握以後，濫用職權，他的家人朋友便因著他而享受特權。蔡承禧在奏摺中，首先指出呂惠卿妻子的弟弟方希覺考不上進士，呂惠卿就透過時任湖南察訪的章

惇安排他在章惇下邊做官，章惇為了討好呂惠卿，便把當時邵州進士李銳招降南蠻酋長田元猛的功績挪給方希覺，使方希覺就此晉升為奉禮郎，李銳的功績被奪，便不斷上訴喊冤，為了不讓事情鬧大，呂惠卿於是給了李銳一個地方基層官員的職位。此外，呂惠卿的妻子還有一個弟弟名方沃，也是一個平庸的人，曾經在河北做管理軍器的小官，雖然地方上的郡守說他辦事不力，神宗也知道他缺乏才幹，但是呂惠卿憑著自己的勢力和關係，還是把他提升成河北的提舉。江西轉運李之純、蘇澥曾經批評新法，呂惠卿為了除掉他們就派他妻子的另一個弟弟方澤做江西提舉治他們的罪。另外，呂惠卿妻子的弟弟方希益做詳斷官的時候誤判人死刑，為了推卸責任，把過錯推給大理少卿朱溫其，聲稱是朱溫其的指示。為了陷朱溫其於不義，方希益要他的同事出面給他作證，李昭遠拒絕，呂惠卿便「日求其過」。呂惠卿的舅舅鄭膺企圖搶佔別人的土地，結果監管當地的提刑盧秉主持公道，沒讓鄭膺得逞，呂惠卿因此特別任命了張靚做兩浙路轉運，將盧秉治罪。為了討好呂惠卿，張靚還把他的妹妹嫁給呂惠卿的弟弟，蔡承禧因此指控說呂惠卿「朋比專權」，目無法紀，為所欲為。方通是呂惠卿妻子的親戚，「詞藝平常」，但是為了提攜他，呂惠卿脅迫李定等大臣給方通非常好的評審，讓他順利取得教授的職位，這個逢迎呂惠卿的李定便是數年後以蘇軾寫作的詩文為藉口，對蘇軾大肆抨擊，意圖置蘇軾於死地的同一人。

呂惠卿濫用他的職權，包庇親戚，對他自己的弟弟自然更不會例外。他弟弟呂和卿沒有什麼才能，但是因為呂惠卿的關係而迅速爬升：

> 弟和卿都無善狀，才為陽曲尉，即諷章惇舉為軍器監丞。其舉辭云：「風力精強，所至必治。」罔上如此，又遷京官。夫軍器監丞既為要任，當亦選其人，而乃以小子妄廁其間，眾官擘畫有可取者，則

欺罔以為己出。至於措置乖方，則歸之眾人。眾皆畏禍，不敢與之較。此惠卿之挾邪私親也。

章惇早年與蘇軾在鳳翔交往了一段時間，後來因支持新法而步步高升，呂惠卿得勢便處處諂事呂惠卿，日後迅速爬升到相位，神宗誤用呂惠卿，以致新法時期的吏治變得特別腐化。呂惠卿的另一個弟弟呂諒卿考不上科舉，呂惠卿便逼流內銓分給他一個工作。呂惠卿還有一個弟弟名呂升卿，文筆學識都不出色，但當神宗下令編撰科舉用的教科書時，呂惠卿利用機會推薦呂升卿為編撰，而因此幫他取得一個美好的官職。

蔡承禧在奏摺中強調呂惠卿用人只以個人利益好惡為前提，誰奉承他，他就提拔誰。譬如曾旼在各方面極力逢迎呂惠卿，呂惠卿就推薦他做侍從，雖然神宗覺得不妥當，呂惠卿還是推薦他做常平提舉。蔡承禧在奏摺中還說誰跟呂惠卿意見不完全一樣，他就打擊誰，譬如王韶、沈括不跟從他，他就處處與他們為難。呂惠卿個人特別善於欺騙，當他父親去世的時候，按照朝廷的規定，如果一個臣子去世時沒有後代，朝廷會格外賜與恩典，呂惠卿因此指示家人把他父親的姓給改了。在制定新法的時候，呂惠卿為避免外界批評他專斷，他便使用兩個弟弟呂和卿、呂溫卿的名義建議新法。蔡承禧在奏摺中又說呂惠卿個人相當貪婪，高居副相之位，俸祿豐厚，仍心有不足，利用他父親去世後守喪期間，透過華亭縣知縣張若濟脅迫當地的富戶借錢給他購買土地。華亭縣知縣張若濟脅迫當地的富戶借錢給呂惠卿購買土地這件事是蔡承禧風聞的傳言，後來並沒得到證實，只是宋朝的御史可以風聞言事，不需要證據，所以蔡承禧在得到消息後，也不先加證實，便寫進他的奏摺，此一事件的發展，本書下文還會提及。

蔡承禧在他異常詳盡的彈劾中，把呂惠卿說得惡貫滿盈，他在最後的結尾中給呂惠卿卑劣的行徑做了一個震撼人心強有力的總結：

惠卿之所為，有滔天之惡，而無抑畏之心，發口則欺君，執筆則玩法，秉心則立黨結朋，移步則肆奸作僞。朝廷之善事，使其朋類揚以為己出；不善，則使其黨與言為上意。如章惇、李定、徐禧之徒皆為朋黨，曾旼、劉涇、葉唐懿、周常、徐伸之徒又為奔走。至有避權畏義之士，則指為庸為鄙；盡忠去邪之人，則以為害人害物。貪利希附之者，則為賢為善，更相推譽，彼可侍從，彼可監司。庸鄙便佞，繇此以進。欲進之，則虛增其善；欲退之，則妄加其惡。曰：「上與吉甫論某事，吉甫告上以某事，上起身以聽吉甫之某言。」吉甫，惠卿字也。至於陛下之前，陽為恐畏卑懼，如不自勝。間或肆詭辨，以伺陛下之心，或為小亮，以取陛下之信，退而踔奮厲，有輕聖德之語，又姦惡之大者也。[19]

蔡承禧對呂惠卿的總評根據他詳細的蒐證，可說深入中肯。呂惠卿為人不正，論起他的缺點可以說幾乎是罄竹難書，蔡承禧抓著他諸多的毛病，說他濫用職權，任用無能的親人，做盡惡事，結尾結得非常嚇人，有要將他正法的意思。神宗對呂惠卿的信心業已動搖，現在又看到他許多見不得人的地方，自然生氣，因此當天親自寫了罷黜他的詔令：「朕不次拔擢，俾預政機，而乃不能以公滅私，為國司直，阿蔽所與，屈撓典刑，言者交攻，深駭朕聽。可守本官知陳州。」[20]神宗形容自己的感受說得非常生動，「深駭朕聽」，呂惠卿雖然惡貫滿盈，但他畢竟是神宗自己破格引用的宰輔，當初司馬光等大臣批評呂惠卿，神宗聽不下去，所以無論呂惠卿現在邪惡到什麼地步，神宗還是得給自己留些情面，不能在他大臣面前完全失掉臉面，所以也不嚴厲懲罰，只是外調，還讓他充當一個地區的主管，這跟日後蘇軾因在詩文中表現出對國家百姓的關懷而受到極端嚴厲的懲罰有天壤之別，這是神宗用人失策以致遺害國家社會的地方。

呂惠卿被貶，過了七個月，當初鄧綰攻擊呂惠卿跟張若濟借貸公款買田的事情查無實證，呂惠卿乘了

這個機會在六月七日（辛卯）馬上給神宗上了一個奏摺，告王安石一狀，說：「蠹宰臣氣焰，必欲致臣於死。」[21]神宗就要王安石派一個比較中立的官員李竦協同蹇周輔繼續調查呂惠卿的案子。王安石的兒子王雱「刻深喜殺」，[22]他常勸王安石把不聽話的大臣殺了，可是王安石沒聽他的話。這時王雱怕李竦、蹇周輔調查不力，就叫練亨甫、呂嘉問私下從旁協助。練亨甫、呂嘉問兩人就商議準備不通報王安石，先把呂惠卿關起來，再慢慢的審問。呂惠卿這個人平日就注意拉關係，這時人雖被貶出京師，京師還有他昔日相好的人，於是趕緊給呂惠卿通風報信。呂惠卿因此給神宗連上了十幾道奏摺，表示自己的無辜，同時攻擊鄧綰及王安石：[23]

「綰等入奏，中書出敕，如出一口。」……又曰：「安石盡棄素學而隆尚縱橫之末數，以為奇術，以至譖愬脅持，蔽賢黨奸，移怒行狠，犯命矯令，罔上要君。凡此數惡，力行於年歲之間，莫不備具，雖古之失志倒行而逆施者，殆不如此。平日聞望，一旦掃地，不知安石何苦而為此也。謀身如此，以之謀國，必無遠圖，而陛下既以不可少而安之，臣固未易言也。雖然，安石忌臣之心有甚而無已，故其所為無所顧藉。」……又曰：「陛下平日以如何人遇安石，安石平日以何等人自任，不意窘迫乃至於此。」又曰：「君臣防閒，豈可為安石廢也？」[24]

神宗把呂惠卿上的奏摺拿給王安石看，王安石就跟神宗否認他有把呂惠卿關起來的意思，等回到家，他問他的兒子王雱，王雱就把詳情跟他說了。王安石得知他兒子的意圖，把他給罵了一頓，王雱當時已經生病，再經他父親一罵，羞愧之下病情轉劇，「雱憤恚，疽發背」，[25]不到兩個星期就在十二日那天去世，

死的時候才三十三歲。

《續資治通鑑長編》中有一段關於王安石和呂惠卿不合的文字常被後世學者徵引，做為王安石欺君罔上的證據：「先是，呂惠卿悉出安石前後私書、手筆奏之，其一云：『勿令齊年知。』齊年者，謂京也，與安石同歲，在中書多異議，故云。又有一云：『勿令上知。』由是上以安石為欺。」[26] 李燾的說法源於邵伯溫的《邵氏聞見錄》：「荊公後以觀文殿大學士知金陵，乃薦呂惠卿為參知政事。惠卿既得位，遂叛荊公，出平日荊公移書，有曰：『無使齊年知。』謂馮公京，蓋荊公與馮公皆辛酉人。又曰：『無使上知。』神宗始不悅荊公矣。」[27] 其實上面這些文字中「勿令上知」的說法並不一定完全正確，理由是《續資治通鑑長編》上引那文字的下邊另外有個註說明在神宗去世以後，王安石的學生陸佃曾上了個奏摺要求證實確有「勿令上知」的書信：「臣等勘會昨來御史彈奏呂惠卿章疏內稱，惠卿繳奏故相王安石私書，有『毋使上知』『毋使齊年知』之語。齊年，謂參知政事馮京。且稱安石由是罷政。大臣出處之由，史當具載，欲乞聖慈特賜指揮，降出惠卿元繳安石之書，付實錄院照用，所貴筆削詳實。」貼黃：「臺諫自來許風聞言事，所以未敢便行依據。」據陸佃說查證的結果是王安石並沒寫那樣的評語：「後降出安石書，果無此語，止是屬惠卿言練亨甫可用，故惠卿奏之。」《續資治通鑒長編》的作者以為陸佃是王安石的學生，他為了維護老師的聲譽，說的話不一定可靠。筆者以為陸佃雖然是王安石的學生，但是他反對新法，所以他對他的老師倒不是一味盲目維護，當他覺得該說實話的時候，還是會說的；職此之故，他對老師的證言還是有可信之處。更重要的是，王安石剛剛掌政的時候，神宗對他可說是言聽計從，王安石應該沒有必要跟呂惠卿私下說那種會得罪神宗的話。根據上述的原因，筆者因此以為王安石跟呂惠卿寫那句話的可能性實在不大。

因為呂惠卿強烈的反擊，神宗開始覺得抨擊呂惠卿的臣子不一定全都有理。十月戊子權御史中丞鄧綰便被神宗以「操心頗僻，賦性姦回，論事薦人，不循分守」[28]的理由貶出京師。四天後（壬辰），練亨甫也因「與言事官交通」[29]跟著被貶出京師。兩個星期以後，王安石知道神宗不再希望他繼續擔任宰相的職位，而且他兒子又突然去世，這對他來說更是雪上加霜，「及子雱死，尤悲傷不堪，力請解機務」，[30]便在丙午提出辭呈，神宗果然不予挽留，王安石在第二次入相一年十個月以後，再度罷相。

王安石第二次罷相主要可以說完全是因為呂惠卿的緣故。呂惠卿是當初王安石一手提拔的人物，當王安石推薦他的時候，把他說成不世出的聖人，世上幾乎沒人能跟他相比：「惠卿之賢，雖前世儒者未易比也。學先王之道而能用者，獨惠卿而已。」等到呂惠卿露出小人面目，王安石想把呂惠卿驅逐出朝廷的時候，為時已晚，神宗那時對王安石已不再像先前那般信任，呂惠卿固然無法留在朝廷，但王安石也得離開京師，黯然返鄉，最後造成一個兩敗俱傷的結局。

第十八章　徐州知州

王安石與呂惠卿相繼罷相，可是在他們罷相以後，新法並沒廢止，新黨也繼續執政，這對早先因反對新法而備受打擊的官員來說，並沒有什麼特別令人振奮鼓舞的地方。熙寧九年（1076）十二月，蘇軾任滿離密，得權知河中府新職。因他弟弟在十月的時候已經不做齊州掌書記一職而回到京師，蘇軾想在上任前順路到京師看他，同時打探京師的政治風聲。熙寧十年二月，蘇轍出京來接，當他們到了陳橋驛，朝廷突然下令不准他入京，同時改派蘇軾知徐州。[1]這件事對蘇軾來講不是一個很好的預兆，因照往例宋朝在外的大臣改調新職的時候，可以晉見皇帝，而在晉見的時候，皇帝不時也會請外任的大臣留京改任京官。蘇軾人在國門，而神宗下詔不准入京，這顯然表示神宗對蘇軾已沒以往那麼賞識。神宗摒棄蘇軾於國門之外，對蘇軾的政敵來說這是一個令他們鼓舞的信息，他們看出神宗對蘇軾懷有不滿的情緒，為了討好神宗，他們——特別是那些不顧是非正義，只顧一己利害，善於逢迎的官吏——會不擇手段想盡方法對蘇軾進行打擊。蘇軾日後失勢，雖說是御史彈劾，實際上此時神宗內心已經做了對蘇軾不利的決定。

蘇軾既然不能入城，就住在城外范鎮的家中，[2]順便打探王安石罷相後的政治風聲。三月二日，范鎮前往洛陽聯繫司馬光，很顯然希望當初被王安石排斥的臣子能夠起復而得重用；春末，范鎮從洛陽返回家中，並沒帶來任何令人興奮的意外政治信息。蘇軾趁這段時間替他兒子邁娶了一房媳婦，名石氏，眉州世親。[3]四月，蘇軾在朝任職的機會既已完全消失，他便沿著汴水乘舟赴徐，他弟弟跟他同行。途經南都，兄弟兩人拜見張方平。當時神宗正在對西夏用兵，因此張方平請蘇軾撰寫一篇書狀勸神宗罷兵，「好兵者

必亡」，[4]結尾結得非常懇切，「臣亦將老且死，見先帝於地下，亦有以藉口矣。」[5]

熙寧十年（1077）四月二十一日蘇軾兄弟抵達徐州，蘇軾隨即上謝表。兩個月以前蘇軾準備入京，心想神宗或許會約見自己，沒想到神宗居然連國門都不讓自己踏入，蘇軾心知當時朝廷局勢的發展對他不利，因此他在〈徐州謝上表〉中對神宗誠懇地表明自己的心跡：

> 伏念臣奮身農畝，託迹書林。信道直前，曾無坎井之避；立朝寡助，誰為先後之容。向者屢獻瞽言，仰塵聖鑒。豈有意於為異，蓋篤信其所聞。顧慚迂闊之言，雖多而無益；惟有朴忠之素，既久而猶堅。遠不忘君，未忍改其常度；言之無罪，實深恃於至仁。知臣者謂臣愛君，不知臣者謂臣多事。空懷此意，誰復見明。伏惟皇帝陛下，日月照臨，乾坤覆燾。察孤危之易毀，諒拙直之無他。安全陋軀，畀付善地。[6]

蘇軾在謝表中說明自己為政的立場，為追求真理正義，而不逃避死亡，「信道直前，曾無坎井之避」。他繼續解釋自己在朝一向獨立，不結朋黨，有話直說，並不是要出風頭，而是確實看見朝廷推行的政策有諸多問題，不能不說。不了解他的人見他據理直言都會怪他多事，只有了解他的人才知道他用心良苦，「知臣者謂臣愛君，不知臣者謂臣多事」，暗示神宗應該了解他盡職盡忠的苦心與作為。結尾他希望神宗能夠寬宏大量，饒恕他為盡忠職守而不斷進言的良苦用心，不要因他忠心善意的批評而決定懲治他，「安全陋軀，畀付善地。」蘇軾雖然向神宗表達了他的忠心，本書下文會顯示神宗對蘇軾的一片赤誠忠心顯然視而不見。

七月十七日，黃河河水在壇州曹村埽潰決，洪水泛濫。[7] 八月十六日，蘇轍在跟他哥哥相聚了百餘日後離開蘇軾，前往南京任留守簽判。[8] 八月二十一日，黃河河水流到徐州城下。[9] 九月九日，水穿城下。九月二十一日，河水比城中平地高過一丈九尺，城有被淹之虞，當時的富人爭相逃出城外。蘇軾當機立斷，採取緊急應變措施，請求禁軍支援：

公曰：「富民若出，民心動搖，吾誰與守？吾在是，水決不能敗城。」驅使復入。公履屨仗策，親入武備營，呼卒長曰：「河將害城，事急矣，雖禁軍，宜為我盡力。」卒長呼曰：「太守猶不避塗潦，吾儕小人效命之秋也。」執梃入火伍中，率其徒短衣徒跣，持畚鍤以出，築東南長堤……堤成，水至堤下，害不及城，民心乃安。然雨日夜不止，河勢益暴，城不沉者三板。公廬於城上，過家不入，使官吏分堵而守，卒完城以聞。[10]

駐守徐州的禁軍隸屬於朝廷，不受當地的政令指揮，蘇軾看徐州城情勢岌岌可危，也顧不得指揮體系上的隸屬問題，就跑到禁軍的營地請求支援。該地禁軍的統帥顯然對蘇軾相當尊敬，看到大水有淹城的趨勢，就答應幫助蘇軾進行禦洪的工作。

蘇軾除了建築堵塞洪水的工事，使洪水無法進入徐州城以外，他也採用疏導河水的辦法。當大家議論紛紛討論防洪的辦法時，在眾說紛紜中，蘇軾接受了一個疏導河水進入古廢河的建議：

熙寧十年，余方守徐州，聞河決澶淵，入巨野，首灌東平。吏民恟懼，不知所為。有僧應言建策，鑿

清冷口，道積水北入於古廢河，又北東入於海。吏方持其議，言強力辯口，慨然論河決狀甚明。吏不能奪，卒以其言決之，水所入如其言，東平以安，言有力焉。眾欲為請賞，言笑謝去。余固異其人。[11]

在蘇軾盡心的策劃領導之下，堵塞與疏導的辦法併用，徐州城得以保全，人民的受害因此也減到最低的程度。十月二日，京東路安撫使、轉運使、判官等上奏言蘇軾防洪有功：「興於事功，法施四邑，誠格百姓，可謂有功矣。」[12] 十月五日，黃河的水漸漸退去。元豐元年（1078）正月甲子（十八日），神宗下詔獎諭蘇軾防洪的功勞。[13]

為求一勞永逸之計，蘇軾在熙寧十年（1077）十月請求朝廷建一條石岸來防護徐州城，需要「錢二萬九千五百餘貫，夫一萬五百餘人」，[14] 朝廷不應，蘇軾知道朝廷大概不願意在這方面花很多錢，於是在元豐元年正月另外上了一個奏摺，請求建一條木岸，把需要的人工經費減到「六千七百餘人，錢一萬四千餘貫」，並寫信請當時做開封府判官的劉攽（貢父）和他的侄兒時為集賢校理檢正中書戶房公事的劉奉世（仲馮）幫他說話，如此朝廷方才批准。五月四日，朝廷下詔獎諭蘇軾去年修城捍水的功績。[15] 稍後秦觀在入京應舉的途中，路經徐州呈詩謁見蘇軾，「我獨不願萬戶侯，惟願一識蘇徐州」，[16] 此後兩人師生的情誼與日俱增直到秦觀去世為止。在這時候蘇軾極力獻身政治，對陶淵明的印象當然還是不佳，他針對陶淵明無絃琴的詩作抨擊尤力：「陶淵明作〈無絃琴〉詩云：『但得琴中趣，何勞絃上聲。』蘇子曰：淵明非達者也。五音六律，不害為達，茍為不然，無琴可也，何獨絃乎？」[17]

九月，王定國（鞏）到徐州（彭城）看蘇軾，蘇軾乘機跟他和顏長道（復）、張天驥一起登雲龍山，王定國離開以後，九月底，一個佛僧名叫參寥（道潛）慕名帶著他寫的詩從京師來見蘇軾，蘇軾跟他一起

到泗水的百步洪去泛舟，寫下了〈百步洪二首〉：

王定國訪余於彭城，一日棹小舟，與顏長道攜盼、英、卿三子游泗水，北上聖女山，南下百步洪，吹笛飲酒，乘月而歸。余時以事不得往，夜著羽衣，佇立於黃樓上，相視而笑，以為李太白死，世間無此樂三百餘年矣。定國既去逾月，復與參寥師放舟洪下，追懷曩遊，以為陳迹，喟然而歎。故作二詩，一以遺參寥，一以寄定國，且示顏長道、舒堯文邀同賦云。

長洪斗落生跳波，輕舟南下如投梭。水師絕叫鳧雁起，亂石一線爭磋磨。有如兔走鷹隼落，駿馬下注千丈坡。斷弦離柱箭脫手，飛電過隙珠翻荷。四山眩轉風掠耳，但見流沫生千渦。嶮中得樂雖一快，何異水伯誇秋河。我生乘化日夜逝，坐覺一念逾新羅。紛紛爭奪醉夢裡，豈信荊棘埋銅駝。覺來俯仰失千劫，回視此水殊委蛇。君看岸邊蒼石上，古來篙眼如蜂窠。但應此心無所住，造物雖駛如吾何。回船上馬各歸去，多言嘵嘵師所呵。

佳人未肯回秋波，幼輿欲語防飛梭。輕舟弄水買一笑，醉中蕩槳肩相磨。不學長安閭裡俠，貂裘夜走胭脂坡。獨將詩句擬鮑謝，涉江共采秋江荷。不知詩中道何語，但覺兩頰生微渦。我時羽服黃樓上，坐見織女初斜河。歸來笛聲滿山谷，明月正照金叵羅。奈何捨我入塵土，擾擾毛群欺臥駝。不念空齋老病叟，退食誰與同委蛇。時來洪上看遺跡，忍見屐齒青苔窠。詩成不覺雙淚下，悲吟相對惟羊何。欲遣佳人寄錦字，夜寒手冷無人呵。（蘇詩 4: 2354-7）[18]

百步洪的第一首和第二首的語調顯著不同，第一首輕快而豪邁，第二首卻顯得哀怨而纏綿。除了語調不一

樣之外，第一首和第二首的主旨也有著明顯的差異，第一首勸讀者不要執著，第二首強調與愛慕的人交往的困難。第一首應該是送給參寥，「一以遺參寥」，第二首應該是給王鞏，「一以寄定國」。筆者在此先把兩首分開來解析，然後再將兩首合在一起做個歸納。第一首可以分成兩個部分，前半部十二句，大體在描寫景色，後半部十二句，主要探討一個人應有的人生觀。前半部寫景的時候，一口氣用了十六個意象：「長洪斗落」「輕舟南下」「投梭」「水師絕叫」「鳧雁起」「亂石一線」「兔走」「鷹隼落」「駿馬下注」「斷弦離柱」「箭脫手」「飛電過隙」「珠翻荷」「四山眩轉」「風掠耳」「流沫生千渦」。這些意象在前十句中一個接著一個出現，讓讀者有目不暇接的感覺，蘇軾顯然藉著眾多的意象迅快轉接的手法來傳達湍急的洪水如閃電般一瀉而下的驚人景觀。這種手法應該來自佛教的經典《金剛經》，在該經結尾的時候佛陀連續用了六個意象來形容宇宙的萬象：「一切有為法，如夢幻泡影，如露亦如電」，[19]蘇軾借用佛教的敘事手法，一方面來形容百步洪壯觀的景色，一方面來說明世事瞬間萬變的現象，特別是一個人的思維，有時候比百步洪一瀉千里的水流還轉變得快，「我生乘化日夜逝，坐覺一念逾新羅。」在這個瞬間萬變的世界中，蘇軾認為一個人對世事的發展，特別是牽涉到權力的接替，不應該持執著的態度，「紛紛爭奪醉夢裡，豈信荊棘埋銅駝。」「荊棘埋銅駝」的意象出自《晉書．索靖傳》：「靖有先識遠量，知天下將亂，指洛陽宮門銅駝，嘆曰：『會見汝在荊棘中耳！』」。[20]蘇軾引用這個典故來表示目前掌權的人過一段時日以後就可能遭遇敗亡，所以一個人切忌因一時情勢不佳，便失去希望，而應該像岸邊如蜂窠般的洞眼因不同的情勢而有不同的對策。這首詩雖然是送給參寥的作品，引用佛教的想法，但蘇軾也在詩中探討他當時的景況，言外之意就是當時他在政壇失意，並不意味著日後永無出頭之地，一個人應該有達觀而不執著的心態。說得再明顯些，即使蘇軾受到神宗的懲治，他應該還會有更好的前景，所以不必為他可

能被定罪而放棄他對政治的崇高理想。

由這首詩的主旨來看，第二首的重心由第一首的自然景觀轉向人，而且一開始便把焦點移到佳麗的身上。傳統的說法認為這個佳麗是與顏長道同遊的盼、英、卿三個女子，例如陳新雄在《東坡詩選析》中就持此種看法：「此處佳人指序所言王定國訪予於彭城，一日擢小舟與顏長道攜盼、英、卿三子遊泗水之三子。」[21]此種說法有些問題，因為就詩中的內容來看，盼、英、卿三女子似乎與王定國及顏長道處得頗投機，而且就他們的生平來說，他們之間似乎也沒有什麼巨大的芥蒂，因此筆者以為詩中的佳人表面上似乎可以指盼、英、卿三個女子，但實際上應該如《離騷》中「結微情以陳詞兮，矯以遺夫美人」的「美人」同樣有君王的寓意。蘇軾詩中的第一句「佳人未肯回秋波」因此影射神宗拒絕重用蘇軾，摒棄他於國門之外，神宗不但不願與蘇軾建立情投意合的密切關係，而且有打擊蘇軾的趨向。第二句「幼輿欲語防飛梭」的典故出自《晉書．謝鯤傳》：「鄰家高氏女有美色，鯤嘗挑之，女投梭，折其兩齒，時人為之語曰：『任達不已，幼輿折齒。』鯤聞之，傲然長嘯曰：『猶不廢我嘯歌。』」[22]蘇軾借用這個典故來暗喻他對神宗表示傾心忠誠之意，神宗反而縱容王安石一派來構陷他，但是蘇軾如同謝鯤一樣，在他受到打擊之後，仍然保持他的原則，高唱他的理想。由第二句的典故來看，第一句的佳人就勢必象徵神宗，因為如果如傳統所說的指盼、英、卿，那麼問題又出來了，到底蘇軾是在追哪個佳人，是不是三個都一起追，假如三個都一起追，到底是哪個打了蘇軾，是三個都打，還是其中一個打，如果是其中一個，究竟是哪個，這些問題幾乎都無法解決。所以如果第一和第二句合在一起，那意思就再清楚不過，此處的佳人應該就指一個，象徵神宗。如果第一句的佳人不是影射神宗，那麼第十五和第十六句就更不好解釋了，「奈何捨我入塵土，擾擾毛群欺臥駝」，又是誰捨棄了蘇軾，是哪一群人欺負了蘇軾，如果說指盼、英、卿，那蘇軾的

話似乎說得非常得重，蘇軾怎麼可以說她們捨棄了自己，或者欺負了自己，如果從影射神宗的角度來解讀，那意思又是再清楚不過，自然是神宗捨棄了蘇軾，讓王安石和他四周的小人來打擊蘇軾。在此一象徵的脈絡下，「時來洪上看遺跡，忍見屐齒青苔窠」一句便有蘇軾回憶他過去冒著風險不斷進諫神宗，而結果他的政敵仍然成功的欺矇神宗，踐踏百姓，想到國家的命運，百姓的痛苦，蘇軾再也抑制不住，不覺老淚縱橫，「詩成不覺雙淚下，悲吟相對惟羊何。」蘇軾不是一個會輕易下淚的人，在他一生的詩詞散文中，他下淚的地方寥寥可數，如果這首詩照傳統的解法，說蘇軾因思念王定國、顏長道而下淚：「王鞏已去，不覺聚散無常，悲從中來，淚為之墜」，[23]蘇軾的感情就似乎稍嫌脆弱了些，筆者以為蘇軾為思念王定國、顏長道下淚的可能性不大，但是如果因為他見到國家悲慘的命運，百姓痛苦的生活必然會動顏下淚。第二首詩的最後一句的典故出自王仁裕的《開元天寶遺事》：「李白於便殿對明皇撰詔誥，時十月大寒，筆凍莫能書字，帝敕宮嬪十人侍於李白左右，令各執牙筆呵之，遂取而書其詔。」[24]蘇軾引用此一典故，顯然是在透過唐玄宗對李白的寵遇，來暗示老天已經斷絕他和神宗之間親密交往的可能性。由於此一典故提到佳麗十人，前一句「欲遣佳人寄錦字」的「佳人」應該是多數，泛指神宗周圍的臣僕，此處就事實來看，絕不可能指王定國或顏長道，因為蘇軾要和他們保持密切的聯繫不是不可能，只能從象徵的角度來解釋，此時蘇軾想要維持與神宗密切的關係那就難上加難，根本不可能了。

筆者在分別討論完〈百步洪二首〉之後，可以把兩首合在一起做個歸納。〈百步洪二首〉具有高度的象徵意義，全篇象徵著蘇軾生命中出奇危險的一段旅程，蘇軾自從被神宗摒棄於國門之外以後，深知神宗聽信他周圍大臣的讒言，對自己已不再親善，甚至具有敵意，雖然他在〈徐州謝上表〉中已經對神宗輸誠，表明自己的忠心，「知臣者謂臣愛君，不知臣者謂臣多事」，但是神宗顯然不欣賞蘇軾對他的忠誠，

他也非常可能採取危害蘇軾的行動，蘇軾對神宗所可能加諸於自己的危害不能不正視，神宗對他所可能採取的行動，便如同烏雲一般高懸在他心坎之上。但是蘇軾為了政治理想，不畏懼也不逃避危險，他接受挑戰，正對他生命中的百步洪，他自然希望能安全渡過他生命中危險的旅程，就如同他征服百步洪一般，但他並不強求，強求對他來說也並不一定有用，他因此在第一首詩中勉勵自己不要執著，「但應此心無所住，造物雖駛如吾何」，即使神宗執意要懲處他，他也會泰然處之。雖然他對自身的危險能夠泰然處之，但他對國家的悲劇，百姓的災難卻無法無動於衷，因此在第二首詩中他思前想後，禁不住還是潸然淚下。

蘇軾雖然知道凡事不可強求，但他更清楚，那並不表示他就不必盡他的全力去追求政治上的理想。他在寫完〈百步洪二首〉以後，並沒坐以待斃，相反的，他決定在他還沒被整肅以前，盡他的全力來幫助國家百姓解決他們的問題，因此他寫了〈徐州上皇帝書〉，做為他治國的參考：

> 元豐元年十月日，尚書祠部員外郎直史館權知徐州軍州事臣蘇軾，謹昧萬死再拜上書皇帝陛下。臣以庸材，備員冊府，出守兩郡，皆東方要地，私竊以為守法令，治文書，赴期會，不足以報塞萬一。輒伏思念東方之要務，陛下之所宜知者，得其一二，草具以聞，而陛下擇焉。[25]

首先他為神宗說明徐州在戰略上的重要性，該地為南北的要衝，地形險要，進可攻，退可守，加上當地百姓體格高大，民風強悍，對京師的安全至關重要，「缾竭則罍恥，脣亡則齒寒」：

> 臣前任密州，建言自古河北與中原離合，常係社稷存亡，而京東之地，所以灌輸河北，缾竭則罍恥，

脣亡則齒寒，而其民喜為盜賊，為患最甚，因為陛下畫所以待盜之策。及移守徐州，覽觀山川之形勢，察其風俗之所上，而考之於載籍，然後又知徐州為南北之襟要，而京東諸郡安危所寄也。昔項羽入關，既燒咸陽而東歸則都彭城。夫以羽之雄略，捨咸陽而取彭城，則彭城之險固形便，足以得志於諸侯者可知矣。臣觀其地，三面被山，獨其西平川數百里，西走梁、宋，使楚人開關而延敵，材官騶發，突騎雲縱，真若屋上建瓴水也。地宜菽麥，一熟而飽數歲。其城三面阻水，樓堞之下，以汴、泗為池，獨其南可通車馬，而戲馬臺在焉。其高十仞，廣袤百步，若用武之世，屯千人其上，聚櫑木砲石，凡戰守之具，以與城相表裡，而積三年糧於城中，雖用十萬人，不易取也。其民皆長大，膽力絕人，喜為剽掠，小不適意，則有飛揚跋扈之心，非止為盜而已。漢高祖，沛人也；項羽，宿遷人也；劉裕，彭城人也；朱全忠，碭山人也：皆在今徐州數百里間耳。其人以此自負，凶桀之氣，積以成俗。魏太武以三十萬人攻彭城，不能下。而王智興以卒伍庸材，恣睢於徐，朝廷亦不能討。豈非以其地形便利，人卒勇悍故耶？[26]

徐州不但城池堅固，百姓勇猛，而且土地肥沃，物產豐富，為兵家必爭之地，在歷史上造就了不少帝王。除此之外，徐州城東北不遠更有豐富的鐵礦，冶鐵工業特別興盛，是利國監官府所在地，冶鐵人家都是大戶，積累了不少財富，只是當地駐軍微乎其微，因而常是盜匪覬覦之地：

州之東北七十餘里，即利國監，自古為鐵官，商賈所聚，其民富樂，凡三十六冶，冶戶皆大家，藏鏹巨萬，常為盜賊所窺，而兵衛寡弱，有同兒戲，臣中夜以思，即為寒心，使劇賊致死者十餘人，白晝

入市，則守者皆棄而走耳。地既產精鐵，而民皆善鍛，散冶戶之財，以嘯召無賴，則烏合之眾，數千人之仗，可以一夕具也。順流南下，辰發巳至，而徐有不守之憂矣。使不幸而賊有過人之才，如呂布、劉備之徒，得徐而逞其志，則京東之安危，未可知也。[27]

蘇軾說因為守衛利國監及當地冶戶的兵力微弱，「有同兒戲」，只要有十幾個亡命之徒就可以佔據該地，如果他們搶奪了冶戶的資產，用來招兵買馬，一夕之間可能招到千人，然後攻佔徐州，並以徐州為基地，攻略四周之地及京師，如果領導有方，勢必對京師造成致命的威脅：

近者河北轉運司奏乞禁止利國監鐵不許入河北，朝廷從之。昔楚人亡弓，不能忘楚，孔子猶小之，況天下一家，東北二冶，皆為國興利，而奪彼與此，不已隘乎？自鐵不北行，冶戶皆有失業之憂，詣臣而訴者數矣。臣欲因此以征冶戶，為利國監之捍屏。今三十六冶，冶各百餘人，採鑛伐炭，多饑寒亡命強力鷙忍之民也，臣欲使冶戶每冶各擇有材力而忠謹者，保任十人，籍其名於官，授以劍刃刀槊，教之擊刺，每月兩衙，集於知監之庭而閱試之，藏其刃於官，以待大盜，不得役使，犯者以違制論。冶戶為盜所睨久矣，民皆知之，使冶出十人以自衛，民所樂也，而官又為除近日之禁，使鐵得北行，則冶戶皆悅而聽命，姦猾破膽而不敢謀矣。徐城雖險固，而樓櫓敝惡，又城大而兵少，緩急不可守。今戰兵千人耳，臣欲乞移南京新招騎射兩指揮於徐。此故徐人也，嘗屯於徐，營壘材石既具矣，而遷於南京，異時轉運使分東西路，畏餽餉之勞而移之西耳，今兩路為一，其去來無所損益，而足以為徐之重。城下數里，頗產精石無窮，而奉化廂軍見闕數百人，臣願募石工以足之，聽不差出，使此數百

人者常採石以甃城。數年之後，舉為金湯之固，要使利國監不可窺，則徐無事，徐無事，則京東無虞矣。28

新法禁止徐州一帶的鐵器銷往北方，嚴重影響到當地冶鐵大戶的生計，他們三番兩次向蘇軾請願，希望新的禁令能夠取消，讓他們的鐵器依然可以北銷。一方面為了保護他們的生計，一方面為了防備盜賊佔領利國監，蘇軾建議建立冶戶自衛隊，每冶十人，由官府負責訓練。同時蘇軾指出徐州雖然城池堅固，但是防衛設備老舊，兵力薄弱，不能擔負捍衛城市的責任，他請求把南京的一些軍隊調往徐州，加強徐州的防衛。接著，蘇軾觸及盜賊的問題：

沂州山谷重阻，為逋逃淵藪，盜賊每入徐州界中，陛下若採臣言，不以臣為不肖，願復三年守徐，且得兼領沂州兵甲巡檢公事，必有以自效。京東惡盜，多出逃軍。逃軍為盜，民則望風畏之，何也？技精而法重也。技精則難敵，法重則致死，其勢然也。自陛下置將官，修軍政，士皆精銳而不免於逃者，臣嘗考其所由。蓋自近歲以來，部送罪人配軍者，皆不使役人，而使禁軍，軍士當部送者，受牒即行，往返常不下十日，道路之費，非取息錢不能辦，百姓畏法不敢貸，貸亦不可復得，惟所部將校，乃敢出息錢與之，歸而刻其糧賜，以故上下相持，軍政不修，博弈飲酒，無所不至，窮苦無聊，則逃去為盜。臣自至徐，即取不係省錢百餘千別儲之，當部送者，量遠近裁取，以三月刻納，不取其息，將吏有敢貸息錢者，痛以法治之。然後嚴軍政，禁酒博，比朞年，士皆飽暖，練熟技藝，等第為諸郡之冠，陛下遣敕使按閱，所具見也。臣願下其法諸郡，推此行之，則軍政修而逃者衰，亦去盜之

一端也。[29]

蘇軾發現徐州的盜賊多來自京東地區的禁軍，原因是新的規定指派禁軍自費押送罪犯前往充軍的地點，當禁軍無法支付相關路費的時候，為了達成任務，他們只好向同僚或下屬籌措貸款，因為同僚或下屬都成了債主，貫徹軍紀便成了一個很大的問題，「以故上下相持，軍政不修，博弈飲酒，無所不至」。在軍中活不下去的便成為逃兵，淪為盜賊，不時流竄到徐州。這些盜賊因為受過軍事訓練，武藝精熟，對地方的治安造成甚大威脅。為解決逃兵問題，蘇軾決定由官府貸款給禁軍，不收利息，三個月還清，成效顯著，「比朞年，士皆飽暖，練熟技藝，等第為諸郡之冠」。蘇軾請求朝廷能在別的州郡實施同樣的政策，此外，蘇軾也自願「兼領沂州兵甲巡檢公事」，並在徐州多任三年，鞏固當地的防務。接下來，蘇軾請求朝廷提高郡守的權威：

臣聞之漢相王嘉曰：「孝文帝時，二千石長吏，安官樂職，上下相望，莫有苟且之意。其後稍稍變易，公卿以下，轉相促急，司隸、部刺史，發揚陰私，吏或居官數月而退。二千石益輕賤，吏民慢易之，知其易危，小失意則有離畔之心。前山陽亡徒蘇令從橫，吏士臨難，莫肯伏節死義者，以守相威權素奪故也。國家有急，取辦於二千石，二千石尊重難危，乃能使下。」以王嘉之言而考之於今，郡守之威權，可謂素奪矣。上有監司伺其過失，下有吏民持其長短，未及按問，而差替之命已下矣。欲督捕盜賊，法外求一錢以使人，且不可得。盜賊凶人，情重而法輕者，守臣輒配流之，則使所在法司覆按其狀，劾以失入。惴惴如此，何以得吏士死力，而破姦人之黨乎？由此觀之，盜賊所以滋熾者，

以陛下守臣權太輕故也。臣願陛下稍重其權，責以大綱，略其小過，凡京東多盜之郡，自青、鄆以降，如徐、沂、齊、曹之類，皆慎擇守臣，聽法外處置強盜。頗賜緡錢，使得以布設耳目，蓄養爪牙。然緡錢多賜則難常，少又不足於用，臣以為每郡可歲別給一二百千，使以釀酒，凡使人葺捕盜賊，得以酒予之，敢以為他用者，坐贓論。賞格之外，歲得酒數百斛，亦足以使人矣。此又治盜之一術也。[30]

本書前文提到趙匡胤因篡位而取得政權，在建立宋朝以後便實施強幹弱枝的政策，把全國最精銳的部隊集中到京師，削減地方上的勢力，蘇軾一針見血，說中了宋朝建國政策的致命傷，但是宋朝的穩定就皇室來看正依賴此種極度中央極權的政策，蘇軾的建議從神宗的角度來看幾乎可以說是要削君主的權，對神宗來說，不但不可行，更有可能會對王室構成威脅。此外，蘇軾又觸及了另一個國家的體制問題，即重文輕武的政策：

然此皆其小者。其大者非臣之所當言，欲默而不發，則又私自念遭值陛下英聖特達如此，若有所不盡，非忠臣之義，故昧死復言之。昔者以詩賦取士，今陛下以經術用人，名雖不同，然皆以文詞進耳。考其所得，多吳、楚、閩、蜀之人。至於京東、西，河北，河東，陝西五路，蓋自古豪傑之場，其人沉鷙勇悍，可任以事，然欲使治聲律，讀經義，以與吳、楚、閩、蜀之人爭得失於毫釐之間，則彼有不仕而已，故其得人常少。夫惟忠孝禮義之士，雖不得志，不失為君子，若德不足而才有餘者，困於無門，則無所不至矣。故臣願陛下特為五路之士，別開仕進之門。

漢法：郡縣秀民，推擇為吏，考行察廉，以次遷補，或至二千石，入為公卿。古者不專以文詞取人，故得士為多。黃霸起於卒史，薛宣奮於書佐，朱邑選於嗇夫，丙吉出於獄吏，其餘名臣循吏，由此而進者，不可勝數。唐自中葉以後，方鎮皆選列校以掌牙兵。是時四方豪傑不能以科舉自達者，皆爭為之，往往積功以取旄鉞。雖老姦巨盜，或出其中。而名卿賢將如高仙芝、封常清、李光弼、來瑱、李抱玉、段秀實之流，所得亦已多矣。王者之用人如江河，江河所趨，百川赴焉，蛟龍生之，及其去而之他，則魚鱉無所還其體，而鯢鰍為之制，今世胥史牙校皆奴僕庸人者，無他，以陛下不用也。今欲用胥史牙校，而胥史行文書，治刑獄錢穀，其勢不可廢鞭撻，鞭撻一行，則豪傑不出於其間。故凡士之刑者不可用，而用者不可刑。故臣願陛下採唐之舊，使五路監司郡守，共選士人以補牙職，皆取人材。心力有足過人，而不能從事於科舉者，祿之以今之庸錢，而課之鎮稅場務督捕盜賊之類，自公罪杖以下聽贖。依將校法，長吏得薦其才者，第其功閥，書其歲月，使得出仕比任子，而不以流外限其所至。朝廷察其尤異者，擢用數人。則豪傑英偉之士，漸出於此塗，而姦猾之黨，可得而籠取也。其條目委曲，臣未敢盡言，惟陛下留神省察。[31]

蘇軾發現宋朝的科舉造就了南方人，而北方人通過科舉取得功名的卻寥寥可數，蘇軾解釋南北方在此一方面的差異並不表示北方沒有可用之才，相反的，蘇軾觀察到北方人有其特長，「蓋自古豪傑之場，其人沉鷙勇悍，可任以事」，只是他們不願把精力放在科舉上。因此蘇軾建議神宗在科舉之外再開個選才的管道，讓那些具有才華但是對科舉卻沒興趣的人，也能夠為政府效力。本書前文已經分析過趙匡胤靠軍隊奪取了政權，他立下的開國政策就是要拔擢不懂軍事沒有軍權的文人，以利控制，蘇軾的建議又是一針見

血，說中了宋朝體制的弱點，只是從皇室的角度來看，文武並重對君王的駕馭統治會構成威脅。蘇軾對地方分權及文武並重的觀點說得非常中肯，但是宋朝的專制體制就是靠極度的中央集權及重文輕武來維持的，因此從神宗的角度來看，蘇軾的言論違反國策，不能不引起他的疑慮，這應該是他要懲處蘇軾的主要原因之一。蘇軾自己當然知道他的言論觸及宋朝立國的底線，他的性命可能因此不保，但蘇軾不能也不會因自身危險就絕口不提關係國家安全的敏感話題：

> 昔晉武平吳之後，詔天下罷軍役，州郡悉去武備，惟山濤論其不可，帝見之曰：「天下名言也。」而不能用。及永寧之後，盜賊蠭起，郡國皆以無備不能制，其言乃驗。今臣於無事之時，屢以盜賊為言，其私憂過計，亦已甚矣。陛下縱能容之，必為議者所笑，使天下無事而臣獲笑可也，不然，事至而圖之，則已晚矣。干犯天威，罪在不赦。臣軾誠惶誠恐，頓首頓首。謹言。[32]

結尾的時候，蘇軾引了晉武帝的話，強調地方分權與武備的重要性，正如同晉武帝一般，神宗當然知道地方勢力對捍衛朝廷的重要性，但是神宗不是英姿神武能夠冒險犯難的君王，為了便於統治，他選擇對他不會構成威脅的弱勢地方政府。

蘇軾所說的與本書前文所引的范仲淹的評語，並無本質上的差別，范仲淹可以對宋朝重文輕武的政策慷慨陳詞而不入獄，「平時諱言武備，寇至而專責守臣死事，可乎？」因為他是宋朝的勛臣，而且帶過兵，在軍中有很大的實力，而蘇軾並沒有像范仲淹一樣對宋朝有巨大的功勛，並且他也沒掌握過軍隊的實權，所以他得下獄。蘇軾的狀子揭露了當時宋朝許多重大的問題：政府用人不當，盜匪猖獗，軍隊缺乏軍

紀，當時宋朝的情勢已經有搖搖欲墜的跡象，蘇軾不斷提出這些牽涉到國家朝政的重大問題，朝廷的執政對他自然不滿，神宗對他當然也不能不心存芥蒂，所以蘇軾入獄只是早晚的事。這點蘇軾自己心中也不是不明白，「陛下縱能容之，必為議者所笑」，他揣測得非常正確，八個多月以後，正式對他發難的不是神宗，而是御史中丞李定，但是蘇軾職責所在，即使他有預感會身遭橫禍，也不能不繼續走完他該走的旅程。

元豐二年（1079）三月，蘇軾在徐州的任期屆滿，調往湖州任職，臨行前密州的老百姓依依不捨，不太願意見他們喜愛的行政長官離開他們，緊緊抓住蘇軾座馬的韁繩，蘇軾因此寫了下面五首詩：

罷徐州往南京馬上走筆寄子由五首

吏民莫扳援，歌管莫淒咽。吾生如寄耳，寧獨為此別。別離隨處有，悲惱緣愛結。而我本無恩，此涕誰為設。紛紛等兒戲，鞭鐙遭割截。道邊雙石人，幾見太守發。有知當解笑，撫掌冠纓絕。

父老何自來，花枝裊長紅。洗盞拜馬前，請壽使君公。前年無使君，魚鱉化兒童。舉鞭謝父老，正坐使君窮。窮人命分惡，所向招災凶。水來非吾過，去亦非吾功。

古汴從西來，迎我向南京。東流入淮泗，送我東南行。暫別還復見，依然有餘情。春雨漲微波，一夜到彭城。過我黃樓下，朱欄照飛甍。可憐洪上石，誰聽月中聲。

前年過南京，麥老櫻桃熟。今來舊遊處，櫻麥半黃綠。歲月如宿夕，人事幾反覆。青衫老從事，坐穩生髀肉。聯翩閱三守，迎送如轉轂。歸耕何時決，田舍我已卜。

卜田向何許，石佛山南路。下有爾家川，千畦種秔稌。山泉宅龍蜃，平地走膏乳。異時畝一金，近欲

為逃戶。逝將解簪紱，賣劍買牛具。故山豈不懷，廢宅生蒿穭。便恐桐鄉人，長祠仲卿墓。（蘇詩 4：2392-5）

在第一首詩中蘇軾謙虛的說他沒為徐州的老百姓做什麼，勸他們不要悲傷，「有知當解笑，撫掌冠纓絕。」第二首詩中徐州的老百姓特別提到蘇軾在黃河發生水患的時候，帶領徐州人防災，使徐州城安然無恙，避免了全城被淹的災難，「前年無使君，魚鱉化兒童。」蘇軾仍然很謙下的回答說，洪水的來去都是自然發生的事情，他沒有什麼功勞，「水來非吾過，去亦非吾功。」蘇軾在第三首中隨即安慰徐州的老百姓，他們的分別應該只是暫時性的，他們不久應該會有重見的機會，雖然他們暫時分別，他們在分離期間感情會細水長流，延綿不斷，繼續成長，「暫別還復見，依然有餘情。」在第四首中，蘇軾感嘆時間不斷的流逝，他慢慢衰老，而他施展他的政治理想的希望卻遙遙無期，「青衫老從事，坐穩生髀肉。」接著，蘇軾揣想他剩餘的一生，是否就會從此一直在各個地方上不停的徘徊，永無參與朝政為制定全國政策貢獻心智的機會，而只能無奈地執行朝廷規定下來對老百姓有害的政策，直到退隱為止，「聯翩閱三守，迎送如轉轂。歸耕何時決，田舍我已卜。」在結尾的時候，蘇軾以退隱為題，開始考慮退隱的地點，他希望回到他生長的家鄉四川，「故山豈不懷，廢宅生蒿穭」，但是徐州老百姓對他的熱情，邀請他在徐州退隱，他又怎麼好拒絕呢，「便恐桐鄉人，長祠仲卿墓。」蘇軾此時內心起了掙扎，到底他退休之際，應該回到什麼地方——四川還是徐州？他此時根本沒想到二十二年後，他退休的時候既沒回到四川，也沒再到徐州，而是在杭州完成他人生最後一段旅程。

第十九章　身陷囹圄

元豐二年（1079）三月，蘇軾以祠部員外郎、直史館、知湖州軍州事的名銜前往湖州報道。[1] 在赴湖州途中，蘇軾取道南都見張方平和他弟弟轍。四月二十日抵達湖州，照例上謝表。[2] 這時京師因王安石下臺氣氛不是很穩定，當初被王安石排擠出京的官員都屏息以待，希望朝廷能改弦易轍，有新的作為，在這種不安的情況下，朝廷有必要採取非常的行動，表示繼續支持王安石變法的措施。在反對新法的官員中，蘇軾是聲音最大的一個，才華四溢，名氣直上九霄，言語有風動天下之勢，對當時一般執政的官員構成相當大的威脅，特別是御史中丞李定因前幾年不服母喪，被蘇軾批評過，內心銜恨，因此他們把注意力轉到蘇軾身上，決定對他開刀，藉以收殺一儆百的功效。正好蘇軾上的謝表中有不滿的情緒：

> 伏念臣性資頑鄙，名迹堙微。議論闊疏，文學淺陋。凡人必有一得，而臣獨無寸長。荷先帝之誤恩，擢寘三館；蒙陛下之過聽，付以兩州……此蓋伏遇皇帝陛下，天覆群生，海涵萬族。用人不求其備，嘉善而矜不能。知其愚時，難以追陪新進；察其老不生事，或能牧養小民。[3]

御史臺抓著上面那些話說蘇軾在譏諷朝廷：「軾謂館職多年，未蒙不次進用……又見朝廷近日進用之人，多是少年及與軾議論不合，故言『愚時，難以追陪新進』，以譏諷朝廷進用之人多是循時迎合，又云『察其老不生事，或能牧養小民』，以譏諷朝廷多是生事騷擾以奪農時。」[4] 於是七月己巳（三日），[5] 御史

中丞李定、御史舒亶、何正臣等聯手用蘇軾謝表及其他詩文中不滿的文字來參劾蘇軾，說他誹謗朝政。李定的奏章列舉蘇軾四大罪狀，顯然希望置他於死地：

臣切見知湖州蘇軾，初無學術，濫得時名。偶中異科，遂叨儒館。及上聖興作，新進仕者，非蘇之所合，軾自度終不為朝廷獎用，銜怨懷怒，恣行丑詆，見於文字，眾所共知……訕上罵下，法所不宥。臣切謂軾有可廢之罪四，臣請陳之。昔者堯不誅殺四凶，而至舜則流放竄殛之，蓋其惡始見於天下。軾先騰沮毀之論 陛下稍置之不問，容其改過，軾怙終不悔，其惡已著，此一可廢也。古人教而不從，然後誅之，蓋吾之所以俟之者不從，然後誅之，蓋吾之所以俟之者盡，然後戮辱隨焉。陛下所以俟軾者可謂盡，而傲悖之語，日聞中外，此二可廢也。軾所為文辭雖不中理，亦足以鼓動流俗，所謂言偽而辨，當官侮慢，不循陛下之法，操心頑愎，不服陛下之化，所謂行偽而堅，言偽而辨，先王之法當誅，此三可廢也。《書》：「刑故無小」，知而為與夫不知而為者異也。軾讀史傳，豈不知事君有禮，訕上有誅。肆其憤心，公為詆訾，而又應制舉對策，即已有厭獎更法之意，陛下修明政事，怨不用己，遂一切毀之以為非，是此四可廢也。而尚容於職位，傷教亂俗，莫甚於此。臣伏惟陛下動靜語默，惟道之從，興除制作，肇新百度，謂宜可以變天下，而至今未至純著，殆以軾輩，虛名浮論，足以惑動眾人故也，臣叨預執法，職在糾奸，罪有不容，豈敢苟止。伏望陛下斷自天衷，特行典憲，非特沮乖特之氣，亦抑奮忠良之心，好惡既明，風俗自革，有補於世，豈細也哉。取進止。[6]

李定的這個劄子用心不良，從他全盤否定蘇軾的為人與行事這一點上可以看出，他不就事論事，卻要把蘇

軾這個人說得一文不值，信口開河說他「初無學術，濫得時名，偶中異科」。他把蘇軾制科考試回答宋仁宗有關國事的試題答案也拿來做攻擊的對象，「而又應制舉對策，即已有厭獎更法之意」。由這件事可以看出來，李定實在找不出蘇軾什麼罪狀，逼不得已，只好拿二十年前制科考試試卷的答案來濫竽充數，這種做法實在跡近無賴。李定在劄子中不斷強調蘇軾對社會巨大的影響力，「眾所共知」，「日聞中外」，「足以鼓動流俗」，「足以惑動眾人」，儼然把他當做國家的第一號公敵。李定的劄子全文雖然不是很長，只五百多個字，卻連續使用「誅」這個字多達五次，「殺」字一次，「戮」字一次，顯然希望就此剷除蘇軾，不願讓他有條活路。

監察御史裡行舒亶的劄子也是誇大其詞，把蘇軾說得沒有一個是處，同時他把蘇軾對新法的不滿陰險地扭曲成蘇軾對神宗個人的敵視：

臣伏見知湖州蘇軾近〈謝上表〉有譏切時事之言，流俗翕然，爭相傳誦。忠義之士，無不憤惋。且陛下自新美法度以來，議論之人，固為不少，然其大不過文亂事實，造作讒說，以為搖動沮壞之計。其次，又不過腹非背毀，行察坐伺，以幸天下之無成功而已。至於包藏禍心，怨望其上，訕讟慢罵，而無復人臣之節者，未有如軾也。蓋陛下發錢以本業貧民，則曰：「贏得兒童語音好，一年強半在城中；」陛下明法以課試郡吏，則曰：「讀書萬卷不讀律，致君堯舜知無術；」陛下興水利，則曰：「東海若知明主意，應教斥鹵變桑田；」陛下謹鹽禁，則曰：「豈是聞韶解忘味，邇來三月食無鹽。」其他觸物即事，應口所言，無不以譏謗為主……按軾懷怨天之心，造訕上之語，情理深害，事至暴白，雖萬死不足以謝聖時，豈特在不收不宥而已。伏望陛下體先王之義，用治事之重典，付軾有

司，論如大不恭，以戒天下之為人臣子者。[7]

舒亶所舉的例子，不過是蘇軾詩文中對新法在民間所造成的一些流弊的客觀報導和評語，這些報導和評語幾乎都是以一般平民的利益為出發點，例如自食鹽成為政府的專賣品後，一個老人三個月都吃不起鹽，這種報導，聽了讓人感傷，但就一心只想怎麼做高官的執政來說，這卻是對他們不利的指控，威脅到他們的權位，他們當然受不了，因此那些掌權的一定要除之為快：「雖萬死不足以謝聖時」。

監察御史裡行何正臣的劄子比較短，一共三百多字，他主要就蘇軾在湖州上的謝表來下手：

臣伏見祠部員外郎、直史館、知湖州蘇軾〈謝上表〉，其中有言：「愚時，難以追陪新進；老不生事，或能牧養小民。」愚弄朝廷，妄自尊大，宣傳中外，孰不嘆驚。夫小人為邪，治世所不能免，大明旁燭，則其類自消，固未有如軾為惡不悛，怙終自若，謗訕譏罵，無所不為，道路之人，則又以為一有水旱之災，盜賊之變，軾必倡言歸咎新法，喜動顏色，惟恐不甚……昔成王戒康叔，以助王宅天命，作新民，人有小罪非眚，乃惟終不可不殺，蓋習俱污陋，難以丕變，不如是，不足以作民而新之，況今法度未完，風俗未一，正宜大明誅賞，以示天下。如軾之惡，可以止而勿治乎？[8]

何正臣的劄子把蘇軾寫成是一個幸災樂禍的小人，「喜動顏色，惟恐不甚」，這是誣蔑之辭，不合史實，說出來主要是希望能激怒神宗，將蘇軾處以極刑，「不可不殺」。

除了三個諫官以外，還有一個叫李宜之的國子博士為了自己的遷升，迎合執政，抓住這個機會也同樣

上了一道狀紙攻擊蘇軾：

> 昨任提舉淮東常平，過宿州靈壁鎮，有本鎮居止張碩秀才，稱蘇軾與本家撰〈靈壁張氏園亭記〉。內有一節稱：「古之君子，不必仕，不必不仕，必仕則忘其身，必不仕則忘其君。譬之飲食，適於饑飽而已。然士罕能蹈其義，赴其節。處者安於故而難出，出者狃於利而忘返。於是有違親絕俗之譏，懷祿苟安之弊。」宜之看詳上件文字，義理不順，言「不必仕」是教天下之人必無進之心，以亂取士之法。又軾言「必不仕則忘其君」，是教天下之人無尊君之義，虧大忠之節。[9]

李宜之信口胡言，把蘇軾的「不必仕，不必不仕」說成是無君無臣的主張。像這種無賴的文字，神宗居然也會收納下來，不加譴責，反而以它們為藉口，對蘇軾大加撻伐，這不但顯出神宗個人狹隘的心胸，並且也見出當時的政治氣氛確實不很穩定，神宗覺得有必要找個人來殺雞儆猴，以高壓的手段來穩定人心。

神宗在接到上述的劄子以後，便同意由御史臺根勘聞奏，御史臺收到聖旨即請求神宗派官處理。神宗因此下詔要「知諫院張璪、御史中丞李定推治以聞。」[10]李定因此選派一名悍吏，時為太常博士的皇遵率員前往湖州緝捕蘇軾。《孔氏談苑》敘說這次緝捕的經過說得很戲劇化，它的文字常被後人援引：[11]

> 李定為中書丞，對人太息，以為人才難得，求一可使逮軾者，少有如意。於是太常博士皇甫僎被遣以往。僎攜一子二臺卒倍道疾馳。駙馬都尉王詵與子瞻游厚，密遣人報蘇轍，轍時為南京幕官，乃亟走價往湖州報軾，而僎行如飛，不可及。至潤洲，適以子病求醫，留半日，故所遣人得先之。僎至之

日，蘇軾在告，祖無頗權州事。僎徑入州廨，具靴袍，秉笏立庭下，二臺卒夾侍，白衣青斤，顧盼獰惡，人心洶洶不可測。蘇軾恐，不敢出，乃謀之無頗。無頗云：「事至於此，無可奈何，須出見之。」軾議所以服，自以為得罪，不可以朝服。無頗云：「未知罪名，當以朝服見也。」軾亦具靴袍，秉笏立庭下，無頗與職官皆小幘列軾後。二卒懷臺牒，拄其衣，若匕首然。僎又久之不語。人心益疑懼。軾曰：「軾自來殛惱朝廷多，今日必是賜死，死固不辭，乞歸與家人訣別。」僎始肯言，曰：「不至如此。」無頗乃前曰：「太博必有被受文字。」僎問：「誰何？」無頗曰：「無頗是權州。」僎乃以臺牒授之。及開視之，只是尋常追攝行遣耳。僎促軾行，二獄卒就直之。即時出城登舟，郡人送者雨泣。頃刻之間，拉一太守如驅雞犬。此事無頗目擊也。[12]

孔平仲的記載不是親眼目睹，而是根據祖無頗的敘述。祖無頗在這樁事情中把自己說得非常從容鎮靜，而把蘇軾說得膽小儒弱，這跟蘇軾的個性作風相差甚遠。他的說法就筆者來看有些問題。首先，逮捕一個如蘇軾之類的官員，既不需要格鬥，又不需要伎倆，到時只要宣布詔令，這件事輕而易舉，幾乎誰都做得到，怎麼會說「人才難得」？這是異常荒謬的事情。再者，蘇軾既然事先已經得到信息，心裡當然會有準備，絕不可能臨事畏縮，避而不見，這應是祖無頗往自己臉上貼金，自抬身價的誇張不實之詞。同時中使從朝廷遠到州郡傳達聖旨，州郡長官怎麼可能會讓一個重要的朝官久久站在州廨庭下，不聞不問，不事接待。再者，中使既到州廨，怎麼會久久站在庭下，沒有聲氣行動。此外，據祖無頗自己的敘述，蘇軾這時的罪名還沒宣布，蘇軾知州的罷免詔令也還沒正式下達，要等到中使皇遵到達才確定，「其罷湖州朝旨，令差去官竄往。」[13] 蘇軾這個時期的書信作品並沒提到在告一事，這時沒事也沒病怎麼會在告而由祖無頗

權州事，這些都是傳言中的疑竇，令人無法衷心信服的地方。

特別是與蘇軾同一時代的朱彧在他的《萍洲可談》所記載的經過跟祖無頗的說辭幾乎完全相反：

> 御史臺遣就任攝之，吏部差朝士皇甫朝光管押。東坡方視事，數吏直入上廳事，捽其袂曰：「御史中丞召。」東坡錯愕而起，即步出郡署門，家人號泣出隨之。[14]

朱彧的記載雖然相當簡短，但朱彧的父親朱服是新黨人物，朱彧受他父親的影響，對蘇軾等舊黨人物「或語含譏諷」，[15]所以朱彧在蘇軾被逮捕這件事的記載上應該是不會迴護蘇軾的，他的說辭因此要比祖無頗的可信得多。孔凡禮引用祖無頗的傳言，說蘇軾在告。[16]筆者因前述理由以為蘇軾被逮一事，應當從朱彧所說，蘇軾不是在告，而是正在處理公務，見中使到，知道大禍已臨，話不多說，從容就逮。李一冰誤信祖無頗的說辭，在他的《蘇東坡新傳》中把蘇軾說成一個膽小懦弱的人，「蘇軾是個書生，從未見過這等陣戰，惶恐不敢出見」，[17]這與蘇軾從小就立志要做烈士的志向與直言敢諫不顧死生的個性冰炭不容。如果蘇軾真是一個膽小怕事的人，他是絕不可能一生會直言極諫，死而不休的。同時若一個太常博士帶著兩個小卒就會把蘇軾嚇成祖無頗所形容的那副德性，蘇軾大概也不會在歷史上受到那麼多人的尊敬。

七月二十八日，蘇軾被押離湖州。在離開湖州以前，蘇軾「自期必死」，[18]跟妻子訣別，並留書給弟轍。很多人看見蘇軾被押，避之唯恐不及，只有陳師錫跟出餞行，[19]並協助蘇軾的家屬遷到南都蘇轍的住處。王適、王遹兄弟送他出郊外，勸蘇軾逆來順受：「死生禍福，天也，公其如天何！」[20]事後便帶著蘇軾的家眷赴南都。長子邁一個人跟著他父親，沿路照顧。[21]到了長江邊，蘇軾企圖自盡，「便欲自投江

中，而吏卒堅守不果。」[22]路過宿州，御史符下，索取蘇軾家中的文書，當時蘇軾的家小都在赴南都的路上，州郡官吏望風承旨，發遣士卒圍船搜索：「州郡望風，遣吏發卒，圍船搜取，老幼幾怖死。既去，婦女恚罵曰：『是好著書，書成何所得，而怖我如此。』悉取燒之。」[23]沿路過夜，皇甫僎毫不客氣，希望把蘇軾關在當地的監獄，神宗不許，「以為只是根究吟詩事，不消如此。」[24]八月十八日蘇軾下御史臺獄。

第二十章　生死關頭

蘇軾下了御史臺獄，人落在對他甚具敵意的李定的手中，所以一心以為必死，準備絕食自盡：「予以事繫御史臺獄，獄吏稍見侵，自度不能堪，死獄中，不得一別子由。」[1] 據《續資治通鑑長編》的說法，張璪這時有置蘇軾於死地的企圖：「嘗以蘇軾事，欲置於死。」[2] 剛入獄之時，御史臺的獄卒確實是把他當做死囚來看，「下獄即問五代有無誓書鐵券，蓋死囚則如此，他罪只問三代。」[3]

蘇頌早先被捕，人被關在三院東閣，蘇軾被關在知雜南廡，兩地只隔一道牆，夜深人靜的時候，可以互聞聲息。據蘇頌的記憶，御史臺審訊蘇軾的態度相當凶狠，馬不停蹄，日以繼夜：「遙憐北戶吳興守，詬辱通宵不忍聞。」[4] 李定、張璪見以強硬的姿態來對待蘇軾不是很有效，就改用軟的，跟他說好話：

> 子瞻得罪時，有朝士賫一詩策，內有使墨君事者，遂下獄。李定、何正臣劾其事，以指斥論。謂蘇曰：「學士素有名節，何不與他招了？」蘇曰：「軾為人臣不敢萌此心，卻未知何人造此意。」[5]

在張璪、李定他們這種軟硬兼施晝夜不停地審訊之下，蘇軾深知大勢不妙，他的處境岌岌可危：「夢繞雲山心似鹿，魂驚湯火命如雞。」[6] 蘇轍在蘇軾下獄以後，立即呈上〈為兄軾下獄上書〉一文進行營救：

> 軾之將就逮也，使謂臣曰：軾早衰多病，必死於牢獄。死固分也，然所恨者，少抱有為之志，而遇不

世出之主，雖齟齬於當年，終欲效尺寸於晚節。今遇此禍，雖欲改過自新，洗心以事明主，其道無由。[7]

在他被捕以後，早已致仕的張方平因往昔很得神宗的敬重，所以這時火速上書，希望營救蘇軾：

元豐二年秋冬之交，蘇軾下御史獄，天下之士為之環視而不敢救。時張安道致仕在南京，乃憤然上書救之。欲附南京遞，官府不敢受，乃令其子恕持至登聞鼓院投進。恕素愚懦，徘徊不敢投。久之，東坡出獄，其後，東坡見其副本，因吐舌色動久之。人問其故，東坡不答。其後子由亦見之，云：「宜吾兄之吐舌也。此時正得張恕力。」或問其故，子由曰：「獨不見鄭崇之救蓋寬饒乎？其疏有云『上無許史之屬，下無金張之托』，此語正是激宣帝之怒爾。且寬饒正以犯許史輩有此禍，今乃再詰之，是益其怒也。且東坡何罪，獨以名太高與朝廷爭勝耳。今安道之疏乃云：『其實天下之奇才也』，獨不激人主之怒！時急救之，故為此言矣。僕曰：「然則是時救東坡者，宜為何說？」先生曰：「但言本朝未嘗殺士大夫，今乃開端，則是殺士大夫自陛下始，而後世子孫因而殺賢士大夫必援陛下以為例。神宗好名而畏議，疑可以此止之。」[8]

馬永卿的說法有些問題。蘇轍此時跟張方平一樣也在南京，張方平寫那封營救書，蘇轍不可能不知道，也不太可能沒過目，他如果真如馬永卿所說的，以為張方平的措辭會激怒神宗的話，他理當會跟張方平說，請張方平改寫的。此外，本書上文顯示，皇甫僎希望把蘇軾當作重犯關在沿路的監獄中，神宗不許，說

「只是根究吟詩事，不消如此」，可見神宗並沒把蘇軾當作要犯來看。神宗雖說要用蘇軾的案子，來表示他實施新政的決心，但他內心知道蘇軾並沒什麼惡意及罪過，只不過是執意批評施政的弊端而已，所以神宗應該沒有真正要殺蘇軾的意思。據蘇軾自己的敘述，他下獄後，神宗還特別指示獄吏要他們善待蘇軾：「到獄，即欲不食求死。而先帝遣使就獄，有所約敕，故獄吏不敢別加非橫。」[9]因此馬永卿所記有關子由的說詞，並不一定可信，神宗用人講究才能而不太重人品，這是為什麼像呂惠卿一類眾多的小人，都能在神宗的行政體系中取得要職的原因。這點張方平看得很清楚，所以他要在這方面特別著筆，就神宗所好來打動神宗的心意。可惜他的兒子不爭氣，怕禍事會降臨到他的家中，拒絕投遞。

即使神宗沒殺蘇軾的用心，蘇軾深知李定等人的企圖，他的才華與直言亟諫的作風，絕對不是他們所願意容忍的，他們也絕不可能希望蘇軾活著出獄，因此蘇軾在獄中，仍不免做最壞的打算。如此過了一個多月，一路服侍他到京，在京更是忙著給他送飯食，四處打探風聲的兒子邁，這時粗心，犯了一個錯，讓他父親陷入絕望之中：

蘇子瞻元豐間赴詔獄，與其長子邁俱行。與之期，送食惟菜與肉，有不測，則徹二物而送以魚，使伺外間以為候。邁謹守。踰月，忽糧盡，出謀於陳留，委其一親戚代送，而忘語其約。親戚偶得魚鮓送之，不兼他物。子瞻大駭，知不免，將以祈哀於上，而無以自達，乃作二詩寄子由，囑獄吏致之。蓋意獄吏不敢隱，則必以聞，已而果然。神宗初固無殺意，見詩益動心，自是遂益欲從寬釋，凡為深文者皆拒之。[10]

蘇軾因兒子邁的錯誤，自以為必死，索性寫了兩首訣別詩，名義上是給他弟弟，實際上卻是給神宗看的，希望神宗能夠寬恕。「詩奏神考」[11]，果然神宗看了以後，心生不忍，決定不用重刑。在眾多的獄卒中，有一個名叫梁成的心地善良，對蘇軾彬彬有禮，蘇軾因此把這兩首詩交給他，心知他會把他的詩詞轉交給上級：

李定、舒亶、何正臣雜治之，侵之甚急，欲加以指斥之罪。子瞻憂在必死，掌服青金丹，即收其餘，窖之土中，以備一旦當死，則併吞服以自殺。有一獄卒，仁而有禮，事子瞻甚謹，每夕必然湯為子瞻濯足。子瞻以誠謁之，曰：「軾必死，有老弟在外，他日托以二詩為訣。」獄卒曰：「學士必不至如此。」子瞻曰：「使軾萬一獲免，則無所恨；如其不免，而此詩不達，則目不瞑矣。」獄卒受其詩，藏之枕中。[12]

蘇軾寫的這兩首詩，因為實質上是寫給神宗看的，所以他用心地寫明他所以遭遇困境並非是他人的緣故，而是自己的愚昧：

聖主如天萬物春，小臣愚暗自亡身。百年未滿先還債，十口無歸更累人。是處青山可埋骨，他時夜雨獨傷神。與君世世為兄弟，又結來生未了因。

柏臺霜氣夜凄凄，風動琅璫月向低。夢繞雲山心似鹿，魂驚湯火命如雞。眼中犀角真吾子，身後牛衣愧老妻。百歲神游定何處，桐鄉知葬浙江西。[13]

蘇軾在第一首詩一開始就盛讚神宗的美德，譴責自己的無知，希望取得神宗的諒解。接著他表達他對他弟弟深厚的感情及把家人寄託給他的期望。第二首描寫他命在旦夕的淒涼光景，與愧對老妻的情懷，最後以死亡作全詩的結尾。在蘇軾一生所寫的詩中，這兩首詩大概是寫得最令人感傷的作品了。

蘇軾下獄之後，他的親朋好友保持緘默的固然不少，但是仗義執言的也有，並不像馬永卿所說的「天下之士為之環視而不敢救」。除了他弟弟和張方平以外，素來與他相善的王安禮——王安石的弟弟——也曾挺身相救：

> 軾既下獄，眾危之，莫敢正言者。直舍人院王安禮乘間進曰：「自古大度之君，不以語言謫人。按軾文士，本以才自奮，謂爵位可立取，顧碌碌如此，其中不免無觖望。今一旦致於法，恐後世謂不能容才，顧陛下無庸竟其獄。」上曰：「朕固不深譴，特欲申言者路耳，行為卿貰之。」既而戒安禮曰：「第去，勿漏言。軾前貫怨於眾，恐言者緣軾以害卿也。」始，安禮在殿廬，見御史中丞李定，問軾安否狀。定曰：「軾與金陵丞相論事不合，公幸毋營解，人將以為黨。」至是歸舍人院，遇諫官張璪忿然作色曰：「公果救蘇軾耶，何為詔趣其獄？」安禮不答。其後獄果緩，卒薄其罪。[14]

除了王安禮以外，當時為相的吳充也曾為蘇軾開釋。他把神宗和曹操兩個相提並論，比較他們的高下：

> 吳充方為相，一日，問上曰：「魏武帝何如人？」上曰：「何足道！」吳充曰：「陛下動以堯舜為法，薄魏武固宜。然魏武猜忌如此，猶能容禰衡，陛下以堯舜為法，而不能容一蘇軾，何也？」上驚

曰：「朕無他意，止欲召他對獄考核是非爾，行將放出也。」[15]

吳充對神宗的評語應是客觀公允，神宗以賢君自許，但卻不能容忍直言的蘇軾，這是他為人行政最大的缺失之一。此外，根據蘇軾事後寫給章惇的書信中的話：「困急又有以救恤之」，及周紫芝《詩讞》所引的章惇在朝的言論：「仁宗皇帝得軾，以為一代之寶，今反置在囹圄，臣恐後世以謂陛下聽諛言而惡訐直也」，[16]此時章惇應該也曾為蘇軾開脫罪名。

在那些為蘇軾說話的人中間，對神宗具有最大影響力的應該是太皇太后曹氏。神宗為人篤孝，對他的祖母非常尊敬，所以她的話對神宗來說具有絕對性的說服力。宋人記載她為蘇軾說項的史實頗多，我們只列舉三條。第一條出自方勺的《泊宅編》：

東坡既就逮下御史府。一日，慈聖曹太皇語上曰：「官家何事數日不懌？」對曰：「更張數事未就緒，有蘇軾者輒加謗訕，至形於文字。」太皇曰：「得非軾、轍乎？」上驚曰：「娘娘何以聞之？」曰：「吾嘗記仁宗皇帝策試制舉人罷，歸，喜而言曰：『朕今日得二文士。』謂軾、轍也。『然吾老矣，慮不能用，將以遺後人，不亦可乎！』因泣問二人安在，上對以軾方繫獄，則又泣下。上亦感動，始有貸軾意。」[17]

按照方勺的說法，神宗這時確實已經把蘇軾的批評看作誹謗的文字了，他有懲罰蘇軾的用心，但是因他祖母的說辭，他開始對蘇軾有不處重刑的想法。

神宗的祖母跟神宗提到蘇軾的事應該不只一次，據陳鵠的《西塘集耆舊續聞》說，她在去世之前，病中再度說到蘇軾，並懇勸神宗釋放蘇軾：

慈聖光獻大漸，上純孝，欲肆赦。后曰：「不須赦天下凶惡，但放了蘇軾足矣。」時子瞻對吏也。后又言：「昔仁宗策賢良歸，喜甚，曰：『吾今日又為子孫得太平宰相兩人』，蓋軾、轍也，而殺之，可乎？」上悟，即有黃州之貶。[18]

《宋史》記載這件事比較詳盡，該書不僅提到光獻要神宗釋放蘇軾，而且指出他的下獄是因為仇人中傷的緣故；此外，該書也記載神宗下淚感傷的情景：

蘇軾以詩得罪，下御史獄，人以為必死。后違豫中聞之，謂帝曰：「嘗憶仁宗以制科得軾兄弟，喜曰：『吾為子孫得兩宰相』，今聞蘇軾以作詩繫獄，得非仇人中傷之乎？捃至於詩，其過微矣。吾疾勢已篤，不可以冤濫致傷中和，宜熟察之。」帝涕泣，軾由此得免。[19]

太皇太后曹氏所說確是深中肯綮，一個臣子在詩中表達對新政的不滿，照理說實在沒小題大做判處重刑的必要。但是因蘇軾的政敵，往日在神宗面前確實說了很多的惡話，雖然太皇太后曹氏不只一次為蘇軾說情，神宗還是不太放心。而且本書前文也提到，蘇軾在徐州寫的〈論河北京東盜賊狀〉，把神宗說成季康子一類平庸的政治人物，這對神宗來說是一種讓他無法接受的評語。此外，蘇軾在〈徐州上皇帝書〉中，

建議改變宋朝重文輕武的政策，加強地方上的權力，這對神宗來說又是讓他擔心的地方。因為這些原因，神宗派了一個親近的宦官到監獄去親自觀察蘇軾獄中的行為舉止，以做定奪：

某初逮繫御史獄，獄具奏上。是夕昏鼓既畢，某方就寢，忽見一人排闥而入，投篋於地，即枕臥之。至四鼓，某睡中覺有撼體而連語云「學士賀喜」者。某轉仄問之，即曰：「安心熟寢。」乃挈篋而出。蓋初奏上，舒亶之徒，力詆上前，必欲置之死地。而裕陵初無深罪之意，密遣小黃門至獄中視某起居狀。適某晝寢，鼻息如雷，即期以聞。裕陵顧謂左右曰：「朕知蘇軾胸中無事者。」[20]

雖然很多人都為蘇軾說話，神宗最後決定開釋蘇軾顯然跟蘇軾本人臨危不亂，在危機中能夠保持鎮定有關。蘇軾的政敵李定、舒亶，自始至終從沒放棄，不但希望能把蘇軾處決，而且也趁機把舊黨的一些要員就此一起清除掉：

收受軾譏諷朝政文字人，除王詵、王鞏、李清臣外，張方平而下凡二十二人。如盛僑、周邠輩，固無足論，乃若方平與司馬光、范鎮、錢藻、陳襄、曾鞏、孫覺、李常、劉攽、劉摯等，蓋皆略能誦說先王之言，辱在公卿士大夫之列，而陛下所常以君臣之義望之者，所懷如此，顧可置而不誅乎？[21]

神宗這時心意已定，決定釋放蘇軾，因此不再拖延，而於十二月二十六日，下詔責授蘇軾水部員外郎、黃州團練副使，不許簽書公事，把他給貶到黃州。駙馬都尉王詵被追兩官勒停，蘇轍被貶為監筠州鹽酒稅

務，王鞏被貶為監賓州鹽酒稅務，張方平、李清臣被罰銅三十斤，司馬光、范鎮、錢藻、陳襄、劉攽、李常、孫覺、曾鞏、王汾、劉摯、黃庭堅等二十人各罰銅二十斤。在獄裡受了三個多月的審問折磨以後，蘇軾的性命以是終得保全。

由神宗處理蘇軾批評時政的這個事件來看，他把舊黨不少重要的人物都列為懲罰的對象，雖說大部分的人所受的懲罰不是很重，但是因牽連的人數不少、層面很廣，所以他的處置，對宋廷此後的決策具有啓發性的作用。他的兒子哲宗和徽宗日後都是在子承父志的名義下，致力貶抑舊黨，就這點來說，蘇軾的下獄可說是宋朝新舊黨爭的正式濫觴。其實，神宗當初鼓勵蘇軾職外言事，理當給予蘇軾創作的自由，現在他不但不履行先前的諾言，反而把蘇軾的詩篇小題大做，當作嚴重的政治案件來處理，這是他人格上的缺憾，政治上的不智之舉，對他富國強兵的理想有弊無利，而且埋下日後黨爭的遠因，促成宋朝的滅亡。

雖說蘇軾從八月十八日入獄到十二月二十八日出獄，在獄中足足受了一百三十天的折磨，他強烈的奮鬥意志並沒受到很大的影響。他因詩文入獄，他的詩文因他在囚禁及貶抑生活中所遭遇的精神及物質上的諸多挑戰，此後變得更為精煉感人。蘇軾一出獄毫不猶疑，立即動筆寫就下面兩首詩：

十二月二十八日蒙恩責授檢校水部員外郎黃州團練副使，復用前韻二首。

百日歸期恰及春，餘年樂事最關身。出門便旋風吹面，走馬聯翩鵲啅人。卻對酒杯渾似夢，試拈詩筆已如神。此災何必深追咎，竊祿從來豈有因。

平生文字為吾累，此去聲名不厭低。塞上縱歸他日馬，城東不鬥少年雞。休官彭澤貧無酒，隱几維摩病有妻。堪笑睢陽老從事，為余投檄向江西。（蘇詩 4: 2457-8）

蘇軾此時已經體驗到他的文字因著他在精神上的鍛煉而變得更為神妙：「試拈詩筆已如神」。他的折磨已成過去，在折磨考驗中，他的人也變得更為老練，因此他沒有理由追究過往，況且他本身無罪，也實在沒有什麼好追究的：「此災何必深追咎」。他惟一的罪過大概就是愛打抱不平，喜歡替百姓說話，不太顧忌到他自己的仕宦前途；但是如果因此以後要他保持緘默，不再替人伸冤，那等於是否認自己一生的理想，這是蘇軾絕不可能做的事情。雖然蘇軾謙下的說：「平生文字為吾累，此去聲名不厭低」，但是他一出獄馬上就毫不猶豫的寫了上述的兩首詩，證明他不但會繼續寫，而且要寫得更為生動感人。

第二十一章　耐心等待

在黃州期間，蘇軾身為政治犯，不再有任何政治實權，也不再能獻身任何政治活動，所以在政治上蘇軾可說成了一個廢人。但是蘇軾是一個積極進取的人，當他的精力無法在政壇發揮的時候，他就轉向文學的領域謀求建樹，以文學上的建樹來貢獻他的人生，因此蘇軾在黃州這段期間，詩詞散文各方面的傑作層出不窮，讓後世對他此一時期的思想生活不但能有更深刻的瞭解，同時也啓發了後代文人作文與為人的走向。

元豐三年（1080）正月初一，一般人都忙著過年的時刻，在爆竹聲中，蘇軾被御史臺的官吏押解出京，踏向他人生的另一站，隨行的有他的長子蘇邁，他的妻子和別的兒子都還住在他南京弟弟的家中。剛到黃州的時候，他寄居在當地的一個寺廟叫定惠院，平常深居簡出，小心謹慎，以異常低調的方式過著他謫居的生活：

元豐二年十二月，余自吳興守得罪，上不忍誅，以為黃州團練副使，使思過而自新焉。其明年二月，至黃。舍館粗定，衣食稍給，閉門卻掃，收召魂魄，退伏思念，求所以自新之方，反觀從來舉意動作，皆不中道，非獨今之所以得罪者也。欲新其一，恐失其二。觸類而求之，有不可勝悔者。於是，喟然嘆曰：「道不足以禦氣，性不足以勝習。不鋤其本，而耘其末，今雖改之，後必復作。盍歸誠佛僧，求一洗之？」得城南精舍曰安國寺，有茂林修竹，陂池亭榭。間一二日輒往，焚香默坐，深自省

察，則物我相忘，身心皆空，求罪垢所從生而不可得。一念清淨，染汙自落，表裡翛然，無所附麗。私竊樂之。[1]

蘇軾選擇寺廟做為他暫時安身之所，一方面固然是因為寺廟周圍的環境一般比較安靜，另一方面也因為寺廟能做為他躲避政治迫害的一個有利的屏障。蘇軾棲身寺廟，在他政敵的眼中，可以造成一個感覺，即蘇軾心灰意冷到準備出世，對他們在政壇上的威脅應該不復如先前一般嚴重，他們對蘇軾的迫害或者就可即此中止。蘇軾在上引的文字中，表面上說他被判刑貶謫是他自己的過錯，「反觀從來舉意動作，皆不中道，非獨今之所以得罪者也。」但是在他內心的深處，他比誰都清楚，他所以被判刑，追根究柢，不過是因為神宗偏聽及其政敵邪惡。自然，蘇軾不能明說真正的原因，他不但不能明說，反而須要把過錯承攬到自己身上，好讓神宗和他的政敵能放鬆對他的迫害。他用佛教做幌子和擋箭牌，表面上聲稱他須要衷心擁抱佛教的出世哲學，「盍歸誠佛僧，求一洗之？」但是他內心知道，他是絕不能毀棄他早年在他母親前邊，許下獻身報國的諾言。從反面來看，「盍歸誠佛僧」這句話也在間接的說蘇軾以前不曾「歸誠佛僧」，本書下文會證明，蘇軾以後不但不「歸誠佛僧」，反而攻抨佛教說「梁以佛亡……以佛老之似，亂周孔之真」。[2]蘇軾此時既不認為自己錯了，也無出家的意思。他處在當時性命堪虞的危機之中，很難不說些場面話，也很難不做些表面文章。當一個人被一群小人瘋狂圍攻的時候，他不能一味曝露自己企圖逃脫的計劃，他須要運用智慧欺敵致勝，尋求解脫之道。蘇軾是一個絕頂聰明的讀書人，腦筋轉得極快，他處在生死邊緣，不能不運用一些策略來迷惑他的政敵，以求渡過危機。他既不願意惡意傷害他的政敵，就只能在可能而合理的範圍內，釋放出一些信息，做出一些動作來混淆敵人的視聽。蘇軾用佛教做幌子，主

要的動機便是讓他的政敵以為他成了佛門中人，不再會對他們構成威脅，從而對他的戒備會有懈怠的時刻，甚至中止對他的迫害，而使他有逃出陷阱的機會。

蘇軾在貶謫之中，不但不認為自己有什麼過錯，他實施為國為民的政治理想的決心，反而更為堅定。在一次偶而外出漫步中，他無意間看見一株海棠，深有所感，寫了一首極其動人的七言詩，闡述了他對執政者無知的痛心：

寓居定惠院之東雜花滿山有海棠一株土人不知貴也

江城地瘴蕃草木，只有名花苦幽獨。嫣然一笑竹籬間，桃李滿山總麤俗。也知造物有深意，故遣佳人在空谷。自然富貴出天姿，不待金盤薦華屋。朱唇得酒暈生臉，翠袖卷紗紅映肉。林深霧暗曉光遲，日暖風輕春睡足。雨中有淚亦悽愴，月下無人更清淑。先生食飽無一事，散步逍遙自捫腹。不問人家與僧舍，拄杖敲門看修竹。忽逢絕艷照衰朽，歎息無言揩病目。陋邦何處得此花？無乃好事移西蜀？寸根千里不易到，銜子飛來定鴻鵠。天涯流落俱可念，為飲一樽歌此曲。明朝酒醒還獨來，雪落紛紛哪忍觸。（蘇詩 4: 2479-80）

在上面這首詩中，蘇軾沒用什麼典故，字句樸實而優雅，章法結構井然有序，再加上圓融深湛的象徵技巧，是他詩中的上乘之作。蘇軾在這首詩的題目中以對照烘托的方式指出詩中海棠花的獨特之處，他先比較滿山的「雜花」與一枝獨秀的海棠，隨著比較當地土人對海棠的漠視態度和自己對海棠欣賞的情懷，這兩組互相對照烘托的描述為詩中海棠與作者之間互相輝映的象徵關係，做了扼要的準備。就內容來說，全

詩可分成兩個部分，前半部十四句大體在形容海棠，後半部十四句基本上描述蘇軾。蘇軾在詩中前半部的第二句用了一個「苦」字賦予海棠如同人一般的情懷，第三句「嫣然一笑」一句話，進一步給了海棠如同人一般的表情，第六句就直接把海棠界定成「佳人」。這位「佳人」是造物者特意造就出來的，堪稱國色天香，無論在黑夜或白日，晴天或雨天，自在或悲傷的狀態中，她都散發出迷人的風韻：「林深霧暗曉光遲，日暖風輕春睡足。雨中有淚亦悽愴，月下無人更清淑。」蘇軾在後半段從不同的角度來比較海棠和自己，從體態上說，蘇軾有老化的跡象，特別是他在迫害之中，身心交瘁，跟海棠是一個強烈的對比，「絕艷照衰朽」。雖然在外表上他們有天壤之別，但是因為他們原都是人間的佼佼者，現在卻不約而同失落在黃州，被大眾摒棄，就此一客觀情勢來說，他們兩者之間其實沒有區分，國色天香的海棠就是才華四溢的蘇軾的象徵與寫照。詩的結尾是全詩的最高潮，出現了海棠花凋零的景象，海棠花的凋零深深觸動蘇軾內心的傷痛，透過他對海棠花的珍惜，蘇軾象徵性地表達出他對一己的才華在那個時代無法輔助國計民生而有著無奈的痛惜。蘇軾為濟世助人的政治理想而受到迫害，被世人摒棄，在那個專制時代，他不能直說那是皇帝的問題，他只能透過詩詞來暗示當時世人的無知，皇帝無能，他為國為民的理念與作為都是造物者的旨意，「造物有深意」，就如同他一個人讚賞海棠花一樣，也只有老天才能完全了解他內心深處憂國憂民的情懷。

蘇軾此時堅定不搖的心志在這年秋天寫的〈卜算子〉中可說是再清晰不過，他被貶並不是他操守不佳，相反的，倒是他的操守太過高尚傑出：

黃州定惠院寓居作

缺月挂疏桐，漏斷人初靜。時見幽人獨往來，縹緲孤鴻影。　驚起卻回頭，有恨無人省。揀盡寒枝不肯棲，寂寞沙洲冷。[3]

詞首「缺月挂疏桐」的意象一方面寫實，描寫蘇軾在貶謫初期，白日避免與人接觸，夜晚方敢獨自外出的情景；一方面有象徵的意味，表示神宗如同帶有缺陷的月亮俯照著大地。蘇軾在貶謫期中，被社會棄絕，獨來獨往，如同孤鴻一般。此首詞上片的「縹緲」一語因此有高遠的涵義，暗示蘇軾人品高潔，遠離污濁的世界。下片一開始就用「驚」字，暗示在上下片之間的空白象徵著蘇軾所經歷的苦楚與折磨不是語言能夠完全形容的。蘇軾雖然經歷了語言難以形容的驚險，他如同被驚飛的鴻雁，仍然眷念回顧驅逐他的社會，「驚起卻回頭」。只要他願意，他大可以挑選高枝一般的高位，但是為了他的政治理想，他寧願屈處沙洲一般卑下的地位，忍受孤寂的命運，也不願接受高位，去過同流合污的苟且生活。

蘇軾在貶謫期間，失去了原先豐厚的官俸，收入有限，生活窮苦，為了補貼家計，同時也為了做些實用有意義的事情，他向郡裡申請了在黃岡山腳下離州治約百餘步，當時為一片廢棄營地的坡地，致力躬耕。此後他便以這時辛勤開墾出來的坡地為名，自號「東坡」。蘇軾在東坡開墾期間，正值當地大旱，備嚐辛苦，因而寫下了《東坡八首》：

東坡八首（選五首）

廢壘無人顧，頹垣滿蓬蒿。誰能損筋力，歲晚不償勞。獨有孤旅人，天窮無所逃。端來拾瓦礫，歲旱

土不膏。崎嶇草棘中，欲刮一寸毛。喟然釋耒歎，我廩何時高。

荒田雖浪莽，高庳各有適。下隰種秔稌，東原蒔棗栗。江南有蜀士，桑果已乞許。好竹不難栽，但恐鞭橫逸。仍須卜佳處，規以安我室。家童燒枯草，走報暗井出。一飽未敢期，瓢飲已可必。

自昔有微泉，來從遠嶺背。穿城過聚落，流惡壯蓬艾。去為柯氏陂，十畝魚蝦會。歲旱泉亦竭，枯萍粘破塊。昨夜南山雲，雨到一犁外。泫然尋故瀆，知我理荒薈。泥芹有宿根，一寸嗟獨在。雪芽何時動，春鳩行可膾。（蜀人貴芹芽膾，雜鳩肉作之。）

良農惜地力，幸此十年荒。桑柘未及成，一麥庶可望。投種未逾月，覆塊已蒼蒼。農父告我言，勿使苗葉昌。君欲富餅餌，要須縱牛羊。再拜謝苦言，得飽不敢忘。

潘子久不調，沽酒江南村。郭生本將種，賣藥西市垣。古生亦好事，恐是押牙孫。家有十畝竹，無時容叩門。我窮交舊絕，三子獨見存。從我於東坡，勞餉同一餐。可憐杜拾遺，事與朱阮論。吾師卜子夏，四海皆弟昆。

馬生本窮士，從我二十年。日夜望我貴，求分買山錢。我今反累君，借耕輟茲田。刮毛龜背上，何時得成氈。可憐馬生癡，至今夸我賢。眾笑終不悔，施一當獲千。（蘇詩 4: 2513-8）

農事向來就是辛勞異常的工作，而蘇軾耕植的地帶又是荒地，時逢旱災，整治土地，更是辛苦。在蘇軾幾乎陷入絕望，「喟然釋耒歎」，要放棄耕作的時候，他的童僕因燒野草而發現了久被掩蓋的一口老井，為他的耕地提供珍貴的水源，可說是絕處逢生。他的鄰居也非常幫忙，告訴他務農的要訣，讓他少犯錯誤；特別是當地一個酒坊的掌櫃潘丙，藥店的老闆郭遘，和進士古耕道不嫌蘇軾罪犯的身分，樂於跟他交往，

不時前來相助，讓蘇軾的農事可以進展得更快，同時也更加強了蘇軾對世人的愛心：「吾師卜子夏，四海皆弟昆。」全詩以他的舊友馬夢得為結尾，訴說他對自己堅定的信心，表面上蘇軾在說他的好友似乎不知好歹：「可憐馬生癡，至今夸我賢」，實際上他的信心就是蘇軾的信心。

蘇軾在劫後餘生，心有餘悸的光景中，一方面為了躲避政治風頭，一方面為了倡導耿直的德行，把部分的時間和精力轉投在陶淵明的作品上，用陶淵明不以追求利祿為人生終極目標為典範，來勉勵世人。元豐五年二月（1082），蘇軾寫了一首〈江城子〉的詞，詞中他一反往日揶揄的態度，而把自己比做陶淵明：

> 夢中了了，醉中醒，只淵明是前生。走徧人間依舊卻躬耕。昨夜東坡春雨足。烏鵲喜，報新晴。雪堂西畔暗泉鳴，北山傾，小溪橫。南望亭丘孤秀聳曾城。都是斜川當日境。吾老矣，寄餘齡。[4]

這首詞的上片表面上推尊陶淵明退隱的生活，下片實質上卻暗示蘇軾對失去施展政治抱負機會而感到的遺憾：「雪堂西畔暗泉鳴」。蘇軾的寫景，「北山傾，小溪橫」，似乎在影射他在政壇中不幸的際遇：泰山傾倒，而小溪橫行。蘇軾畢竟不是陶淵明，他在受到壓迫折磨之後，並不放棄他對政治的理想。他在元豐三年（1080）十月九日，被貶近一年以後，還是寫信勉勵身遭池魚之殃，受他牽累的朋友王鞏，要他忠心報國：「杜子美在困窮之中，一飲一食，未嘗忘君，詩人以來，一人而已。今見定國，每有書皆有感恩念咎之語，甚得詩人之本意。僕雖不肖，亦嘗庶幾彷彿於此也。」[5] 由此來看〈江城子〉一詞的最後兩句並不是表示蘇軾希望像陶淵明一樣謝絕政治，退出政壇，就此終老家園；而是表示他無奈的感覺：他人持續

地衰老，但遺憾的是卻不能實施他濟世助民的政治理想。

三月七日，蘇軾前往沙湖訪看一處田地，做為考慮在當地置產的參考，途中突然遭逢陣雨，蘇軾和他的同伴全身都被雨水淋濕，蘇軾借機寫下了一首動人的詞〈定風波〉，來表達他對人生逆境的反應：

> 三月七日沙湖道中遇雨。雨具先去，同行皆狼狽，余獨不覺。已而遂晴，故作此。
>
> 莫聽穿林打葉聲，何妨吟嘯且徐行。竹杖芒鞋輕勝馬，誰怕？一蓑煙雨任平生。 料峭春風吹酒醒，微冷，山頭斜照卻相迎。回首向來蕭瑟處，歸去，也無風雨也無晴。[6]

蘇軾在詞中指出當風雨來臨的時候，一般身處狂風暴雨逆境之中的人，都把注意力放在外界的事件上，而蘇軾覺得在一個人沒法控制外界的事務時，滿心焦慮地關切時局的發展，不但對時局沒有什麼幫助，反而會使一己意氣低沉，失去希望，重要的是保持一己平和的心態，靜觀時局的發展，因為陣雨總會停止，晴天總會來臨，時局總有好轉的時候。特別是當一個人在逆境之中，難以繼續支撐下去的時候，老天會給人一種意想不到的慰藉，使人能順利地脫離逆境，「微冷，山頭斜照卻相迎」。無論外在局勢對一己有利或不利，蘇軾以為都不必太放在心上，「也無風雨也無晴」，雨也好，晴也好，他的看法是一個人能做也應該做的就是要摒棄內心的的焦慮與心理壓力，保持平和鎮靜的情緒，耐心等待時局的好轉。

七月十六日夜，蘇軾寫了有名的〈赤壁賦〉，記載他跟一個來訪的客人到當地的赤壁去喝酒划船，當時天空清朗，明月徐徐從旁邊的山頭升到天際，和風拂面，讓蘇軾有進入仙境的感覺。在酒酣之際，蘇軾敲著船沿即興高歌：「桂棹兮蘭槳，擊空明兮泝流光。渺渺兮予懷，望美人兮天一方」，[7]表達他追求政

治理想的決心與對神宗的期望。他的客人會吹洞簫，給他伴奏，吹得異常悲悽，感人心弦，「舞幽壑之潛蛟，泣孤舟之嫠婦」。[8]蘇軾喜歡將他的政治理想跟仙境結合在一起，世間一般人常為了追求永恆而脫離政治世界，蘇軾可說恰恰相反，他為了將人間轉化成仙境而獻身政治。在這篇文章中，他使用美女及孤居的婦女來影射神宗，暗示他困難危險的處境。蘇軾原本在享受月夜的美景，「誦明月之詩，歌窈窕之章」，[9]卻突然被悲悽的簫聲打動，便問來客為什麼吹得如此悲悽。他的朋友舉曹操為例，說明一個人的生命與功名在永恆的時空中，實在微不足道，「哀吾生之須臾，羨長江之無窮。挾飛仙以遨遊，抱明月而長終。知不可乎驟得，託遺響於悲風。」[10]蘇軾為了追求他的政治理想陷於政治困境，早先幾乎身首異處，他有足夠的理由來表達他的哀悽，但是他非但沒有哀怨之情，反而為來客化解悲情：

客亦知夫水與月乎？逝者如斯，而未嘗往也；盈虛者如彼，而卒莫消長也，蓋將自其變者而觀之，則天地曾不能以一瞬；自其不變者而觀之，則物與我皆無盡也，而又何羨乎？且夫天地之間，物各有主，苟非吾之所有，雖一毫而莫取。惟江上之清風，與山間之明月，耳得之而為聲，目遇之而成色，取之無禁，用之不竭，是造物者之無盡藏也，而吾與子之所共食。[11]

蘇軾認為天地間無窮的變化是一種表象，「蓋將自其變者而觀之，則天地曾不能以一瞬」；而其本質卻是永恆常存，「自其不變者而觀之，則物與我皆無盡也。」如果一個人只看到天地間表面上所呈現的無窮的變化，而忽視其恆常永存的本質，就難免會感嘆人生的短暫與渺小，而產生哀怨之情。一個人只有在看到天地與一己恆常永存的本質，取得兩者之間和諧的關係之後，安貧樂道，獲取所當獲取的資源，不貪非分

之物，才會化哀怨為欣喜，「客喜而笑」，而常處於平和寧靜的心態中。

元豐四年（1081）七月二十四日，在蘇軾被貶到黃州快兩年的時候，神宗有意起用蘇軾，讓他編修國史，可是當時的執政王珪不同意。[12]三個多月以後，十一月十五日，議行新官制除目，神宗圈選蘇軾為著作郎，希望在高遵裕攻下靈武之後，即行宣布。[13]可惜高遵裕在靈武受挫，蘇軾又失去了起復的機會。元豐五年三月，新官制將行，神宗再圈蘇軾為中書舍人、翰林學士，執政王珪、蔡確還是沮格：「上每問及，但云臣等方商量進擬。」[14]十月，神宗降旨命蘇軾知江州，王珪還是不同意：

王和甫嘗言蘇子瞻在黃州，上數欲用之。王禹玉輒曰：「軾嘗有『此心惟有蟄龍知』之句，陛下龍飛在天而不敬，乃反欲求蟄龍乎？」章子厚曰：「龍者，非獨人君，人臣皆可以言龍也。」上曰：「自古稱龍者多矣，如荀氏八龍、孔明卧龍，豈人君也！」及退，子厚詰之曰：「相公乃欲覆人之家族耶！」禹玉曰：「此舒亶言耳。」子厚曰：「亶之唾亦可食乎？」王珪沮蘇軾，於此可見。[15]

執政大臣所以要盡其力阻止蘇軾起復，最主要的理由當然是蘇軾的才華氣節，對他們的權位構成了巨大無比的威脅。《續資治通鑑》說王珪是一個平庸碌碌的宰相：「珪自輔政至宰相，凡十六年，無所建明，守成而已。時號為『三旨宰相』，以其上殿進呈，云「取聖旨」；上可否訖，又云「領聖旨」；既退，諭稟事者，云「已得聖旨」故也。」[16]就那些執政來看，蘇軾起復之後勢必會取代他們，晉升為執政，因此蘇軾的問題是有關他們自己權位的生死之戰，沒有停止的可能。

蘇軾在被貶三年多之後，起復似乎遙遙無期，內心不免想起了以前孔子對中國政壇所發出的無奈的感

觸，而寫下了〈臨江仙〉一首詞：

夜歸臨皋

夜飲東坡醒復醉，歸來仿佛三更。家童鼻息已雷鳴。敲門都不應，倚杖聽江聲。　長恨此身非我有，何時忘卻營營？夜闌風靜縠紋平。小舟從此逝，江海寄餘生。[17]

此首詞的上片敘述蘇軾在夜飲之後回到他的住所，但是他的家人酣睡自如，對蘇軾敲門似乎毫無反應，蘇軾在被家人摒拒以後，只好對著大江沉思。蘇軾的家人在這首詞中帶有象徵的意味，他們代表了蘇軾所珍惜熱愛的社會，但是蘇軾所熱愛珍惜的社會卻棄絕了蘇軾，對他期望與他們共處一室的要求，置之不理，蘇軾因此想到孔子周遊列國，希望獻身政壇實施理想的心願，終不得實現，而產生了須要脫離故土的感嘆。孔子希望脫離故土的想法，只是一個感嘆，蘇軾引用孔子的故事，把他個人對時局的感嘆轉化成一個知識份子對中國傳統的感嘆。此首詞上片充滿了嘈雜之聲，「雷鳴」、「敲門」及「江聲」象徵著蘇軾內心的掙扎，下片卻呈現出一個出奇平靜的世界，「夜闌風靜縠紋平」，暗示著蘇軾內心由掙扎，而進入與整個世界融合無間的寧靜心態。

蘇軾寫完這首詞以後，第二天便謠言四起，說蘇軾坐船逃離黃州，嚇得當時的太守魂飛魄散，以為罪犯脫逃管轄，自己罪莫大焉，前景堪慮：「翌日喧傳：『子瞻夜作此詞，掛冠服江邊，拏舟長嘯而去矣。』郡守徐君猷聞之，驚且懼，以為州失罪人，急命駕往謁，則子瞻鼻鼾如雷，猶未興也。」[18]當時朝廷通過重重管道，監視蘇軾之嚴，注意他的行蹤寫作之密切，由此可見一斑。

元豐五年（1082）九月，當蘇軾仍在黃州被監管之際，宋與西夏的戰事進入白熱化的階段，它的結局直接地影響到蘇軾未來數年的仕宦生涯。下面一段文字描寫宋與西夏大規模會戰的文字，非常生動感人，娓娓道出宋軍慘敗一大悲劇的前因後果：

> 時，夏人三十萬已屯住涇原北，邊人來告者十數。禧曰：「彼若大來，是吾立功名取富貴之日也。」大將高永亨曰：「城小人寡，又無水泉，恐不可守。」禧以為沮眾，械送延州獄。禧抵永樂，夏人傾國而至。大將高永能曰：「先至者皆精兵，及其未陣，急擊之則駭散，後雖有至者亦不敢進，此常勢也。」禧曰：「爾何知。王師不鼓不成列。」執刀自率士卒拒戰，夏人益眾進薄城下。珍兵陳於水際，將士皆有懼色，珍白禧曰：「今眾心已搖，不可戰，戰必敗，請收兵入城。」禧曰：「君為大將，奈何遇敵先自退邪。」乃以七萬人陳於城下。夏人縱鐵騎渡河，珍曰：「此鐵鷂子軍也，當其半濟擊之，乃可以逞，得地則其鋒不可當也。」禧不從。鐵騎既濟，震盪衝突，大眾繼之。珍銳卒敗，奔還，蹂後陣。夏人乘之，珍眾大潰。珍收餘眾入城，夏人圍之，厚數里，且據其水砦。珍士卒晝夜血戰，城中乏水已數日，掘井不及泉，渴死者十六七，至絞馬糞汁飲之。括與李憲援兵及饋餉皆為夏人所隔，不得前。種諤怨禧，不遣救師，城中大急。會夜半大雨，夏人環城急攻，城遂陷。禧、舜舉、稷、永能皆為亂兵所害，惟珍裸跣走免。將校死者數百人，喪士卒役夫二十餘萬。夏人耀兵米脂城下而還。自熙寧以來用兵，得夏葭蘆、吳保、義合、米脂、浮圖、塞門六堡，而靈州、永樂之役，官軍、熟羌、義保死者六十萬人，錢穀銀絹不可勝計。事聞，帝臨朝痛悼，為之不食。自靈武之敗，秦、晉困棘，天下企望息兵，而括、諤進攻取之策，禧素以邊事自任，狂謀輕敵，遂致覆敗。自是帝

始知邊臣不可倚信，深自悔咎，無意於西伐，而夏人亦困弊矣。初，帝之遣禧也，王安禮諫曰：「禧志大才疏，必誤國事。」帝不聽。及敗，帝曰：「安禮每勸朕勿用兵，少置獄，蓋為是也」又每臨朝歎曰：「邊民疲弊如此，獨呂公著每為朕言之。」[19]

永樂之役，宋軍大敗，死了約六十萬人，數字驚人。戰敗原因主要是統帥徐禧既無帶兵的能力，也無作戰的知識，該攻的時候不攻，該守的時候不守，完全是一個絲毫不懂戰役的低能統帥，一心只想著自己升官發財的庸人：「是吾立功名取富貴之日也」。在這場戰役還沒開始以前，當時徐禧的手下，能征善戰的驍將高永能在徐禧拒絕採行他建議的策略以後，就已預知宋軍必敗：「永能退，拊膺謂人曰：『吾不知死所矣！』」[20]如同其他眾多的新法官員一般，徐禧靠著支持新法，諂事呂惠卿，而迅速爬升：「呂惠卿力引之，故不次用。」[21]神宗實施新法的結果，眾多因支持新法而掌權的官員不是腐敗，就是無能，像蘇軾一個眼界宏偉、智能雙全、立身高潔的官員在神宗的統治之下，只能成為一個被人摒棄的階下囚，神宗新政的弊端於此可窺一斑。日後神宗的母親宣仁汲取教訓，任用不少賢能的官員，大大改善了宋朝的吏治，但是神宗的兒子哲宗和徽宗，重蹈神宗覆轍，而且變本加厲，對賢能的臣子進行全國性大規模的迫害，最後導致奸臣當國，北宋滅亡，本書下文會再分析，在此暫不多述。

神宗在遭遇了巨大的羞辱挫折以後，痛定思痛，知道人才的重要，對蘇軾的印象開始起了轉變。執政大臣為了一己的權勢一而再、再而三無理地阻撓蘇軾的起復，終於讓神宗感到不耐，最後在元豐七年（1084）一月二十五日神宗不再諮詢執政的意見，逕以手札遷蘇軾為汝州團練副使：「蘇軾黜居思咎，閱歲滋深，人才實難，不忍終棄。」[22]蘇軾在黃州度過四年多艱辛的歲月，幾經挫折，方得離開。

費袞在他的《梁谿漫志》中描寫蘇軾離開黃州的時候，說他相當感傷：「既去黃，夜行武昌山上，回望東坡，聞黃州鼓角，淒然泣下。」[23] 這種說法其實並不一定確實，蘇軾受了四年多的煎熬，最後好不容易離開黃州，心中當然會有很大的感慨，但是他不是一個感情脆弱的人。在這種場合，他應該興奮大過悲傷，而不會有淒愴下淚的情景，由下列這首詩我們看得出來：

過江夜行武昌山，聞黃州鼓角

秋風弄水月銜山，幽人夜渡吳王峴。黃州鼓角亦多情，送我南來不辭遠。江南又聞出塞曲，半雜江聲作悲健。誰言萬方聲一概，鼉憤龍愁為余變。我記江邊枯柳樹，未死相逢真識面。他年一葉泝江來，還吹此曲相迎餞。（蘇詩 4: 2614-5）

這首詩描寫蘇軾離黃，是說他人感傷，而不是他自己：「黃州鼓角亦多情」。當然讀者可以說蘇軾把自己悲傷的情懷，投射到黃州的鼓角聲中，但是這種說法跟下邊「誰言萬方聲一概，鼉憤龍愁為余變」這兩句詩便不太吻合，畢竟蘇軾說的是當地的鼉龍為他愁憤，而不是他本人愀然不樂。其實蘇軾心中很高興因他的貶謫而能在黃州度過一段時日，結識當地的人士：「未死相逢真識面」。在詩的結尾，他更進一步表示希望將來還能有機緣再度來到黃州，安慰多情的黃州不要因他的離去而悲傷：「他年一葉泝江來，還吹此曲相迎餞。」蘇軾在詩文中表現的磊落胸襟，在中國文學史上確屬罕見。

第二十二章　東山再起

元豐七年（1084）四月，蘇軾接受他以前在杭州的同事楊繪（元素）的邀請去興國軍相聚，兩人十多年不見，如今相見，格外喜悅，喝的都有些醉意，楊繪送蘇軾離去時，依依不捨，一直送到石田驛，途中蘇軾寫下了〈自興國往筠宿石田驛南二十五里野人舍〉：

> 溪上青山三百疊，快馬輕衫來一抹。倚山修竹有人家，橫道清泉知我渴。芒鞋竹杖自輕軟，蒲薦松床亦香滑。夜深風露滿中庭，惟見孤螢自開闔。（蘇詩 5: 2031-2）

詩的結尾透過孤單的螢火蟲象徵性的表明蘇軾的正直與清白，在舉世皆濁的黑暗的世界中，蘇軾不斷突破黑暗的籠罩與封鎖，發出令人讚嘆的光芒。

五月中，蘇軾到了廬山，遍遊當地的名勝古蹟，寫了〈題西林寺壁〉：「橫看成嶺側成峰，遠近高低總不同。不識廬山真面目，只緣身在此山中。」（蘇詩 5: 2631）這首詩一般都看成是蘇軾闡釋佛教無我的觀念，如黃庭堅就說：「此老人於般若橫說豎說，了無剩語。非其筆端有口，安能吐此不傳之妙哉！」[1]

筆者以為不一定如此，因為根據佛教的說法，眼耳鼻舌身意六根特別是意根是造成自我幻覺的原因，蘇軾捨棄比較重要的意識，只提到身，與佛教的說法並不完全吻合。筆者以為蘇軾是在以象徵的手法來闡釋中國的成語「當局者迷」，一個人在廬山中就無法看到廬山整體真正的面目。至於當局者是誰，就當時蘇

軾的處境與國家的政局來看，就非神宗莫屬了，神宗在深宮中出生長大，從小就被諂媚阿諛追求私利的臣子重重包圍，除非他能跳出深宮，從百姓的角度來看新政，他是永遠無法理解新政的缺失及對人民所造成巨大無比的傷害。

六月底，蘇軾抵達金陵，這時住在金陵的王安石早被呂惠卿出賣，被迫退出政壇，因為他和蘇軾兩個都是被害者，他對蘇軾的感覺應有些同病相憐的意味。他以往對蘇軾的偏見可說早已烟消雲散，所以他在聽到蘇軾來到的時候，就騎著一匹驢子來到江邊，主動的來看蘇軾，顯然希望打破以往兩人敵對的僵局，尋求建立新的友善的關係：

> 東坡自黃徙汝，過金陵，荊公野服乘驢謁於舟次。東坡不冠而迎，揖曰：「軾今日敢以野服見大丞相。」荊公笑曰：「禮豈為我輩設哉？」東坡曰：「軾亦自知相公門下用軾不著。」荊公無語，乃相招遊蔣山。在方丈飲茶次，公指案上大硯曰：「可集古人詩聯句賦此硯。」東坡應聲曰：「軾請先道一句。」因大唱曰：「巧匠斫山骨。」荊公沉思良久，無以續之，乃起曰：「且走爾此好天色，窮覽蔣山之勝，此非所急也。」田晝承君是日與一二客從後觀之，承君曰：「荊公尋常好以此困人，而門下士往往多辭以不能，不料東坡不可以此懾伏也。」[2]

朱弁在《曲洧舊聞》中記錄蘇軾與王安石相會的事情時，是把在不同的時間發生的事情，合在一起說，蘇軾應該不會一見王安石就開門見山跟他提及自己被王安石的黨羽構陷的事，他自然會等到他跟王安石談得投機的時候，再提起比較敏感的政治話題。下面一段出自《邵氏聞見錄》的文字描述蘇軾跟王安石談論國

家政事的時間，就顯得自然而合理：

> 移汝州，過金陵，見介甫甚歡。子瞻曰：「某欲有言於公。」介甫色動，意子瞻辨前日事也。子瞻曰：「某所言天下事也。」介甫色定，曰：「姑言之。」子瞻曰：「大兵大獄，漢唐滅亡之兆。祖宗以仁厚治天下，正欲革此。今西方用兵，連年不解。東南數興大獄，公獨無一言以救之乎？」介甫舉兩指示子瞻曰：「二事皆惠卿啟之，某在外安敢言？」子瞻曰：「固也。然在朝則言，在外則不言，事君之常禮耳。上所以待公者非常禮。公所以事上者，豈可以常禮乎？」介甫厲聲曰：「某須說。」又曰：「出在安石口，入在子瞻耳。」蓋介甫嘗為惠卿發其無使上知私書，尚畏惠卿，恐子瞻泄其言耳。介甫又曰：「人須是行一不義，殺一不辜，得天下不為乃可。」子瞻戲曰：「今之君子，爭減半年磨勘，雖殺人亦為之。」介甫笑而不言。[3]

蘇軾在跟王安石相談甚歡的時候提出當時的政治問題，批評王安石的黨羽沒有崇高的政治原則，要王安石勸神宗改善施政措施，謹慎用人。蘇軾不是一個永遠記恨他人的人，王安石既然已被呂惠卿出賣，離開朝廷，他對王安石也難免有些可憐的意味，王安石騎驢來訪，自然開誠接待。而且王安石雖然退隱，但他當初畢竟是神宗傾心支持的人物，兩次入相，跟神宗自有特殊親密的關係，而且他在執政期間，培植親信，擁有廣大的人脈關係，對當時政治仍然有不可輕覷的影響力。此外，王安石雖然已經退隱，但是仍有可能被神宗召還：「元豐末，有以王介甫罷相歸金陵後資用不足達裕陵睿聽者，上即遣使，以黃金二百兩就賜之。介甫初喜，意召己；既知賜金，不悅，即不受，舉送蔣山修寺，為朝廷祈福。」[4]王安石自己也不排

除神宗會再重用他的可能性，而蘇軾當時是戴罪之身，自然沒有太多拒絕王安石和解的餘地，因此兩人此時聚談甚歡，頗有相交恨晚的感覺。

在金陵停留一個多月的時間裡，蘇軾與王安石時時會面晤談，談話內容海闊天空，包羅萬象，他們處得越久，談得越多，王安石對蘇軾就越讚賞：

> 《西清詩話》云：「元豐中，王文公在金陵，東坡自黃北遷，日與公遊，盡論古昔文字，閑即俱味禪說。公歎息謂人曰：『不知更幾百年，方有如此人物。』東坡渡江，至儀真，〈和遊蔣山詩〉，寄金陵守王勝之益柔，公亟取讀之，至『峰多巧障日，江遠欲浮天』，乃撫几曰：『老夫平生作詩，無此二句。』」[5]

王安石讚嘆蘇軾的才華，蘇軾也稱揚王安石的學術：「東坡在黃州日，作〈雪〉詩云：『凍合玉樓寒起粟，光搖銀海眩生花。』人不知其使事也。後移汝海，過金陵，見王荊公，論詩及此，云：『道家以兩肩為玉樓，以目為銀海，是使此否？』坡笑之。退謂葉致遠曰：『學荊公者，豈有此博學哉！』」[6] 他們在詩詞上互相唱和，蘇軾寫了《次荊公韻四絕》，常被後人引用：

> 青李扶疏禽自來，清真逸少手親栽。深紅淺紫從爭發，雪白鵝黃也鬪開。
> 斫竹穿花破綠苔，小詩端為覓榿栽。細看造物初無物，春到江南花自開。
> 騎驢渺渺入荒陂，想見先生未病時。勸我試求三畝宅，從公已覺十年遲。

甲第非真有，閒花亦偶栽。聊為清淨供，卻對道人開。（蘇詩 5: 2658）

四絕中第三絕的最後一句，「從公已覺十年遲」，李一冰泥於文字表面的意思，誤以為蘇軾真的對他先前反對王安石害民的新法有所悔改：「這是蘇軾真誠的懺悔之辭，是他經過御史臺獄的鍛鍊，經過黃州五年，沉痛的反省之後，纔說得出來的真心話。」[7] 其實，「從公已覺十年遲」這句話是非常微妙具有高度技巧的應酬話，並不表示蘇軾後悔他當年沒有支持王安石害民的新法，他只是說即使他要跟隨王安石也已經遲了十年，此句的關鍵字是「遲」，真正的涵義就是說他不可能會跟從王安石。此外，根據《苕溪漁隱叢話．前集》的記載：「東坡……見荊公，時公病方愈，令坡誦近作，因為手寫一通以為贈；復自誦詩，俾坡書以贈己，仍約坡卜居秦淮」，[8] 王安石要蘇軾在南京定居。就這一層意思來說，「從公已覺十年遲」是指蘇軾要跟隨王安石在南京定居，變成王安石的鄰居，如果這麼解釋，這句詩跟蘇軾支不支持新法就更沒關係了。在上引的詩中，「從公已覺十年遲」一句話帶有應酬語的意味，無論如何不是表示蘇軾對新法的態度有所轉變。約三年之後，蘇軾在他給宣仁的奏摺中，談到新法的害處時仍然寫道：「此乃王安石呂惠卿之陰謀，非先帝本意也」，[9] 說明蘇軾認為王安石須對新法的弊端負責，證實蘇軾與王安石之間個人的友誼，並沒有改變蘇軾對新法害民的看法與立場。

古代交通在偏遠地區一般都不很方便，運輸工具也遠不如今日現代化的機車船隻要舒適許多，長途旅行以是具有很大的危險性，特別是老年人和小孩抵抗力弱，往往在旅途中罹病身亡。蘇軾如今四十九歲，雖然逐漸老邁，但身體還健壯，可以挺得住旅途的勞累，但是他才十個月大的，去年九月二十七日他的妾朝雲在黃州給他生的兒子就支撐不下去，經不住三個多月路途上的跋涉，在舟中撒手離世，蘇軾內心非常

感傷，寫了下面一首詩來悼念他：

去歲九月二十七日在黃州生子名遯小名幹兒頎然穎異至今年七月二十八日病亡於金陵作二詩哭之

吾年四十九，羈旅失幼子。幼子真吾兒，眉角生已似。未期觀所好，蹁躚逐書史。搖頭卻梨栗，似識非分恥。吾老常鮮歡，賴此一笑喜。忽然遭奪去，惡業我累爾。衣薪那免俗，變滅須臾耳。歸來懷抱空，老淚如瀉水。

我淚猶可拭，日遠當日忘。母哭不可聞，欲與汝俱亡。故衣尚懸架，漲乳已流床。感此欲忘生，一臥終日僵。中年忝聞道，夢幻講已詳。儲藥如丘山，臨病更求方。仍將恩愛刃，割此衰老腸。知迷欲自反，一慟送余傷。（蘇詩 5: 2653-4）

遯很像他父親，蘇軾非常喜歡他。特別是蘇軾在貶謫黃州的時候，日子過得異常艱辛，遯的出生對他來說，具有很大的慰藉意義。朝雲只生了這麼一個小孩，又是男孩，可說是她的命根子，如今一下離開了她，對她來說是莫大的打擊，她哭得死去活來，慟不欲生，更增添了蘇軾的感傷，「母哭不可聞，欲與汝俱亡。」十八年之後，蘇軾第二次遭到貶謫，遠赴南荒，那時他年已老邁，他的妾就死在貶謫期間，而蘇軾自己是在貶謫被赦的歸途中離世的，從這一方面來說，古代貶謫到遠方的刑罰表面上看起來似乎不很嚴厲，但實際上往往是一種折磨性的死刑。

元豐七年（1084）十月十九日蘇軾打算在常州居住，因此寫了〈乞常州居住表〉，請當地官吏呈交朝廷。當地官吏看蘇軾是個罪囚，不敢招惹麻煩，就拒絕轉呈他的申請表，「奏邸拘微文，不肯投進」。[10]

蘇軾便在二十三日派專人入京投遞，請神宗批准：

臣軾言。臣聞聖人之行法也，如雷霆之震草木，威怒雖甚，而歸於欲其生；人主之罪人也，如父母之譴子孫，鞭撻雖嚴，而不忍致之死。臣漂流棄物，枯槁餘生。泣血書詞，呼天請命。願回日月之照，一明葵藿之心。此言朝聞，夕死無憾。臣軾誠惶誠恐，頓首頓首。臣昔者嘗對便殿，親聞德音。似蒙聖知，不在人後。而狂狷妄發，上負恩私。既有司皆以為可誅，雖明主不得而獨赦。一從吏議，坐廢五年。積憂薰心，驚齒髮之先變；抱恨刻骨，傷皮肉之僅存。近者蒙恩量移汝州，伏讀訓詞。有「人材實難，弗忍終棄」之語。豈獨知免於縲絏，亦將有望於桑榆。但未死亡，終見天日。豈敢復以遲暮為歎，更生僥覬之心。但以祿廩久空，衣食不繼。累重道遠，不免舟行。自離黃州，風濤驚恐，舉家重病，一子喪亡。今雖已至泗州，而貲用罄竭，去汝尚遠，難於陸行。無屋可居，無田可食，二十餘口，不知所歸，饑寒之憂，近在朝夕。與其強顏忍恥，干求於眾人；不若歸命投誠，控告於君父。臣有薄田在常州宜興縣，粗給饘粥，欲望聖慈，許於常州居住。又恐罪戾至重，未可聽從便安，輒敘微勞，庶蒙恩貸。臣先任徐州日，以河水浸城，幾至淪陷。臣日夜守捍，偶獲安全，曾蒙朝廷降敕獎諭。又嘗選用沂州百姓程棐，令購捕凶黨，致獲謀反妖賊李鐸、郭進等一十七人，亦蒙聖恩保明放罪。皆臣子之常分，無涓埃之可言。冒昧自陳，出於窮迫。庶幾因緣僥倖，功過相除。稍出羈囚，得從所便。重念臣受性剛褊，賦命奇窮。既獲罪於天，又無助於下。怨仇交集，罪惡橫生。群言或起於愛憎，孤忠遂陷於疑似。中雖無愧，不敢自明。向非人主獨賜保全，則臣之微生豈有今日。伏惟皇帝陛下，聖神天縱，文武生知。得天下之英才，已全三樂；躋斯民於仁壽，不棄一夫。勃然中興，可謂

盡善。而臣抱百年之永嘆，悼一飽之無時，貧病交攻，死生莫保。雖鳧雁飛集，何足計於江湖，而犬馬蓋帷，猶有求於君父。敢祈仁聖，少賜矜憐。臣見一面前去，至南京以來，聽候朝旨。干冒天威，臣無任。[11]

蘇軾在這篇陳情表裡邊，一開始就肯定神宗的權威，接下來便馬上強調君王善待大臣的重要性，君王和大臣如同父子，懲罰歸懲罰，但切忌置大臣於死地。蘇軾沿用君父的比喻可說用心良苦，因為蘇軾比神宗約大二十歲，就年齡來講，他可以做神宗的父親，但是現在他強調他如同兒子的地位，一方面表示他對神宗的尊敬，一方面凸顯神宗的責任。雖然他一個臣子不吝惜自己的生命，但是神宗是國家的表率，應該珍惜他領袖群倫的聲譽。接著蘇軾非常技巧的提醒神宗，當初神宗召見蘇軾暢談國家大事，神宗對蘇軾的指示是知無不言，言無不盡，「臣昔者嘗對便殿，親聞德音。似蒙聖知，不在人後。」言下之意是曾幾何時神宗便反目毀約，對他直言不諱的作風進行嚴懲。蘇軾在奏摺中特別用了「似」這個字來暗示神宗對他先後矛盾的立場。即使神宗前後反覆如此，蘇軾依然對神宗表示敬重效忠之意，他感謝神宗對他的嘉許，「人材實難，弗忍終棄」，他同時特別指出在他的政敵蓄意扭曲之下，他對神宗的忠心往往會被他們轉化成他的罪狀，「群言或起於愛憎，孤忠遂陷於疑似。」他列舉他以往的政績，希望神宗能考慮具體事實而不被閒言閒語所惑。

蘇軾請求居住常州的申請表「朝入，夕報可」，[12]顯示蘇軾在申請表中對神宗說的好話奏效，博得神宗的好感。

元豐八年（1085）一月，神宗身體不適；二月病重，「三省樞密院入見，請立皇太子及請皇太后高氏

權同聽政，許之。」[13]宣仁生有四個兒子：神宗、岐王顥、潤王顏、嘉王頵，和一個女兒壽康公主，第三個兒子早逝。《宋史》對神宗的弟弟岐王顥的評語特別佳，說他：「天資穎異，尤嗜學，始就外傅，每一經終，即遺講讀官以器幣服馬。工飛白，善射，好圖書，博求善本」；[14]對嘉王頵的評語也相當肯定：「端重明粹，少好學，長博通群書」。[15]當時丞相蔡確與職方員外郎邢恕及開封府知府蔡京密謀，有意討好宣仁，支持她的兒子岐王顥或嘉王頵繼承神宗的王位。宣仁顯然沒有私心，哲宗雖小，她仍然遵照當時的禮法立他做皇帝。所以當蔡確通過邢恕向宣仁的侄兒高公繪、高公紀打聽口風的時候：「蔡丞相令布腹心，上疾不可諱，延安幼沖，宜早有定論。岐、嘉皆賢王也」，[16]他們一口就回絕了：「此何言，耶欲禍吾家耶」。[17]其實，宋朝有兄終弟及的前例，趙匡胤去世，他的弟弟趙匡義即位，所以宣仁大可以用哲宗年幼為理由，支持她第二個兒子即位。但是宣仁是一個遵守禮教的婦人，她不願意因一己的私利而做與當時禮法相悖的事情；同時她也看出來蔡確、邢恕及蔡京皆非善類，所以她不願跟他們建立任何親切的關係。當然就後世來看，如果她第二個兒子即位，很有可能成為一個賢能的君主，北宋是否會那麼快就亡國，還是一個未知數。

三月五日，神宗去世，哲宗即位，因哲宗年幼，祖母宣仁太后垂簾聽政。近兩個月後，五月一日蘇軾到揚州的竹西寺去散心，在歸途的路上有十幾個老百姓聚在一起談論朝廷最近的改變，有一個人把兩隻手放在額頭上，興奮的稱讚新的皇帝：「好個少年官家。」蘇軾當時的心情很好，就寫下了《歸宜興留題竹西寺三首》：

十年歸夢寄西風，此去真為田舍翁。剩覓蜀岡新井水，要攜鄉味過江東。

道人勸飲雞蘇水，童子能煎鶯粟湯。暫借藤床與瓦枕，莫教辜負竹風涼。
此生已覺都無事，今歲仍逢大有年。山寺歸來聞好語，野花啼鳥亦欣然。（蘇詩 5: 2742-4）

這首詩是蘇軾在遊山玩水的旅途中寫成的，當時神宗已經去世，哲宗即位，朝廷氣象一新，農民的收成也非常好，「今歲仍逢大有年」，而且蘇軾已不再是囚徒，起復有望，於公於私，前景都相當看好，蘇軾心情自然比較輕鬆，詩中也反映出他非常樂觀的心境，「野花啼鳥亦欣然」。約六年後，蘇軾的政敵抓著蘇軾這首詩大做文章，指控他對神宗大不敬，要求嚴懲。中國的知識份子在中國傳統的政治舞台上，扮演舉足輕重的角色，他們利用他們的專業特長，在政壇上舞文弄墨，無中生有，為個人利益，時時大興文字獄，置人於不生之地，其手法之高超，往往令人嘆為觀止，本書下文會對此詩衍生出來的政治問題進一步說明。

本書上文提到，神宗實施新法在民間所造成的災難，宣仁當時在後宮就已經耳熟能詳，她的兒子發動對西夏的戰爭，結果慘敗，並因此而抑鬱早逝，更是令宣仁傷痛的事，所以她成為攝政以後，便實施便民的政策，「凡熙寧以來政事弗便者，次第罷之」，[18] 並任用有原則的官員，「一時知名士彙進於廷」。[19] 她是英宗的妻子，記得英宗打算重用蘇軾的心願，同時仁宗對蘇軾的期許，她也知道，因此她成為攝政以後，便毫不猶豫，迅速提拔蘇軾。五月六日，詔復蘇軾朝奉郎、知登州。[20] 二十六日，原知陳州的司馬光以資政殿學士、通議大夫、加守門下侍郎，奉命留京行宰輔之事。[21] 二十七日蘇軾收到王鞏的來信，告知即將起用，將信半疑：「承差人送到定國書，所報未必是實……乃四月十七日發來邸報，至今不說，是可疑也。」[22] 六月二十六日，司馬光推薦蘇軾弟兄二人；[23] 同一個月，范純仁、呂大防、王巖叟、王存、孫

覺等也同樣推薦蘇軾。[24]就時間上來看，蘇軾的起用在司馬光等人的推薦以前，應該是宣仁太后個人的旨意。蘇軾對這一點沒看清楚，誤以為是因司馬光的推薦而得新職：「光既大用，臣亦驟遷，在於人情，豈肯異論。」[25]這種錯誤的想法一直要等到元祐三年因宣仁的解釋才得到糾正：「自來進用，皆是皇帝與太皇太后主張，不因他人。」[26]宣仁雖然說是她和哲宗做的決定，但哲宗這時年幼，不能做什麼決定，因此所有的決定應該都是宣仁的主張。

十月十五日蘇軾抵達登州，二十日受詔以吏部郎中一職返回京師。途中經過青州，時任知州也是當年力主判處蘇軾死刑的政敵李定來迎，蘇軾盡棄前嫌，「相見極懽」。[27]十二月中蘇軾回到京師，司馬光時為門下侍郎，執意要盡廢新法，與知樞密院的章惇起強烈的衝突。蘇轍時為右司諫，日後他在〈亡兄子瞻端明墓誌銘〉中回憶當年朝中的情況說：「二人冰炭不相入，子厚每以謔侮困君實，君實苦之，求助於公。」[28]章惇與蘇軾相善，在朝不時維護蘇軾，蘇軾這時誤以為自己是司馬光推薦方得進用的人，[29]心存感激，在司馬光的請求之下就挺身相助，要求章惇禮敬司馬光：「軾謂惇曰：『司馬君實時望甚重……』惇以為然，光賴以少安」；[30]章惇雖然表面上接受蘇軾的勸解，不再與司馬光為難，但他心中難免會不以為然，因為他以前維護蘇軾，蘇軾現在不但不支持他，反倒過來說他不是，他自然會心生芥蒂。加上蘇轍此時上章攻擊章惇，特別是他的劄子扭曲了部分事實，自然也加深了章惇對蘇軾的不滿：「臣竊見知樞密院章惇，始與三省同議司馬光論差役事，明知光所言事節有疏略差誤，而不推公心即加詳議，待修完成法然後施行，而乃雷同眾人，連書劄子，一切依奏。及其既已行下，然後論列可否，至紛爭殿上，無復君臣之禮。」[31]章惇當時反對差役法，並不是像蘇轍所說的「一切依奏」。果然，此後兩人逐漸疏遠，日後甚至不幸變成仇讎。其實章惇雖然反對司馬光盡廢新法的主張，他先前早已見及新法的一些弊端，這時朝政

大變，他也有意乘此政權轉移之際，除去新法不良之處。蘇軾自己就說：「近見章子厚言，先帝晚年甚患文字之陋，欲稍變取士法，特未暇爾。」[32] 蘇軾本人也不同意盡廢新法，這時他的政見與章惇頗為接近，他理當順水推舟，利用章惇的阻力，說服司馬光放棄盡廢新法的主張。如果蘇軾能這麼做，他不但有可能阻止司馬光盡廢新法的企圖，日後哲宗親政，章惇為相，新舊黨爭的事情也就極可能不會發生：「司馬溫公當國，悉改熙寧元豐舊事，或謂光曰：『舊臣章惇、呂惠卿皆小人也。他日有以父子之義間上，則朋黨之禍作矣。』光正色曰：『天若祚宋，必無此事。』遂改之不疑。」[33] 可惜蘇軾在得罪章惇以後，司馬光得以喘息，從此毫無顧忌，無論新法好壞，盡行廢除，蘇軾雖然力爭，也沒起什麼大作用。

十二月十八日，蘇軾升為起居舍人。[34] 元祐元年（1086）三月十四日再升為中書舍人。[35] 七月二日，蘇軾力陳差役舊法的弊端，同時稱許免役法的優點，「臣知密州，親行其法，先募弓手，民甚便之」。[36] 免役法不是沒有缺點，它的弊端是各級官吏常藉免役的名義徵收過多的費用，蘇軾認為只要朝廷能「量出為入，無多取民錢，則亦足以利民」。[37] 但是司馬光意氣用事，只因為免役法是王安石和他的助手設想出來的，他就反對。蘇軾常到政事堂跟司馬光親自陳說新舊法的利弊，司馬光不但不採納，反而對蘇軾發怒。蘇軾便提醒司馬光說他以前不顧宰相韓琦同意與否，始終堅持表達他自己不同的意見，現在做了宰相，豈可不准別人發表他們的看法：「昔韓魏公刺陝西義勇，公為諫官，爭之甚力，魏公不樂，公亦不顧。軾昔聞公道其詳，豈今日作相，不許軾盡言耶？」[38] 司馬光當場雖然不說什麼，但是心中卻著實不樂，蘇軾因此請求外調，宣仁不許。蘇轍晚年回憶這段往事時說：「君實為人，忠信有餘而才智不足，知免役之害而不知其利，欲一切以差役代之。方差官置局，公亦與其選，獨以實告，而君實始不悅矣。嘗見之政事堂，條陳不可，君實忿然。」[39] 因蘇軾的力諫，司馬光對他的印象由佳轉惡，有意把他驅逐出朝

廷，司馬光的黨羽從此遂把蘇軾當成政敵，處處與他為難。

除蘇軾以外，范純仁也表示反對司馬光立即全面廢除免役法的決定：「純仁與司馬光素親厚，聞光議復行差役法，純仁曰：『法固有不便，然亦有不可暴革，蓋治道惟去太甚者耳。』」[40]但是司馬光一意孤行，無論別人說什麼就是不聽，范純仁在感嘆之下，稱司馬光「是又一王介甫矣！」[41]促使宋朝滅亡的新舊黨爭，其所以發生，跟王安石和司馬光短淺的眼光、狹隘的心胸及剛愎自用的性格，有密不可分的關係。

第二十三章　一食三嘆

九月一日，司馬光去世，程頤主持喪事，泥行古禮，兩省臣僚在明堂降赦稱賀以後前往吊喪，程頤不滿，阻止他們說：「『子於是日哭則不歌』，豈可賀赦才了卻往吊喪。」[1]當時有人反駁說：「孔子言哭則不歌，即不言歌則不哭，今已賀赦了卻往吊喪，於禮無害。」蘇軾在旁就開了程頤一個玩笑說：「此乃枉死市叔孫通所制禮也，眾皆大笑。」程門從此對他不滿。十二日，蘇軾被命為翰林學士、知制誥。[2]蘇軾自起復後，在一年多內，平步青雲，扶搖直上，有成為宰輔之勢，他的政敵因此發難：「時臺諫官多君實之人，皆希合以求進，惡公以直形己，爭求公瑕疵。既不可得，則因緣熙寧謗訕之說以病公，公自是不安於朝矣。」[3]二十八日，監察御史孫升奏論說蘇軾不可再升：

祖宗之用人，創業佐命如趙普，守成致理如王旦，受遺定策如韓琦，此三人者文章學問不見於世，然觀其德業器識，功烈行治，今日輔相未有其比。而王安石擅名世之學，為一代文宗，方其居討論潤色之職，陳古今治亂之言，朝廷為之側席，中外莫不引頸。一旦遭遇聖明，進居大任，至言不踐，舊學都捐，擯斥忠良……蘇軾文章學問中外所服，然德業器識，有所不足，此所以不能自重，坐譏訕，得罪於先朝也。今起自謫籍，曾未逾年，為翰林學士，討論古今，潤色帝業，可謂極其任矣，不可以加矣。若或輔佐經綸，則願陛下以王安石為戒。[4]

孫升把德業器識跟文章學問分開，以為兩者互不相容，高舉德業器識，貶低文章學問。蘇軾學問文章傑出，因此他的德業器識照孫升看當然就不行了。更有甚者，他甚至把蘇軾比成王安石。最莫名其妙的是，他把蘇軾耿直的個性、仗義執言的作風說成是他人格上的缺點。

十一月二十九日，蘇軾負責學士院館職考試的策題，他出了一道考題「師仁祖之忠厚，法神考之勵精」，論到仁宗和神宗的施政措施：「今朝廷欲師仁祖之忠厚，而患百官有司不舉其職，或至於媮。欲法神考之勵精，而恐監司守令不識其意，流入於刻。夫使忠厚而不媮，勵精而不刻，亦必有道矣。」[5] 十二月三日，左司諫朱光庭沿引烏臺詩案的政治伎倆，告蘇軾十一月出的館職策題語涉譏訕，對先帝不敬：「謂仁祖、神考不足以師法，不忠莫大焉。」[6] 朱光庭是程頤的學生，他早先對蘇軾取笑程頤泥於古禮的作為業已不滿，現在決意發難。宣仁太后知道他在故意扭曲題意，無意深究，因此宣告放罪。朱光庭心有不甘，於十四日再上一章，說不當放罪，並且鬧得更厲害，說蘇軾以前罵過司馬光和程頤。蘇軾被朱光庭肆意攻擊，朝廷雖說不加深究，宣告放罪，但是仍然把他當成罪犯來看待，蘇軾自然覺得這種處理有不當之處，因此上章辯解。他以為當時他跟鄧伯溫一起出題，鄧伯溫出了兩題，他出了一題，結果皇太后親自圈選了他出的那道試題；他的試題事先既經朝廷批准，「蒙御筆點用」，[7] 很顯然當時朝廷並不以為有問題。若果真不當，他當然「死有餘罪」，但是他的試題並沒惡意攻擊先帝的地方；如果朝廷認為他無罪，就應該直說無罪，而不該以放罪的措施來處理。朝廷採取他的建議，追回放罪的詔令，同時因見朱光庭無理取鬧，有意將他外調。御史中丞傅堯俞、[8] 侍御史王巖叟風聞他將外調，為了拯救朱光庭，就在二十七日、二十八日各上一章，也說蘇軾不是。王巖叟在他的奏摺中甚至公開指責宣仁不查之過：

或聞蘇軾自辯，謂是陛下點中此題。果然，則軾更因其非，又推過於君父，罪益大矣。此題不緣言者深考而明攻之，泛讀一過，安能遽曉。雖禁中點出，於陛下未為有失。今判然知之，而不正其罪，則失在陛下矣。罪已明而反脫，命既下而復收，乃似朝廷容其如此，臣恐天下之人遂移軾之非，反為吾君之過，臣不可不為陛下惜也。[9]

為了打擊蘇軾，王巖叟不惜批評宣仁，這種做法不但狂妄，而且失禮。殿中侍御史呂陶見朱光庭挑是生非，藉故為程頤報私仇，看不過去，因此上章指出朱光庭的不是：

今蘇軾所撰策題，蓋設此問以觀其答，非謂仁宗不如漢文，神考不如漢宣也。朱光庭指以為非，亦太甚矣。假使光庭直徇己見，不為愛憎而言，則雖不中理，義猶可恕，或為愛憎而發，則於朝廷事體所損不細。今士大夫皆曰程頤與朱光庭有親，而蘇軾嘗戲薄程頤，所以光庭為程頤抱怨而屢攻蘇軾。審如所聞，則光庭固已失之。[10]

朱光庭對蘇軾看不順眼，是不是真為了他的老師程頤，我們無法完全確定，但是因為個人的愛憎而無中生有，讒毀蘇軾，這不值得讚許。

元祐二年（1087）一月八日，傅堯俞、王巖叟又上一章，要宣仁就他們前次奏摺做一決定：「乞降臣前後章疏，集百官於朝堂定議。」[11] 宣仁已經做的決定，他們不但不願遵行，反而要求宣仁召集百官，開公審大會。這種做法，委實有些過分。第二天，右正言王覿看到朝廷為了這件小事鬧得幾乎不可開交，就

上書給宣仁，說大臣有的說有罪，有的說無罪，御史也有的說有罪，有的說無罪，所以宣仁應該就蘇軾的試題來自己做個裁決，不要理會大臣和御史諸種不同互相衝突的意見：「臣願陛下姑置眾說，取學士所撰策題詳查之。」[12]兩天以後，十一日，王覿再上書，說就他來看，蘇軾的試題雖然只是「設疑以發問」，[13]但是他的話似有批評先帝的傾向，因此有「失輕重之體。」王覿的論點很顯然以為做臣子的不能批評皇帝，這種專制的看法不是每個現代讀者都能樂意接受的。大概因為王覿的劄子，宣仁第二天下詔宣布蘇軾出的試題沒有過誤：「今看詳得非是譏諷祖宗，只是論百官有司奉行有過。」[14]同時宣仁要執政面諭傅堯俞、王巖叟、朱光庭三人，「令執政召逐人面諭」，跟他們說「更不須彈奏」。第三天，傅堯俞等三人依旨到都堂見右僕射呂公著、門下侍郎韓維、中書侍郎呂大防、左丞李清臣、右丞劉摯。那些執政早先對蘇軾不支持司馬光恢復差役舊法據理力爭的做法已經不滿，現在言事官找蘇軾的麻煩，他們不但沒有理由為了蘇軾跟言事官作對，反而正好落井下石。因此他們在跟言事官面談的時候，就表明他們知道蘇軾不對，但宣仁的意思是兩平，她不追究朱光庭，言事官也不要再鬧下去，他們雖然是執政，但是「皆不敢奉詔」。[15]那些執政在處理蘇軾的這件事上顯然都變成了老滑頭，表面上遵行宣仁的旨意，「逐人面諭」，不跟宣仁正面衝突，私下卻背著她鼓勵言官繼續追剿蘇軾，第四天傅堯俞、王巖叟、朱光庭三人當然就理直氣壯地再各上一書。

三個言官這次上書不再堅持他們先前的論點說蘇軾是譏諷先帝；他們改變他們以前的說辭，而採用王覿的說法，宣稱只要臣子批評皇帝就是有罪：「臣按：蘇軾如聖諭非是譏諷祖宗，然只以祖宗置於議論之間，便是有傷大體，安得以為無罪。」[16]三個言官顯然對事理的是非曲折並沒很大的興趣，他們的目的只是希望置蘇軾於不生之地，所以他們先前的說法一被推翻，他們就可以立刻改用新的說辭。蘇軾看到朱光

庭、傅堯俞、王巖叟三人結成朋黨，來勢洶洶，不達目的不願罷休，在朝掀起軒然大波，因此在元祐二年（1087）一月四上劄子請求外調，「四上章，四不允。」[17] 宣仁知道蘇軾是個為人正直值得信賴的臣子，他出試題的用意是鼓勵學子盡心地評論時政，並無惡意，宣仁自然不許他因這事而辭職。宣仁在處理這件事上，很清楚的表明她不希望蘇軾受害的態度。蘇軾既然不能離開朝廷，而傅堯俞那些言官又擺出無賴的姿態，同時執政都採取隔岸觀火的立場，他索性就把事情都說清楚，因此他在十七日上了一篇很長的劄子，把前因後果一一道出。這篇劄子對蘇軾在這次試題的紛爭中所持的立場解釋得很清楚，可是時下有關蘇軾的傳記都沒提到它，筆者根據《續資治通鑑長編》將劄子中重要的文字引錄如下：

今言臣者不止三人，交章累上不啻數十，而聖斷確然深明其無罪，則是過於心目之相信、母子之相親、聖賢之相知遠矣。德音一出，天下頌之，史冊書之。耳目所聞見，明智特達，洞照情偽，未有如陛下者。非獨微臣區區欲以一死上報，凡天下之為臣子者，聞之莫不欲碎首糜軀，效忠義於陛下也。不然者，亦非獨臣受曖昧之謗，凡天下之為臣子者莫不以臣為戒，崇尚忌諱，畏避行迹，觀望雷同，以求苟免，豈朝廷之福哉？

臣自聞命以來，一食三嘆，一夕九興，心口相謀，未知死所。然臣所撰策問，似實亦有罪。若不盡言，是欺陛下也。臣聞聖人之治天下也，寬猛相資，君臣之間，可否相濟。若上之所可，不問其是非，下亦可之，上之所否，不問曲直，下亦否之，則是晏子所謂「以水濟水，誰能食之」，孔子所謂「惟予言而莫予違，足以喪邦者也」。[18]

蘇軾在他的奏摺中，首先表示他對宣仁的謝意與敬意，朱光庭、傅堯俞、王巖叟沆瀣一氣，輪番上奏，互相支援，意圖摧毀蘇軾，而宣仁洞悉情理，知道他們居心不良，為了私人怨恨，對蘇軾進行無理的抨擊，宣仁拒絕聽信他們片面之詞，多方保全蘇軾，使得蘇軾更堅定了他獻身國家的意願。雖然宣仁一時沒有受到蘇軾政敵的影響，但他的政敵顯然有欺負宣仁為婦道人家的意味，一而再，再而三，不斷找不同的理由對蘇軾發動猛烈的攻擊，不達到目的就不罷休，到時候，為了安撫他的政敵，宣仁會不會就把蘇軾當做犧牲品便很難說。此外，他的政敵的說辭雖然並無道理，但蘇軾總得用心答理，這對蘇軾來說也是一種曠日持久的消耗戰，對他的身心造成巨大無比的壓力，「臣自聞命以來，一食三嘆，一夕九興，心口相謀，未知死所。」蘇軾一人對多人，在人數上處於劣勢，他們輪番上陣，輪流休息，而蘇軾得時時待命，沒有太多喘息的餘地，以致造成寢食不安的情形，時日一久，難免不出問題。蘇軾因此決定，事情不能無止境的拖延下去，他須要把全盤局勢跟宣仁解釋清楚，讓宣仁做一個果敢的決定，斷然終止他的政敵的糾纏。

接著蘇軾在劄子中特別說明他的試題並不是針對先帝而發，而是對當今不明是非的宰相及言官而出，他們頻頻攻擊他的試題，只不過是借題發揮，表示他們對他批評時政的不滿：

> 伏睹二聖臨御以來，聖政日新，一出忠厚，大率多行仁宗故事，天下翕然銜戴恩德，固無可議者。然臣私憂過計，常恐有司矯枉過直，或至於媮，而神宗勵精核實之政漸致隳壞。深慮數年之後，馭吏之法漸寬，理財之政漸疏，備邊之計漸弛，而意外之憂，有不可勝言者。雖陛下廣開言路，無所忌諱，而臺諫所擊，不過先朝之人，所非不過先朝之法，正是「以水濟水」，臣竊憂之，故輒用此意撰上件策問，實以譏諷今之朝廷及宰相臺諫之流，欲陛下覽之，有以感動聖意，庶幾兼行二帝忠厚勵精之政

也。臺諫若以此言臣，朝廷若以此罪臣，則斧鉞之誅，其甘如薺。今乃以為譏諷先朝，則亦疏而不近矣。且非獨此策問而已，今者不避煩瀆，盡陳本末。[19]

蘇軾指出雖然仁宗朝的舊法一般相當體恤百姓，但有時候失於寬鬆而效應不大，而神宗朝所實施的新法雖然有不好的法條，但也有些法條比較有效，蘇軾主張不要拘泥於新舊法的成見，而應該兼容並蓄，在考慮各個法條的利弊之後，再全盤實施有效的良法，廢除無效的劣法。

蘇軾更進一步以免役、差役一些具體的法條為例，來解釋他所以對當時朝政不滿的原因是因為當時絕大多數的大臣都一意孤行，不論法則的好壞，只要是新法就一律廢除。蘇軾指出這是意氣用事，而不是就事論事、客觀公允的態度：

臣前歲自登州召還，始見故相司馬光，光即與臣論當今要務，條其所欲行者。臣即答言：「公所欲行者諸事，皆上順天心，下合人望，無可疑者。惟役法一事未可輕議。何則？差役、免役，各有利害。免役之害，掊斂民財，十室九空，錢聚於上，而下有錢荒之患；差役之害，民常在官，不得專力於農，而貪吏滑胥得緣為奸。此二害輕重蓋略相等。今以彼易此，民未必樂」光聞之，愕然曰：「若如君言，計將安出？」臣即答言：「法相因而事易成，事有漸則民不驚。昔三代之法，兵農為一，至秦始分為二，及唐中葉盡變府兵為長征之卒，自邇以來，民不知兵，兵不知農，農出穀帛以養兵，兵出性命以衛農，天下便之，雖聖人復起，不能易也。今免役之法，實大類此。公欲驟罷免役而行差役，正如罷長征而復民兵，蓋未易也。先帝本意使民戶率出錢，專力於農，雖有貪吏滑胥無所施其計，坊

場、河渡，官自出賣，而以錢雇募衙前，民不知有倉庫綱運破家之禍，此萬世之利也，決不可變。獨有二弊，多取寬剩兵役錢以供他用，實封爭、買坊場河渡，以長不實之價，此乃王安石、呂惠卿之陰謀，非先帝本意也。公若盡去二弊而不變其法，則民悅而事易成。今寬剩役錢，名為十分取二，通計天下乃及十五，而其實一錢無用，公若盡去此五分，又使民得從其便，以布帛穀米折納役錢，而官亦以為雇直，則錢荒之弊亦可盡去，如此而天下便之，則公又何求？若其未也，徐更議之，亦未晚耳。」光聞臣言，以為不然。

臣又與光言：「熙寧中，常行給田募役法，其法以係官田及以寬剩役錢買民田，以募役人，大略如邊郡弓箭手。臣時知密州，推行其法，先募弓手，民甚便之。此本先帝聖意所建，推行未幾，為左右異議而罷。今略計天下寬剩錢，斛約三千萬貫、石，兵興支用，僅耗其半。此本民力，當復為民用。今內帑山積，公若力言於上，索還此錢，復完三千萬貫、石，而推行先帝買田募役法於河東、河北、陝西三路。數年之後，三路役人可減大半，優裕民力，以待邊鄙緩急之用，此萬世之利，社稷之福也。」光猶以為不可。

此二事，臣自別有畫一厲害文字甚詳，今此不敢備言。及去年六月二日敕下，始行光言，復差役法。時臣弟蘇轍為諫官，上疏具論，乞將見在寬剩役錢雇募役人，以一年為期，令中外詳議，然後立法。又言衙前一役，可即用舊人，仍一依舊數支月給，重難錢以坊場、河渡錢，總計諸路，通融支給，皆不蒙施行。及蒙差臣詳定役法，臣因得伸弟轍前議，先與本局官吏孫永、傅堯俞之流論難反復，次於西府及政事堂中與執政商議，皆不見從，遂上疏極言衙前可雇不可差，先帝此法可守不可變之意。因乞罷詳定役法。當此之時，臺諫相視，皆無一言決其是非。[20]

蘇軾表示自從司馬光執政以來，後者和他的部屬一直堅持不論法條的優劣好壞而盡廢新法。雖然新的免役法有其弊端，但蘇軾認為只要廢除有害的部分，優良的部分比舊法有效，自可繼續實施，「若盡去二弊而不變其法，則民悅而事易成」。在論述免役法的弊端時，蘇軾追溯來源，歸罪於王安石和呂惠卿，「此乃王安石、呂惠卿之陰謀，非先帝本意」。雖然王安石在南京的時候主動向蘇軾示好，蘇軾並不因為他們和好以後的友善關係，而替他開脫誤國害民的罪名，王安石應該在歷史上承擔什麼樣的責任，蘇軾便客觀的給予他應有的評價。

在奏摺的最後，蘇軾談到他歷經波折，終於獲得宣仁的支持而促成朝廷繼續實施新法有利的部分：

今者差役厲害未易一二遽言，而弓手不許雇人，天下之所同患也。朝廷知之，已變法許雇，天下皆以為便，而臺諫猶累疏力爭。由此觀之，是其意專欲變熙寧之法，不復較量利害，參用所長也。臣為中書舍人，刑部大理寺列上熙寧以來不該赦降去官法，凡數十條，盡欲刪去。臣與執事屢爭之，以謂先帝於此蓋有深意，不可盡改，因此得存留者甚多。臣每行監司手令告詞，皆以奉守先帝約束，毋敢弛廢為戒，文案具在，皆可復按。由此觀之，臣豈謗議先朝者哉。[21]

即使在朝廷通過繼續實施部分有利新法的措施以後，有些大臣仍然不顧朝廷的決定，不斷攻擊朝廷業已決定施行的措施。他們不論法條的利弊得失，只要是新，便一定要去之而後快，「由此觀之，是其意專欲變熙寧之法，不復較量利害，參用所長也。」由他們摒棄理性，專門意氣用事，只因為法新便反對新法的行

事作風來看，蘇軾指稱他們才是真正對神宗「不忠莫大焉」，真正毀謗先朝的臣子，而他自己探究新舊法的利弊得失，存其優者，去其劣者，跟他的政敵相比之下，他怎麼可以被戴上不忠的帽子，「臣豈謗議先朝者哉」。蘇軾在他奏摺的結尾，反守為攻，把他政敵意圖扣在他頭上的帽子倒過來反扣在他政敵的頭上，蘇軾思路的敏捷，行文的高妙，於此可窺一斑。因蘇軾力爭，一些優良的新法都能得以保存，有的學者說蘇軾一意反對新法，這是違背史實的說法。

蘇軾的政敵顯然毫不放鬆，蘇軾一上劄子，第二天十八日傅堯俞、王巖叟就結伴入殿，在宣仁面前指陳策題的不是。傅堯俞拿出他們事先準備的劄子當場念道：「漢、唐以來，多少策題，無有將祖宗與前代帝王比量長短者。策題云：『欲師仁宗之忠厚，則患百官有司不舉其職。』若當時百官有司皆不舉其職，不知仁宗在上卻何所為？乃是全然荒怠，致得百官有司如此。果如此，因何成得四十二年太平？至今耆老言之，猶往往流涕。仁宗何負，卻言不如漢文。」[22]他們這次特別強調蘇軾指陳仁宗的不當，當傅堯俞念完劄子以後，宣仁跟他們說：「此小事，不消得如此，且休。」[23]但是他們根本不聽，繼續爭辯說：「此雖數句言語，緣繫朝廷大體，不是小事，須合理會。」宣仁再跟他們說：「蘇軾不是譏諷祖宗。」他們還是不聽，一定要宣仁懲處蘇軾：「若是譏諷祖宗，則罪當死。臣等不止如此論列，既只是出於思慮言詞失輕重，有傷事體，亦合略有行遣。」他們更進一步說昨天他們跟宰相見面的時候，宰相一致表示支持他們的立場，說蘇軾有所不是：

昨執政與都堂對臣等皆言蘇軾不是。既知不是，豈可卻教朝廷做不是底事，又豈有朝廷明知不是，卻抑言事官要休。若尋常人私事則可休，朝廷事則不可如此。臣等為朝廷持風憲，若凡所論奏常指揮令

休，要將安用耶？是臣等壞卻風憲，更有何面目居職。真宗朝知制誥張耒撰一敘用官制辭云：『頃因微累，謫於荒遐。』真宗覽之曰：『如此，則是先帝失政。』遂罷其職。今所論蘇軾，若是臣等分上私事則可休。事干祖宗、干朝廷，臣等如何敢休。朝廷若不行，被書在史冊，後世視朝廷如何哉。傳入四夷，必有輕慢朝廷之心。萬一遼使發問，不知如何作答？[24]

執政私底下跟言官說好話，背後批評蘇軾，顯然不顧是非，想做老好人。傅堯俞和王巖叟抓住機會，步步進逼，引用真宗的故事，顯然希望宣仁把蘇軾革職。宣仁因此老實不客氣的指出他們的私心，跟他們說：「言事官有黨，此朱光庭私意，卿等黨光庭耳。光庭未言時，何故不言。」[25]宣仁的確不是一個弱女子，她知道傅堯俞和王巖叟兩人用心不良；朱光庭不說話的時候，他們也不說話，等看到朱光庭情勢不妙的時候，才出來糾纏。傅堯俞和王巖叟兩個馬上辯稱：「有一人論之，且觀朝廷行不行。中間或有差失，方當繼言。昨朱光庭初言，朝廷有放罪指揮，則是朝廷行遣得正，自不須言。後見反汗，又是非顛倒，臣等方各論奏。」為了遮掩他們自己的不是，王巖叟立刻很圓滑的掉轉話鋒，不再說他們自己，而從袖中拿出蘇軾撰寫的試題，邊念邊指陳蘇軾的過失，再度攻擊蘇軾。宣仁對他們幾近無賴的做法非常不滿，聽不下去，便高聲阻止他們：「未終，簾中忽厲聲曰：『更不須看文字也。』」[26]王巖叟毫不甘休，「又進讀劄子」，宣仁聽了很不耐煩，「簾中極不以為然」。傅堯俞這時插話說宣仁偏袒蘇軾，同時失去控制高聲的指責宣仁：「又厲聲曰：『太皇太后何故主張蘇軾，又不是太皇太后親戚也。』」王巖叟看雙方有鬧成僵局的可能，如果宣仁大怒，情勢對他們絕對不利，所以他馬上拍宣仁的馬屁，表示不贊同傅堯俞的說法，而改用比較婉轉的語調來說宣仁：

陛下不主張蘇軾，必主張道理，願於道理上斷事。適蒙宣諭，言事官有黨，臣等不知有黨無黨，但只據事之是非論列。陛下亦只合看事如何。若心疑於有黨，則必失事之實。既失事之實，即是難辨。自古小人欲傾害君子者，君子無過，別無可以奈何，惟是指為朋黨，人主遂疑。人主既疑，因而可擠矣。陛下不可不察也。此事是蘇軾輕易不思，語傷大體，以致議論。若不正其罪，則此失卻在陛下。陛下何苦力主此人，反自取後世譏誚？臺官之職，只在觸邪指佞，豈當卻為人解紛，此意可察。[27]

宣仁聽了以後，語氣果然也變得緩和多了，她回答說試題是她圈選的。王巖叟看宣仁的語氣有了轉變，膽子也大了，就要宣仁承認她自己的錯誤：

聞是進入三首策題。其兩首是鄧溫伯譔，最後一首是蘇軾譔。陛下已愛其虛名，故點軾所撰者，必然不曾反覆詳覽，則雖是點中，於陛下何傷。今既分別得事理明白，陛下已知其虛名，不欲加罪，是惑也。今不欲人言軾之短，假令司馬光在，政事或失，不知合論與不合論？臣等所職是言責，所論只據是非，更不敢問其人。問著人則須生私意。[28]

宣仁一而再，再而三的跟王巖叟、傅堯俞說蘇軾沒錯，他們兩人固持己見，卻一定要宣仁判蘇軾一個罪名。試題既然是宣仁圈選的，照他們的看法宣仁也應該認罪，這種霸道的做法，不能不讓人嘆為觀止。

宣仁一個人對兩個，應付得卻是有條有理。她接著跟他們說：「今日改先帝事，何故不得問？」宣仁

胸襟相當開闊，她不以為人臣批評時政有什麼不妥之處，況且他們現在正在更改神宗一些不合時宜的政策。王巖叟、傅堯俞兩人便強辯說：

> 修改政事與形於文字不同，兼今日所改政事，皆是復祖宗舊法。況陛下下詔求民間疾苦者力改之，乃所以承祖宗之美，不知策題須得論耶，不須得論耶？陛下如此主張，臣等卻如此力言，違忤陛下，以就罪責，不知臣等是何意，陛下可體察。況臣等與軾皆熟，素無怨讎，只知忠於陛下，要正朝廷事，使天下後世不能指議陛下，故都無所避。陛下只當責臣等不言事，不可戒約臣等令不言。恐天下窺陛下此意，陰相顧望，不肯盡忠於朝廷，更非朝廷之福。前日詔臣等去都堂，外庭不知，皆言是奉聖旨詔臺諫官戒勵，甚駭聽聞。臣等被摧抑則不足道，卻是損朝廷風憲，願陛下愛惜朝廷事體。陛下於蘇軾所惜者小，則於言路所損者大，不可不思風憲之地，非臣之私，乃陛下家事。陛下不崇獎，則臣等一匹夫耳。[29]

宣仁太后以攝政之尊，寬允大臣進諫，而王巖叟、傅堯俞兩人卻執意阻撓，不准同儕說話，竟然強詞奪理到說「修改政事與形於文字不同」。宣仁被他們纏得也夠煩了，知道再跟他們多說也沒用，就以很冷的聲調說：「簾中峻語曰：『待降責蘇軾』」，準備結束他們的對話。王巖叟、傅堯俞聽宣仁可能會懲罰蘇軾，希望宣仁能把細節說清楚，就說：「此在陛下。假令暫責，隨即召之，亦是行遣。」[30]宣仁所以說要考慮降責蘇軾，大概應該也只是敷衍他們，因為她隨即說：「待相度。」這時王巖叟、傅堯俞知道宣仁不願再跟他們多談，他們在說了幾句場面話以後，就退下去：「臣盡至誠告陛下，陛下不察，亦無可奈何。

願為國家更深思遠慮。」離開以後他們回到御史臺，在互相商量之後便上了劄子請求處分：「臣等誤承厚恩，上辜任使，更不敢詣臺供職，伏俟譴斥。」

王巖叟、傅堯俞跟宣仁的談話最後觸礁，執政知道了當然會感到不安。蘇軾既然在他的奏摺中說明他批評的對象是當時的執政和御史，朝廷的大老自然不會放過他。現在御史跟宣仁的談話既然觸礁，執政便採取後續的行動。果然，二十二日，「執政有欲降旨明言軾非者，太皇太后不聽，因曰：『軾與堯俞、巖叟、光庭皆逐。』執政爭以為不可。」[31] 宣仁雖說不斷維護蘇軾，但執政與御史沆瀣一氣，咬住不放，她被蘇軾的政敵纏得相當煩心，同時她也不好為這麼一件芝麻大點的小事跟那麼多掌權的人起強烈的衝突，為表示公允起見，她就建議四個人一起放逐。這個決定對蘇軾相當有利，但對他的政敵不一定有好處，因為宣仁既然維護蘇軾，雖然蘇軾被逐，宣仁大可以等風聲稍微平靜以後，馬上再把他給召回來，而他的政敵被貶之後，能不能再回京師就是一個未知數了。所以當宣仁宣布驅逐四人的決定以後，蘇軾的政敵面臨被逐的可能性，心知這件事再鬧下去對他們不一定有利，因此就此偃旗息鼓，不再追究。執政大臣最後建議四個當事人都不懲罰，宣仁同意，二十三日（丙子）下詔宣示她的決定，整個事件方才平息下去：

> 蘇軾所譔策題，本無譏諷祖宗之意；又緣自來官司試人，亦無將祖宗治體評議者，蓋學士院失於檢會。劄子與學士院供知，令蘇軾、傅堯俞、王巖叟、朱光庭各疾速依舊供職。[32]

宣仁的詔書據《續資治通鑑長編》說是根據呂公著的意思而寫的，所以最後還是追列了大臣不該評議君王一條。她早先在跟傅堯俞、王巖叟的對話中已經很清楚的表明，一個臣子批評時政不是什麼大不了的事，

當時傅堯俞、王巖叟強詞奪理，一定要說「修改政事與形於文字不同」。宣仁在這件事上改變初衷，不能擇善固執，而採用執政大臣的說法，這對蘇軾來說是相當令他失望的，蘇軾知道雖然宣仁支持他，但是如果他的政敵堅持他們的立場，猛攻不捨，宣仁有可能把他給當成祭品，這是為什麼此後蘇軾對在京做官的興趣不是特別大的原因。雖然這次蘇軾的政敵同意妥協，但是他們並沒放棄他們原來的企圖，他們只是等待別的機會再次發難而已。在詔書宣示的同一天，同知樞密院范純仁上書說：「蘇軾止是臨文偶失周慮，本非有罪。」[33]而先前已經攻擊過蘇軾的殿中侍御史孫升仍不放過落井下石的機會，也同時上書繼續攻擊蘇軾說：「蘇軾之命詞豈得謂之無過矣乎？」[34]這次試題的糾紛雖到此結束，但因它而起的黨派之爭從此白熱化。

八月一日，蘇軾兼侍讀。[35]二日，由洛黨轉投朔黨的右司諫賈易因指斥大臣文彥博及范純仁並建議放逐蘇軾與程頤，被革除諫職；同日，程頤被諫議大夫孔文仲指斥為「五鬼之魁」[36]落經筵職：

> 頤人品纖汙，天資憸巧，貪黷請求，元無鄉曲之行。奔走交結，常在公卿之門。不獨交口褒美，又至連章論奏。一見而除朝籍，再見而升經筵。
>
> 臣頃任起居舍人，屢侍講席，觀頤陳說，凡經義所在，全無發明。必因藉一事，泛濫援引。借無根之語，以搖撼聖聽；推難考之迹，以眩惑淵慮。上德未有嗜好，而常啓以無近酒色；上意未有信嚮，而常開以勿用小人。豈惟勸導以所不為，實亦矯欺以所無有。每至講罷，必曲為卑佞附和之語……又如陛下因咳嗽罷講，及御邇英，學士以下侍講讀者六七人，頤官最小，乃越次獨候問聖體，橫僭過甚……其造臺諫也，脅肩蹙額，屏人促席，或以氣使，或以術動。今日當論列某事，異時當排擊此

> 人。而臺諫之中，嘗有儔類竭盡死力，如朱光庭、杜純、賈易之流是也。臣居京師近二年，頤未嘗過臣門。臣比除臺諫官，頤即來訪臣。先談賈易之賢，又賀與易同官，遂語及呂陶事。[37]

就《宋史》的記載來看，[38]程頤應該不是一個大惡不赦的人。孔文仲批評他說他為人自大，自以為是，頤指氣使，常常訴說他人的不是，應該不錯。蘇軾早先所以跟他在古禮的實行方面起衝突，最主要大概也是看不慣他頤指氣使的作風。現在孔文仲把程頤攻下台，蘇軾為了避免旁人說閒話，只好也請求外調，宣仁不允。[39]

九月十一日，侍御史王覿再論蘇軾的不是，說他「量狹識暗，喜怒任情」，[40]要求不要大用蘇軾：「軾自立朝以來，咎愆不少……陛下若欲保全軾，則且勿大用之。」[41]因他的政敵雞蛋裡找骨頭，吹毛求疵，不斷攻擊，蘇軾對朝政頗為寒心，因此在十月六日再度請求外調，宣仁依然不准。就在這個時候，宣仁為了鼓勵蘇軾，讓他安心工作，特別告訴蘇軾他的進用跟別人無關，完全是她自己的主意。[42]十二月五日，監察御史楊康國抨擊蘇軾為學士院召試廖正一而出的試題論及王莽、曹操，設心不軌。蘇軾出個試題，說王莽、曹操的不是，有什麼不可以的地方，難怪宣仁不理會。二十八日，監察御史趙挺之跟進，不但論說蘇軾試題的不是，且攻擊人身，同時打擊他的弟子：

> 蘇軾專務引納輕薄虛誕，有如市井俳優之人以在門下，取其浮薄之甚者，力加論薦。前日十科，乃薦王鞏；其舉自代，乃薦黃庭堅。二人輕薄無行，少有其比。王鞏雖已斥逐補外，庭堅罪惡尤大，尚列史局……近日學士院策試廖正一館職，乃以王莽、袁紹、董卓、曹操篡漢之術為問……今二聖在上，

軾代王言，專引莽、卓、袁、曹之事，及求所以篡國遲速之術，此何義也！公然欺罔二聖之聰明，而無所畏憚，考其設心，罪不可赦。軾設心不忠不正，辜負聖恩，使軾得志，將無所不為矣。[43]

趙挺之上面的這段話，其實是針對他早年與蘇軾和黃庭堅個人的過節而發。當趙挺之還在德州做地方官的時候，當時他打算依附新黨，實施市易法。那時黃庭堅監管德安鎮，不願見到當地百姓受到新法的剝削，就反對說：「鎮小民貧，不堪誅求。」[44]事後當朝廷要把趙挺之調回京師升任館職的時候，蘇軾因此反對說：「挺之聚斂小人，學行無取，豈堪此選。」[45]趙挺之這時升任監察御史，因個人私憤，抓住機會，不論是非曲直，對蘇軾和他的門生儘量打擊。宣仁知道他是無理取鬧，自然也就沒怎麼理會。

元祐三年（1088）正月十六日，朝廷命蘇軾權知貢舉。十九日，王覿再參蘇軾一狀，舊調重彈，說蘇軾館職策題「縉紳見之，莫不驚駭」，[46]為人又「貪好權利」，[47]請求將蘇軾貶出朝廷；二月二日，監察御史趙挺之再藉貢舉一事批評蘇軾。[48]雖然他們的話宣仁都沒聽，蘇軾還是在三月上了〈乞罷學士除閒慢差遣劄子〉：

頃自登州召還，至備員中書舍人以前，初無人言。只從參議役法，及蒙擢為學士後，便為朱光庭、王巖叟、賈易、韓川、趙挺之等攻擊不已，以至羅織語言，巧加醞釀，謂之誹謗。未入試院，先言任意取人，雖蒙聖主知臣無罪，然臣竊自惟，蓋緣臣賦性剛拙，議論不隨，而寵祿過分，地勢侵迫，故致紛紜，亦理之當然也。臣只欲堅乞一郡，則是孤負聖知，上違恩旨；欲默而不乞，則是與臺諫為敵，不避其鋒，勢必不安。伏念臣多難早衰，無心進取，得歸丘壑以養餘年，其甘如薺。今既未許請郡，

臣亦不敢遠去左右，只乞解罷學士，除臣一京師閑慢差遣，如秘書監、國子祭酒之類，或乞只經筵供職，庶免眾人側目，可以少安。[49]

蘇軾為了暫避風頭，請求給他一個閒差，宣仁看了，當然還是不接受：

近因宣召，面奉聖旨：「何故屢入文字乞郡？」臣具以疾病之狀對。又蒙宣諭：「豈以臺諫有言故耶？兄弟孤立，自來進用，皆是皇帝與太皇太后主張，不因他人。今來但安心，勿恤人言，不用更入文字求去」。[50]

為了讓蘇軾安心工作，宣仁在四月四日夜宣召蘇軾到內東門小殿，撰寫呂公著同平章軍國事、呂大防、范純仁左右僕射的任命詞，事後跟他坦誠交談，強調宋朝皇室對他的信任：

是夕，軾對於內東門小殿。既承旨，太皇太后忽宣諭軾曰：「官家在此。」軾曰：「適已起居矣。」太皇太后曰：「有一事欲問內翰。前年任何官職？」軾曰：「汝州團練副使。」曰：「今何官？」曰：「臣備員翰林，充學士。」曰：「何以至此？」軾曰：「遭遇陛下。」曰：「不關老身事。」軾曰：「必是出自官家。」曰：「亦不關官家事。」軾曰：「豈大臣薦論耶？」曰：「亦不關大臣事。」軾驚曰：「臣雖無狀，必不敢有干請。」曰：「久待要學士知，此是神宗皇帝之意。當其飲食而停箸看文字，則內人必曰：『此蘇軾文字也。』神宗每時稱曰：『奇才，奇才。』但未及用學士而

上僊耳。」軾哭失聲。太皇太后與上左右皆泣。已而命坐賜茶，曰：「內翰直須盡心事官家，以報先帝知遇。」軾拜而出，撤金蓮燭送歸院。[51]

宣仁和蘇軾之間開誠布公懇切誠摯的對話，為中國史上罕見的感人的一頁。宣仁很顯然為他兒子神宗當初迫害蘇軾一事感到內疚。宣仁這時雖然身分等同君王，但是她不方便公開跟蘇軾說她兒子犯了錯誤，請蘇軾諒解，不要記恨，她只能婉轉的安慰蘇軾說，她兒子生前非常欣賞蘇軾的才華。她的話擊中蘇軾內心深處這些年來潛藏的委屈與痛苦，以往生與死的交戰，希望與絕望的對峙，在服刑期間，社會大眾對他無情的唾棄，諸種具有震撼效應的情懷，頓時又在蘇軾腦海中全部湧現出來，素來達觀開朗的蘇軾，此時情不自禁，在宣仁面前竟然失聲痛哭。宣仁看到蘇軾痛哭，內心因兒子神宗的錯誤而潛藏心中多年的歉疚感頓時加深，「久待要學士知」，同時她兒子因不慎犯了錯誤而在壯年喪失性命，以致讓宣仁在垂暮之年備嘗喪子之痛，一時無法控制自己的情緒也哭了出來。這種毫無保留的深摯感情的交通，在中國君臣關係的歷史上，可說絕無僅有。哲宗年幼，一看祖母哭了，大臣也哭了，想到他過世的父親，哀悽之感油然而生，也哭了起來。在這場激情的畫面中，哲宗深深感覺到他祖母和蘇軾之間特殊深摯的關係，日後長大成人，把他對祖母的仇恨也轉移到蘇軾身上，對蘇軾處以在元祐大臣中最為嚴厲的懲罰，起因在此。

宣仁對蘇軾越信任，蘇軾的政敵自然就越感到不安。詰詞一出，趙挺之又行攻擊，說蘇軾誹謗先帝。九月五日，蘇軾在經筵奏述「朝廷賞罰不明，舉措不當」，[52]執政因此對他更是懷恨，蘇軾提出辭呈，宣仁依然不允；[53]十月十七日，蘇軾再上一劄，堅乞一郡，宣仁還是不准。

元祐四年（1089）二月十五日，監察御史王彭年批評蘇軾在經筵講讀時，「密藏意旨以進姦說」，[54]

要求誅竄，宣仁不聽。正因宣仁信任蘇軾，蘇軾覺得他更應該鞠躬盡瘁，處處直言，他的政敵就因此更覺得惴惴不安，處處跟他故意為難。雖然宣仁心知蘇軾正直，但是他的政敵吸吸不休，糾纏不止，宣仁再有耐心，也不會不覺得有些煩心；而就蘇軾個人來說，他這時四面楚歌，動輒得咎，什麼事也不能放手去做，宣仁雖說信任他，他知道宣仁對他的寵信，並沒像神宗對王安石那般深固，遲早他可能遭害：

> 臣自度受知於陛下，不過如蓋寬饒之於漢宣帝，劉洎之於唐太宗也。而讒臣者，乃十倍於當時，雖陛下明哲寬仁，度越二主，然臣亦豈敢恃此不去，以卒蹈二臣之覆轍哉！且二臣之死，天下後世，皆言二主信讒邪而害忠良，以為聖德之累。使此二臣者，識幾畏漸，先事求去，豈不身名具泰，臣主兩全哉！臣縱不自愛，獨不念一旦得罪之後，使天下後世有以議吾君乎？昔先帝召臣上殿，訪問古今，敕臣今後遇事即言。其後臣屢論事，未蒙施行，乃復作為詩文，寓物托諷，庶幾流傳上達，感悟聖意。而李定、舒亶、何正臣三人，因此言臣誹謗先帝，則是以白為黑，以西為東，殊無近似者。臣以此知挺之險毒甚於李定、舒亶、何正臣，而臣之被讒甚於蓋寬饒、劉洎也。[55]

同時蘇軾內心覺得與其在朝廷浪費時間精力，跟他的政敵做無謂的紛爭還不如外調，在地方上他還可以施展一些政治抱負，幫助平民。因此蘇軾連續請郡。在蘇軾堅持請求外調之後，宣仁也不再阻止，終於在三月十六日，讓蘇軾以龍圖閣學士知杭州的身分離開朝廷。[56]

第二十四章　重返杭州

元祐四年（1089）四月三日，給事中趙君錫心知宣仁對蘇軾的優寵，這時為了討好宣仁和蘇軾，特別上疏，讚揚蘇軾，說「軾之文追攀六經，蹈藉班、馬，自成一家之言，國家以來，惟楊億、歐陽修及軾數人而已。中間因李定、舒亶輩挾私媢嫉，中傷以事，幾陷不測，賴先帝聖明，卒得保全。洎二聖臨朝，首被拔用，軾亦感激非常之遇，知無不言，言之可行，所補非一。故王人畏憚，為之消縮，公論倚重，隱如長城，誠國家雄俊之寶臣」，[1] 請求朝廷收還蘇軾所除新命，讓蘇軾繼續留在京師。雖然宣仁這時沒有改變她的成命，蘇軾對趙君錫卻是心存感激，誤以為趙君錫是個正人君子，日後吃了他的大虧，下文會再提及。

七月三日，蘇軾抵達杭州。到了杭州以後，蘇軾須要處理的第一件大事就是有關上供京師所需的綢絹問題。在蘇軾到任前，杭州繳納京師的綢絹，長期以來受到當地無賴顏章、顏益兄弟的幕後操控。每年夏天，當地平民以綢絹來償還他們春天向官府借貸的金錢時，顏氏兄弟便唆使他們以粗製濫造的綢絹來上繳官府，脅迫官府的檢收人員接受他們品質低劣的製品。蘇軾到任後，要求認真執行檢查綢絹的質料，顏氏兄弟滿心以為蘇軾與前任官員是一丘之貉，毫不在意，依照往例，叫檢查人員的家屬代繳大家的劣質綢絹，結果這次官府退回不收，顏氏兄弟便聚眾滋事，脅迫官府：

臣自入境以來，訪聞兩浙諸郡，近年民間例織輕疏糊藥紬絹以備送納，和買夏稅官吏，欲行揀擇，而

姦猾人戶及攬納人遞相扇和，不納好絹。致使官吏無由揀擇，期限既迫，不免受納。歲歲如此，習以成風。故京師官吏軍人，但請兩浙衣賜，皆不堪好。上京綱運，歲有估剝，日以滋多。去年估剝至九千餘貫，元納專典枷鎖鞭撻，典賣竭產，有不能償。姑息之弊，一至於此。

臣自到郡，欲漸革此弊，即指揮受納官吏，稍行揀擇。至七月二十七日，有百姓二百餘人，於受納場前，大叫數聲，官吏軍民，並皆辟易。遂相率入州衙，詣臣喧訴。臣以理喻遣，方稍引去。臣知此數百人，必非齊同發意，當有兇奸之人，為首糾率。密行緝探。當日據受納官仁和縣丞陳皓狀申，有人戶顏巽男顏章、顏益納和買絹五疋，並是輕疏糊藥，丈尺短少，以此揀退。其逐人卻將專典拑撮及與攬納人等數百人，對監官高聲叫啾，奔走前去。臣即時差人捉到顏章、顏益二人，枷送右司理院禁勘。只至明日，人戶一時送納好絹，更無一人敢行喧鬧。[2]

顏章、顏益的父親也是一個無賴，原為官府僱用的文書人員，後因受賄幫人逃稅被判刑，服刑期間以欺騙伎倆獲得開釋，獲釋後再度犯案被判刑，可說前科累累，怙惡不悛。有其父必有其子，顏章、顏益在受到蘇軾警告之後，仍然毫無悔意，如果照一般條例處理，他們只會遭到非常輕微的懲罰，而在被輕微懲罰完畢以後，他們勢必會故伎重施，再度脅迫官府，如此沒完沒了，問題只會變得越來越嚴重。蘇軾當機立斷，他覺得唯一有效的解決之道，就是加重刑罰，法外刺配顏章、顏益，希望他們能吸取教訓，往後不再犯案。為此一決定，蘇軾願意付出他自己違背條例被朝廷懲罰的後果，因此他寫了一篇奏摺，〈奏為法外刺配罪人待罪狀〉，請求朝廷懲罰他對顏章、顏益法外用刑的舉動：

續據右司理院勘到顏章、顏益，招為本家有和買紬絹共三十七疋，章等為見遞年例只是將輕疏糊藥紬絹納官，今年本州為綱運估剝數多，以此指揮要納好絹。章等既請和買官錢每疋一貫，不合將低價收買昌化縣輕疏糊藥短絹納官，其顏章又不合與兄顏益商量，若或揀退，即須拑撮專揀，扇搖眾戶，叫嗷投州，嚇脅官吏，令只依遞年受納不堪紬絹，尋將買到輕疏糊藥短絹五疋，付揀子家人翁誠納官。尋被翁誠覆本官揀退。章等既見眾戶亦有似此輕疏短絹，多被揀退，尋拑撮翁誠叫屈。顏益在後用手推翁誠，令顏章拑去投州，即便走出三門前，叫屈二聲，跳出欄干，將兩手擡起，喚眾戶扇搖叫嗷，稱一時投州去來。眾戶約二百餘人，因此亦一時叫嗷相隨，投州衙喧訴。臣尋體訪得顏章、顏益係第一等豪戶顏巽之子。巽先充書手，因受贓虛消稅賦，刺配本州牢城，尋即用倖計搆胥吏、醫人，托患放停，又為詐將產業重疊當出官鹽，刺配滁州牢城，依前託患放停歸鄉。父子奸兇，眾所畏惡。下獄之日，閭里稱快。

謹按顏益、顏章以匹夫之微，令行於眾，舉手一呼，數百人從之，欲以眾多之勢，脅制官吏，必欲今後常納惡絹，不容臣等少革前弊，情理巨蠹，實難含忍。本州既已依法決訖。臣獨判云：「顏章、顏益，家傳兇狡，氣蓋鄉閭。故能奮臂一呼，從者數百。欲以搖動長吏，脅制監官。蠹害之深，難從常法。已刺配本州牢城去訖。」仍以散行曉示鄉村城郭人戶，今後更不得織造輕疏糊藥紬絹，以備納官。庶幾明年全革此弊。伏望朝廷詳酌，備錄臣此狀，下本路轉運司，遍行約束曉示。所貴今後京師及本路官吏軍人，皆得堪好衣賜，及受納專副，不至破家陪填。所有臣法外刺配顏章、顏益二人，亦乞重行朝典。[3]

在中國講究不得罪人，得過且過的官場中，蘇軾不但不考慮得罪不得罪人的後果，甚至為了徹底解決問題，而寧願自己受罰，這是非常罕見，幾乎是不可思議的事。日後蘇軾的政敵在這件事上大做文章，對他進行嚴厲的攻擊，蘇軾為此付出不小的代價，在中國傳統的官場中，一個官員如果要真正徹底解決一個重大的問題，他就得隨時準備犧牲自己，而蘇軾從他早年開始，就已經做了此一必要的決定。

在處理完收受劣質綢絹的問題以後，蘇軾將主要的注意力轉移到幫助地方百姓改善貧苦生活的事項上。當年浙江西部春季淹水，接著夏秋時節又逢乾旱，嚴重影響種植，農作物勢必減產，如不及時採取措施，大饑荒勢必發生。十一月四日，蘇軾因此上〈乞賑濟浙西七州狀〉，指出兩浙災情嚴重，請求朝廷拯救饑民，暫時不要向民間徵收賦稅：

勘會浙西七州軍，冬春積水，不種早稻，及五六月水退，方插晚秧，又遭乾旱，早晚俱損，高下並傷，民之艱食，無甚今歲。見今米㪷九十足錢，小民方冬已有饑者。兩浙水鄉，種麥絕少，來歲之熟，指秋為期，而熟不熟又未可知。深恐來年春夏之交，必有饑饉盜賊之憂。本司除已與提、轉商量多方擘畫準備外，有合申奏事件，謹具畫一如左。

轉運司來年合發上供額斛及補填舊欠共一百六十餘萬碩，本路錢物，大抵空匱，刬刷變轉不行，官吏急於趁辦，務在免責，催迫賦租，督促欠負，鉗束私酒漏稅之類，必倍於平日，饑貧之民，無路逃死，必將聚為盜賊。又緣上供額斛數目至廣，都未有備。見今逐州廣行收糴，指揮嚴緊，官吏不免遮攔，米穀添價貴糴，以此斛㪷涌貴，小民乏食。欲望聖慈愍此一方遭罹。熙寧中饑疫，人死大半，至今城市寂寥，少欠官私逋負，十人而九，若不痛加賑恤，則一方餘民，必在溝壑。今來亦不敢望朝廷

別賜錢米，但只寬得轉運司上供年額錢斛，則官吏自然不行迫急之政，而民自受賜矣。乞出自宸斷，來年本路上解錢斛，且起一半或三分之二，其餘候豐熟日，分作二年，隨年額上供錢物起發，所貴公私稍獲通濟……

見今逐州和糴常平斛㪷及省倉軍糧，又糴封樁錢、上供米，名目不一。官吏各務趁辦，爭奪相傾，以此米價益貴。伏望聖慈速賜勘會，如在京諸倉，不待此米支用，即令提、轉疾速契勘逐州，如省倉不闕軍糧，常平糴散有備外，更不得收糴。所貴米價稍平，小民不至失所。

浙中自來號稱錢荒，今者尤甚。百姓持銀絹絲綿入市，莫有顧者。質庫人戶，往往晝閉，若得官錢三二十萬，散在民間，如水救火。欲乞指揮提、轉令將合發上供錢，散在諸州稅戶，令買金銀紬絹充年額起發。

自來浙中奸民，結為群黨，興販私鹽，急則為盜。近來朝廷痛減鹽價，最為仁政。然結集興販，猶未甚衰。深恐饑饉之民，散流江海之上，群黨愈眾，或為深患。欲乞朝廷指揮，應盜賊情理重者，及私鹽結聚群黨，皆許申鈐轄司，權於法外行遣，候豐熟日依舊。所貴彈壓奸慝，有所畏肅。

右謹件如前。勘會熙寧中兩浙饑饉，是時米㪷二百，人死大半，父老至今言之流涕。今來米㪷已及九十，日長炎炎，其勢未已，深可憂慮。伏望仁聖哀憐，早行賑恤。今來所奏，一一並是詣實。伏乞詳酌，速賜指揮。[4]

蘇軾解釋說杭州的老百姓陷入困境有多重原因，一是歷史性的，早在熙寧年間，因實施新法，當地的老百姓備受剝削，「人死大半」，遺害久遠，一直到蘇軾治理杭州的時候，絕大多數的老百姓仍然在償還積欠

官府或私人的債務，「至今城市寂寥，少欠官私逋負，十人而九。」第二是自然因素，杭州地區水旱相仍，導致老百姓無法及時耕種，嚴重影響收成。第三是管理的問題，各地的稅務官員為了達成徵收稻米的任務，以高價收購民間儲存的稻米，市場上的稻米價格因此大幅度上升，造成一般饑民無法購買日常生活所需的糧食。為解救杭州地區的災情，蘇軾建議朝廷分兩年徵收賦稅，第一年先徵收一半或三分之二的賦稅，第二年徵收餘額，如此不僅朝廷仍然擁有足夠的糧食供應所需，民間也可以得到喘息的機會。同時，蘇軾建議朝廷調查政府各地的米倉，如各地米倉貯存尚豐，朝廷即可下令暫時禁止杭州地區的官員向民間購買米糧，促使米價下跌，饑民有能力購米餬口。此外，杭州地區缺錢，老百姓有銀絹絲綿而無法兌換現錢，蘇軾請求朝廷准許杭州地區的稅務官員購買民間的金銀綢絹，用來充當老百姓須要繳納的稅錢，以解除錢荒。最後，蘇軾請求朝廷在杭州糧食情勢緊急之時，准許杭州的官府對走私食鹽情節重大的盜賊從重量刑，避免饑民挺而走險，加入走私食鹽的盜賊的行列。蘇軾替浙江的老百姓說話，如同自己身遭災禍一般，關切之情，躍然紙上。他在描寫熙寧期間新法對民間所造成的傷害，所謂「人死大半，至今城市寂寥」，更難免讓讀者起哀淒之感。

當蘇軾忙著地方上的事務時，宋朝的深宮裡發生了一件不可告人的事，對日後宋朝政治的走向有相當深遠的影響，同時也涉及到蘇軾的未來。此一齣深宮戲劇的主角是年少的皇帝，主題是色。哲宗當時雖然才十三歲，但是跟宮中的女婢已經有了曖昧的關係。這件事是當時任左諫議大夫的劉安世在一個很偶然的情況之下發現的。劉安世因為替他嫂子找乳母找了月餘都找不著，很生氣就把辦事的老婦人罵了一頓。那個老婦人解釋說：「非敢慢也，累日在府司，緣內東門要乳母十人，今日方入了。」[5]劉安世聽了嚇了一跳，不信，就說她胡說：「汝言益妄。上未納后，安有此？」那個老婦人進一步解釋說是：「內東門指

揮，令府司責軍令狀，無泄漏。」劉安世聽了還是不太相信，正好府司管事的人跟他相識，他就寫了一個條子詢問事情的真相。那個管事的人不敢多說，只在條子的後邊寫上「如所論」三個字。原先哲宗一個月左右都沒上課，劉安世就已經覺得有點蹊蹺，此時經旁人點明，恍然大悟，方才知道是跟女色有關，因此上了一個奏摺，說哲宗因女孩子逃課不是一件好事：

> 臣伏自前月末聞傳聖旨，權罷講筵。是時近興龍節（十二月二十八），意謂將有燕饗，是以暫輟邇英之幸，用成慶禮。今復半月，別無政事，亦非有前歲大雪苦寒之故，而勸講之臣久不得望見清光，臣固已疑之矣。迺者民間喧傳禁中見求乳母，臣竊謂陛下富於春秋，尚未納后，紛華盛麗之好，必不能動蕩淵衷，雖聞私議，未嘗輒信。近日傳者益眾，考之頗有實狀……乃謂陛下稍疏先王之經典，浸近後庭之女寵，此聲流播，實損聖德。[6]

皇帝年紀輕輕的，照現在的學制來說，小學畢業沒多久就跟女孩發生了曖昧的關係，同時也讓女孩懷孕，這種緋聞在注重貞操的中國傳統社會中，當然會不脛而走。哲宗的老師范祖禹自然也聽到了有關的閒言閒語，就在十二月二十三日上書給哲宗，勸他保重身體：

> 臣自今秋聞外人言，陛下於後宮已有所近幸，臣初聞之，不以為信，數月以來，傳者益多，或云已有懷娠將育者……今陛下未建中宮，而先近幸左右，好色伐性，傷於太早，有損聖德，無益聖體，此臣之所甚憂也……臣聞仁宗未納后已前，未嘗近幸後宮，是以氣體康實，在位最久。臣今觀陛下氣怯，

恐不如仁宗少時，豈可不愛惜聖體哉……陛下若好德，則賢人皆動其心，欲助陛下之德，而圖天下治安，故於陛下有益；陛下如好色，則小人皆動其心，欲奉陛下之欲，而圖一身之富貴，故於陛下有損。賢人進則治，小人進則亂。人君所好，不惟繫一身之損益，實係天下治亂，不可不謹。陛下於此二者，將何擇焉？[7]

范祖禹推測得沒錯，日後哲宗親政，小人紛紛出籠，政治腐化。哲宗他自己因為過早及過度親近女色的關係，身體虛弱，當政不過七年就一命嗚呼，死的時候才二十四歲。范祖禹除了上書給哲宗以外，也給宣仁上了一個奏摺，勸宣仁盡督導她孫子的責任：「皇帝今年十四，其實猶十三歲。千金之家，有十三歲之子，猶不肯使近女色，而況於萬乘之主乎？陛下愛子孫而不留意於此，非愛子孫之道也。」[8]

宣仁看到了劉安世和范祖禹的奏摺，覺得事情不好公開，也不能鬧大，因此就跟宰相呂大防說她夜晚一般都是讓哲宗睡在她旁邊的房間裡，找乳母的事跟哲宗無關，而是因為神宗有一兩個小女兒還在吃奶，所以需要找乳母。宣仁同時請呂大防去跟劉安世說，叫他不要再上摺子了。呂大防回答說他是一個宰相，於法不能跟御史臺的劉安世私下商談公事。宣仁問他怎麼辦，呂大防就建議他去跟范祖禹說，請范祖禹傳話給劉安世，宣仁表示同意，結果這件事就在朝廷被宣仁攔截下來而不了了之。

宣仁叫大臣不要談這件事，自然是為了保護哲宗。但是她也不能讓這件事再繼續發展下去，要不然以後如果出了事，大臣再說，她的謊言被揭穿，在朝也沒面子。因此宣仁派人調查個中情形，希望能阻止哲宗不正規的行為。哲宗這時說大不大，說小也不小，他的理智還沒發展到能夠完全瞭解他祖母保護他的苦心，但是他的記憶力卻已經好到能夠在長大成人以後，還非常清晰地記得他祖母處理他縱慾一事時嚴峻的

態度。據哲宗親政以後回憶，宣仁調查這件事，當時讓他產生非常恐怖的感覺：「元祐初，太皇太后遣宮嬪在朕左右者，凡二十人，皆年長。一日，覺十人者非素使令，頃之，十人至，十人還，復易十人去，其去而還者，皆色慘沮，若嘗泣涕者。朕甚駭，不敢問，後乃知因劉安世上疏，太皇太后詰之。」[9] 宣仁在調查清楚以後，就把跟哲宗發生過關係的劉氏女婢打了一頓。宣仁保護她孫子的措施，雖說用心良苦，但是哲宗自此在正式成親以前，不能再任意親近女色，色慾受阻，而且他心愛的女孩——日後哲宗親自冊立的皇后——又被他祖母叫人打了，從此他對祖母便懷恨在心。日後哲宗親政，在報復心理作祟之下，意氣用事，全盤否定他祖母的施政措施，改行新法，把她所任用的大臣幾乎全部貶謫外地，起因實在於此。

歷來學者都以為哲宗對他祖母所以有仇視的心理，是因為他在祖母攝政期間遭到冷落。蔡絛在《鐵圍山叢談》中就是持這種說法：

哲宗即位甫十歲，於是宣仁高后垂簾而聽斷焉。及寖辰，未嘗有一言。宣仁在宮中，每語上曰：「彼大臣奏事，乃胸中且謂何，奈無一語耶？」上但曰：「娘娘已處分，俾臣道何語？」如是，益恭默不言者九年。時又久已納后，至是上年十有九矣，猶未復辟。一旦宣仁病且甚，尚時時出御小殿，及將大漸，謂大臣曰：「太皇以久病，懼不能自還，為之奈何？」大臣同辭而奏：「願供張大慶殿。」宣仁未及答，上於簾內忽出聖語曰：「自有故事。」大臣語塞，既趨下，退相視曰：「我輩其獲罪乎？」翌日，自上命軸簾，出御前殿，召宰輔，諭太皇太后服藥，宣赦天下。不數日，宣仁登仙，上始親政焉。上所以銜諸大臣者，匪獨坐變更，後數數與臣僚論昔垂簾事曰：「朕只見臀背。」魯公頃為予道之，亦深嘆哲廟之英睿也。[10]

哲宗祖母處理政事，哲宗在一旁觀看聆聽，雖然對政事不表示任何意見，也不做什麼決定，但他是「二聖」[11]之一，應該是不會像歷來學者所說的備受輕視。李一冰沿襲《鐵圍山叢談》的說辭，再加渲染，聲稱哲宗受到宣仁大臣惡意的對待：「況自正位以來，太皇太后垂簾聽政，朝廷大臣，都當他是個不足論事的孩子，實際政務，非但沒有讓他插手，甚至並不向他關白，即使指事垂詢，大臣也不具對……宣仁太后曾在宮中問他說：『大臣奏事，乃胸中且謂何，奈無一語耶？』」[12]其實，這種說法不一定可靠，應屬無稽之談。首先，宣仁左右的大臣一般都是知道遵行禮法的人，哲宗雖小，但畢竟是個皇帝，就禮節上來說，他們是不可能跟皇帝惡臉相向的。另外，那些大臣跟小皇帝同樣清楚，再過幾年宣仁去世，天下就是小皇帝的了，為了他們自身的利害，那些大臣絕對不會、不敢、也不可能對哲宗表示不敬。上文提到過程頤一聽到皇帝咳嗽就馬上上前獻殷勤，噓寒問暖，問得一些大臣難免會有些嫉妒之情，而說他有諂諛之嫌；宣仁夜晚跟蘇軾交代公事，問蘇軾跟哲宗打招呼沒有，蘇軾說他早已請過安。邵伯溫在《邵氏聞見錄》中寫道：「元祐初，哲宗幼沖，起文潞公以平章軍國重事……潞公對上恭甚．進士唱名，侍立終日，上屢曰：『太師少休。』公頓首謝，立不去，時公年九十矣。」[13]從這些例子來看，那些大臣只可能對皇帝過分恭敬，要培養跟小皇帝的關係都還來不及，怎麼可能會不知好歹死活地去蔑視他。況且當時的大臣上奏摺，常常都是給宣仁和哲宗各上一份，絕不可能有哲宗「指事垂詢，大臣也不具對」惡意蔑視哲宗的現象。《鐵圍山叢談》指出宣仁她自己就希望哲宗參預政務，她應該不會允許大臣對哲宗有「不具對」的行為舉止。《宋史》記載宣仁在攝政期間跟她孫子哲宗的關係時，也讚許她對哲宗有非常尊重的態度：

廷試舉人，有司請循天聖故事，帝后皆御殿，后止之。又請受冊寶於文德，后曰：「母后當陽，非國

家美事，況天子正衙，豈所當御？就崇政足矣。」上元燈宴，后母當入觀，止之曰：「夫人登樓，上必加禮，是由吾故而越典制，於心殊不安。」但令賜之燈燭，遂歲以為常。[14]

宣仁並沒因為自己掌握大權便不把哲宗看在眼內，相反的，她處處為她孫子著想，反對大臣對她有阿諛不當的舉動，盡心維護哲宗的天子形象。基於上述的因素，蔡絛在《鐵圍山叢談》中有關哲宗對他祖母所以產生仇視心理的解釋，並不可靠。

蔡絛是北宋誤國大奸臣蔡京的季子，徽宗宣和六年（1124），蔡京第四度入相，當時他年邁衰老，無法辦事，一切重大事務都交給蔡絛去處理，父子狼狽為奸，陷害忠良：「京至是四當國，目昏眊不能事事，悉決於季子絛。凡京所判，皆絛為之，且代京入奏。」[15] 蔡絛秉承徽宗和他父親蔡京的旨意，執行反元祐的政策，有必要附和哲宗無中生有，與哲宗一起刻意污衊宣仁及那些有原則的元祐臣子，為新黨臉上貼金。雖然徽宗和蔡京父子早已被歷史唾棄，但是當初他們會同哲宗和徽宗毀詆忠良的思想言論在他們死後卻仍然殘存至今，支配學術界的言論，這是不能不澄清的重大史實。

其實，哲宗是一個平庸的皇帝，他不像他父親那麼勤政，為了女色，他能夠一個月都不上課，這顯示他確是一個好色而不是一個勤於治事的人。哲宗親政以後，重要的政事幾乎全是他的大臣決定，他自己一般沒有什麼主見：「上首肯而已。」[16] 宣仁問他為什麼不表達意見，哲宗對他祖母的答話：「娘娘已處分，俾臣道何語？」應該不是像一般學者所說的是負氣話，而是哲宗求生的一種反應。他顯然希望避免跟他祖母起衝突，如果他參政，一旦意見跟他祖母不合而衝犯了她，對他當然不利。所以他決定耐心等幾年，等他祖母死了，他就可以為所欲為了。另外，他跟他祖母說的更可能的還是實話；他祖母幫他處理繁

雜的政務，只要他能夠沉迷於聲色之中，他樂得天天不上課，天天不聽政，管那些惱人的政務做什麼，中國歷來的皇帝大多如此，哲宗可能在小學的年齡，就已經沉迷在女色當中，所以更不可能是個例外，哲宗的弟弟徽宗倣法他哥哥，變本加厲，以致亡國。就上述的這些因素來看，哲宗對他祖母有敵意主要應該不是他祖母不讓他做政務的決定，而是他祖母不讓他無限制地沉迷在女色之中。

宣仁為人「嚴肅」，[17]她對她孫子不聽她的管教，那麼早就背著她私下親近女色，顯然不滿，所以在處理那件事的時候，對她孫子不假顏色，真把哲宗給嚇壞了；如果她對哲宗親近女色的立場不是那麼嚴峻的話，筆者以為他對他祖母應該不會有那麼深的敵意。哲宗長大成人以後，對他祖母仇恨的真正的理由——阻止他沉迷於女色——當然不好說，也不能說，所以就用「只見臀背」來解釋他實施報復政策的原因。

上文說到范祖禹給宣仁、哲宗各上了一道摺子，規勸哲宗不要沉迷於女色，哲宗自然沒有理會。范祖禹在上了摺子三個多星期以後，大概覺得宣仁在處理哲宗親近女色這件事上不夠圓滿，因此想到了蘇軾，如果蘇軾在朝得知此事，他應該絕對不會讓它不了了之的。於是元祐五年（1090）一月十九日，范祖禹上了一道劄子，請求召還蘇軾：「臣伏見知杭州蘇軾文章為時所宗，名重海內，陛下所自拔擢，不待臣言可知。臣竊觀軾忠義許國，遇事敢言，一心不回，無所顧望……豈宜使之久去朝廷？況軾在經筵，進讀最為有補，臣愚伏望聖慈早賜召還。」[18]宣仁處理她孫子的事情已經夠她煩心的了，現在聽范祖禹說要召還蘇軾，如果蘇軾在朝又追究下去，那還得了。所以她對范祖禹的建議也就不做什麼反應，仍舊繼續讓蘇軾在杭州做他的知州。

第二十五章　杭州德政

蘇軾人在杭州，忙著地方上的事務，為民請命，不遺餘力。他在上了〈乞賑濟浙西七州狀〉三個月以後，接著請求朝廷賜給度牒二百道以拯救饑荒。當時朝廷批下三百道度牒給包括杭州在內的東南地區，結果兩浙轉運使葉溫叟在收到度牒以後，不顧地方上實際的需要，擅自主張，只分給杭州三十道度牒。元祐五年二月十八日，蘇軾因此上疏說兩浙轉運史葉溫叟分配度牒不公，對杭州的救災行動勢必會造成沉重的打擊：

今月十七日，准轉運使葉溫叟牒杭州，准尚書禮部符，准元祐五年正月二十六日敕，勘會兩浙、淮南路，見係災傷，民間穀價湧貴，雖已降指揮，截撥上供斛㪷出糶，及依條賑恤外，竊慮所用斛㪷數多，不能周足，牒奉敕各出給空名度牒三百道，付逐路轉運、提刑、鈐轄司，分擘與災傷州、軍，召人入納斛㪷或見錢，糴入官司封樁及諸色斛㪷，添助賑濟支用者……臣看詳上件敕旨，為兩浙、淮南路災傷，各出給空名度牒三百道，付逐路轉運、提刑、鈐轄司，分擘與災傷州、軍。轉運司既受上件敕旨，即合與提刑及浙東西兩路鈐轄司商量分擘，仍須參用各州郡大小，戶口眾寡，及災傷分數，品配合得道數，依公分擘。今來轉運使葉溫叟，因出巡蘇、秀等州，在路受得上件敕旨，便敢公然違戾，更不計會提刑及兩路鈐轄司，亦不與轉運判官張璹商議，便一面擅行分擘，內杭州只得三十道。[1]

蘇軾說按照慣例，轉運史葉溫叟在接到聖旨以後，理當諮詢有關單位人員，包括轉運判官、提刑及浙東西兩路鈐轄司，根據實際災情做合理的分配。結果葉溫叟專斷獨行，既不諮詢有關人員，又不依據實際災情，擅做主張，隨一己私意胡亂分配，結果杭州申請兩百道度牒，只分得三十道。蘇軾繼續解釋葉溫叟分配給杭州的數額，對杭州的救災行動所造成的重大問題：

竊緣杭州城內，生齒不可勝數，約計四五十萬人。裡外九縣主客戶口，共三十餘萬。今來檢放水旱，雖只計一分六厘，又緣杭州自來土產米穀不多，全仰蘇、湖、常、秀等州般運斛㪷接濟，若數州不熟，即杭州雖十分豐稔，亦不免為饑年。自去歲十月以後，米價湧長，至每㪷九十足錢。近歲浙中難得見錢，每㪷九十，便比熙寧以前百四五十，因糶常平米，每日不下五六萬人爭糴，方免餓殍。今來聖恩優恤，一路委自提、轉及兩路鈐轄司分擘度牒，而溫叟獨出私意，只分與杭州三十道。內潤州人戶，比杭州十分纔及一二，卻分得一百道，其餘多少任情，未易悉數。致杭州百姓，例皆咨怨，將謂聖恩偏厚潤州，不及杭州。不知自是溫叟公違敕旨，任情分擘，須至奏陳者……

臣竊原聖意，蓋謂提刑專主賑濟，鈐轄司專管災傷盜賊，故令轉運司與兩司同共相度分擘。今溫叟並不計會兩司及轉運判官，直自一面任意分擘，牒送諸州，更不關報鈐轄司。臣忝為侍從，出使一路，溫叟似此凌蔑肆行，臣若不言，必無人更敢論列。況杭州見今裡外一十九處開場糶米，糴者如雲，雖寄居待闕官員，亦行差請。杭人素來驕奢，本以糴官米為恥，若非饑急，豈肯來糴？此皆溫叟與諸監司所共目睹。今來只分三十道，深駭物聽……

臣已牒轉運司，請細詳上件朝旨，計會提刑、鈐轄司，依公分擘去訖。深慮溫叟未肯聽從，縱肯聽

從，不過量添三二十道，亦是支用不足。伏望聖慈體念杭州元奏缺米三萬石，本乞度牒二百道，方稍足用，今來不敢更望上件數目，只乞特賜指揮於三百道內支一百五十道與杭州。況其餘州、軍，元無奏請缺米去處，將其餘一百五十道分與，亦無缺事。伏乞早賜指揮，所貴災傷之民，均受聖澤，不至以一夫私意，專制多少。謹錄奏聞，伏候敕旨。

貼黃。杭州元奏缺米三萬石，乞度牒二百道。今來轉運使只與三十道。潤州元不奏缺米，顯是常平錢米足用，今來卻與一百道，深駭物聽。乞朝廷詳酌。諸州元無奏請缺米去處，若依臣所奏，分與一百五十道，已出望外。杭州若得一百五十道，猶未足用，乞自聖旨分擘施行。若只下本路，其轉運使葉溫叟，必是遂非，不肯應副。[2]

杭州城的人口在蘇軾做知州的時候大約有四、五十萬，附近九個縣的人口也約有三十萬，合起來近百萬之數，「百萬生聚」，[3]潤州人口只有杭州的十分之一、二，杭州的災情嚴重，而潤州卻不缺什麼米糧，結果葉溫叟分給了潤州一百道度牒，只給杭州三十道，而且別的地方沒申請度牒，葉溫叟也分給它們一些，這難免會讓蘇軾覺得葉溫叟辦事如同兒戲，勢必造成杭州糧食不足的情況，最後導致饑荒。葉溫叟雖說是蘇軾的上司，為了解救杭州的饑荒，蘇軾只好冒著跟他起個人衝突的危險，據理抗爭，「臣若不言，必無人更敢論列」，上書朝廷要求絕對要多給杭州一些度牒。朝廷看蘇軾的奏摺言之有理，不好不允許他的請求，就把分給杭州的度牒從三十增加到一百道以救饑荒。[4]

除了救饑以外，蘇軾在杭州也設立安樂坊，命醫官為患者治病，「活者甚眾」。[5]接著在四月二十九

日，蘇軾又上疏陳述西湖迅速堙塞的問題，請治西湖：

杭州之有西湖，如人之有眉目，蓋不可廢也。唐長慶中，白居易為刺史。方是時，湖溉田千餘頃。及錢氏有國，置撩湖兵士千人，日夜開浚。自國初以來，稍廢不治，水涸草生，漸成葑田。熙寧中，臣通判本州，則湖之葑合，蓋十二三耳。至今纔十六七年之間，遂堙塞其半。父老皆言十年以來，水淺葑合，如雲翳空，倏忽便滿，更二十年，無西湖矣。使杭州而無西湖，如人去其眉目，豈復為人乎？[6]

蘇軾以為從當時堙塞的速度來看，如果不設法浚湖，西湖可能在二十年內就會消失，問題可說相當緊急，而西湖對當地的生計來說有不可或缺的重要性：

臣愚無知，竊謂西湖有不可廢者五。天禧中，故相王欽若始奏以西湖為放生池，禁捕魚鳥，為人主祈福。自是以來，每歲四月八日，郡人數萬會於湖上，所活放羽毛鱗介以百萬數，皆西北向稽首，仰祝千萬歲壽。若一旦堙塞，使蛟龍魚鱉同為涸轍之鮒，臣子坐觀，亦何心哉！此西湖之不可廢者，一也。杭之為州，本江海故地，水泉鹹苦，居民零落，自唐李泌始引湖水作六井，然後民足於水，井邑日富，百萬生聚，待此而後食。今湖狹水淺，六井漸壞，若二十年之後，盡為葑田，則舉城之人，復飲鹹苦，其勢必自耗散。此西湖之不可廢者，二也。白居易作〈西湖石函記〉云：「放水溉田，每減一寸，可溉十五頃；每一伏時，可溉五十頃。若蓄泄及時，則瀕河千頃，可無凶歲。」今歲不及千

頃，而下湖數十里間，茭菱穀米，所獲不貲。此西湖之不可廢者，三也。西湖深闊，則運河可以取足於湖水。若湖水不足，則必取足於江潮。潮之所過，泥沙渾濁，一石五斗。不出三歲，輒調兵夫十餘萬工開浚，而河行市井中蓋十餘里，吏卒搔擾，泥水狼籍，為居民莫大之患。此西湖之不可廢者，四也。天下酒稅之盛，未有如杭者也，歲課二十餘萬緡。而水泉之用，仰給於湖，若湖漸淺狹，水不應溝，則當勞人遠取山泉，歲不下二十萬功。此西湖之不可廢者，五也。[7]

蘇軾知道宣仁有憐憫的心腸，因此首先就皇室崇信佛教放生祈福的施為來做文章，他說西湖是民眾為皇室祈福放生之所，如西湖消失，民眾此後不能為皇室放生祈福，對皇室福祉的影響不言可喻。在論及皇室的福祉以後，蘇軾再就飲水、農作物、運輸及釀酒四個重要的有關國計民生的問題，來陳述西湖不可磨滅的重要性。接下來，蘇軾非常小心的讚述皇室對民間疾苦的關懷與濟助，然後由皇室的恩典談到人民的需要：

臣以侍從，出膺寵寄，目睹西湖有必廢之漸，有五不可廢之憂，豈得苟安歲月，不任其責。輒已差官打量湖上葑田，計二十五萬餘丈，度用夫二十餘萬功。近者伏蒙皇帝陛下、太皇太后陛下以本路饑饉，特寬轉運司上供額斛五十餘萬石，出糶常平米亦數十萬石，約敕諸路，不取五穀力勝稅錢，東南之民，所活不可勝計。今又特賜本路度牒三百，而杭獨得百道。臣謹以聖意增價召人入中，米減價出糶以濟饑民，而增減耗折之餘，尚得錢米約共一萬餘貫石。臣輒以此錢米募民開湖，度可得十萬功。自今月二十八日興工，農民父老，縱觀太息，以謂二聖既捐利與民，活此一方，而又以其餘棄，興久

> 廢無窮之利，使數千人得食其力以度此凶歲，蓋有泣下者。臣伏見民情如此，而錢米有限，所募未廣，葑合之地，尚存大半，若來者不嗣，則前功復棄，深可痛惜。若更得度牒百道，則一舉募民除去淨盡，不復遺患矣。[8]

開浚西湖為杭州的貧民提供了不少就業的機會，使得他們在荒年能不缺衣食，蘇軾說他已經開始了治湖的工作，「使數千人得食其力以度此凶歲」，這對一些人來說是救命之舉，因此很能獲得民心，「蓋有泣下者」。在陳述完各種浚治西湖的理由以後，蘇軾最後請求哲宗和宣仁再賜給他一些度牒，作為他完成整治西湖經費之用：

> 伏望皇帝陛下、太皇太后陛下少賜詳覽，察臣所論西湖五不可廢之狀，利害卓然，特出聖斷，別賜臣度牒五十道，仍敕轉運、提刑司，於前來所賜諸州度牒二百道內，契勘賑濟支用不盡者，更撥五十道價錢與臣，通成一百道。使臣得盡力畢志，半年之間，目見西湖復唐之舊，環三十里，際山為岸，則農民父老，與羽毛鱗介，同泳聖澤，無有窮已。臣不勝大願，謹錄奏聞，伏候敕旨。[9]

為表示問題的緊迫性，蘇軾在奏摺結尾又加了兩個註，說明治湖的工作最有利的時間就在未來幾個月內：

> 貼黃。目下浙中梅雨，葑根浮動，易為除去。及六七月，大雨時行，利以殺草，芟夷蘊崇，使不復滋蔓。又浙中農民皆言八月斷葑根，則死不復生。伏乞聖慈早賜開允，及此良時興工，不勝幸甚。

又貼黃。本州自去年至今開浚運河，引西湖水灌注其中，今來開除葑田逐一利害，臣不敢一一煩瀆天聽，別具狀申三省去訖。[10]

蘇軾提出的計劃對當地的經濟不但有巨大長遠的影響，而且也同時為當地面臨饑荒的貧民，創造了立即就業的機會，無怪乎一般杭州的百姓對蘇軾總是感佩有加。因為西湖在當時的杭州扮演重要的經濟角色，當地居民的日常用水也多仰賴西湖，經過附近的大運河，又需要西湖湖水的支援，更重要的是蘇軾要求的補助也不多，而整治西湖的實際利益確實可觀，因此朝廷支持蘇軾興工的計劃。五月二十八日，蘇軾得度牒五十道，開始開浚西湖。[11]

在杭州蘇軾為百姓謀福，一個奏摺接著一個奏摺不停地上。六月九日，蘇軾因看到京師傳送到全國各地鼓勵臣民進言的消息，就抓住機會，根據本身親身的經歷上了一道特別長的狀子，名叫〈應詔論四事狀〉，請求減免平民的積欠：

臣近者伏睹邸報，以諸路旱災，內出手詔兩道，其略曰：「豈政治失當，事之害物者尚多，上下厄塞，情之不通者非一，刑或不稱其罪，用或不當其人？」又曰：「意者政令寬弛，吏或為害而莫知，賦役失當，民病於事而莫察，忠言有壅而未達，賢材有抑而未用？」臣伏讀至此，感憤涕泣而言曰：嗚呼，陛下即位改元於今五年，三出此言矣，雖禹、湯之聖，不惜罪己，而臣子之心，誠不忍聞。思有以少補聖政，助成應天之實，使堯、舜之仁，名言皆行，心迹相應，庶幾天人感通，災沴不作，免使君父數出此言，不勝拳拳孤忠，而志慮短淺，又以出守外服，不能盡知朝政得失，獨以目所親見民

之疾苦，州縣官吏日夜奉行殘傷其肌體，離散其父子，破壞其生業，為國斂怨，而了無絲毫上助國用者四事，昧死獻言，謹具條件如左。[12]

本書上文提到古代「天人感通」的思想盛行，一般有為的君王在遭逢天災的時候，都會引咎自責，神宗朝在實施新法期間，天災特別嚴重，而神宗的反應往往遲緩無力，相較之下，宣仁攝政五年就三次主動下詔要求臣民建言，改善行政措施，蘇軾對宣仁的舉止因此讚譽有加，希望能盡心回報宣仁的良苦用心：

伏見元祐四年八月十九日敕節文：「應見欠市易人戶，籍納拘收產業，自來所收課利及估賣到諸般物色錢，已及官本，別無失陷，除已有人承買交業外，並特給還；未足者，許貼納收贖，仍不限年。」四方聞之，莫不鼓舞歌詠，以謂聖恩深厚，燭知民隱，誠三王推本人情之政也。尋契勘杭州共有一百一十二戶，合該上項敕條，方且次第施行次，忽准尚書戶部符，據蘇州申明，如何謂之折納，如何謂之籍納？本部已依條估覆。供認伏定入官，折還欠錢，謂之折納。已經估覆三估不伏定，即以所估高價籍定者，謂之籍納。惟籍納產業，方許給還。用此契勘，遂無一戶可以應得。指揮至有已給再追者。於是百姓讙然出訴於庭。以謂某等自失業以來，父母妻子離散，轉在溝壑，久無所歸，伏幸仁聖在上，昭恤如此，命下之初，如蒙更生，今者有司沿文生意，又復壅隔，雖有惠澤，蓋與無同。臣即看詳，元初立法，本為興置，市易已來，凡異時民間生財自養之道，一切收之公上，小民既無他業，不免與官中首尾膠固，以至供通物產，召保立限，增價出息，賒貸轉變，以苟趨目前之急，及至限滿，不能填償，又理一重息罰，歲月益久，逋欠愈多，科決監錮，以逮妻孥。市易官吏，方且計較

功賞，巧為文詞，致許人戶願以屋業及田土折納還官，各以差官檢估取伏定文狀了日理作季限，放免息罰，召人添價收買。方人戶在係縲之時，州縣督責嚴急，如有產業田土，豈復自能為主，檢估伏認，勢須在官，雖名情願，實只空文。唯是頑狡之人，或能抵拒，以至三估未肯供狀，及其既納，皆是折還欠錢，並籍在官，有何不同。聖恩寬大，特為立法，以救前日之弊。所稱籍納，只是臨時立文，出於偶爾，而有司執閡，妄意分別。若果如申明，即是善良畏事之人，不蒙優恤，元初恃頑狡獪與官為競之民，卻被惠澤。事理如此，豈不倒置？不惟元條無此明文，實恐非朝廷綏養窮困之意。及檢會元祐四年三月二十六日敕，人戶欠市易官錢，將樓店屋產折納在官，並將所收房課充折，別無少欠，亦許給還，亦不曾分別折納、籍納。以此推攷，顯無可疑。自是蘇州官吏巧薄，以刻為忠，曲有申請，而戶部吝於出納，以害仁政。伏乞特加詳察，不以折納、籍納，並依元條施行，所貴失業之人，均被聖恩。[13]

蘇軾指出宣仁下令地方官府，在官府貸款的成本回收以後，可以將以前因積欠官府貸款而抵押充公的房地產歸還給平民。可是地方官府「沿文生意」，扭曲詔文的意思，「以刻為忠」，刻意刁難，以至於原來符合規定可以領回業已充公的房地產的所有人，都變得不合規定，而這些人在抵押了他們的房地產以後，「父母妻子離散，轉在溝壑，久無所歸」，生活淒涼。蘇軾請求朝廷下令地方官府不另設條文，一律歸還符合詔令規定的人他們被抵押充公的房地產，「不以折納、籍納，並依元條施行」。接著蘇軾提到在鹽錢積欠這一方面，也有類似的情形，同樣請求朝廷寬赦貧困百姓：

伏見元祐元年九月八日敕：「尚書戶部狀，據提點兩浙刑獄公事喬執中奏，熙寧四年以後至元豐三年以前新法，積欠鹽錢及有均攤等人陪填，見今貧乏無可送納，已累經赦恩，比類市易等錢，只今送納產鹽場監官本價錢，其餘並乞除放等事。本部勘當，欲並依喬執中所奏前項事理施行，仍連狀奉聖旨依，及准提刑司備坐元奏，積欠鹽錢，前後官司催納，僅及六年，催到貫萬不少，今來所欠，並是下等貧困之人，無可送納，已累經赦恩，及逐節事理，遂具狀申奏。今准省符，前項指揮請詳朝旨施行。」本州契勘上件年分，計有四百四十五戶，自承朝旨以來，迨今首尾五年，纔放得二十三戶。臣竊怪之，以為東南鹽法，久為民患，原其造端，蓋自兩浙流衍散漫，遂及江南、福建，流弊之末，人不堪命，故詔令之下，如救水火。今者五年之久，民之疾苦，依然尚在，朝廷德澤，十不行一，何也？推考其故，蓋提舉鹽事司執文害意，謂非貧乏不在此數。而州縣吏人，因緣為姦，以市賄賂，故久而不決。竊詳元奏之意，本謂積欠歲久，前後官司催納到貫萬不少，今來所欠，並是貧困之人，既以累經赦恩，比類市易，只乞與納官本價錢。本部勘當，以此並乞依奏仍連狀奉聖旨施行，即是執中所奏欠戶，自是貧困之人，皆當釋放矣……事理甚明。而主司堅執，至今疑惑，至使州縣吏人，戶戶行遣，一一較量，計構官司，買囑鄰里，尚復多方指摘，以肆規求，待其充欲，然後保明。遂致其間一百四十九戶已放，而復行勘會，一百六十五戶申省見勘會而未圓，二十五戶已圓而申稟監司，及有一戶二戶，旋申省部。如此反復，多方留難，即五年之久，未足為怪也。伏惟仁聖在上，憂民疾苦，寤寐不忘，惠澤之下，宜如置郵傳命，今乃中道廢格，以開奸吏乞取之路，反使朝廷之恩，獨與奪於州縣庸人之手，省部既不鉤察，官吏亦恬不為慮，甚非所以仰稱仁聖焦勞愛民之意也。伏乞昭示德音，申飭有司，更不勘會是與不是貧乏，無俾奸吏執文害意，以壅隔朝廷大惠。不然，或斷以第三等

以下，並依上件朝旨施行。則法令易簡，一言自足矣。蓋等第素定，貧富較然，朝行夕至，奸吏無所措意也。[14]

蘇軾解釋說在宣仁下令寬免貧民積欠的鹽錢以後，管理鹽事的官吏便在詔令的文字上做文章，「執文害意」，堅持只有他們認可的貧民才符合規定，地方官吏「因緣為姦」，期望收到賄賂，更是多方刁難。蘇軾說鹽事的本錢已經收回，而且原來詔令中就說得非常清楚，謂積欠政府鹽錢的人都是貧困之家，「今來所欠，並是貧困之人」，但是有關官員卻在貧困這個字眼上「多方留難」，以致於五年之內，符合規定的四百四十五戶中只有二十三戶獲得寬免。蘇軾建議朝廷下令刪除貧困字眼，寬免所有積欠政府鹽錢的百姓。蘇軾在討論完朝廷寬免鹽錢的詔令以後，又加了兩條註，請求朝廷也同樣寬赦積欠政府酒錢、絹錢、蠶錢和青苗錢的平民：

貼黃。契勘熙寧四年以後止元豐八年登極大赦以前，人戶積欠，共計五萬三百餘貫。若謂非貧乏有可送納，即自元祐元年至今並不曾納到分文，顯見有司空留帳籍虛數，以害朝廷實惠。

伏見熙寧中，天下以新法從事，凡利源所在，皆歸之常平使者，而轉運司歲入之計，惟田賦與酒稅而已。方是時，民財窘亟，酒稅例皆減耗，諸路既已經費不足，上下督責益急，故酒務官吏，至有與庸保雜作，州縣受官視事去處，亦或為小民喧嘩群飲之肆，又不能售，往往苟逃罪戾，巧為文致，誘導無知之民，以陷欠負破蕩之禍，如許人供通自己或借他人產業當酒是也。臣近契勘，杭州自承上件指揮以來，以產當酒者，計一千四百三十三戶，計錢一十四萬二千九百餘貫，前後官司催督監錮，繼以

鞭笞拘當在官，使之離業，又自收其租利，中間以至係縲犴獄，公與私皆擾，人與產俱亡。十餘年間，除已催到一十二萬九千四百餘貫，計千二十九戶外，尚有餘欠一萬三千四百餘貫，計四百四戶，歲月既久，終不能填償，豈非並是困窮無有之人乎？尋檢會元豐四年五月二十一日敕，酒務留當產業，依鹽錢例拘收，以其鹽與酒事同一體故也。今者鹽錢欠戶，已准元祐元年九月十六日及二年九月十八日朝旨，許納場監地頭官本價錢，餘並除放，獨酒欠至今，未蒙如此施行。豈容事同一體，拘收則同，而除放則異？此無他，蓋有司不能推廣朝廷德意故也。臣愚欲乞將元豐八年登極大赦以前酒欠人戶，並依所欠鹽錢已得朝旨并今來前項申明，更不勘會貧乏，或斷自第三等以下事理施行，不惟海隅細民並蒙休澤，實亦無偏無黨皇極之道也。[15]

在新法實施期間，有的官員為了提高業績，竟然准許大家「借他人產業當酒」，腐敗之極，最終當然皇室的收入增多，經手的官員晉升，而倒楣的只有老百姓。蘇軾建議無論當初平民貸款的時候是用別人還是用自己的房地產做抵押，都一律寬免他們的債務：

伏見元豐四年杭州合發和買絹二十三萬一千疋，准朝旨撥轉運司錢，於餘杭等縣，委官置場一十一處收買。尋以數內揀下不堪上供五萬七千八百九十疋，計錢五萬五千餘貫，卻勒逐場變轉。是時錢重物輕，一日併出，既聲言行濫不受於官，又須元價以冀償足，捐之市中，莫有顧者。於是官吏惶駭，莫知所為，不免一切賒貸，及假借官勢，抑配在民，往往其間浮浪小人與無賴子弟，詭冒姓名，朋欺上下，元買官吏苟得虛數還之有司，以緩目前之禍，其後督責嚴急，必於取償奏立近期，專委強吏。十

餘年間如捕寇盜，除催到四萬六千餘貫外，餘欠八千二百餘貫，共二百八十二戶，並是貧民下戶，無所從出，與詭冒逃移不知頭主及干繫均納之人，連延至今，終不能足。惟有簿書，以資奸吏追擾，遺害未已。今者伏准元祐五年四月初九日敕，諸處見欠蠶鹽和預買青苗錢物，元是冒名無可催理，或全家逃移，鄰里抱認，或元無頭主，均及干繫人，以此積年未能了絕，雖係元請官本，況內有已該元豐八年登極大赦者，依聖旨並特放，歡聲播傳，和氣充塞。臣於此時仰知聖德廣大，正使堯湯水旱，亦不足慮也。然政有體，事有數，體雖備而數不能悉，言雖不及而意在是者，蓋非俗吏所能知也。臣輒不避僭妄，竊詳和買之法，以錢與民而收絹，是猶補助耕斂之意，公私兩有之利也。元豐官吏以絹與民而收錢，又皆行濫棄捐之餘，取償倍稱不實之直，賒貸抑配，以苟免一時失陷之責，即是利專自為，害專在民也。事理人情，輕重可見，聖恩矜恤，宜在所先。臣愚以謂元豐四年退責物帛，既同是和買之名，又有非法病民之實，自合依今年四月九日朝旨施行外，伏望朝廷深念前項弊害，止是出於一時官吏私意，非如蠶鹽和預買青苗天下公共之法，更賜加察，告示矜寬，不以有無頭主是與不是冒名，及鄰里抱認與均及干繫人，並特與除放，是亦稱物平施，天之道也。

右所有四事，伏望聖慈特察臣孤忠，志在愛君，別無情弊，更賜清問左右大臣，如無異論，便乞出敕施行。若後稍有一事一件不如所言，臣甘伏罔上誤朝之罪。若復行下有司反復勘會，必是巧為駁難，無由施行。臣緣此得罪，萬死無悔，但恨仁聖之心，本不如此，如天降甘雨，為物所隔，終不到地，可為痛惜。而況前件四事，錢物數目雖多，皆是空文，必難催索。徒使胥吏小人，緣而為奸，威福平民。故臣敢謂放之則損虛名而收實惠，不放則存虛數而受實禍，利害較然。伏望聖明，特出宸斷，天下幸甚。臣愚蠢少慮，言語粗疏，干犯天威，伏俟斧鑕。[16]

只要蘇軾能夠幫助平民，他便全力以赴，絲毫不顧他個人的仕途與安危。結尾蘇軾強調政府寬免的債務數額雖然龐大，但那些都是積欠多年的呆帳，幾乎無法追回，與其繼續任由地方官吏不斷借機魚肉百姓，不如赦免平民，讓老百姓有重生的機會。蘇軾在寫完奏摺以後，又加了一個註，強調宣仁利民的政策所以無法落實，根本原因在於官員從中作梗：

> 貼黃。臣伏見四方百姓，皆知二聖恤民之心，無異父母。但臣子不能推行，致澤不下流。日近以蘇州官吏妄有申明折納、籍納一事，戶部從而立法，致已給還產業，卻行追收，人戶詣臣哀訴，皆云黃紙放了，白紙卻收，有泣下者。臣竊深悲之。自二聖嗣位以來，恩貸指揮，多被有司巧為艱閡，故四方皆有「黃紙放」而「白紙收」之語，雖民知其實，止怨有司，然陛下亦未嘗峻發德音，戒敕大臣，令盡理推行，則亦非獨有司之過也。況臣所論四事，錢物雖多，皆是虛數，必難催理。除是復用小人如吳居厚、盧秉之類，假以事權，濟其威虐，則五七年間，或能索及三五分。若官吏只循常法，何緣索得。三五年後，人戶竭產，伍保散亡，勢窮理盡，不得不放。當此之時，亦不謂之聖恩矣。伏見坤成節在近，天下臣子皆以放生為忠，度僧為福，臣愚無知，不識大體，輒敢以此四事為獻。伏望留神省覽，指揮執政便與施行，導迎天休，以益聖算，其賢於放生度僧亦遠矣。若陛下不少留神，執政只作常程文字行下，一落胥吏庸人之手，則茫然如墮海中，民復何望矣。臣言狂意切，必遭眾怒，伏乞聖慈只行出前件奏狀，留此貼黃一紙，更不降出，以全孤危。庶使愚臣今後每有所聞，得盡論列，以報二聖知遇之恩萬分之一也。[17]

蘇軾說雖然宣仁下了聖旨寬免人民的債務，但是有關官吏卻背道而馳，以致民間流傳了一個諺語說：「黃紙放了，白紙卻收」。蘇軾說全國都以放生度僧的方式來祈福，但是他自己卻以為祈求福祉最佳的管道與方法是造福百姓。度僧是佛教的根本教義，蘇軾通過對二者的論述，一方面顯示他對佛教有所保留的態度，另一方面也指出澤及下民實為最重要的施政方針。

蘇軾惠民的政策與措施顯然很得民心，一般的老百姓都願意把他們生活的苦楚跟蘇軾傾訴，而蘇軾在聽到他們的痛苦經歷以後，也樂意把他的心力投注在如何幫他們解除困難的問題上，即使得罪權要，也在所不惜。難怪蘇軾在主持杭州政務期間，幾乎家家百姓都掛他的畫像，並為他建了祠堂來感謝他：「軾二十年間再涖杭，有德於民，家有畫像，飲食必祝。又作生祠以報。」[18]

蘇軾以地方長官的身分處處為民著想，協助他們解決問題，不惜觸犯權貴利益集團，用心令人感佩，但其實在宋朝高度中央集權的體制之下，地方行政主要取決於中央，中央腐敗，地方必然遭殃，如要真正徹底解決問題，勢必要從中央著手。筆者以為與其在地方上不斷向中央呈送奏摺，倒不如在中央掌權，由中央指揮並監督地方事務，如此不但更有效率而且更可施惠於全國，影響範圍也更大，蘇軾的目標理應放在掌握中央權力一事之上，而不宜動輒請求外調，屈居地方一隅。當然，如本書前文所說，早先蘇軾所以請求外調，主要原因也是由於他在朝的政敵無理取鬧，使得蘇軾不但不能順利處理政務，而且得煞費心思來應付其政敵密集的攻擊。蘇軾選擇在地方上造福百姓，雖非上上之計，但卻也能將他當時具有的影響力發揮到極致。

蘇軾在主管杭州地方政務期間，不願閒著，利用他跟宣仁良好的個人關係及他弟弟在朝的支持，馬不停蹄地為地方百姓謀求福利，改善他們的生活條件。七月十五日，蘇軾又上了一道特別長的奏摺，〈奏浙

西災傷第一狀〉，再次請求寬減平民上供數額：

> 右臣聞事豫則立，不豫則廢，此古今不刊之語也。至於救災恤患，尤當在早。若災傷之民，救之於未饑，則用物約而所及廣，不過寬減上供，糶賣常平，官無大失，而人人受賜，今歲之事是也。若救之於已饑，則用物博而所及微，至於耗散省倉，虧損課利，官為一困，而已饑之民，終於死亡，熙寧之事是也。熙寧之災傷，本緣天旱米貴，而沈起、張靚之流，不先事奏聞，但務立賞閉糶，富民皆爭藏穀，小民無所得食。流殍既作，然後朝廷知之，始敕運江西及截本路上供米一百二十三萬石濟之。巡門俵米，攔街散粥，終不能救。饑饉既成，繼之以疾疫，本路死者五十餘萬人，城郭蕭條，田野丘墟，兩稅課利，皆失其舊。勘會熙寧八年，本路放稅米一百三十萬石，酒課虧減六十七萬餘貫，略計所失共計三百二十餘萬貫石。其餘耗散不可悉數。至今轉運司貧乏不能舉手。此無它，不先事處置之禍也。去年浙西數郡，先水後旱，災傷不減熙寧。然二聖仁智聰明，於去年十一月中，首發德音，截撥本路上供斛㪷二十萬石賑濟，又於十二月中，寬減轉運司元祐四年上供額斛三分之一，為米五十餘萬斛，盡用其錢，買銀絹上供，了無一毫虧損縣官。而命下之日，所在歡呼，官既住糴，米價自落。又自正月開倉糶常平米，仍免數路稅務所收五穀力勝錢，且賜度牒三百道，以助賑濟。本路帖然，遂無一人餓殍者，此無它，先事處置之力也。由此觀之，事豫則立，不豫則廢，其禍福相絕如此。[19]

蘇軾首先指出熙寧期間因救災計劃準備不當，當時兩浙路就餓死五十多萬人。而在宣仁執政的時候，浙西雖然遭到類似的天災，但是卻沒一個人餓死。蘇軾說現在天災又起，而且來勢凶猛，因此請求宣仁及早做

好救災的準備：

恭惟二聖天地父母之心，見民疾苦，匍匐救之，本不計較費用多少，而臣愚魯無識，但知權利害之輕重，計得喪之大小，以謂譬如民庶之家，置庄田，招佃客，本望租課，非行仁義，然猶至水旱之歲，必須放免欠負借貸種糧者，其心誠恐客散而田荒，後日之失，必倍於今故也，而況有天下子萬姓而不計其後乎！臣自去歲以來，區區獻言，屢瀆天聽者，實恐陛下客散而田荒也。

去歲杭州米價，每㪷至八九十，自今歲正月以來，日漸減落。至五六月間，浙西數郡，大雨不止，太湖泛溢，所在害稼，六月初間，米價復長，至七月初，㪷及百錢足陌。見今新米已出，而常平官米，不敢住糶，災傷之勢，恐甚於去年。何者？去年之災，如人初病，今歲之災，如病再發。病狀雖同，氣力衰耗，恐難支持。又緣春夏之交，雨水調勻，浙人喜於豐歲，家家典賣，舉債出息，以事田作，車水築圩，高下殆遍，計本已重，指日待熟。而淫雨風濤，一舉害之，民之窮苦，實倍去歲。近者，將官劉季孫往蘇州按教，臣密令季孫沿路體訪。季孫還為臣言：「此數州，不獨淫雨為害，又多大風駕起潮浪，堤堰圩埕，率皆破損，湖州水入城中，民家皆尺餘，此去歲所無有也。」而轉運判官張璹自常、潤還，所言略同，云：「親見吳江平望八尺，聞有舉家田苗沒在深水底，父子聚哭，以船筏撈摝，云，半米猶堪炒吃，青穟且以喂牛。」正使自今雨止，已非豐歲，而況止不止，又未可知。則來歲之憂，非復今年之比矣。何以言之？去年杭州管常平米二十三萬石，今年已糶過十五萬石，雖餘八萬石，而糶賣未已，又緣去年災傷放稅，及和糴不行省倉闕數，所有上件常平米八萬石，只了兌撥充軍糧，更無見在。惟有糶常平米錢近八萬貫，而錢非救饑之物。若來年米益貴，錢益輕，雖積錢如

山，終無所用。熙寧中，兩浙市易出錢百萬緡，民無貧富，皆得取用，而米不可得，故曳羅紈，帶金玉，橫尸道上者，不可勝計。今來浙東西大抵皆糴過常平米，見在數絕少，熙寧之憂，凜凜在人眼中矣。[20]

蘇軾的下屬報告稱蘇軾轄區內的水災當時嚴重到淹進湖州城，因稻作受到巨大的損害，當地米價迅速上揚。蘇軾指出當地府庫中的現錢不少，只是缺乏糧食，當饑荒來臨時，有錢而沒糧食也會餓死人，熙寧中就有大批的人戴著金銀首飾而餓死街頭。為了切實執行儲藏糧食以備饑荒，落實責任，蘇軾建議讓各個地方首長預先籌劃救災的工作，並具結擔保第二年不會有饑荒缺米的事發生：

臣材力短淺，加之衰病，而一路生齒，憂責在臣，受恩既深，不敢別乞閒郡。日夜思慮，求來年救饑之術，別無長策，惟有秋冬之間，不惜高價多糴常平米，以備來年出糶。今來浙西數州米既不熟，而轉運司又管上供年額斛㪷一百五十餘萬石，若兩司爭糴，米必大貴，饑饉愈迫，和糴不行，來年青黃不交之際，常平有錢無米，官吏拱手坐視人死，而山海之間，接連甌閩，盜賊結集，或生意外之患，則誅殛臣等，何補於敗。以此，須至具實聞奏。

伏望聖慈備錄臣奏，行下戶部，及本路轉運提刑、兩路鈐轄司，疾早相度來年，合與不合準備常平斛㪷出糶救饑。如合準備，即具逐州合用數目。臣已約度杭州合用二十萬石，仍委逐司擘畫，合如何措置，令米價不至大段翔湧，收糴得足。如逐司以謂不須準備出糶救濟，即令各具保明來年委得不至饑殍流亡，結罪聞奏。緣今來已是入秋，去和糴月日無幾，比及相度往復取旨，深慮不及於事。伏乞詳

察速賜指揮。臣屢犯天威，無任戰慄待罪之至……

貼黃。臣聞之道路，閩中災傷尤甚。盜賊頗重。或云邵武軍有強賊，人數不少，恐是廖思餘黨。轉運司見令衢州官吏就近體訪。雖未知虛實，然恐萬一有之，不可不豫慮也。[21]

蘇軾建議的具結擔保是一種落實責任的措施，對防備重大災情來說有實際的效應，確為改進中國官場推拖拉作風所迫切需要的一劑良方。在談完救災的具體措施以後，蘇軾列舉唐宋的歷史故事來提醒宣仁，中國的官員歷來的習慣是報喜不報憂，凡是有關災傷的事，一般都諱而不言：

又貼黃。臣謹按《唐史》，憲宗謂宰臣曰：「卿等累言吳越去年水旱，昨有御史自江、淮按察回，言不至為災，此事信否？」李絳對曰：「臣見淮南、浙江東西道狀，皆云水旱。且方隅授任，皆朝廷信重之臣，苟非事實，豈敢上陳，此固非虛說也。御史官卑，選擇非其人，奏報之間，或容希媚。況推誠之道，君人大本，苟一方不稔，當即日救濟其饑貧，況可疑之耶？」帝曰：「向者不思而有此問，朕言過矣。」絳等稽首再拜，帝曰：「今後諸道被水旱饑荒之處，速宜蠲貸之。」又按本朝《會要》，太宗嘗語宰臣曰：「國家儲蓄，最是急務，蓋以備凶年，救人命。昨者江南數州，微有災旱，朕聞之，急遣使往彼，分路賑貸，果聞不至流亡，兼無饑殍，亦無盜賊之患。苟無積粟，何以拯救饑民！」臣近者每觀邸報，諸路監司，多是於三四月間，先奏雨水勻調，苗稼豐茂，及至災傷，須待餓殍流亡，然後奏知。此有司之常態，古今之通患也。豐熟不須先知，人人爭奏，災傷正合豫備，相顧不言，若非朝廷廣加採察，則遠方之民，何所告訴？[22]

蘇軾的評語：「豐熟不須先知，人人爭奏，災傷正合豫備，相顧不言」，可說一語道盡中國官場的黑暗面。這種報喜不報憂的現象，不僅是蘇軾以前就經常發生的，也是蘇軾以後還不斷出現的。現代最有名的一個事例，應該就是大躍進時期造成的大饑荒，當時全國上下的官僚體系，幾乎全都在掩蓋大饑荒的實情。

在結尾時，蘇軾另外提出一個請求，希望朝廷能再度減免杭州上供京師的米糧的數額，好讓地方官府屆時能有足夠的糧食來拯救饑荒：

去年災傷，伏蒙寬減轉運司上供額斛三分之一，盡用其錢，收買銀絹。命下之日，米價斗落。今災傷連年，民力重困，又緣春夏之交，雨水調勻，多典賣舉債出息，以事田作，指日待熟。而淫雨風濤，一舉害之，窮苦更倍去歲。伏望憫察，特與寬減轉運司上供一半。所貴米價不至翔湧，和糴得行，且免本路錢荒之弊。

杭州所出米穀不多，深慮常平收糴不足，有誤來年支糴。乞許於蘇州、秀州寄糴。

檢准《編敕》節文，五穀不得收力勝錢。然元降指揮，止於今年四月終。伏望愍念兩浙連年災傷且無麥，須至候秋熟六月中為止。[23]

蘇軾一而再，再而三地以獅子大開口的方式向宣仁請求減免地方的稅金，一方面固然是他知道宣仁對民瘼非常關心，另一方面，當時的平民在經過新法的全盤剝削之後，又連續遭逢天災，確實有其需要：

> 右件如前。臣亦知京師倉廩之數，不可耗缺，所以連奏乞減額斛者，誠恐來年饑饉已成，二聖不忍坐視流殍，必於他路般運錢米賑濟，為費且倍，而已饑之民，豈復有錢買米，並須俵散，有出無收，不如及早寬減上供米斛，卻收銀絹，實數縱有損折，所較不多。伏惟深念熙寧之災，本緣臣僚不早擘畫奏請，以致餓死五十餘萬人，至今瘡痍未復，呻吟未已，特望宸斷，早賜準備，實一方幸甚。[24]

〈奏浙西災傷第一狀〉是一道特別感人的奏摺，它陳述了中國平民的苦難，也道出了中國官場的黑暗，更凸顯了蘇軾盡心為民的崇高胸襟，蘇軾的異代知己宋孝宗應該就是在看到這種文章之後，特別感到心折的。蘇軾不畏權勢，不考慮到自身仕宦的前途，一心為百姓爭取福祉，獻身國家的行徑，在中國黑暗的官場中，確實如宋孝宗所說為中國史上罕見，如同一顆在黑夜中灼灼閃爍的巨星。

過了五天以後，浙西一帶連續不停的下大雨，下了四天左右，造成嚴重的水災，蘇軾因此在二十五日迅速地又上〈奏浙西災傷第二狀〉：「今月二十一日、二十二日、二十三日，皆連晝夜大風雨，二十四日雨稍止，至夜復大雨。竊料蘇、湖等州風濤所損，必加於前，若不早作擘畫，廣行收糴常平斛㪷準備，則來歲必有流殍之憂。」[25]一個多月以後，九月七日，蘇軾上〈相度準備賑濟第一狀〉，不厭其煩再度呼籲朝廷及早做準備，以避免熙寧中的大饑荒再度重演：

> 勘會今年五六月，浙西數郡，大雨不止，太湖泛溢，所在害稼，災傷之勢，恐甚於去年……熙寧八年兩浙饑饉，朝旨截撥江西及本路上供斛㪷一百二十五萬石，賜本路賑濟。只緣本路奏乞後時，不及於

事，卒死五十萬人。去歲十一月二十九日，聖旨令發運司撥上供斛㪷二十萬石，賜本路減價出糶，所費只及熙寧六分之一，然及時濟用，倉廩有備，米不騰踊，人免流殍。本司今來勘會蘇、湖、常、秀等州，頻年災傷，人戶披訴，已倍去歲，檢放苗米，亦必加倍，不惟人戶闕食，亦恐軍糧不足。欲乞檢會去年體例，更賜加數。[26]

蘇軾以去年成功的防備措施為例，希望朝廷能儘快比照處理。蘇軾在上了劄子十天以後，見朝廷沒什麼反應，就馬上在十七日又上〈相度準備賑濟第二狀〉：

近准朝旨，令本司及轉運司、提刑司相度準備來年被災闕食人戶。本司已具二事聞奏，乞寬減轉運司上供額斛一半，截撥上供米三十萬石，準備及補軍糧之闕，未蒙回降指揮。本司再相度來年準備大計，全在廣糴常平斛㪷，於正月以後，便行出糶，平準在市管價，以免流殍之災。此外更無長策。今來選差官吏，開倉和糴，優估米價，戒約專㪷不得乞覓，非不嚴切，然經今一月，並無一人赴倉入中。體問得蓋是蘇、湖、常、秀大段災傷，兼自八月半間至今陰雨不止，災傷之餘，所收無幾，又少遇晴乾，已熟者不得刈，已刈者不得舂，有穀無米，日就腐壞。見今訪聞蘇、秀州在市米價，已是九十五文足，添長之勢，炎炎未已。本司欲便令杭州添價收糴，不惟助長米價，為小民目下之患，又官本既貴，來年難為出糶，若不添錢，又恐終是收糴不行，來年春夏間，闕米出糶，必有流殍之憂。竊料至時難以諱言災傷，官吏亦須略具事實聞奏。仁聖在上，理無不救，必須多方於鄰路擘畫斛㪷賑濟。若不預為之防，則恐鄰路無備，臨時擘畫不行，須至先事奏乞者……

貼黃。今年災傷，十倍去年。但官吏上下，皆不樂檢放，諱言災傷。只如近日秀州嘉興縣，因不受訴災傷詞狀，致踏死四十餘人。大率所在官吏，皆同此意，但此一處，以踏死人多，獨彰露耳。若朝廷只據逐處申奏，及檢放秋稅分數，即無由盡見災傷之實。又，臣軾切見轉運、提刑司所奏災傷，皆無迫切懇至之語，朝論必以臣為過當。然臣實見連年災傷，父老皆言事勢不減熙寧，民間有錢，尚因無米餓死四十萬人，況今民間絕無見錢，若又無米，則流殍之災，未易度量。伏望聖慈，深為防慮。若來年人戶元不闕食，不須如此擘畫，則臣不合過當張皇之罪，所不敢辭，縱被誅譴，終賢於有災無備，坐視人死而不能救也。[27]

蘇軾為了準備救災，一而再，再而三，不管朝廷大臣喜歡不喜歡，不斷催促朝廷採取預防的措施。在他呈遞的劄子裡，他也痛心異常地不斷提到熙寧期間因行政措施不當而餓死五十萬人的事，讓朝廷毫無推拖的可能，這種鍥而不捨大無畏的精神，在中國的吏治上，確實不是常見的事。為了讓朝廷重視浙西災情的嚴重性，蘇軾在新上的劄子結尾中，特別提到秀州當地不久前才因不受理災情，而產生民眾四十多人被踐踏致死的事件，希望取得朝廷的同情，重視救災的工作。

蘇軾鍥而不捨的作風，終於得到了朝廷的反應。二十七日，尚書省一本中國官場推拖拉的作風，聲稱不曾收到蘇軾三個多月以前上的〈應詔論四事狀〉，蘇軾因此再上〈乞檢會應詔所論四事行下狀〉：「右臣今年六月九日，輒具朝廷至仁，寬貸宿逋，已行之命，為有司所格沮，使王澤不得下流者四事……然臣具此奏論，經今一百八日，不蒙回降指揮，及檢會前奏四事，早賜行下。」[28]蘇軾在上了那麼多劄子以後，都不曾得到朝廷什麼具體的答復，覺得就這樣老上劄子也不行，因此約略在這個時候，他同時給呂大

防寫了一封信，請求他協助救災的工作。[29]

除了請求朝廷採取防災的措施以外，蘇軾還不斷督導杭州修井的工程。施工四個多月以後，開鑿西湖的工作這時終於完成，日後林希到杭州任知州就稱西湖的長堤為蘇公堤，以紀念蘇軾對杭的惠政。蘇軾此時為民忙得不可開交，跟陶淵明追求自我而隱居的思維，可說是有天壤之別，陶淵明在〈形影神〉一詩的結尾中說：「縱浪大化中，不喜亦不懼」，[30]可以想見的，蘇軾在這時寫的〈問淵明〉難免會提出相反的意見：「縱浪大化中，正為化所纏。」雖然蘇軾跟陶淵明的想法相左，他這時不再像以往那麼揶揄他，而只客氣地說：「相引以造意言者，未始相非者。」[31]

十月二十一日，蘇軾看朝廷還是漫不經心，對防備災荒並沒採取什麼相應措施，因此再上〈相度準備賑濟第三狀〉：

見今浙西諸郡，米價雖貴，然亦不過七十足。竊度來年青黃不交之際，米價必無一百以下……訪聞諸郡富民，皆知來年必是米貴，各欲廣行收糴，以規厚利。若官估稍優，則農民米貨盡歸於官。此等無由乘時射利，吞併貧弱，故造作言語，以搖官吏，皆言多破官錢，深為可惜，若便為減價住糴，正墮其計。況今來已是十月下旬，不過更一二十日，即無收糴，縱卻添價，亦不及事，恐有誤來年出糶大事，所以須至別作擘畫，仰訴朝廷。[32]

一個月以後，時間逐漸接近年尾，蘇軾見米價不斷地上漲，朝廷又還沒開始任何大規模的準備救災的行動，憂心如焚，於是在十一月二十一日接著上〈相度準備賑濟第四狀〉，敦促朝廷儘快全面展開購米儲糧

的工作：

見今蘇、湖、杭、秀等州，米價日長，杭州所糴粗米，以備出糶，每㪷不下六十七至七十足錢，猶自收糴不行，恐須至更添錢招買，方稍足用，竊計開春米價，必是翔踴……本司相度來年艱食之勢，深可憂畏。若候饑饉已成，疾疫已作，仁聖在上，必須廣作擘畫錢米救濟，其費必相倍蓰。若行本司所奏，開春便行出糶，則米價不長，億萬生聚，自然蒙賜。所費不多，今來已是十一月末，乞速賜施行。[33]

蘇軾告知朝廷說杭州一帶的米價不斷上漲，如果再行拖延，官府就須要用更高的價錢來購買糧食，而且米價高昂的時候，官府能夠收購的糧食數量也必然有限，到時候官府準備救災用的存糧勢必減少。如果饑荒來臨，官府沒有足夠的存糧來救災，老百姓勢必大量餓死，勢態緊急，有必要及時採取行動。

蘇軾雖然不斷上書為民請命，朝廷大臣置若罔聞，就是相應不理。元祐六年（1091）一月九日，大概透過他在朝弟弟的幫忙，消息終於傳到宣仁的耳中。宣仁因此問起蘇軾去年五月十六日上的狀子，尚書省居然推說不曾見到，蘇軾沒法，只好奉旨再上一狀，〈繳進應詔所論四事狀〉，請求朝廷儘快處理寬減平民積欠一事：「臣竊見浙中州縣市井人煙，比二十年前，不及四五。所在酒稅課利虧欠，只如杭州酒務課利，昔年三十餘萬貫，今來只及二十餘萬貫。其它大率類此……若行此四事，則官之所失，止是虛數，而人戶一蘇，三二年間，商旅必復通行，酒稅課利，漸可復舊，所補不小。」[34]

二月四日，在蘇軾離開京師快兩年的時候，宣仁把蘇轍提升到尚書右丞的副相位，當天也以翰林學士

承旨的名銜將蘇軾召回京師。蘇軾心知雖然他弟弟升到副相的地位，但是朝廷的局勢並沒什麼根本的改變；只要他的政敵不受到朝廷特別的管制和約束，他在朝就不會有平靜安穩的一日，所以蘇軾辭免，可是朝廷不許。[35] 二月二十八日，宣仁再以翰林學士承旨知制誥的名銜要蘇軾回京，蘇軾就以健康不佳和避他弟弟的嫌為理由力辭：

伏念臣頃以兩目昏暗，左臂不仁。堅辭禁林，得請便郡；庶緣靜退，少養衰殘。二年於茲，一事無補。才有限而難強，病不減而益增。但以東南連被災傷，不敢陳乞，別求安便；敢謂仁聖尚賜恩憐，召還故官，復加新寵。不惟朝廷公議未允，實亦衰病勉強不前。兼竊睹邸報，臣弟轍已除尚書右丞。兄居禁林，弟為執政。在公朝既合迴避，於私門實懼滿盈。計此誤恩，必難安處。伏望聖慈除臣一郡，以息多言。[36]

蘇軾也表示他弟弟已經被任命為副相，如果他自己再回京做翰林學士承旨，勢必引起嫉妒，對公對私都不恰當。宣仁仍然不許，堅持蘇軾儘快返回京師。

蘇軾雖然以疾病與避嫌為理由來辭官，真正的原因當然不在此，上文說到京師處處跟他作對的人不少，蘇軾對那些政敵頗為寒心，要他此時返回京師，他就不能不有顧忌。他的掛心倒不是無中生有，因為就在他辭掉新職的同一天，朝上的左司諫楊康國已經等不及開始抨擊蘇軾兄弟兩人了：

轍有六事而陛下不以為過，此恐陛下以轍兄弟並有文學，所以眷獎之厚而用轍之堅也。果如此，則尤

不可也。陛下豈不知王安石、章惇、呂惠卿、蔡確亦有文學乎？而所為如此。若謂轍兄弟無文學則非也，蹈道則未也。其學乃學為儀、秦者也。其文率務馳騁，好作為縱橫捭闔，無安靜理致，亦類其為人也。比王安石則不及，當與章敦、蔡確、呂惠卿相上下。其所為美麗浮侈、艷歌小詞則並過之，雖轍亦不逮其兄矣，兄弟由此故多得名於戚里、中貴人之家。其學如此，安足為陛下謀王體、斷國論，與共緝熙天下之事哉……此皆治亂所繫，非同尋常彈奏庶官違法害公之事而已。臣今所言，上可以繫朝廷安危，下可以繫生民休戚，此事甚大，不可不慮也。[37]

楊康國的說辭跟當初孫升的論點一致，都是抓著文學這一點來發揮，他們以為只要一個人有文學的秉賦，那個人的德行就一定不佳。在這種情形之下，蘇軾要跟他的政敵溝通那就是難上加難了。蘇軾即使心裡再不情願回朝，在接到宣仁的答覆以後也只能束裝上路。

本書上文提到，蘇軾的目標應該放在京師，進一步取得宣仁的信任與重用，逗留在地方上獨掌一面固然可以避免跟京師的政敵發生直接衝突，但是他能夠為國家為人民做的事，也就會相對的減少。上文說過，這是孔子提倡的儒家思想的局限之處，「以道事君，不可則止」，正直的儒者往往不能夠堅持與敵對的勢力周旋到底，這並不完全是蘇軾本人思維上的缺失。

雖然蘇軾就要離開杭州，他走前還是掛念著地方上的福祉。蘇軾在主持杭州地方政務的幾年中，收到很多報告，得知浙江龍山一帶，巨石布列江中，水勢凶惡，往來船隻常常遭遇災難，每年船毀人亡的數以千計。蘇軾對這個問題用心籌劃了很久，在徵詢了很多專家的意見之後，終於完成整治河道的計劃。這時他人雖被迫離開，他覺得他用了那麼多心思籌劃出來解決當地河道問題的重要工程計劃，不該因他離職而

作廢，還是應該呈給朝廷；此外，宣仁對他的印象頗佳，蘇軾覺得她會支持他的建議。因此三月三日，蘇軾在臨行之前上了〈乞相度開石門河狀〉：

臣昔通守此邦，今又忝郡寄，二十年間，親見覆溺無數。自溫、台、明、越往來者，皆由西興徑渡，不涉浮山之嶮，時有覆舟，然尚希少。自衢、睦、處、婺、宣、歙、饒、信及福建路八州往來者，皆出入龍山，沿泝此江，江水灘淺，必乘潮而行。潮自海門東來，勢若雷霆，而浮山峙於江中，與魚浦諸山相望，犬牙錯入，以亂潮水，洄洑激射，其怒自倍，沙磧轉移，狀如鬼神，往往於淵潭中，湧出陵阜十數里，旦夕之間，又復失去，雖舟師、沒人，不能前知其深淺。以故公私坐視覆溺，無如之何，老弱叫號，求救於湍沙之間，聲未及終，已為潮水卷去，行路為之流涕而已。縱有勇悍敢往之人，又多是盜賊，利其財物，或因而擠之，能自全者，百無一二，性命之外，公私亡失，不知一歲凡幾千萬。而衢、睦等州，人眾地狹，所產五穀，不足於食，歲常漕蘇、秀米至桐廬，散入諸郡。錢塘億萬生齒，待上江薪炭而活，以浮山之嶮覆溺留礙之故，此數州薪米常貴。又衢、婺、睦、歙等州及杭之富陽、新城二邑，公私所食鹽，取足於杭、秀諸場，以浮山之嶮覆溺留礙之故，官給腳錢甚厚，其所亡失，與依托風水以侵盜者不可勝數。此最其大者。其餘公私利害，未可以一二遽數。[38]

蘇軾在異常生動的描寫了錢塘江凶惡的水勢及歷來在水中不幸罹難的船隻人員以後，告知朝廷他整治江水的計劃：「自浙江上流地名石門，並山而東，或因斥鹵棄地，鑿為運河」，[39]並強調整治河水的好處：「不惟救活無窮之性命，完惜不貲之財物，又使數州薪米流通，田野市井，詠歌聖澤，子孫不忘。」[40]上

完劄子，蘇軾準備出發。臨行，他的朋友給他金五兩、銀一百五十兩，他也轉捐給當地的病坊，做地方公益用，分文不納入自己的私囊。[41]

蘇軾在回京的途中，沿路探訪災情，親見民間百姓疾苦，同時得知朝廷雖然採取他早先的建議，撥款供給災區買米準備救災之用，但是發運司的官員死扣著錢不放，用米價昂貴為理由，拒絕購買救災所需的米糧。蘇軾眼看他費九牛二虎之力，好不容易爭取得來的救災經費被那些官員擱置不用，非常痛心，因此在三月二十三日回京的途中上〈再乞發運司應副浙西米狀〉，報導他沿途親見的災情，請求朝廷急救：

右臣近蒙恩詔，召赴闕庭。竊以浙西二年水災，蘇、湖為甚，雖訪聞已詳，而百聞不如一見。故自下塘路由湖入蘇，目睹積水未退，下田固已沒於深水，今歲必恐無望，而中上田亦自渺漫，婦女老弱，日夜車畝，而淫雨不止，退寸進尺，見今春晚，並未下種。鄉村闕食者眾，至以糟糠雜芹、蕈食之。又為積水占壓，薪芻難得，食糟飲冷，多至脹死。並是臣親見，即非傳聞。春夏之間，流殍疾疫必起。逐州去年所糴常平米，雖粗有備，見今州縣出賣，米價不甚翔踊，但鄉村遠處饑羸之民，不能赴城市收糴，官吏欲差船載米下鄉散糶，即所須數目浩瀚，恐不能足用，夏秋之間，必大乏絕。又自今已往，若得淫雨稍止，即農民須趁初夏秧種車水，耕耘之勞，十倍常歲，全藉糧米接濟。見今已自闕食，至時必難施功。縱使天假之年，亦無所望，公私狼狽，理在必然。[42]

蘇軾特別強調災情的慘重狀況並不是他憑空揑造出來的，他親眼看見鄉間淹水一片汪洋的景象，同時農民又普遍缺糧，他請求朝廷重視救災的問題：

臣去歲奏乞下發運司於江東、淮南豐熟近便處糴米五十萬石，準備浙西災傷州、軍般運兌撥，出糶賑濟。尋蒙聖恩行下，云，已降指揮令發運司兌撥，合起上供並封樁等錢一百萬貫，趁時糴買斛㪷封樁準備移用。送戶部，依已得指揮，餘依浙西鈐轄司所奏施行。聖旨既下，本路具聞，農民欣戴，始有生意。而發運司官吏，全不上體仁聖恤民之意，奏稱淮南、江東米價高貴，不肯收糴。勘會浙西去歲米價，例皆高貴，杭州亦是七十足錢收糴一㪷，雖是貴糴，猶勝於無米，坐視民死。今來發運司官吏，親被聖旨，全不依應施行，只以米貴為詞，更不收糴，使聖主已行之命，頓成空言，饑民待哺之心，中途失望。[43]

宣仁是個相當通達情理的人物，她採用蘇軾防災的建議，可惜其他不少官員只顧個人利害，不論百姓死活，對百姓的痛苦漠不關心，政府撥下來要他們給百姓買米的錢，他們擱在一邊，就是不採取行動，這難免讓蘇軾憂心忡忡。

蘇軾一方面掛心東南地區的問題，一方面對在朝的局勢也不樂觀。當初那些處處找他麻煩的人物仍在朝廷，身居要職，這次宣仁滿心以為局勢已經在她的掌控之中，而堅持要蘇軾回京，蘇軾本人當然知道那是宣仁一廂情願的想法，朝廷的局勢依然像往昔一般，並沒什麼根本的改變，只要他人一到朝廷，他的政敵就會借機發難。因此四月蘇軾在抵達揚州後，就上〈辭免翰林學士承旨第二狀〉：「右臣近蒙恩除翰林學士承旨。臣以衰病不才，難居禁近，兼以弟轍忝與執政，理合回避，奏乞除臣一郡。」[44] 宣仁不許。蘇軾繼續他的行程，在抵達南都後，便稍事停留，拜望張方平，同時又上〈辭免翰林學士承旨第三狀〉，重複他以前所說的健康不佳及理當避嫌的理由，宣仁還是不許。[45] 蘇軾人雖然還在南都，他的政敵倒是一點

都不浪費時間，早已在朝發動對他弟弟的攻擊，逼得蘇轍只好搬出他的官舍，所幸宣仁早已熟悉蘇軾的政敵所習用的伎倆，不讓他們私心得逞。這時他弟弟在朝被政敵圍剿的消息，早已傳到蘇軾的耳中，蘇軾越想越不是滋味，心中以為與其回到朝中被他的政敵無休止的糾纏，時時過著一種心驚膽戰的生活，什麼大事都不能如意辦理，還不如待在地方上，以行政長官的身分，儘量幫老百姓的忙，替他們解決問題，改善他們的生活來得有意義一些。想到這蘇軾就按捺不住，不能不把他的顧慮跟宣仁都說了，好讓宣仁心裡有個準備。蘇軾因此在五月十九日，再上乞郡狀，用了不少筆墨來敘述他入仕以來在政壇上所遭到的中傷與迫害。因為狀子提到許多仍在朝廷擔任要職的大臣，蘇軾不能不特別謹慎，為了避免走漏風聲，雖然他已經有些眼花，還是決定親自操筆，謄寫狀紙〈杭州召還乞郡狀〉：

> 右臣近奉詔書及聖旨劄子，不允臣辭免翰林學士承旨恩命及乞郡事。臣已第三次奏乞除臣揚、越、陳、蔡一郡去訖。竊慮區區之誠，未能遽回天意，須至盡露本心，重干聖聽，惶恐死罪！惶恐死罪！……古人有言，聚蚊成雷，積羽沉舟，言寡不勝眾也。以先帝知臣特達如此，而臣終不免於患難者，以左右疾臣者眾也。
>
> 及陛下即位，起臣於貶所，不及一年，備位禁林，遭遇之異，古今無比。臣每自惟昆蟲草木之微，無以仰報天地生成之德，惟有獨立不倚，知無不言，可以少報萬一。[46]

蘇軾指出神宗原來對他印象頗佳，只是後來用人不當，聽信讒言，最終還是貶抑蘇軾。宣仁優遇蘇軾，蘇軾心存感激，因此格外盡心報答宣仁提拔之意，但因此為公為國觸犯的權貴，也較以往更多，宣仁如果瞭

解其中內情，對施政用人來說都有助益：

始論衙前差顧利害，與孫永、傅堯俞、韓維爭議，因亦與司馬光異論。光初不以此怒臣，而臺諫諸人，逆探光意，遂與臣為仇。臣又素疾程頤之姦，未嘗假以色詞，故頤之黨人，無不側目。自朝廷廢黜大姦數人，而其餘黨猶在要近，陰為之地，特未敢發爾。小臣周穜，乃敢上疏乞用王安石配享，以嘗試朝廷。臣竊料穜草芥之微，敢建此議，必有陰主其事者。是以上書逆折其姦鋒，乞重賜行遣，以破小人之謀。因此，黨人尤加忿疾。其後，又於經筵極論黃河不可回奪利害，且上疏爭之，遂大失執政意。積此數事，恐別致患禍。又緣臂痛目昏，所以累章力求補外。

竊伏思念，自忝禁近，三年之間，臺諫言臣者數四，只因發策草麻，羅織語言，以為謗訕，本無疑似，白加誣執。其間曖昧譖愬，陛下察其無實而不降出者，又不知其幾何矣。若非二聖仁明，洞照肝膈，則臣為黨人所傾，首領不保，豈敢望如先帝之赦臣乎？自出知杭州二年，粗免人言，中間法外刺配顏章、顏益二人，蓋攻積弊，事不獲已。陛下亦已赦臣，而言者不赦，論奏不已。其意豈為顏章等哉？以此知黨人之意，未嘗一日不在傾臣，洗垢求瑕，止得此事。[47]

蘇軾在說完他在宣仁攝政期間跟政敵的衝突以後，表示他日後在朝的處境絕對不會平穩，他的政敵一定會利用各種方法手段來陷害他，朝廷因此不會有很多寧靜的日子：

今者忽蒙聖恩召還擢用，又除臣弟轍為執政，此二事，皆非大臣本意。竊計黨人必大猜忌，磨厲以

> 須，勢必如此。聞命悸恐，以福為災，即日上章，辭免乞郡。行至中路，果聞弟轍為臺諫所攻，般出廨宇待罪。又蒙陛下委曲，照見情狀，方獲保全。臣之剛褊，眾所共知，黨人嫌忌，甚於弟轍。豈敢以衰病之餘，復犯其鋒，雖自知無罪可言，而今之言者，豈問是非曲直。竊謂人主之待臣子，不過公道以相知，黨人之報怨嫌，必為巧發而陰中。臣豈敢恃二聖公道之知，而傲黨人陰中之禍。所以不避煩瀆，自陳入仕以來進退本末，欲陛下知臣危言危行，獨立不回，以犯眾怒者，所從來遠矣。又欲陛下知臣平生冒涉患難危嶮如此，今餘年無幾，不免有遠禍全身之意，再三辭遜，實非矯飾。柳下惠有言：「直道而事人，焉往而不三黜。」臣若貪得患失，隨世俛仰，改其常度，則陛下亦安所用。臣若守其初心，始終不變，則群小側目，必無安理。雖蒙二聖深知，亦恐終不勝眾。所以反復計慮，莫若求去。非不懷戀天地父母之恩，而衰老之餘，恥復與群小計較短長曲直，為世間高人長者所笑。
>
> 伏望聖慈，察臣至誠，特賜指揮執政檢會累奏，只作親嫌回避，早除一郡。所有今來奏狀，乞留中不出，以保全臣子，臣不勝大願。若朝廷不以臣不才，猶欲驅使，或除一重難邊郡，臣不敢辭避，報國之心，死而後已。惟不願在禁近，使黨人猜疑，別加陰中也。干犯天威，謹俟斧鑕。[48]

蘇軾費了那麼多心思給宣仁解釋政壇險惡的一面，宣仁手握大權，當然不會在意，她滿心以為只要她決定的事，大臣最後還是要聽她的，當初蘇軾所以被迫離京的理由，她也不顧了，因此宣仁依然不許。蘇軾一辭再辭中央的要職，用意固然良好，但本書也一再強調實在沒有必要，日後他連續乞郡的做法反而被他的政敵用來做為他的一項新的罪狀，蘇軾一再辭職，筆者以為只會讓親者痛，仇者快。

五月二十六日，蘇軾入朝，六月一日，宣仁宣召蘇軾進入學士院，十三日，蘇軾便搬進蘇轍東府的官

邸跟他弟弟同住。蘇軾在眾多政敵的環伺之下，寫了一篇〈六一居士集敘〉，表面上蘇軾在稱頌歐陽修對宋朝的貢獻，暗地裡他也在攻擊那些只圖一己私利而不顧國計民生的官吏：

夫言有大而非誇，達者信之，眾人疑焉。孔子曰：「天之將喪斯文也，後死者不得與於斯文也。」孟子曰：「禹抑洪水，孔子作《春秋》，而予距楊、墨。」蓋以是配禹也。文章之得喪，何與於天，而禹之功與天地並，孔子、孟子以空言配之，不已誇乎？自《春秋》作而亂臣賊子懼，孟子之言行而楊、墨之道廢，天下以為是固然而不知其功。孟子既沒，有申、商、韓非之學，違道而趨利，殘民以厚主，其說至陋也，而士以是罔其上。上之人僥倖一切之功，靡然從之，而世無大人先生如孔子、孟子者，推其本末，權其禍福之輕重，以救其惑，故其學遂行。秦以是喪天下，陵夷至於勝、廣、劉、項之禍，死者十八九，天下蕭然。洪水之患，蓋不至此也。方秦之未得志也，使復有一孟子，則申、韓為空言，作於其心，害於其事，作於其事，害於其政者，必不至若是烈也。使楊、墨得志於天下，其禍豈減於申、韓哉！由此言之，雖以孟子配禹可也。

太史公曰：「蓋公言黃、老，賈誼、晁錯，明申、韓。」錯不足道也，而誼亦為之，余以是知邪說之移人，雖豪傑之士有不免者，況眾人乎！自漢以來，道術不出於孔氏，而亂天下者多矣。晉以老莊亡，梁以佛亡……

歐陽子沒十有餘年，士始為新學，以佛老之似，亂周孔之真，識者憂之。賴天子明聖，詔修取士法，風厲學者專治孔氏，黜異端，然後風俗一變。[49]

蘇軾認為一個人的文章，表面上看起來似乎對國計民生沒什麼舉足輕重的重要性，但文章是一個人思想的結晶，而思想左右一個人的行動，因而一國的興亡，繫於文章中表達出來的思想。縱觀中國的思想，蘇軾認為「申、商、韓非之學，違道而趨利，殘民以厚主，其說至陋也，而士以是罔其上」，中國的官員一般都在名義上奉行儒家，但實際上卻常遵照申不害、商鞅、韓非之學，偏袒君王而踐踏百姓。本書上文討論蘇軾對老莊思想的看法時，說到蘇軾在約三十年前寫〈韓非論〉的時候，貶抑老莊，認為他們「猖狂浮游之說，紛紜顛倒」的思想會誤國殃民，在近三十年之後，蘇軾對老莊思想仍然持同樣的觀點，主張老莊會促成一個國家的滅亡，除了老莊以外，蘇軾進一步認為佛教同樣會導致國家的衰亡，「晉以老莊亡，梁以佛亡」。蘇軾對墨子的批評，受到孟子的影響，其實墨子兼愛的精神跟蘇軾惠民的作風頗為相近。[50] 蘇軾寫這篇序，不去談歐陽修的文章，卻要討論中國的思想，寫得相當耐人尋味。蘇軾的意思是那些尋求一己私利不顧國家大局的政敵，雖然滿口仁義道德，但是實際上他們所做的事跟禍國殃民的申不害、商鞅、韓非的做法，沒什麼實質上的差別。至於奉行佛家老莊思想的人，就蘇軾來看，具有逃脫社會義務及責任之傾向，蘇軾更進一步把他們看成是導致國家社會毀滅的勢力。

蘇軾雖然已經入京，但是他的政敵仍然佔據朝廷各處要職，蓄意以待，準備隨時對他發動攻擊，特別是賈易，當時身為御史，具有不憑證據就可以對官員任意發動攻擊的大權，對蘇軾來說，前景實在不令他樂觀，因此七月六日，蘇軾上表再乞郡：

> 臣聞朝廷以安靜為福，人臣以和睦為忠。若喜怒愛憎，互相攻擊，其初為朋黨之患，而其末乃治亂之機，甚可懼也。臣自被命入覲，屢以血懇，頻干一郡，非獨顧衰命為保全之計，實深為朝廷求安靜之

> 理，而事有難盡言者。臣與賈易本無嫌怨，只因臣素病程頤之姦，形於言色，此臣剛褊之罪也。而賈易，頤之死黨，專欲與頤報怨，因頤教誘孔文仲，令以其私意論事，為文仲所奏。頤既得罪，易亦坐去。而易乃於謝表中誣臣弟轍漏泄密命，緣此再貶知廣德軍，故怨臣兄弟最深。臣多難早衰，無心進取，豈復有意記憶小怨，而易志在必報，未嘗一日忘臣。其後召為臺官，又論臣不合刺配杭州凶人顏章等。以此見易於臣，不報不已。今既擢貳風憲，付以雄權，升沉進退，在其口吻，臣之綿劣，豈勞排擊。觀其意趣，不久必須言臣并及弟轍。轍既備位執政，進退之間，事關國體，則易必須扇結黨與，再三論奏，煩瀆聖聽。朝廷無由安靜，皆臣愚昧，不早迴避所致。若不早賜施行，使臣終不免被人言而去，則臣雖自顧無罪，中無所愧，而於二聖眷待獎與之意，則似不終。竊惟天地父母之愛，亦必悔之。伏乞檢會前奏，速除一郡，此疏即乞留中，庶以保全臣子。[51]

蘇軾在劄子裡明確指出賈易是他的政敵，早先因程頤的緣故跟蘇軾過不去，曾被貶謫，可是曾幾何時他搖身一變，現在又成了大權在握的諫官，摩拳擦掌，準備跟蘇軾糾纏下去。蘇軾言外之意就是宣仁既然讓賈易做甚具威風的諫官，就不一定非要他也在朝不可，到時賈易發難，宣仁便無法過安靜的日子。蘇軾不能無故要求宣仁撤換賈易，只好藉著外調的請求來婉轉指出宣仁用賈易不當之處。無論蘇軾怎麼說，宣仁心意已定，自以為朝廷全看她的臉色行事，不會有什麼問題，賈易也不能對蘇軾如何，所以就是不許。[52]

第二十六章　鍥而不捨

元祐六年（1091）七月十二日，蘇軾入朝不到一個星期就馬上利用他跟宣仁和哲宗接觸的機會，呈上一劄，〈乞將上供封樁斛斗應副浙西諸郡接續糶米劄子〉，說明浙西的災傷，請求朝廷採取防災救災的行動：「臣伏見浙西諸郡二年災傷，而今歲大水，蘇、湖、常三郡水通為一，農民棲於丘墓，舟筏行於市井。父老皆言，耳目未曾聞見，流殍之勢，甚於熙寧。」[1]蘇軾在奏摺一開始就強調當時蘇、湖、常三郡災情的嚴重性，並透露熙寧時期主要因實施新法，只是杭州、蘇州兩地便餓死約八十萬人，而當時的災情又比熙寧時期更加嚴重，如朝廷不立即採取救災行動，當地餓死人數便可能超過熙寧時期：「臣聞熙寧中，杭州死者五十餘萬，蘇州三十餘萬，未數他郡。」[2]除了可能發生大饑荒以外，蘇軾說隨著饑荒的來臨，便一定會有盜賊的問題：「今既秋田不種，正使來歲豐稔，亦須七月方見新穀。其間饑饉變故，未易度量。吳人雖號柔弱，不為大盜，而宣、歙之民，勇悍者多，以販鹽為業，百十為群，往來浙中，以兵仗護送私鹽。官司以其不為他盜，故略而不問。今人既無食，不暇販鹽，則此等失業，聚而為寇，或得豪猾為之首帥，則非復巡檢縣尉所能辦也。」[3]蘇軾因此建議宣仁和哲宗為災區提供充分的米糧，迫使災區的米糧價格下降到農民可以輕易支付的水平，如此朝廷所做的事有限，但是老百姓卻能得到甚大的實惠：

> 恭惟二聖視民如子，苟有可救，無所吝惜。凡守臣監司所乞，一一應副，可謂仁聖勤恤之至矣。然臣在浙中二年，親行荒政，只用出糶常平米一事，更不施行餘策，而米價不踊，卒免流殍。蓋緣官物有

限，饑民無窮，若兼行借貸俵散，則力必不及，中路闕絕，大誤饑民，不免拱手而視億萬之死也。不如並力一意，專務糶米。若糶不絕，則市價平和，人人受賜。縱有貧民，無錢可糴，不免流殍，蓋亦有限量矣。[4]

蘇軾解釋說，如果貸款給平民，不但政府要承受巨額財務的負擔，而且老百姓也不一定每個人都能獲得預期中的補助金額，是一項吃力不討好的政策，遠不如持續充分供應災區價格低廉的米糧。接著蘇軾在奏摺中又說，杭州的官米到月底就會售罄，到時如果官府沒有米糧繼續出賣，當地糧價勢必急速上升，老百姓極可能買不到糧食，大饑荒因此必定發生：

臣昨日得杭州監稅蘇堅書報臣云：杭州日糶三千石，過七月，無米可糶，人情洶洶，朝不謀夕，但官場一旦米盡，則市價倍踊，死者不可勝數，變故之生，恐不可復以常理度矣。欲乞聖慈速降指揮，令兩浙運司，限一兩月內，約度浙西諸郡，合糶米斛，酌中數目，直至來年七月終，除見在外，合用若干石，入急遞奏聞。候到，即指揮發運司官吏於轄下諸路封樁，及年計上供錢斛內擘畫應副，須管接續起發赴浙西諸郡糶賣，不管少有闕絕，仍只依地頭元價及量添水腳錢出賣，及賣到米腳錢，並用收買金銀還充上供及封樁錢物。所貴錢貨流通，不至錢荒。所有借貸俵散之類，候出糶有餘，方得施行。似此計置，雖是數目浩瀚，然止於糶賣，不失官本，似易應副。但令浙西官場糶米不絕，直至來年七月終，則雖天災流行，亦不能盡害陛下赤子也。[5]

結尾的時候，蘇軾請求宣仁先降旨到各有關單位，下令各有關單位張貼佈告，曉諭民眾朝廷救助災區的辦法，在民眾了解情況以後，各地自然不會發生恐慌的情勢，富商巨賈也無法利用災情操縱市場價格：

如蒙施行，即乞先降手詔，令監司出榜曉諭軍民，令一路曉然，知朝廷已有指揮，令發運司將上供封樁斛㪷，應副浙西諸郡糶米，直至明年七月終。不惟安慰人心，破姦雄之謀，亦使蓄積之家，知不久官米大至，自然趁時出賣，所濟不少。惟望聖明，深湣一方危急，早賜施行。[6]

蘇軾在寫完奏摺以後在後邊又附加了一個註，說明去年有關部門在收到朝廷購米的詔令以後，居然以米貴的原因拒絕收購農民的米糧，以致第二年官府存糧欠缺，從而增加了救災的難度，而朝廷當時並沒懲罰失職的官員，「其發運司官吏不切遵稟之罪，朝廷未嘗責問」，蘇軾請求朝廷此次嚴格要求各有關單位切實執行朝廷的命令，重責違令官員：

臣去歲奏乞下發運司，於豐熟近便州、軍，糴米五百萬石。蒙聖慈依奏施行，仍賜封樁錢一百萬貫，令糴米。而發運司以本路米貴為詞，不肯收糴。去年若用貴價收糴，不過每㪷七十足錢，盡數收糴，猶可得百餘萬石，則今年出糶，所濟不少。其發運司官吏不切遵稟之罪，朝廷未嘗責問。習玩號令，事無由集。今來若行臣言，即乞嚴切指揮，發運司稍有闕誤，必行重責。所貴一方之民，得被實惠，所下號令，不為空言。[7]

當時的官員為了一己業績上所可能顯示出的金額，對一己的升遷會造成負面的影響，便找了米貴一個藉口，拒絕遵守朝廷收購米糧的命令，此一現象道盡了一般中國官僚為了個人利益而不惜犧牲老百姓的傳統作風，而朝廷在得知官員抗命不恤民命的情形後，也往往不了了之，不予追究，上下腐敗成風，蘇軾不能不說。

如此一個憂心國事體恤民命的奏摺，在蘇軾政敵的眼中再度成了他的罪狀之一。蘇軾劄子一上，果然不出他所料，七月十四日，侍御史賈易立即採取行動，說動臺諫的同事安鼎、楊畏三人各上一章攻擊蘇軾，說他「眩惑朝廷」，[8]假報災情。殿中侍御史楊畏特別建議要各路鈐轄、轉運、提刑及蘇、湖等五州各個有關單位據實報告災情，只要報告跟實情稍微有些出入，就得嚴厲懲處，「稍涉謬妄，即乞重行降黜」，[9]口氣之嚴峻，如同審理重大刑案。他們不去討論如何有效的救助各地災區，而要有關官員先核實各地的災情報告，再重處報告與實情稍有出入的官員，他們關注的不是救災，而是要懲罰熱心救災的官員。賈易、安鼎、楊畏三人，為了一己好惡，根本不考慮百姓的死活，中國歷史上充滿了這類自私自利典型的傳統官僚，即使在比較注意吏治的宣仁的時代也不乏其人。

在賈易攻擊蘇軾幾天之後，二十二日，蘇軾的學生秦觀因蘇軾好友王鞏的幫助，由趙君錫出面推薦，獲得秘書省正字的職位。秦觀是蘇軾的得意門生，賈易當然不會讓秦觀安穩的做秘書省正字，因此在二十六日，賈易擴大攻擊範圍，參了秦觀一狀。趙君錫雖然礙於王鞏的情面推薦秦觀，但他跟秦觀並不熟識，此刻見賈易攻擊秦觀，矛頭直指蘇氏兄弟，其間有利可圖，若他夥同賈易攻下蘇氏兄弟，副相之位指日可待，因此他見風轉舵，跟著賈易參了秦觀一狀。蘇軾和秦觀都不知道趙君錫業已反戈相向，當秦觀在獲得他被賈易彈劾的消息以後，去見蘇軾，蘇軾以是沒能警告秦觀，結果秦觀在跟蘇軾談完他的情況以

後，又自行去見趙君錫。二十七日，秦觀在會見趙君錫的時候，趙君錫當然虛偽相應，並不告知他已經參了他一狀的事，結果秦觀還把他當成恩人，請趙君錫幫助：「賈御史之章云，邪人在位，引其黨類。此意是傾中丞也。今賈之遺行如觀者甚多，中丞何不急作一章論賈，則事可解。」[10] 趙君錫不跟秦觀說他業已參了秦觀一狀，部分原因就是要從秦觀那裡騙得一些他可以利用的信息，現在秦觀請趙君錫攻擊賈易，正好入彀，他可以用「離間風憲」的罪名，來加強對蘇軾兄弟的攻勢，趙君錫為人之深沉陰險由此可見。蘇軾的親戚王遹因跟趙君錫素來友好，他也因事來看蘇軾，跟蘇軾談到朝上的事情，蘇軾因此請他就兩浙災傷及秦觀官職的問題要趙君錫仗義協助。王遹因此在二十七日同一天見了趙君錫。秦觀及王遹先後拜訪趙君錫一事，可以想見為趙君錫提供了稍後攻擊蘇軾兄弟極佳的口實。

蘇軾看賈易找了他的同事做幫手，聯合對他發難，而且賈易的攻擊範圍不斷擴大，涉及到了他的學生，在他的政敵糾纏不休擴大攻擊的情況下，蘇軾在二十八日不得不再上一道奏摺，〈乞外補迴避賈易劄子〉，請求宣仁徹底處理他遭遇到的問題：

> 臣自杭州召還以來，七上封章，乞除一郡，又曾兩具劄子，乞留中省覽。傾瀝肝膽，不為不至，而天聽高遠，不蒙回照。退伏思念，不寒而慄。然臣計之已熟，若干忤天威，得罪分明；不避權要，獲譴曖昧。臣今來甘被分明之罪，不願受曖昧之譴。
>
> 臣聞賈易購求臣罪，未有所獲。只有法外刺配顏章、顏益一事，必欲收拾砌累，以成臣罪。易前者乞放顏益，已蒙施行。今又乞放顏章。以此見易之心，未嘗一日不在傾臣。只如浙西水災，臣在杭州及替還中路並到闕以來，累次奏論，詞意懇切。尋蒙聖慈採納施行。而易扇搖臺官安鼎、楊畏，並入文

字，以謂回邪之人，眩惑朝廷，乞加考驗，治其尤者。宰相以下，心知其非，然畏易之狠，不敢不行。賴給事中封駁，諫官論奏，方持其議。易等但務快其私忿，苟可以傾臣，即不顧一方生靈墜在溝壑。若非給事中范祖禹，諫官鄭雍、姚勔，偶非其黨，猶肯為陛下腹心耳目，依公論奏。則行下其言，浙中官吏，承望風旨，更不敢以實奏災傷，則億萬性命，流亡寇賊，意外之患，何所不至。陛下指揮執政擘劃救濟，非不丁寧。而易等方欲行遣官吏言災傷者，與聖意大異。而執政相顧不言，僶俛行下。顯是威勢已成，上下懾服，寧違二聖指揮，莫違賈易意旨。臣是何人，敢不迴避。若不早去，不過數日，必為易等所傾。一身不足顧惜，但恐傾臣之後，朋黨益眾，羽翼成就，非細故也。不如今日令臣以親嫌善去，中外觀望，於朝廷事體，未有所害。臣之大意，止是乞出，若前來早賜施行，臣本不敢盡言，只為累章不允，計窮事迫，須至盡述本心，不敢有隱毫末。伏望聖明察其至誠，止是欲得外補，即非無故論說是非，特賜留中省覽，以保全臣子，不勝幸甚。取進止。[11]

蘇軾在奏摺中說自他從杭州返京，一共上了九道奏摺，結果「天聽高遠，不蒙回照」，都沒有下文。他跟宣仁強調賈易的企圖是構陷自己，「以此見易之心，未嘗一日不在傾臣」，賈易為了打擊蘇軾，非但不支持救災的行動，反而要調查懲處那些報告災情的官員，「乞加考驗，治其尤者」，根本不顧百姓的死活，「易等但務快其私忿，苟可以傾臣，即不顧一方生靈墜在溝壑。」賈易等人建議朝廷調查災情報告，懲處報告與實情有出入的官員，不惜擱置緊急救災的行動，而把注意力放在調查災區報告正確與否的問題上，勢必對全國的官員造成恐嚇的作用。一旦朝廷聽從他們的建議，全國自然不再會有什麼官員願意自找麻煩向朝廷報告災情，「行下其言，浙中官吏，承望風旨，更不敢以實奏災傷」，後果之嚴重可想而知。即使

有人向朝廷報告，朝廷在調查的時候，災民可能早已支撐不住，活活餓死。在朝的丞相雖然明知賈易等人胡作非為，但事不關己，他們寧可做老好人，也不願沒事找事去得罪諫官，「宰相以下，心知其非，然畏易之狠，不敢不行。」除了蘇軾所說的那些大臣都不願惹事以外，應該還有一個同樣重要的原因就是宣仁雖然是攝政，但她是一個守節的婦道人家，很多大臣對宣仁因此不是特別盡心，賈易等應該也是看到守禮的婦道人家好欺負這點，所以才敢任性非為。蘇軾看到宣仁受到大臣的左右，不能毅然處置賈易等人，頗為心寒，因此要求外調。其實蘇軾外調正是賈易等人夢寐以求的事，正中他們下懷。本書上文重複強調，中國傳統的知識份子因受孔子的影響，「以道事君，不可則止」，遇有挫折，便思退路，就當政的小人來說，這是他們朝夕期待的事，他們巴不得滿朝的正人君子都自動離開朝廷，如此他們才可肆無忌憚為所欲為。蘇軾請求外調，並沒解決問題，而只是逃避問題。

八月二日，賈易聯合趙君錫、安鼎師法神宗朝文字獄的伎倆，又參蘇軾一狀，說他詩中有對神宗不敬的思想，就蘇軾的詩句言論發動新的一輪攻勢，狀中同時再擴大範圍抨擊到蘇轍：

> 謹按尚書右丞蘇轍，厚貌深情，險於山川，詖言殄行，甚於蛇豕……其兄軾，昔既立異以背先帝，尚蒙恩宥，全其首領，聊從竄斥，以厭眾心。軾不自省循，益加放傲。暨先帝厭代，軾則作詩自慶曰：「山寺歸來聞好語，野花啼鳥亦欣然。此生已覺都無事，今歲仍逢大有年。」書於揚州上方僧寺，自後播於四方。軾內不自安，則又增以別詩二首，換詩板於彼，復倒其先後之句，題於元豐八年五月一日……其在杭州，務以暴橫立威，故決配稅戶顏章兄弟，皆無罪之人，今則漸蒙貸免矣。既而專為姑息，以邀小人之譽；兼設欺弊，以竊忠藎之名。如累年災傷不過一二分，軾則張大其言，以甚於熙寧

七八年之患。彼年饑饉疾疫，人之死亡者十有五六，豈有更甚於此者……軾、轍不仁，善謀姦利，交接左右，百巧多門。[12]

賈易用心狠毒，扭曲蘇軾的詩意，希望再造神宗時的詩獄，將蘇氏兄弟一網打盡。本書上文提到趙君錫平日對蘇軾表示非常友善敬重的態度，現在看到有打倒蘇轍，取而代之，晉升為副相的可能性，便撕下臉皮，加入賈易的行列，以秦觀及王遹的造訪為題，大做文章，對蘇軾、蘇轍猛烈抨擊：「臣以為觀與遹皆挾軾之威勢，逼臣言事，欲離間風憲。臣僚皆云姦惡，乞屬吏施行。」[13]因為賈易的控狀涉及到蘇轍，蘇轍在第二天就告訴蘇軾這件事情。再過一天，四日，蘇軾上〈辯賈易彈奏待罪劄子〉，針對三人的指控提出解釋，並請求朝廷懲罰他自己為人不慎之處：

臣今月三日，見弟尚書右丞轍為臣言，御史中丞趙君錫言，秦觀來見君錫，稱被賈易言觀私事，及臣令親情王遹往見君錫，言臺諫等互論兩浙災傷，及賈易言秦觀事。乞賜推究。臣愚蠢無狀，常不自揆，竊懷憂國愛民之意。自為小官，即好僭議朝政，屢以此獲罪。然受性於天，不能盡改。臣與趙君錫，以道義交遊，每相見論天下事，初無疑間。近日臣召赴闕，見君錫崇政殿門，即與臣言老繆非才，當此言責，切望朋友教誨。臣自後兩次見君錫，凡所與言，皆憂國愛民之事。乞問君錫，若有一句及私，臣為罔上。君錫尋有手簡謝臣，其略云：「車騎臨過，獲聞誨益，諄諄開誘，莫非師保之訓。銘鏤肝肺，何日忘之。」臣既見君錫，從來傾心，以忠義相許，故敢以士君子朋友之義，盡言無隱。[14]

蘇軾的奏摺先從趙君錫口是心非、表裡不一的虛偽作為開始說起。趙君錫在外表上對蘇軾表示異常的敬重，說他自己「老繆非才，當此言責，切望朋友教誨」，把蘇軾勸勉的話奉為圭臬，「諄諄開誘，莫非師保之訓，銘鏤肝肺，何日忘之」，但是當蘇軾請他站出來為兩浙災民說句公道話的時候，「欲其一言以救兩浙億萬生齒」，[15]他卻露出本來面目，不但不仗義相助，反而暗地中傷蘇軾。蘇軾承認這是他沒有知人之明，「臣愚蠢無狀」，誤以為他跟趙君錫是道義之交，因此跟他傾心談論國事，蘇軾請求朝廷懲罰。

接著蘇軾說不但當他本人在杭州的時候親見水災肆虐的情形，他回京以後，還不斷接到當地負責官員有關災情的書信，比他親見的景況還要嚴重，而賈易等人卻從中作梗，設法嚇阻官員上報災情：

> 近於七月末間，因弟轍與臣言賈易等論浙西災傷，乞考驗虛實，行遣其尤甚者，意令本處官吏，觀望風旨，必不敢實奏行下，卻為給事中封駁諫官論奏。臣因問弟轍云：「汝既備位執政，因何行此文字？」轍云：「此事眾人心知其非。然臺官文字，自來不敢不行。若不行，即須群起力爭，喧瀆聖聽。」又弟轍因言秦觀言趙君錫薦舉得正字，今又為賈易所言。臣緣新自兩浙來，親見水災實狀，及到京後，得交代林希、提刑馬瑊及屬吏蘇堅等書，皆極言災傷之狀，甚於臣所自見。臣以此數次奏論，雖蒙聖恩極力拯救，猶恐去熟日遠，物力不足，未免必致流殍。若更行下賈易等所言，則官吏畏懼臺官，更不敢以實言災傷，致朝廷不復盡力救濟，則億萬生齒，便有溝壑之憂。適會秦觀訪臣，遂因議論及之。又實告以賈易所言觀私事，欲其力辭恩命，以全進退。即不知秦觀往見君錫，更言何事。
>
> 又是日，王遹亦來見臣，云：「有少事謁中丞。」臣知遹與君錫親，自來密熟，因令傳語君錫，大略

云：「臺諫、給事中互論災傷，公為中丞，坐視一方生靈，陷於溝壑，略無一言乎？」臣又語遹說與君錫，公所舉秦觀，已為賈易言了。此人文學議論過人，宜為朝廷惜之。臣所令王遹與趙君錫言事，及與秦觀所言，止於此矣。二人具在，可覆按也。臣本為見上件事，皆非國家機密，不過行出數日，無人不知，故因密熟相知，議論及之。又欲以忠告君錫，欲其一言以救兩浙億萬生齒，不為觸忤。君錫遂至於此，此外別無情理者。

右臣既備位從官，弟轍以臣是親兄，又忝論思之地，不免時時語及國事。臣不合輒與人言，至煩彈奏。見已家居待罪，乞賜重行朝典。取進止。[16]

在蘇軾的奏摺中，有一點值得注意。蘇軾寫道蘇轍跟其他的執政，一般都不願意得罪御史，雖然他們明知賈易居心叵測，他的目的是嚇阻各地官員據實報告災情，「然臺官文字，自來不敢不行」，他們還是順著賈易的建議，要求各處調查災情報告，只因給事中拒絕撰寫誥命，賈易的詭計才沒得逞，中國傳統的官吏，包括蘇軾的弟弟，一般為了避免麻煩，都不太願意為受害者伸張正義，這是中國政治所以黑暗的原因之一。

蘇軾的奏摺一上，當天宣仁就做了決定，宣仁先前雖然沒有責怪賈易，但賈易得寸進尺，擴大他的攻擊對象，似乎是不達目的就不甘休，這對宣仁來講是一個麻煩，如果她任憑賈易持續攻擊他個人不喜歡的同事，她此後便無法有很多清靜的日子，所以她當機立斷，下了指示說賈易攻擊人身委實過分，應該貶謫：「排擊人太深，須與責降。」[17]宰相呂大防、劉摯因早先賈易也攻擊過他們，便立即同意貶謫賈易：「易疏云執政者『巧宦詐忠，徼倖苟合』，又云『莫敢為邪以害政』。其人既巧詐僥倖矣，安得不為邪以

害政？既莫為邪以害政矣，又安得有巧詐僥倖之說？臣竊詳易疏，前後異同，自相矛盾，大抵以朝廷今日政事為非。」[18]趙君錫一聽賈易被貶外放，勢態不妙，有波及自己的趨勢，立即上了一個奏摺，試圖拯救賈易，兼以自救：「賈易何罪？易前此曾示臣一大疏，攻彈軾、轍。今不辨是非，遽罷侍御史，無以示天下至公。」[19]趙君錫見朝廷維持貶謫賈易的原議，又上一章，再度攻擊蘇軾的詩作：「臣昨論於先帝上僊之初，作詩喜幸，乞正典刑，及易劾軾之罪，不可使之外補，事體至大，並未蒙施行。臣伏以前日蔡確之事，坐不言與救解，自宰臣以下，罷黜者凡八人。是朝廷深責臣子之背公死黨，使天下明知無禮於君者，不可不急擊而必去之也。」[20]在這一個奏摺中，趙君錫進一步指控蘇軾為叛逆：「有臣懷悖逆之心，形容於言辭如此，而朝廷不能亟正其罪，將何以教天下之為臣者也？」[21]趙君錫在此事發生以前還諂媚蘇軾說：「師保之訓，銘鏤肝肺，何日忘之」；現在事發，來了一個一百八十度的大轉彎，狠咬蘇軾一口，把蘇軾說成是一個叛臣，有心置他於死地，「乞正典刑」，趙君錫的用心無疑相當狠毒。

趙君錫要求朝廷把蘇軾當成叛逆來處置的作為讓宣仁寒心，宣仁雖是一個婦道人家，但她知道把一個人的文學作品用來做迫害的工具，不是一件值得稱頌的事情，「作詩亦是小事」，[22]她看了趙君錫的狀子就跟宰輔說：「君錫莫須罷中丞」，劉摯建議讓趙君錫做他原先的吏部侍郎，宣仁同意，六日，趙君錫被免除御史中丞一職。為了杜絕日後有人繼續就蘇軾竹西寺的文字再提控訴，呂大防要蘇軾書面解釋他那首詩的涵義。八日，蘇軾上〈辨題詩劄子〉：

> 趙君錫、賈易言臣于元豐八年五月一日題詩揚州僧寺，有欣幸先帝上仙之意。臣今省憶此詩，自有因依，合具陳述。臣於是歲三月六日在南京聞先帝遺詔，舉哀掛服了當，迤邐往常州。是時新經大變，

臣子之心，孰不憂懼。至五月初間，因往揚州竹西寺，見百姓父老十數人，相與道旁語笑，其間一人以兩手加額，云：「見說好個少年官家。」其言雖鄙俗不典，然臣實喜聞百姓謳歌吾君之子，出於至誠。又是時，臣初得請歸耕常州，蓋將老焉，而淮浙間所在豐熟，因作詩云：「此生已覺都無事，今歲仍逢大有年。山寺歸來聞好語，野花啼鳥亦欣然。」蓋喜聞此語，故竊記之於詩，書之當塗僧舍壁上。臣若稍有不善之意，豈敢覆書壁上以示人乎？又其時去先帝上仙已及兩月，決非「山寺歸來」始聞之語，事理明白，無人不知。而君錫等輒敢挾詞，公然誣罔。伏乞付外施行，稍正國法。所貴今後臣子，不為仇人無故加以惡逆之罪。[23]

蘇軾是文字獄的受害者，他相當痛心有人把文字當做一種迫害人的工具，但他並不清楚文字獄是中國以知識份子為基礎的官僚體系中特有的產物，日後還會在中國歷史中持續出現。要根本杜絕無謂的文字迫害，勢必先要賦予人言論的自由，這種現代一般人特別堅持的觀念在中國古代也有，比如宣仁說：「作詩亦是小事」就是這種意思，宣仁並不是說不要創作詩歌，而是說不要用詩歌來做迫害他人的工具，只是她沒有把她的想法寫成規範臣子的條例。宣仁在收到蘇軾的劄子以後，當天宣布蘇軾的詩並沒有對神宗不敬的地方：「將題詩事誣軾」。[24]本書前文顯示呂大防是個喜歡玩弄面面俱到的圓滑手腕的政客，他不喜歡蘇軾以前批評過他的行政措施，同時他又擔心別的諫官對他處置賈易的決定不滿，會找他的麻煩，所以當宣仁宣布處罰賈易的時候，他也不細論是非曲折，便建議把蘇軾和賈易一起免職：「易誠過當，然若遽責降，則恐言事臣僚不見因依，定須論列。今若早欲定疊，不若並蘇軾兩罷為便。」[25]十五日，蘇軾以龍圖閣學士左朝奉郎的名銜被外調為潁州知州；蘇軾這次在朝前後不過一個多月的時間。賈易、趙君錫為一己好惡

私利，構陷大臣，結果在呂大防和劉摯妥協的前提下就以兩罷的方式草草了結。

雖然蘇軾這幾年的官位相當高，但蘇軾不是為做官而做官，他出仕主要是為了實施他的政治理想，而他的政敵此時不斷無理取鬧，對他惡意攻擊，特別是趙君錫前此對他一直相當禮敬，且不時爭取他的支持，現在為了權力翻臉不認人，讓蘇軾對政壇的風雲變化頗為寒心；蘇軾不免想到退休的樂趣，在離京前因此寫了一首詩給他弟弟：

> 嘉祐中，予與子由同舉制策，寓居懷遠驛，時年二十六，而子由二十三耳。一日秋風起，雨作中夜翕然，始有感慨離合之意。自爾宦游四方，不相見者十嘗七八。每夏秋之交，風雨作，木落草衰，輒悽然有此感，蓋三十年矣。元豐中謫居黃岡，而子由亦貶筠州，嘗作詩以紀其事。元祐六年，予自杭州召還，寓居子由東府，數月復出領汝陰，時予年五十六矣，乃作詩留別子由而去。
>
> 牀頭枕馳道，雙闕夜未央。車轂鳴枕中，客夢安得長。新秋入梧葉，風雨驚洞房。獨行殘月影，悵焉感初涼。筮仕記懷遠，謫居念黃岡。一往三十年，此懷未始忘。扣門呼阿同，安寢已太康。青山映華髮，歸計三月糧。我欲自汝陰，徑上潼江章。想見冰盤中，石蜜與柿霜。憐子遇明主，憂患已再嘗。報國何時畢，我心久已降。（蘇詩 5: 3112-3113）

這首詩說明蘇軾此時對他的未來已經看得相當清楚，他知道他的政敵絕對不會讓他有任何執政的機會：「我心久已降」。雖然他的政治理想顯然不太可能實現，但是他的弟弟現在位居副相位，做得正起勁：「扣門呼阿同，安寢已太康」，他只好聊做陪襯，勉力而行。

閏八月二十二日，蘇軾抵達潁州。蘇軾在朝受了他的政敵的打擊，並沒放棄他濟世助民的理想，十二月二十五日，蘇軾上〈乞賜度牒糴斛斗準備賑濟淮浙流民狀〉，把他在出京以後所親見及聽到的地方上發生的天災人禍，向宣仁報告：

> 臣近因出城市中，時有挾挈繈褓如流民者。問之，皆云自壽州來。尋取問得城門守把者，亦云時有此色人，見淮西提刑司出榜立賞，不許米斛過淮北。因此，體問得士人南來者皆云：今秋廬、濠、壽等州皆饑，見今農民已煎榆皮，及用糠麩雜馬齒莧煮食。兼壽州盜賊，已漸昌熾，安豐縣木場鎮打劫施助教家，霍丘縣善鄉鎮打劫謝解元家，六安縣故鎮打劫魏家，賊徒皆十餘人，或云二三十人，頗有騎馬者，器仗甚備。每處贓皆數千貫，申報官司，多不盡實，亦有不申報者。兼潁州界亦有惡賊尹遇、陳興子、鄭饒、李松等數人，皆老姦逋寇，私立名號，與官吏鬭敵，方欲結集，規相應和。近日雖已敗獲，深恐淮南群盜不止，流入潁州界，縱不能為大害，但饑民附之，徒黨稍眾，如王沖、管三之流，便不易捕獲。臣又聞淮南自秋至今，雨雪不足，麥熟不熟，蓋未可知，若麥不熟，必大有饑民。浙西、江東既非豐熟地分，勢必流徙北來，則潁州首被其患。若流民至潁，而官無以濟之，則橫屍布路，盜賊群起，必然之勢也。所以須至先事奏乞。若至時元無此事，臣不敢避張皇過當之罪，若隱而不言，倉卒無備，別成意外之虞，其罪大矣。臣日夜計慮，勢不可緩。謹具條件如左。[26]

盜賊和饑荒是蘇軾奏摺中特別強調的問題，而饑荒又往往是導致盜賊發生及壯大的原因，為避免在朝的政敵無理取鬧，阻撓救災的工作，蘇軾特別親自書寫奏摺，並請求朝廷保密，「貴免泄漏」。[27]蘇軾在奏摺

最後指出當時官場的作風，一貫是報喜不報憂，諱言災情，懇請朝廷及早規劃解決地方上所發生的嚴重問題：「臣在杭州日，親見監司州縣，例皆諱言災傷。只如今年蘇、湖水災，可為至甚，而臺官賈易等猶欲根究其事，行遺言者。蘇州積水未退尚土城門，而知州黃履已奏秋種有望。似此蒙蔽，習以成風。伏望聖慈試採臣言，過作準備，則一方幸甚。」[28] 同時蘇軾也利用他在杭州治湖的經驗，上書請求朝廷協助潁州治理西湖，朝廷應允：「去歲潁州災傷，予奏乞罷黃河夫萬人開本州溝，從之。」[29] 宣仁在處理朝廷人事紛爭時，對蘇軾不一定完全公允，但對蘇軾在地方上的行政工作卻顯然相當支持。

在處理盜賊的問題上，蘇軾也如同救災一樣積極著手進行。因為蘇軾吏治的名聲，原來在當地犯案的盜賊，便紛紛離開潁州而躲到鄰近州縣。即使那些盜賊逃出潁州州境，蘇軾仍然挑選幹員遠行他州，逮捕歸案。但是因為條文的限制，蘇軾派遣捕盜的幹吏，無法取得應得的獎賞，蘇軾因此寫了一個奏摺，請求朝廷把他自己該升的一級轉贈給捕盜的幹吏：

臣自到任以來，訪問得本州舊出惡賊，自元祐二三年間，管三等嘯聚為寇。已而，又有陳欽、鄒立、尹榮、尹遇等，亦是群黨劫殺，累至以捕盜官吏鬪敵。是時，朝廷訪聞以名捕此等數人，尋已捉獲淩遲處斬，惟尹遇一名漏網得脫，不改前非，結集陳欽之弟陳興、鄭饒、李松等數人，不住驚劫人戶。尹遇自稱大大王，陳興稱二大王，鄭饒稱僥三，李松稱管四，鄉村畏懾，不敢言及。縱被劫殺，不敢申報，以致被殺之家，父母妻子，不敢聲張舉哀。百姓蔡貴、莫諲、董安三人，只因偶然言及遇等，即時被殺，內董安仍更用尖刀割斷腳筋，其餘割取頭髮，及殺傷者不可勝數。每次打劫，皆用金貼紙甲，其餘兵仗弓弩並全。累次與捕盜官吏鬪敵，內一次射殺弓手。兼近日壽州界內，強賊甚多，打劫

魏家、謝解元、施助教等家，皆一二十人，白晝騎馬於鎮市中劫人。其尹遇等聞之，即欲商量應和，居民憂懼。

臣度事勢迫切，即差職員監勒捕盜官吏，責限收捕。有汝陰縣尉李直方，素有才幹，自出家財，募人告緝，知得逐賊窟穴去處。內陳興、鄭饒、李松等，見住壽州霍丘縣開順場。尹遇一名，在壽州霍丘縣成家步，比陳興等去處更遠二百里。直方以謂眾賊之中，唯尹遇最為桀黠難捕，又其窟穴離州界最遠，遂分布弓手，捕捉眾賊。而直方親領弓手五人，徑往成家步捉殺尹遇。直方母年九十六，只有直方一子。臨去之時，母子泣別，往返五百餘里，騎殺一馬。直方步行百餘里，裝作販牛小客，既至地頭，眾皆畏懼不前，獨弓手節級程玉等二人與直方持槍大呼，排戶而入。尹遇驚起，彀弓駕箭欲發，直方徑前親手刺倒，眾弓手皆入，方始就擒。直方本與弓手分頭捕捉眾賊，內陳興、鄭饒、李松三人以地近故，先九日獲。獨尹遇一名，以地遠難捕，直方親行，故後九日獲。既獲之後，遠近喜快。有城廓鄉村人戶六百一十七人，詣臣陳狀，備說逐賊兇惡，多年為害，人不敢言，若不盡法根勘，萬一減死刺配，即須走回嘯聚，為害轉甚。以此知逐賊桀黠之甚，眾所憂畏，若不以時捕獲，因之以饑饉，必為王沖、管三之流。而直方以進士及第，母子二人相須為命，而能以忠義奮激，親手擊刺，以除一方之患，比之尋常捕盜官，偶然掩獲十數饑寒之民號為劫賊者，不可同日而語矣。彼皆坐該賞典，而直方不蒙旌異，則忠義膽決方略之臣，無所勸激矣。須至奏陳者。[30]

潁州的盜賊，膽大妄為，手段暴虐，不但劫持百姓，而且如果百姓報案，他們便予以殘酷的報復。蘇軾任命的汝陰縣尉李直方不但能幹，而且熱心執行任務，甚至能夠自己出資幫助政府緝拿盜賊歸案。依照常

例，潁州的盜賊既然逃到壽州，壽州的官員便應該負責緝捕，顯然壽州的負責官員無能消除那些強悍的盜賊；為了保障潁州居民的安全，蘇軾毫不推卻他應盡的義務，主動派員進入壽州執行肅清盜賊的工作。因法律條文的限制，李直方無法獲得應有的獎賞，蘇軾寧願自己暫不升級，而建議把自己升級應得的利益轉給李直方，「臣見今於法合轉朝散郎，情願乞不改轉，將此恩例與直方，循資酬獎」。[31]在中國官場上，很多官員都是想把別人的功勞佔為己有，而蘇軾恰恰相反，他不但不佔別人的功勞，而且進一步把自己的功績讓給別人，這在中國官場上誠屬罕見。在京的執政敷衍了事，結果應蘇軾之請，不但沒給蘇軾升級的機會，也沒有給予李直方應有的獎賞，只不過例行公事給他不具太多實質意義的獎勵，以致將近一年以後，蘇軾回到京師任職兵部尚書，就又寫了一道奏摺，〈再論李直方捕賊功效乞別與推恩劄子〉，替李直方說話，說他得到的獎勵「恩例至輕，其間以毫髮微勞得者甚多，恐非所以激勸捐軀除患之士，伏望聖慈，特賜檢會前奏，別與推恩，仍乞許臣更不磨勘轉朝散郎一官。」[32]在中國的政治中，人品正直才能傑出的人士，常常受到挫折，很難出人頭地，這種例子俯拾皆是，書不盡書；蘇軾辦理此一案子，鍥而不捨，務必要幫助李直方獲得他應得的獎賞，不僅是針對李直方個人而發，所謂英雄惜英雄，惺惺相惜的意味，而且也有矯正中國惡劣傳統的用心。蘇軾在描述李直方捕盜一事上的用詞簡潔生動，撼人心弦，其體例雖然是奏摺，但就其文筆來說，卻是一篇上好的報導文學作品。

在潁州期間蘇軾所寫的詩中，〈泛潁〉特別值得讀者注意。這首詩是蘇軾和他的下屬簽書潁州公事趙德麟（景貺）、潁州州學教授陳師道（履常）及歐陽棐（叔弼）、歐陽辯（季默）兄弟一起出遊潁州西湖後所寫的：

> 我性喜臨水，得潁意甚奇。到官十日來，九日河之湄。吏民笑相語，使君老而癡。使君實不癡，流水有令姿。繞郡十餘里，不駛亦不遲。上流直而清，下流曲而漪。畫船俯明鏡，笑問汝為誰。忽然生鱗甲，亂我鬚與眉。散為百東坡，頃刻復在茲。此豈水薄相，與我相娛嬉。聲色與臭味，顛倒眩小兒。等是兒戲物，水中少磷淄。趙陳兩歐陽，同參天人師。觀妙各有得，共賦泛潁詩。（蘇詩 5: 3122-3）

潁州的西湖是蘇軾到任以後，十天內幾乎天天都去的地方，當地很多官員和老百姓都覺得蘇軾剛到任，不在潁州建立官場上的人事關係，為追尋他個人的利益去鋪路，而卻常在潁水上徜徉，是相當奇怪難以理解的舉動，「使君老而癡」。蘇軾解釋說，他喜歡潁水，並不癡愚，因為潁水可以提供他一個美麗自在的世界，協助他擺脫迷人心智的黑暗的聲色世界。在詩中他以象徵性的手法來討論佛教的無我思想，當他看到自己在水中的形象時，他提出有關他形象本質的一個問題，「笑問汝為誰」，而潁水中的魚蝦分化他整體的意象，「忽然生鱗甲，亂我鬚與眉」，使他看見的自我形象多達一百個，「散為百東坡」。蘇軾用「亂」這個字來形容魚蝦的舉動，暗示魚蝦的出現對他具有負面的意義，此一負面的意義因潁水的整合復原的功效而迅速消失，「頃刻復在茲」，這意味著在蘇軾心目中，自我可以分析，但終結還是有一個自我的形象可見。因為蘇軾緊接著說他的形象在分離後又迅速的返回原狀，由「亂」返正。外在的世界有時會對自我意象造成分化的趨勢，這種現象就蘇軾來看，是一種暫時的「亂」相，就如同蘇軾當年在黃州寫的赤壁賦一般，月有陰晴圓缺的變化，「蓋將自其變者而觀之，則天地曾不能以一瞬；自其不變者而觀之，則物與我皆無盡也。」對蘇軾來說，一個人的自我雖然在時時不斷的變化之中，但其本質仍同宇宙一般具有恆常的特性。蘇軾又特別解釋，潁水不是在戲弄他，而是跟他的心靈進行互動，協助他尋求世間純真潔

淨的樂趣，「此豈水薄相，與我相娛嬉。」聲色世間也能夠提供人們樂趣，但往往會讓當事者失去理智自我，「聲色與臭味，顛倒眩小兒。」而潁水對蘇軾來說，卻能與自我互相映照提升，有相輔相成之效，「等是兒戲物，水中少磷淄。」他的同伴顯然對佛教有贊服的意思，「趙陳兩歐陽，同參天人師」，但蘇軾本人卻不在他們「參佛」的行列之中。「同參」的主詞就語法的結構來說，似乎也可以隱含蘇軾，但就整首詩的意思來看，還是只指「趙陳兩歐陽」比較恰當；特別是蘇軾在這一首詩中，把「百東坡」視為「亂」相的產物，恆常的自我「頃刻復在茲」，明顯的婉拒了佛教空幻的說法，而且就蘇軾一生對佛教表示有所保留的態度來說，他參佛的可能性委實不大。這首詩初看之下，似乎支持蘇軾接受佛教無我思想的看法，但細讀以後，卻不盡然。蘇軾在這首詩中並不在鼓吹佛教思想，或顯示他是一個遵守佛教戒律的佛徒，而是以蘊藉委婉的方式非常技巧地表達了他對佛教空幻的思想一貫有所保留的態度。

元祐七年（1092）一月二十八日，蘇軾被調到揚州，名銜是龍圖閣學士左朝奉郎知揚州軍州事充淮南東路兵馬軨轄。[33]他弟弟這時寫了一封信給他，要他回京見宣仁，蘇轍在朝顯然感覺到宣仁有意要蘇軾留京，但是蘇軾對當時的朝局頗為寒心，不願意在宣仁沒下令以前就回京，所以他沒聽他弟弟的話，而直接去了揚州。蘇軾跟一般官吏不太相同，不一定非得在京任職不可，他拒絕在京任職，主要的原因是他名大才高，為入相的理想候選人，是有意攀躋高位的官員們的眼中釘，再加上他堅持愛國為民的理想，據理直言，不跟邪惡勢力妥協，因此他常變成他人打擊迫害的對象，而他認為他在地方可以獨掌一面，盡力實施濟世助民的理想，特別是最近一次他在京的時候，幾乎大部分的時間都得用來答理他政敵對他的指控，其他正事都得暫時放在一邊，所以他對他弟弟這時要他回京的請求便毫不考慮。其實，本書前文分析過，蘇軾在地方上固然可以盡心照顧百姓，但是他顯然沒有完全考慮到京師是政治的中樞，京師的決定必然影響

地方行政的走向，如果朝廷出了問題，地方上勢必受到牽連，但是如果地方上出了問題，朝廷卻並不一定會被損毀，蘇軾的注意力理所當然主要應該放在朝政上，只要他能獲得宣仁的支持，他的施政理想就可以推展到全國，而不止一個地方。蘇軾此後力辭任職京師，固然讓他能致力於地方上的建設，但也因此不幸的失去每日與宣仁和哲宗皇帝繼續發展近乎耳鬢廝磨的親密關係的機會。日後哲宗親政，貶謫舊黨，蘇軾是遭到最為嚴厲的懲處的大臣，主要原因即為他跟成長的哲宗逐漸疏遠，最終沒能建立由日常接觸而發展出來的親密的關係。

在去揚州的路上，沿途蘇軾經常摒去他左右的兵卒，訪問民間疾苦，三月二十六日抵達揚州。五月十六日，蘇軾到職才一個多月就上了近萬言特別長的奏摺，〈論積欠六事並乞檢會應詔所論四事一處行下狀〉，重提他近兩年前上書請求朝廷濟助平民的事情：

> 今二聖臨御，八年於茲，仁孝慈儉，可謂至矣。而帑廩日益困，農民日益貧，商賈不行，水旱相繼，以上聖之資，而無善人之效，臣竊痛之。
>
> 所至訪問耆老有識之士，陰求其所以，皆曰：方今民荷寬政，無它疾苦，但為積欠所壓，如負千鈞而行，免於僵仆則幸矣，何暇舉首奮臂，以營求於一飽之外哉。今大姓富家，昔日號為無比戶者，皆為市易所破，十無一二矣。其餘自小民以上，大率皆有積欠。監司督守令，守令督吏卒，文符日至其門，鞭笞日加其身，雖有白圭、猗頓，亦化為篳門圭竇矣。自祖宗已來，每有赦令，必曰：凡欠官物，無侵欺盜用，及雖有侵盜而本家及伍保人無家業者，並與除放。祖宗亦不知官物失陷、姦民幸免之弊，特以民既乏竭，無以為生，雖加鞭撻，終無所得，緩之則為姦吏之所蠶食，急之則為盜賊之所

憑藉，故舉而放之，則天下悅服，雖有水旱盜賊，民不思亂，此為捐虛名而收實利也。[34]

蘇軾在奏摺一開始就毫不保留的指出當時經濟蕭條，平民生活在水深火熱之中的情形，「帑廩日益困，農民日益貧，商賈不行，水旱相繼」。在蘇軾調查探究之下，他發現農民生活所以異常貧苦都是因為當初受到新法持續殘害的結果。本書前文指出，神宗朝通過貸款等方法，搾取百姓資金，常常導致人民負債如山，「方今民荷寬政，無它疾苦，但為積欠所壓，如負千鈞而行，免於僵仆則幸矣，何暇舉首奮臂，以營求於一飽之外哉。今大姓富家，昔日號為無比戶者，皆為市易所破，十無一二矣。」本書前文也同時指出，在平民負債不能如期償還時，官府毫不客氣，不是把人民給關起來，就是沒收人民所擁有的土地家產，鞭撻用刑就更不必說了，即使原來有錢的富戶隨即也變成沒錢的人家，「監司督守令，守令督吏卒，文符日至其門，鞭笞日加其身，雖有白圭、猗頓，亦化為箄門圭竇矣。」蘇軾一生以仗義直言著名，他在這篇奏摺中引用具體事實與資料，為悲慘的平民提出對新法強有力的指控，為後人留下珍貴無比的史料，新法在民間所造成的長期巨大的傷害是不可否認的史實。蘇軾提出解決的辦法非常簡單而有效，即全面免去貧苦人家積欠政府的債務，給他們一個喘息復甦的機會。蘇軾以為平民既然已經沒錢還債，即使官府鞭撻用刑，只徒增平民的痛苦，而絲毫無法改善平民的生活，因此蘇軾建議朝廷乾脆免除貧苦人家積欠政府的債務，以免平民走上絕路。蘇軾的想法與現代西方文明國家寬免人民債務的法律，在精神上可說一致，在西方只要一個人宣布破產，政府就會寬免他的債務，這種措施讓一貧如洗的人有再生的機會，就如蘇軾所說，不會逼得人們加入盜賊的行列。

接著蘇軾指出雖然宣仁及哲宗下詔免除平民的債務，但是官府一般咬文嚼字，吹毛求疵，就是不願減

免平民的債務，甚至有眾多官府的差吏，因追討平民的債務而上下其手，徇私舞弊，生活居然發達起來：

自二聖臨御以來，每以施捨己責為先務，登極赦令，每次郊赦，或隨事指揮，皆從寬厚。凡今所催欠負，十有六七，皆聖意所貸矣。而官吏刻薄，與聖恩異，舞文巧詆，使不該放。監司以催欠為職業，守令上為監司之所迫，下為胥吏之所使，大率縣有監催千百家，則縣中胥徒舉欣欣然，當日有所得，而一旦除放，則此等皆寂寥無獲矣。自非有力之家，納賂請賕，誰肯舉行恩貸。而積欠之人，皆鄰於寒餓，何賂之有。其間貧困掃地，無可蠶食者，則縣胥教令通指平人，或云衷私擅買，抵當物業，或雖非衷私，而云買不當價，似此之類，蔓延追擾，自甲及乙，自乙及丙，無有窮已。每限皆空身到官，或三五限得一二百錢，謂之破限。官之所得至微，而胥徒所取，蓋無虛日，俗謂此等為縣胥食邑戶。嗟乎，聖人在上，使民不得為陛下赤子，而皆為姦吏食邑戶，此何道也！

商賈販賣，例無現錢，若用現錢，則無利息，須今年索去年所賣，明年索今年所賒，然後計算得行，彼此通濟。今富戶先已殘破，中民又有積欠，誰敢賒賣物貨，則商賈自然不行，此酒稅課利所以日虧，城市房廊所以日空也。諸路連年水旱，上下共知，而轉運司窘於財用，例不肯放稅，縱放亦不盡實。[35]

蘇軾估計全國靠追討平民債務而得到不少好處的差吏大概有二十萬左右，因為他們的追逼，老百姓寧願遭受天災的摧殘，過苦日子，而不願見豐年，讓那些如狼似虎的差吏藉著豐收為理由，而對他們進行更為嚴厲的煎熬與迫害，把他們所有的家當更加無情的收討一空：

臣頃知杭州，又知潁州，今知揚州，親見兩浙、京西、淮南三路之民，皆為積欠所壓，日就窮蹙，死亡過半。而欠籍不除，以至虧欠兩稅，走陷課利，農末皆病，公私並困。以此推之，天下大率皆然矣。臣自潁移揚州，過濠、壽、楚、泗等州，所至麻麥如雲。臣每屏去吏卒，親入村落，訪問父老，皆有憂色。云：「豐年不如兇年。天災流行，民雖乏食，縮衣節口，猶可以生。若豐年舉催積欠，胥徒在門，枷棒在身，則人戶求死不得。」言訖，淚下。臣亦不覺流涕。又所至城邑，多有流民。官吏皆云：「以夏麥既熟，舉催積欠，故流民不敢歸鄉。」臣聞之孔子曰：「苛政猛於虎。」昔常不信其言，以今觀之，殆有甚者。水旱殺人，百倍於虎，而人畏催欠，乃甚於水旱。

臣竊度之，每州催欠吏卒不下五百人，以天下言之，是常有二十餘萬虎狼，散在民間，百姓何由安生，朝廷仁政何由得成乎？臣自到任以來，日以檢察本州積欠為事。內已有條貫除放，而官吏不肯舉行者，臣即指揮本州一面除放去訖。其餘理合放而於條未有明文者，即且令本州權住催理，聽候指揮。其於理合放而於條有礙者，臣亦未敢住催。各具利害，奏取聖旨。[36]

蘇軾隨即討論寬免債務的細節問題，範圍涵蓋場務（鹽鐵）、蠶、青苗、酒、醋、陂塘、墟市、渡口、絹米、丁口、市易等的稅收與貸款。蘇軾引用條文及債務的數字，請求朝廷一一處理：

準元祐五年四月九日朝旨：「應大赦以前，見欠蠶鹽和買青苗錢物，元是冒名，無可催理，或全家逃移，鄰里抱認，或元無頭主，均及干繫人者，並特與除放。」今勘會江都縣人戶積欠青苗錢斛二萬四千九百二十貫石，內四千九百貫石，係大赦已前欠負逃移，臣已指揮本州，依上件朝旨除放去訖。

一千五百二十五貫石，雖係大赦前欠負，卻係大赦後逃移，未有明文除放，見今無處催理，不免逐時行下鄉村勘會，虛有搔擾。臣已指揮本州更不行下，欲乞聖旨指揮應大赦前欠負蠶鹽和買青苗錢，但見今逃移無處催理者，本縣官吏保明，並與除放。[37]

在建議完處理各種債務的方法以後，蘇軾提到一年半以前他在杭州知州的任上寫的一個奏摺，當時他已經就一些平民的債務問題請求朝廷處理，事隔一年半，仍無消息：

臣先知杭州日，於元祐五年九月奏：「臣先曾具奏，朝廷至仁，寬貸宿逋，已行之命，為有司所格沮，使王澤不得下流者四事。」其一曰：「見欠市易籍納產業，聖恩並許給還，或貼納收贖。而有司妄出新意，創為籍納、折納之法，使十有八九不該給贖。」其二曰：「積欠鹽錢，聖旨已許止納產鹽場監官本價錢，其餘並與除放。而提舉鹽事司執文害意，謂非貧乏不在此數。」其三曰：「登極大赦以前人戶，以產當酒見欠者，亦合依鹽當錢法，只納官本。」其四曰：「元豐四年，杭州揀下不堪上供和買絹五萬八千二百九十疋，並抑勒配賣與民，不住鞭笞，催納至今，尚欠八千二百餘貫，並合依今年四月九日聖旨除放。」然臣具此論奏，經今一百八日，未蒙回降指揮，乞檢會前奏四事，早賜行下。尚書省取會到諸處，稱不曾承受到上件奏狀。十二月八日，三省同奉聖旨，令蘇軾別具聞奏。臣已於元祐六年正月九日，備錄元狀，繳連奏去訖，經今五百餘日，依前未蒙施行。復乞檢會前奏，一處行下。[38]

蘇軾說他上了杭州的奏摺以後，追問下文，結果尚書省聲稱沒收到他的狀子，在宣仁的指令之下，蘇軾把原來的奏摺再送到尚書省，結果一年多以後還是不見回音，宣仁左右的執政在辦理有關人民生計的問題上推諉職責，不盡心力，由此可見。其實在宣仁的統治之下，不僅是執政對民瘼不甚關心，一般官員大多如是，朝廷業已明令寬免平民的債務，眾多官員引用各種名義就是不從。宣仁在中國史上的聲譽一般相當高，政治比其他的時代要清明許多，而官員的腐敗無能都已令人吃驚，遑論其他時代，中國傳統官場的腐化，幾乎到了不可思議的地步。蘇軾為民謀求福祉，再接再厲，不斷遭遇挫折，卻毫不氣餒，他的精神氣節是中國文化優美理想的結晶。

為強調事態的嚴重性，過了幾天，蘇軾又上了〈再論積欠六事四事劄子〉，請求朝廷儘快處理。他的這篇奏摺出自肺腑，憂國憂民，字字珠玉，感人心弦，是值得稱頌的一篇文字：

> 臣已具積欠六事，及舊所論四事上奏。臣聞之孟子曰：「以不忍人之心，行不忍人之政。」若陛下初無此心，則臣亦不敢必望此政，屢言而屢不聽，亦可以止矣。然臣猶孜孜強聒不已者，蓋由陛下實有此心，而為臣子所格沮也。
>
> 竊觀即位之始，發政施仁，天下聳然，望太平於期月。今者八年，而民益貧，此何道也？願陛下深思其故。若非積欠所壓，自古至今，豈有行仁政八年而民不蘇者哉。臣前所論四事，不為不切，而經百餘日，略不施行。臣既論奏不已，執政乃始奏云，初不見臣此疏，遂奉聖旨，令臣別錄聞奏。意謂此奏朝上而夕行，今又二年於此矣。以此知欠積之事，大臣未欲施行也。若非陛下留意，痛與指揮，只作常程文字降出，仍卻作熟事進呈，依例送戶部詳看，則萬無施行之理。臣人微言輕，不足計較，所

惜陛下赤子，日困日急，無復生理也。臣又竊料大臣必云今日西邊用兵，急於財利，未可行此。臣謂積欠之在戶部者，其數不貲，實似可惜。若實計州縣催到數目，經涉歲月，積欠之在戶部者累毫，何足以助經費之萬一。臣願聖主特出英斷，早賜施行。[39]

蘇軾一而再，再而三地上奏摺，而朝廷總是不予答覆，藉著沉默來表示他們的不豫之情，希望蘇軾能知難而退。蘇軾與中國一般傳統的官僚不太一樣，即使執政不高興，他仍然堅持要朝廷處理他提出的案件。除了寬免平民的債務以外，蘇軾再次提到救災之事：

臣訪聞浙西饑疫大作，蘇、湖、秀三州，人死過半，雖積水稍退，露出泥田，然皆無土可作田塍，有田無人，有人無糧，有糧無種，有種無牛，餓死之餘，人如鬼腊。臣竊度此三州之民，朝廷加意惠養，仍須官吏得人，十年之後，庶可完復。《書》曰：「制治於未亂，保邦於未危。」浙西災患，若於一二年前，上下疚心，同方拯濟，其勞費殘弊，必不至若今之甚也。臣知杭州日，預先奏乞下發運司，多糴米斛，以備來年拯濟饑民，聖明垂察，支賜緡錢百萬收糴。而發運使王覿，堅稱米貴不糴。是年米雖稍貴，而比之次年春夏，猶為甚賤，縱使貴糴，尚勝於無，而覿執所見，終不肯收糴顆粒，是致次年拯濟失備，上下共知而不詰問。小人淺見，只為朝廷惜錢，不為君父惜民，類皆如此。淮南東西諸郡，累歲災傷，近者十年，遠者十五六年矣。今來夏田一熟，民於百死之中，微有生意，而監司爭言催欠，使民反思凶年。怨嗟之氣，必復致水旱。欲望聖慈救之於可救之前，莫待如浙西救之於不可救之後也。

臣敢昧死請內降手詔云：「訪聞淮浙積欠最多，累歲災傷，流殍相屬，今來淮南始獲一麥，浙西未保豐凶，應淮南東西、浙西諸般欠負，不問新舊，有無官本，並特與權住催理一年。」使久困之民，稍知一飽之樂。仍更別賜指揮，行下臣所言六事四事，令諸路安撫鈐轄司推類講求，與天下疲民，一洗瘡痏，則猶可望太平於數年之後也。

臣伏睹詔書，以五月十六日冊立皇后，本枝百世，天下大慶。《孟子》有言：「《詩》曰：『古公亶父，來朝走馬。率西水滸，至於岐下。爰及姜女，聿來胥宇。』當是時也，內無怨女，外無曠夫。」此周之所以王也。今陛下膺此大慶，猶不念積欠之民，流離道路，室家不保，鬻田質子，以輸官者乎？若親發德音，力行此事，所全活者不知幾千萬人。天監不遠，必為子孫無疆之福。臣不勝拳拳孤忠，昧死一言。取進止。[40]

蘇軾說自從他做杭州知州親眼目睹兩浙災情以後，一而再，再而三，上了很多奏摺，請求幫助平民，而朝廷始終不願採取行動，他知道若依照傳統的教導，他應該保持沉默，不再多言，但他有信心宣仁會採納他的建議，實行惠民的政策，因此他在眾臣反對之下，依然呶呶不休，「孜孜強聒不已」。蘇軾所面臨的阻礙不僅是京師的大臣，執政與諫官，也有地方上的行政長官，如發運使王覿之流，可說是整個腐敗的官僚體系。蘇軾擇善固執，不屈不撓，不斷進言，這種趨向極端的作風與孔子所代表的中庸思想不完全吻合，但卻是中國傳統所亟需的精神。宋孝宗應該是在看了蘇軾的這類文章而有「讀之終日，亹亹忘倦，常寘左右，以為矜式」的評論。

六月一日，拖延了兩年多，朝廷終於下詔應許蘇軾的請求，寬減平民的積欠。七月，蘇軾高興的有辭

醺醺之感，因此寫了第一篇和陶詩，〈和陶飲酒二十首〉，[41]一方面表示他對朝廷的謝意，另一方面與中國的知識份子分享他對人生的看法。

第二十七章　和陶〈飲酒〉

中國自夏朝開始實施家天下的制度，到蘇軾的時候，差不多已經有三千年左右的時間，在這段期間裡，中國的知識份子在政治上遭遇最大的一個問題就是，如何能發表一己跟當權者不同的意見而不被殺害。魏晉南北朝惡劣的政治氣候，逼死了很多文人，當時希望能活下去的人，有些像竹林文士選擇了放蕩不羈的行徑，有的比較收斂像陶潛一類的隱士，乾脆就棄絕政治。蘇軾像屈原一樣是個性格耿直能言善道的讀書人，他在政治上也同樣受到狠毒的迫害，但是他不願像屈原一樣自絕生路，或者像竹林文士一樣放蕩不羈，他也不願像陶潛一樣棄絕政治。他在政壇遭到挫折時，拒絕從此銷聲匿跡，為了能繼續安全表達他跟當權者不同的意見，便別出心裁，避免寫像《離騷》那樣直抒胸臆的作品，而選擇以和陶詩的形式，來間接委婉地繼續表達他對人生與政治的觀點。蘇軾這種做法在中國文學史上實屬首創之舉，寓意出奇的深刻，他不但瞞過了當時他的政敵的耳目，也讓歷來眾多的學者如入迷霧之中，對他寫作和陶詩的動機與寓意不甚了然。[1] 例如張兆勇在《蘇軾和陶詩與北宋文人詞》中說：「至於他為什麼要以〈和陶飲酒〉為平臺，我以為蘇軾是想拿陶淵明〈飲酒〉中所抒情感為反襯以使自己情感更明矣。」[2] 筆者以為如果蘇軾要「使自己情感更明矣」，他可以和別的詩人的作品，不一定要和陶潛。蘇軾有系統大規模的追和陶潛，這件事在中國文化史上具有非常特殊的意義，值得學者注意，因此有必要在此特闢一章分析蘇軾和陶鮮為人知的良苦用意。

歷來學者根據蘇軾在黃州寫的「只淵明是前生」一句話，都特別強調蘇軾和陶潛的相同之處，而不怎

麼去說兩者歧異的地方，似乎蘇軾和陶潛兩個人對人生的看法並沒什麼根本的差異。當然蘇軾跟陶潛確實有相同之處，譬如他們兩人都是耿直不屈，都不盲目追求權位利祿，也不以權位利祿為人生終極的目標等等。但是除了一些相同之處，他們其實是兩個迥然不同的人物，對人生有根本不同的看法。上文曾經提到蘇軾早年並不怎麼喜歡陶潛，在密州任內，他特別批評陶潛，說他不負責任，又喜歡做作；在當時蘇軾的眼中，陶潛不值得多說。既然蘇軾對陶潛不是絕對佩服，那麼他在黃州為什麼寫認同陶潛的詞句？上文曾經提到這主要是因為當時他被貶到黃州，處境相當艱難，身為一個罪犯他有必要暫時避開政治風頭，消除他的政敵對他的警戒心理；既然他的政敵對他的文章非常留意，他便在他的文章裡做文章，用陶潛做幌子，把他以前所輕視的陶潛轉化成政治上的擋箭牌，說他自己就是陶潛，給他的政敵一個假象，以為他對從政不再感興趣，準備從此置身政治舞台之外。

蘇軾對陶潛不是衷心佩服，由元祐三年（1088）他寫的一首名叫〈書王定國所藏煙江疊嶂圖〉的一首詩可看出來。

江上愁心千疊山，浮空積翠如雲煙。山耶雲耶遠莫知，煙空雲散山依然。但見兩崖蒼蒼暗絕谷，中有百道飛來泉。縈林絡石隱復見，下赴谷口為奔川。川平山開林麓斷，小橋野店依山前。行人稍度喬木外，漁舟一葉江吞天。使君何從得此本，點綴毫末分清妍。不知人間何處有此境，徑欲往買二頃田。君不見武昌樊口幽絕處，東坡先生留五年。春風搖江天漠漠，暮雲卷雨山娟娟。丹楓翻鴉伴水宿，長松落雪驚醉眠。桃花流水在人世，武陵豈必皆神僊。江山清空我塵土，雖有去路尋無緣。還君此畫三歎息，山中故人應有招我歸來篇。（蘇詩 5: 2968-2969）

那時蘇軾不但早從黃州起復，並且膺任翰林學士知制誥一職，業已沒有先前的那種政治危機，不再須要陶潛做他的政治幌子。這時蘇軾就明白地反對陶潛消極避世的思想：「桃花流水在人世，武陵豈必皆神僊。」[3]他以為〈桃花源記〉所描寫的武陵，只是陶潛的想像，並不真是一個仙境，那個地方的人不一定都如同神仙一般快樂，同時一個理想的武陵世界在人間就可以見到，絕不須要脫離人世的政治。

既然蘇軾對陶潛不是衷心佩服，他為什麼在元祐七年再度對陶潛表示出很大的興趣，寫了和陶詩？蘇軾之所以再度稱揚陶潛，還是跟往日一樣有他的政治動機。一方面他再以陶潛為幌子，轉移政敵的注意力，給他們一種錯覺以為他對政治如同陶潛一般不再感興趣。那時跟他一起在揚州做通判的弟子晁補之（1053-1110）對這點就看得很清楚，所以他在〈飲酒二十首同蘇翰林先生次韻追和陶淵明〉中就說「藏鋒避世故，輕敵喪吾寶」；[4]另一方面，蘇軾推舉陶潛也是希望當時的士人，都能像他自己和陶潛一樣，能不以追求權力和利祿為人生的終極目標。更有甚者，本書下文會顯示蘇軾在他的和陶詩中常故意跟陶潛唱反調，含蓄地批評陶潛消極避世的思想，同時積極地鼓勵類似陶潛的隱者獻身社稷，鞠躬盡瘁，死而後已。

在分析蘇軾的和陶詩以前，筆者首先須要澄清一些誤解。歷來很多研究蘇軾和陶詩的人都把這些詩當做擬陶詩來看，討論兩者相似的地方，再據此品評二者孰勝孰劣。例如楊松冀在《精神家園的詩學探尋：蘇軾〈和陶詩〉與陶淵明詩歌之比較研究》中就說：「蘇軾和陶詩雖然是仿傚陶詩之作，但其主要是學其詩之神而非其詩之形」，[5]誤以為蘇軾的和陶詩是模擬仿傚陶潛之作。蘇軾自己說他的詩不是擬陶詩，而是和陶詩：「古之詩人，有擬古之作矣，未有追和古人者也；追和古人，則始於東坡。」[6]晁補之對蘇軾使用的「追和」一詞的意蘊並不完全清楚，他說：

「有擬古之作矣，而未有追和古人者」。如何曰？亦有所未喻。梁吳均〈和梁鴻在會稽贈友人〉，高伯達〈和郭林宗贈徐子孺〉、〈和揚雄就人乞酒不得作詩嘲之〉，唐李賀〈追和何謝銅雀妓〉、〈追和柳渾汀洲白蘋章〉，蓋亦多矣，雖然，和不次韻。奈何？曰：「時也。」[7]

晁補之提出的問題是蘇軾以前就已經有不少詩人寫和詩，為什麼蘇軾還要說追和古人從他開始，晁補之的解釋是可能前人的和詩都押不同的韻腳，「和不次韻」，而蘇軾的和詩卻與陶潛的詩押相同的韻腳。其實，韻腳應該不是蘇軾和陶詩關切的主題，真正重要的是詩的主旨。因為在宋朝官至樞密副使、吏部侍郎，比蘇軾大四十二歲的大臣胡宿（995-1067）就寫過一首〈怨詩初（楚）調示龐主簿及鄧治中〉，用了跟陶潛詩中一樣的韻腳。但是在主旨及風格上，胡宿的和詩與陶潛的作品沒有根本的歧異之處，就此點來說，胡宿的和詩仍然可看作模擬詩。本書下文會顯示，蘇軾寫和詩跟前人根本不同的地方，是他的和詩不是仿傚或模擬陶潛，而是透過想像力與陶潛探討人生的理想，並規勸陶潛改變一些他對人生不太妥當的看法。在此一創作背景之下，就蘇軾來看，即使前人寫了所謂的「和詩」，那些和詩仍然是模擬詩，所以，蘇軾說他是第一個寫和詩的人。當然，另外還有一個可能性，就是蘇軾不知道前人寫過和詩，但是這個可能性不太大，我同意楊松冀在這一點上的看法：「像晁說之所舉的這些詩人及其所和的古人詩作，蘇軾不可能不知道。」[8]蘇軾的和詩別具匠心，摒棄前人窠臼，一反前人模擬的作風，而針對陶潛的思想提出一己對人生的看法；如此，蘇軾的和詩就沒有必要一定要跟陶詩相似，兩者只是用同樣的題目文體來表達或同或異的觀點。比較陶詩與和陶詩的重點，因此不應該是二者相似與否的問題，而是蘇軾針對陶潛的看法提出他自己什麼獨特的見解。

再者，清代研究蘇詩的學者王文誥（1764-?）對蘇軾的和陶詩曾經下過如下的一段結論：

公之和陶但以自託耳。至於其詩，極有區別……有本不求合，適與陶相似者；有借韻為詩，置陶不問者；有毫不經意，信口改一韻者……此雖和陶，而有與陶決不相干者。[9]

他認為蘇軾是藉著陶潛來表達他自己的思想，同時兩人的詩大不相同，這種觀點確實深中肯綮；但是他認為有些蘇軾的和詩跟陶詩沒有什麼關係，這一點筆者以為有待商榷。如果蘇軾的和詩跟陶詩真是一點關係也沒有，讀者就不能不問為什麼蘇軾還要寫和陶詩，他大可以自由自在的運用他喜歡的形式來表達他自己的意思，而不必受到陶詩格式的限制。其實，那些乍看之下跟陶詩沒有什麼關係的和詩，不但是針對陶詩而發，而且往往要在跟陶詩仔細比較以後才能看出其中深意。筆者在澄清這些誤解以後，現在可以就蘇軾的和詩與陶潛的〈飲酒〉做一比較。

陶潛的名字在歷史上常跟酒連在一起。他在〈五柳先生傳〉中說他自己「性嗜酒，而家貧不能恆得。親舊知其如此，或置酒招之，造飲輒盡，期在必醉。」[10] 他在做彭澤令的時候，下令縣內公田全部種可以釀酒的小米，以為日後飲酒之用。這種只圖個人口腹之樂，不顧家庭生計的做法，不是一個負責任的男子所應該做的。後來在他妻子堅決反對之下，他只好將小部分的土地改種稻，供家中餬口之用：「公田悉令吏種秫稻，妻子固請種粳，乃使二頃五十畝種秫，五十畝種粳。」[11] 陶潛辭官以後，他的朋友顏延之看他家貧，給他二萬錢，結果他「悉送酒家，稍就取酒」。陶潛家境貧乏跟他嗜酒，生活不太有節制不是絕對無關。陶潛喝酒所以喝得很利害自然有他的原因，他在〈飲酒〉詩的序文中說：「余閒居寡歡，兼比夜已

長，偶有名酒，無夕不飲，顧影獨盡，忽焉復醉。」[12]陶潛隱遁的生活，並不是像現在一般學者所想像的那麼適意，他有他憂鬱愁苦的一面：「中觴縱遙情，忘彼千載憂。」[13]他在鄉間的生活，單調勞苦沒有很多樂趣：「蕭索空宇中，了無一可樂」；酒除了供給他短暫的快感而外，對他來說也是一種麻醉劑，讓他能夠忘卻煩惱：「酒能祛百慮」。[14]所以他喝酒一定要喝到醉才止。蘇軾就完全不一樣了，他不會喝酒，為了應酬，跟朋友同僚聚會的時候，順應時情，用酒來助興；喝的時候，他也常是淺嚐而止，能夠自我控制。他的和陶詩序文就說：「吾飲酒至少，常以把盞為樂，往往頹然坐睡，人見其醉，而吾中了然，蓋莫能名其為醉為醒也。在揚州時，飲酒過午輒罷。客去，解衣盤薄終日，歡不足而適有餘。」[15]蘇軾飲酒最主要是應酬，為了氣氛，促進他和別人的溝通：「予飲酒終日，不過五合，天下之不能飲，無在予下者。然喜人飲酒，見客舉杯徐引，則予胸中為之浩浩焉，落落焉，酣適之味，乃過於客。閑居未嘗一日無客，客至，未嘗不置酒。天下之好飲，亦無在予上者。」[16]他的詩仍然很清楚地表示他跟陶潛不同，前者「期在必醉」，後者「過午輒罷」。再過差不多八年以後（紹聖五年），當蘇軾六十三歲被貶到海南島的時候，他寫〈和陶神釋〉還是持同樣的觀點，說他不贊成後者的做法：「莫從老君言，亦莫用佛語，仙山與佛國，終恐無是處，甚欲隨陶翁，移家酒中住，醉醒要有盡，未易逃諸數。」[17]酒和佛道兩教對蘇軾來說都不能提供徹底解決問題的方法。元符三年（1100），蘇軾從海南島北返，在他寫的最後一首和詩裡，就直截了當的說陶潛是一個不幸沉迷於詩酒的墮落的文人：「淵明墮詩酒，遂與功名疏。」[18]

在探討了陶潛與蘇軾對酒的觀點以後，我進一步分析他們的詩作。陶潛〈飲酒〉第五首一般公認是陶詩中的上乘之作，用詞及語意都有獨到之處，我在此把它的全文引出：

結廬在人境，而無車馬喧。問君何能爾，心遠地自偏。採菊東籬下，悠然見南山。山氣日夕佳，飛鳥相與還。此中有真意，欲辨已忘言。

這首詩描寫陶潛退隱的生活，安靜恬適。詩中心提到的南山是全詩的重點，陶潛和這座山遙遙相對，兩者互相影射，陶潛這時內心的感覺，似乎就如同南山一樣巍然而不可動搖。蘇軾看到了這點，所以他在和陶的時候，就特意地用了不同的意象，來表示他跟陶潛不同：

小舟真一葉，下有暗浪喧。夜棹醉中發，不知枕几偏。天明問前路，已度千重山。嗟我亦何為，此道常往還。未來寧早計，既往復何言。

這首詩描寫蘇軾的仕宦生涯，為國為民，不辭辛勞的在大江南北往來奔波。乍看之下，他的詩好像真如王文誥所說的跟陶詩毫不相關，但是細看以後，這首詩在很多地方跟陶詩故意唱反調。陶說車馬，蘇言舟船；陶指陸地，蘇論水路；陶避免喧鬧，蘇與喧聲為侶；他人詢問陶，蘇卻詢問他人；陶保持清醒，蘇沉醉在夢鄉中；陶詩以黃昏結尾，逐漸趨向黑暗，蘇詩代之以晨曦，逐漸奔向光明；陶穩如南山，蘇超越千重山；陶詩充滿自得之情，蘇詩有嗟嘆之意。因為韻腳的規定，在蘇軾的和詩中，他跟陶潛一樣用了一個「山」字，即使是同樣的「山」字，在陶詩中，它象徵陶潛自己，有肯定的意思；而在蘇軾的和詩中，它卻代表著蘇軾旅程中須要克服的一部分，如同蘇軾第二次被貶謫的時候在〈慈湖夾阻風五首〉裡寫的詩句「無數青山水拍天」[19]一樣具有負面的意義。蘇軾刻意地從相反的角度來和陶，是要顯示他不像陶潛一樣

一定要追求寧靜安穩的生活：他的生活是動態的，充滿有如浪濤波動似的浮沉與凶險，在他大半生遭受政治迫害的生涯中，他不怕他的小舟會被無情的浪濤所吞噬，即使在生死關頭，他仍然可以無憂無慮地進入夢鄉，享受生活中片刻的寧靜。

上面的分析證明蘇軾追和陶詩並不是如傳統所說的要模擬或學習陶潛，如前文所說，蘇軾主要是用陶潛做他政治上的幌子，讓他的政敵能夠放鬆他們對他的警戒心理，轉移他們的眼光，好使自己在不受威脅下繼續發表他對人生的看法。張兆勇在探討蘇軾和陶詩的動機時說：「以陶淵明為人生旨趣是蘇軾越來越明確的人生理念。蘇軾藉此舉以傾訴有意向陶淵明看齊。」[20] 蘇軾如果真要向陶潛看齊的話，他是不會在他的和陶詩中處處跟陶潛唱反調的。

蘇軾在〈和陶飲酒〉中嗟嘆，並不是他對旅途的勞苦有所抱怨，而是對他輔佐君王平治天下的心願還沒達成而覺得惋惜。陶潛的詩雖然在藝術表現的技巧上很成功，但是他的眼界，確像李白（701-762）所說的相當狹隘：「齷齪東籬下，淵明不足群」；[21] 基本上他所看到的只是個人安適的問題。這種只重個人安逸的思維就是陶潛自己有時也覺得難以完全接受，所以他在〈飲酒〉詩中稍後對此又再度提出討論，藉此一方面來消除內心的歉疚與不安，一方面冀望取得他同儕的諒解。上面這段分析應該可以證明筆者早先提出的論點：蘇軾的和陶詩不但跟陶潛的詩有密切的關係，而且一定要在跟原詩相比的時候，才更能看出它的深意。

現在我們跳到第十首看陶潛和蘇軾對仕宦的評語。陶潛覺得做官不是一件容易的事，充滿困難與險阻：

在昔曾遠遊，直至東海隅。道路迥且長，風波阻中途。此行誰使然，似為飢所驅。傾身營一飽，少許便有餘。恐此非名計，息駕歸閒居。

仕宦主要的目的就陶潛來看不是治國平天下，而是生計的問題。如果為了餬口把自己的人格出賣甚至犧牲了性命，他以為不是很理智的事，所以當他在宦途遭遇艱險的時候，他覺得最好的對策就是歸隱家園追求明哲保身之路。蘇軾和這首詩和得很有趣味。照理說他應該就他在政壇上所遭遇的種種折磨跟迫害去寫。他大可以說在王安石掌政的時候，王安石指使他的姻親謝景溫誣告他的事；他更可以說因他的詩中有替老百姓訴苦的句子，結果被諫官何正臣、舒亶和李定參劾，隨後被捕，於是在長江企圖投水自盡的慘痛經歷；他還可以說他在御史臺獄被關了四個多月，受了多次的審問折磨，最後又被貶到黃州，度過了四年多艱辛的歲月；他也可以說最近幾年朔黨在朝處處設計誣陷他的陰謀。如果要寫個人親身經歷的政治風險，蘇軾應該是絕對比陶潛有資格去描述的，但耐人尋味的是他在和這首陶詩的時候，立意跟陶詩完全相反，根本不去提政治上的風險。他寫了如下一首非常消遙自在的詩：

籃輿兀醉守，路轉古城隅。酒力如過雨，清風消半途。前山正可數，後騎且勿驅。我緣在東南，往寄白髮餘。遙知萬松嶺，下有三畝居。

他描寫自己做官的情形很是輕鬆愜意，一點也不傷腦筋，就如同別人用轎子抬著他，而他在轎中悠閒地賞景一般。這個意象並不誇張，蘇軾從他出仕以來，政治長才一直為時人稱許。費袞的《梁溪漫志》有一條

關於蘇軾在杭州做知州的記載，描述他的行政才能，寫得相當生動：

東坡鎮餘杭，遇游西湖，多令旌旗導從出錢塘門，坡則自湧金門從一二老兵汎舟絕湖而來，飯於普安院，徜徉靈隱、天竺間。以吏牘自隨，至冷泉亭則據案剖決，落筆如風雨，紛爭辨訟，談笑而辨。已乃與僚吏劇飲，薄晚則乘馬以歸。夾道鐙火，縱觀太守。有老僧，紹興末年九十餘，幼在院為蒼頭，能言之。當是時，此老之豪氣逸韻可以想見也。[22]

蘇軾這種超人的行政能力，不要說陶潛比不上，中國歷史能夠跟他相提並論的也實在不多。蘇軾親身經歷了恐怖的政治風險，但在和陶詩的時候，他卻跟陶潛相反，故意寫為政閒逸的一面。蘇軾藉著這種強烈的對比，似乎在暗中鼓勵陶潛一類的隱君子，希望他們也能夠像自己一樣，不畏權勢，不避風險，一心為平治天下的政治理想而獻身。

一般學者推崇陶潛，把他的隱遁說得清高無比。[23]南宋的朱熹曾經說過：「晉宋間人物，雖曰尚清高，然個個要官職，這邊一面清談，那邊一面招權納貨。淵明卻真個是能不要，此其所以高於晉宋人物也。」[24]朱子的話說得有些偏頗。做官掌權是中國古代儒者施展政治抱負唯一的途徑，本身並沒好壞優劣可說，真正的問題是在做官掌權以後，怎麼去運用一己的影響力。如果做官掌權只是為了滿足一己的私慾，不顧他人死活，這種行為不值得讚揚；如果做官掌權是為了治國平天下，達到天下大同的目的，這個官就一定要做，而這個權也就一定要掌，這種行為是絕對值得讚揚，也值得鼓勵的。就陶潛個人的情況來說，他不是像朱子所說的，真的不要官。其實他不反對做官，他脫離了政治世界，最主要是他不願意為政

治理想去犧牲，他的命顯然要比政治理想重要得多。他寧願窮途潦倒地過他的一生，而不願轟轟烈烈地在政壇上尋求有利民生社稷的建樹。他在〈癸卯歲十二月中作與從弟敬遠〉中就說他對做烈士沒興趣：「歷覽千載書，時時見遺烈；高操非所攀，謬得固窮節。」[25]其實在東晉和宋初陶潛所處的時代中，亂雖說亂，但並不是所有的官吏都是貪官污吏，也不是每個清官都被砍頭了。像他的好友顏延之「居身清約，不營財利」，[26]做官做到老，並沒被砍頭。唐朝一代賢相房玄齡（579-648）在他主寫的《晉書》裡就說得很清楚：

> 晉自元康之後，政亂朝昏，禍難薦興，艱虞孔熾，遂使姦凶放命，戎狄交侵，函夏沸騰，蒼生塗炭，干戈日用，戰爭方興。雖背恩忘義之徒不可勝載，而蹈節輕生之士無乏於時。至若稽紹之衛難乘輿，卞壺之亡軀鋒鏑……張禕飲鴆以全節，王諒斷臂以厲忠，莫不志烈秋霜，精貫白日，激清風於萬古，厲薄俗於當年者歟！所謂亂世識忠臣，斯之謂也。[27]

跟他同一時代的烈士相比，就如陶自己所說，「高操非所攀」，他置身事外，遇事退縮的態度是絕對沒有什麼高操可說的。尤其當晉安帝被桓玄篡位，遷到尋陽的時候[28]——陶潛的家鄉——他在詩文中一個字都不提。這種只圖個人安逸，不顧君王死活的做法，是絕對不能當做忠臣來看的。他這種詩句從當時身遭噩運的安帝的角度來看，甚至可以說是風涼話。李白說他眼界狹隘；杜甫（712-770）說他消極避世：「陶潛避俗翁，未必能達道」[29]；王維（699?-761）說他不能謙下忍耐，以致一生潦倒不堪，不是都沒有原因的：「近有陶潛不肯把板屈腰見督郵，解印綬棄官去，後貧。〈乞食〉詩云：『叩門拙言辭』，是屢乞而

多慚也。」[30]

此外更重要的一點是陶潛早年出仕的時候，也曾經為當時就已經背叛朝廷的桓玄做過幕僚。歷史上為陶開脫這項罪名的大有人在，以往他們在主觀認定陶潛清高的前提下，都否定這件事的可能性。現在學術界逐漸地接受這種說法，因此有的學者又認為陶潛是被迫做桓玄僚佐的。[31]筆者就歷史上的證據及陶潛的個性來看，以為陶潛不但做過桓玄的幕僚，而且也是自願的。首先，陶潛在安帝隆安四年庚子歲（400）寫的詩，〈庚子歲五月中，從都還，阻風於規林〉，已經說到他奔走仕途的景況：「自古歎行役，我今始知之……久游戀所生，如何淹在茲？靜念園林好，人間良可辭。」這時他心中已有辭官的念頭。次年辛丑歲，陶詩〈辛丑歲七月赴假還江陵，夜行涂口〉再度提到他退隱的意念：「詩書敦宿好，園林無世情。如何舍此去，遙遙至西荊……懷役不遑寐，中宵尚孤征。商歌非吾事，依依在耦耕。投冠旋舊墟，不為好爵縈。」這首詩同時提到江陵是他任職的地方。據《宋書．州郡志》，江陵此時是荊州的府治，[32]而荊州刺史當時是桓玄。《晉書．安帝紀》隆安三年項下有這麼一段記載：「十二月，桓玄襲江陵，荊州刺史殷仲堪、南蠻校尉楊佺期並遇害。」[33]《晉書．桓玄傳》說在他殺害殷仲堪和楊佺期以後，「乃表求江荊二州。詔以玄都督荊司雍秦梁益寧七州、後將軍、荊州刺史、假節。」[34]桓玄從隆安三年（399）左右開始做荊州刺史一直做到元興元年（402）率軍攻入京師為止，一共有兩年多的時間。[35]就上邊所引的詩句來看，陶潛既然說「久游戀所生」，他給桓玄做幕僚自然應該有頗長的一段時日。就歷史上的記載來看，在隆安二年，陶潛寫〈庚子歲〉一年多以前，「廣州刺史桓玄，南蠻校尉楊佺期等舉兵反。」[36]桓玄當時不遵朝廷命令，沒去廣州赴職，「既而詔以玄為江州」。[37]同年九月，桓玄因王師追剿，跑到尋陽。十月，「仲堪等盟於尋陽，推桓玄為盟主。」[38]桓玄跟陶潛應該就是在這一段時間相遇的。陶潛既然是尋陽當地

的望族，他的外祖父孟嘉又曾經是桓玄的父親桓溫手下的參軍和長史，同時桓玄正在以肅清朝政的名義招攬地方上的人才，以對抗在京師擅權的會稽王司馬道子。桓玄既被眾人推為盟主，顯然在地方上頗孚人望。他請求陶潛相助，後者因此答應入幕的可能性極大。要不然《宋書》是不會批評陶潛的：「潛弱年薄宦，不潔去就之跡。」[39]所謂「不潔去就」應該就是指陶潛做桓玄幕僚的這件事。

在說明我所以認為陶潛曾為桓玄僚佐的原因之後，我再進一步探討他是否被脅迫入仕的問題。在上邊所引的〈庚子歲卅日〉〈辛丑歲〉兩首詩中，陶潛不但沒說一個被脅迫的字，他還進一步說他的官位是一個「好爵」。雖然陶潛不習慣也不喜歡仕宦的生活，但他因一己的經濟需要及政治抱負，卻有些捨不得丟棄那個官位。他的〈飲酒〉詩就說得很清楚，他入仕最主要是為了家庭的生計問題：「此行誰使然，似為飢所驅」。他年輕的時候也有他的政治抱負，所謂「少時壯且厲，撫劍獨行遊」（〈擬古之八〉）就是說他這時積極參與政治的心態。他所以辭官，最主要的原因是筆者在上邊提過的，他認為當時的政治氣候惡劣，如果為了官位而丟棄生命是很不值得的事：「覺悟當念還，鳥盡廢良弓。」仕與不仕牽涉到個人價值判斷的問題，他人是無法勉強的，但是一個人如因政治風險而脫離政治，吾人絕對不能就因此稱他為清高。

在這一點上蘇軾跟陶潛就完全不同。本書早先指出，當蘇軾小時候接受母教的時候，就已經許諾他母親要做像范滂一樣的烈士，為國家社稷獻身。他這種態度一直到他死前都沒改變。這就是蘇軾和陶的時候，不但不強調政治上的風險，反而特別描述它悠閒一面主要的原因了。

筆者在分析第五首的時候，曾經很簡短地提到陶潛對他自己只圖個人安逸而不求國家社稷福祉的做法有時候也覺得頗不安。例如在第十二首，他就自問：「一往便當已，何為復狐疑？」他這種內心的交戰在

第十五和第十六首就更清楚地顯示出來：

> 貧居乏人工，灌木荒余宅。班班有翔鳥，寂寂無行跡。宇宙一何悠，人生少至百。歲月相催逼，鬢邊早已白。若不委窮達，素抱深可惜。
>
> 少年罕人事，游好在六經。行行向不惑，淹留遂無成。竟抱固窮節，飢寒飽所更。敝廬交悲風，荒草沒前庭。披褐守長夜，晨雞不肯鳴。孟公不在茲，終以翳吾情。

這兩首詩寫得很悲悽，感傷之情溢於言表。陶潛窮得沒錢整修房子庭院，以致他的住處就如同荒野一般。同時因他沒有顯達的地位，很少人跟他固定往來，所以他家的四周圍只見成群的飛鳥而不見人蹤。更讓他傷心的是，歲月不饒人，他不再年輕，他的頭髮已逐漸斑白。有些學者把第十五首的最後兩句說成陶潛對自己潦倒的情況看開了，決定不再去計較，但這種說法與前八句的旨意不很相合。這首詩前八句都在說陶的淒涼景況，他不太可能在結尾的時候會突然無緣無故地說他不介意。如果他真不介意的話，他應該是不會用幾乎一整首詩來描寫他淒涼的景況的。他更不會在《飲酒》的最後一首請求人們諒解他：「君當恕醉人」。我以為第十五首的最後兩句應該是說他覺得他似乎應該東山再起，以免他以往報國的情懷與抱負就此永久埋沒。

上邊筆者的說法不但跟第十五首前八句的旨意吻合，也跟下一首的詩意互相銜接。第十六首從他往日所持的抱負開始論起，說他早年喜好六經，遵從儒家的學說，出仕尋求進取的機會。但不幸的是，他一直沒能碰到如孟公一樣的賢人來賞識他，因而他沒有機會來施展他報效國家的抱負。清代的學者邱嘉穗說

「敝盧交悲風」的悲風是指當時黑暗的政治情況，「荒草沒前庭」的荒草是指當時的政治小人：「悲風比世亂，荒草比小人。」[40]他的說法有些牽強，其實這個意象更有可能是描寫陶潛內心暗淡悽涼的心靈世界，他的感情與外界的景象合而為一。陶潛這種悽涼的感觸和他窮苦的景況是很讓蘇軾同情的，所以後者在他的和詩中就說：「每用愧淵明，尚取禾三百。」蘇軾是一個心胸開闊，樂天知足的人，在他寫的幾千篇詩詞文章中，我們找不出什麼非常淒慘自哀的句子。所以他在和第十五跟十六首的時候，就撇開陶的感傷，而說他跟他弟弟的天倫之樂。我在此只引第十六首做例子：

嘵嘵六男子，絃誦各一經。復生五丈夫，戢戢丁欲成。歸田了門戶，與國充踐更。普兒初學語，玉骨開天庭。淮老如鶴雛，破殼已長鳴。舉酒屬千里，一歡愧凡情。

蘇軾長大成人的兒子一共有三個：邁、迨和過，他的弟弟也有三個兒子，名叫遲，適和遜。他們這六個男孩子都非常孝順上進，頗得二蘇的風範。在享受天倫之樂這一方面，陶潛也是沒法跟蘇軾相比。陶潛的五個兒子顯然個個都不長進，他曾經寫了一首〈責子〉詩，來發洩他心中的鬱悶：

白髮被兩鬢，肌膚不復實。雖有五男兒，總不好紙筆。阿舒已二八，懶惰故無匹。阿宣行志學，而不愛文術。雍端年十三，不識六與七。通子垂九齡，但覓梨與栗。天運苟如此，且進杯中物。

他的兒子不爭氣，讓做父親的心煩，以致喝酒喝得更厲害。但是話又說回來了，俗語說有其父必有其子，

他們之所以不爭氣，跟他自己嗜酒，生活沒節制，喝酒常喝得爛醉不是一點都沒關係的。如果所有五個孩子都不成器，做父親的絕對要負一些責任，而不能說「天運苟如此」那樣的話，把所有的責任都推給老天。除了〈責子〉以外，陶潛另外還寫了一篇頗長的詩，名叫〈命子〉，一共三百二十個字，也是教訓他兒子的。這首詩從陶唐開始說他的家世以前是如何的光彩，但說到了他自己的時候，他沒什麼功業好提，只能表示慚愧，「嗟余寡陋，瞻望弗及，顧慚華鬢，負影隻立。」[41] 他對他的兒子有些指望，但是這些指望似乎在口頭上說說也就罷了：「夙興夜寐，願爾斯才，爾之不才，亦已焉哉。」其實如真是要教訓兒子，做父親的可以把他兒子罵一頓，甚至打一頓，大概沒有人會像陶潛轉彎抹角的去寫一篇又長又難的詩給兒子看，陶潛的兒子既然「總不好紙筆」，他大概根本也不會去看的。因此陶潛寫這首詩主要的目的應該還是為了世上的讀者，他隱然希望後世的讀者，不要把他當成一個不負責任的父親來看。陶潛在臨終的時候，良心顯然不安，他覺得對不起他的小孩，他說：「吾年過五十，而窮苦荼毒使汝幼而飢寒，恨汝輩稚小，家貧無役，柴水之勞，何時可免，念之在心，若何可言。」[42] 筆者早先提過，陶潛家貧，有的一點餘錢往往都被他喝酒給喝掉了，他顯然沒存什麼錢給他還沒成人的孩子。他在臨死的時候才表示不安，畢竟遲了些。此外，就陶潛臨終前對他們的囑咐來看，他的兒子可能常有鬩牆之爭：「然雖不同生，當思四海皆弟兄之義。」他從歷史上舉了四個例子，希望他們也能夠和諧相處：「兄弟同居，至於沒齒。」陶潛自己不太能跟別人相處，逃離了政治世界，而死前卻要他的兒子培養和諧的人際關係，這似乎不是很合理切合實際的期望。

陶潛〈飲酒〉最後四首詩，大體上還是以不同的角度來繼續申辯他不願意從政的原因。在第十七首中，他擔心會身遭橫禍：「覺悟當念還，鳥盡廢良弓。」第二十首說他所處的世界是一個黑暗的世界，

「義農去我久，舉世少復真。」全詩最後的結尾筆者在上邊已經引過，陶潛請求他的讀者諒解他：「但恨多謬誤，君當恕醉人。」蘇軾的詩可以想見的跟陶潛大不相同。前者不以為他的世界是一個黑暗的世界，他反駁陶的看法，說：「誰言大道遠？正賴三杯通。」他以一個行政長官的身分去勸他的同僚，要他們關心民間疾苦，與民休息：「四海瘡痍新，三杯洗戰國。」他認為在新黨大事聚斂之後，民不聊生的情況下，全國的行政長官包括天子在內都應該持飲酒時心身放鬆的態度，參照漢朝丞相曹參（？-西元前190）「不事事」[43]的作法，避免騷擾民間，處處寬大，給窮苦百姓一條生路。

上文很清楚地顯示，蘇軾的和陶詩跟陶詩往往大相逕庭，尤其是陶潛在談到隱遁與內心苦悶的時候，蘇軾常常跟陶潛唱反調。他讚揚陶潛耿直的個性，佩服他不盲目追求利祿的行為，高舉他做為中國仕人特別是他當代那些唯利是圖的官僚的模範。但是他不同意陶潛隱遁的行為，他希望類似陶潛的隱者都能像他自己一樣——不懼權勢，不怕死亡，不以利祿為重，而以國家社會福祉為目標來獻身世界。

二十多年前在美國史丹福大學任教的劉若愚先生曾在他寫的《中國詩學》（*The Art of Chinese Poetry*）裡提到「醉」這個字在英文裡跟中文有不太一樣的含意。他說醉這個字在英文裡往往都是表示不好的意思，而在中文特別是詩詞裡卻表示正面的意思。[44]其實醉這個字在中國詩裡並不都是表示很好的意思。像《詩經．小雅．賓之初筵》就是描寫一個人醉後失去理智而做出荒唐的事：「賓既醉止，載號載呶，亂我籩豆，屢舞僛僛，是曰既醉，不知其郵。」[45]當然，飲酒本身並不一定是一件壞事，但是酒具有麻醉的作用，多喝的人會失去理智和自我控制的能力；而且常喝容易上癮，上癮後對身體的健康也會有非常不良的影響。孔子說他自己能「不為酒困」，[46]這顯示出一般人喝酒而能不為酒困的並不是特別多，這也就是為什麼大禹戒酒的原因：「禹惡旨酒」。[47]尤其是一個人在喝醉酒以後，常常什麼壞事都做得出來，例如唐

代倒數第二個皇帝昭宗，據《新唐書》說，他「為人明雋，初亦有志於興復」，[48]但他跟陶潛一樣在遭遇挫折之後也開始嗜酒：「帝自華還宮後，頗以禽酒肆志。」[49]《舊唐書》說光化三年快到年底的時候，有一天他「醉甚，是夜，手殺黃門侍女數人」，[50]並因此而引發政變。醉酒在中國詩中被美化，與魏晉那些包括陶潛在內的頹唐的知識份子有絕大的關係。[51]以基督教為主流的西方社會對酗酒一向是強烈地反對，美國從一九二〇年到一九三三年甚至全國禁酒。[52]歐美社會所以貶抑喝醉酒的人，原因很多，最主要的是聖經〈哥林多前書〉第六章，第九到第十節說：「你們難道不知道不正直的人不能繼承神的國度嗎？你們不要受騙，凡是性行為不正的人……醉酒的人，誹謗別人的人，及詐欺的人都不能繼承神的國度。」[53]另外一個主要的原因就是科學的實證，一個喝醉酒的人，實在沒有什麼自我控制的能力。美國現代的社會基於科學的數據，對多喝了一些酒的駕駛人（即使他們沒醉），定有相當嚴厲的懲罰的條文。其中的道理很簡單，一個喝醉酒的人，自以為非常清醒，結果開車上路，常在撞死路人甚至在路上執法的警察以後還不清楚發生了什麼事。

政治誠然帶有危險，特別是在亂世的時候，不但臣子可能被殺，君王也常被弒，唐昭宗被朱全忠弒殺，就是一個典型的例子。如果一個國家因為政治動亂，如蘇軾所引述「為君難，為臣不易」，結果做君王的決定不做君王，做臣子的決定不做臣子，大家都沉醉在酒中，這是逃避問題而不是解決問題的辦法。孔子本人在匡的時候，因為匡人誤認他是陽虎而把他和他的弟子扣留了幾天，他的「弟子懼」，[54]孔子就說：「天之將喪斯文也，後死者不得與於斯文也；天之未喪斯文也，匡人其如予何！」孔子的弟子子路就是循著這種無畏的精神而遇難的。政治情況不理想，正是正人君子應該更積極參與的時候。正因為當時清廷很腐敗，孫中山才立志要革命。如果因為危險，而逃遁苟且，宣稱「高操非所攀」，這不是一種負責任

的行為。我們不必因陶潛墮落以前有關心國事的傾向，就如同劉大杰一般把他當做完人來看，[55]正如同我們不因昭宗墮落以前有興復之志，就把他尊成聖王是一樣的道理。

第二十八章　悉心論奏

又是回京的時節了。在蘇軾離開京師一年以後，宣仁見朝廷局勢在她的掌控之下，持續穩定的發展，因此決定再將蘇軾召回京師。元祐七年（1092）七月二十二日，蘇軾被命為兵部尚書充鹵簿使，協助哲宗主持南郊大禮。[1] 在中國的官場，一般的官員都對跟一己利害沒關係的政務常有多一事不如少一事的態度，特別是當一個官員即將從地方官遷升為京官的時候，他對地方上的政務一般更是持著能不管就不管的態度，很少官員在即將卸任的時候，還願意全身投入去解決跟自己升官發財沒什麼利害關係的複雜問題。蘇軾跟傳統官吏不盡一樣的地方是他在卸任以前，不但不迴避應該解決的問題，反而用全力抓緊有限的時間把他可以辦的對民生社稷有利的事情一口氣全辦完。因此蘇軾在走前抓住機會接連上了幾道狀子就一些有關民生社稷的問題為民請願，光是七月二十七日那天，蘇軾就連上了兩道狀子，一為〈論倉法劄子〉，一為〈論綱梢欠折利害狀〉。在論倉法的狀子中，蘇軾指出實施倉法不是解決官吏貪污的最佳辦法，更重要的是任用廉潔有才幹的官員：

> 臣竊謂倉法者，一時權宜指揮，天下之所駭，古今之所無，聖代之猛政也。自陛下即位，首寬此法，但其間有要劇之司，胥吏仰重祿為生者，朝廷不欲遽奪其請受，故且因循至今。蓋不得已而存留，非謂此猛政可恃以為治也……臣竊見倉法已罷者，如轉運、提刑司人吏之類。近日稍稍復行，若監司得人，胥吏誰敢作過，若不得人，雖行軍令，作過愈甚。今執政不留意於揀擇監司，而獨行倉法，是謂

此法可恃以為治也耶？今者又令真、揚、楚、泗轉般倉斟子行倉法，綱運敗壞，執政終不肯選擇一強明發運使，以辦集其事，但信倉部小吏，妄有陳請，便行倉法，臣所未喻也……臣材術短淺，老病日侵，常恐大恩不報，銜恨入地，故貪及未死之間，時進瞽言，但可以上益聖德，下濟蒼生者。臣雖以此得罪，萬死無悔。若陛下以臣言為是，即乞將此劄子留中省覽，特發德音，主張施行。若以臣言為妄，即乞並此劄子降出，議臣之罪。取進止。[2]

倉法的實施是一個重要的國家問題，不只牽涉到官為揚州知州的蘇軾，而且牽涉到別的州郡特別是朝廷，就其重大的性質與牽涉的層面來說，可以說是執政的職責，蘇軾大可以置之不理，由執政去負責處理，但蘇軾卻堅持參預建議解決之道。他寧願冒被朝廷責罰的風險盡心為國解決問題，「臣雖以此得罪，萬死無悔」，而不願退縮不前，袖手旁觀。蘇軾在奏摺中指控丞相沒派適當的人選來主持有關事務，這當然可能引起在朝丞相對他的不滿，蘇軾不是不知道他的批評所可能帶來的後果，但是他也知道如果要避免得罪人，他就可能什麼問題都解決不了，他做官主要不是為了升官發財，而是濟世助民，所以如果非得罪人方能解決問題，他會毫不猶豫的捨棄人際關係。

蘇軾同一日上的〈論綱梢欠折利害狀〉牽涉的層面更大，提出的問題也更為嚴重。蘇軾因此用了更多的心思寫了一篇特別長的奏摺來解釋問題的利害得失：

臣聞唐代宗時，劉晏為江淮轉運使，始於揚州造轉運船，每船載一千石，十船為一綱，揚州差軍將押赴河陰，每造一船，破錢一千貫，而實費不及五百貫。或譏其枉費。晏曰：「大國不可以小道理。凡

所創置，須謀經久。船場既興，執事者非一，須有餘剩衣食，養活眾人，私用不窘，則官物牢固。」

乃於揚子縣置十船場，差專知官十人。不數年間，皆致富贍。凡五十餘年，船場既無破敗，饋運亦不闕絕。

至咸通末，有杜侍御者，始以一千石船，分造五百石船二隻，船始敗壞。而吳堯卿者，為揚子院官，始勘會每船合用物料，實數估給，其錢無復寬剩，專知官十家即時凍餒，而船場遂破，饋運不繼，不久遂有黃巢之亂。

劉晏以千貫造船，破五百貫為干繫人欺隱之資，以今之君子寡見淺聞者論之，可謂疏謬之極矣。然晏運四十萬石，當用船四百隻，五年而一更造，是歲造八十隻也。每隻剩破五百貫，是歲失四萬貫也。而吳堯卿不過為朝廷歲寬四萬貫耳，得失至微，而饋運不繼，以貽天下之大禍。臣以此知天下之大計，未嘗不成於大度之士，而敗於寒陋之小人也。國家財用大事，安危所出，願常不與寒陋小人謀之，則可以經久不敗矣。[3]

蘇軾的思想一貫是藏富於民，只要老百姓的生活因政府的照顧而變得充裕，他們勢必會支持政府發展完成各種富國的計劃。蘇軾在劄子中首先指出，唐朝劉晏為轉運使，負責造船運輸的業務，他平日能夠用為數不多的經費，來盡心照顧造船工人與船運水手的生活，造船工人與船運水手因此非常盡責，船隻堅固，船運快捷順利，朝廷的損失極小，但是後來的主管官吏斤斤計較，刪節用來照顧造船工人與船運水手生活的經費，造船工人與船運水手為了生存而不時舞弊，竊取船運的糧食，忽略保養政府船隻的責任，有時因竊取食糧過多，為了湮滅證據，索性就製造沉船事件，以船難事件上報交差，以致船運遲緩，船隻經常破損

而船難頻傳，朝廷的損失激增。為了撙節開支，刪除一筆數額微不足道，但卻具有異常重要性質的經費，結果導致國家的傾覆，這對蘇軾來說是非常不智之舉。他強調一個傑出的領導人必須要有宏觀的眼界，方能成功地達到治國的理想。接著蘇軾討論宋朝的船運：

臣竊見嘉佑中，張方平為三司使，上論京師軍儲云：「今之京師，古所謂陳留，四通八達之地，非如雍、洛有山河之險足恃也，特恃重兵以立國耳，兵恃食，食恃漕運，漕運一虧，朝廷無所措手足。」因畫十四策，內一項云：「糧綱到京，每歲少欠不下六七萬石，皆以折會償填，發運司不復抱認，非祖宗之舊也。」臣以此知嘉佑以前，歲運六百萬石，而以欠折六七萬石為多。訪聞去歲，止運四百五十餘萬石，而欠折之多，約至三十餘萬石。運法之壞，一至於此。4

蘇軾指出從張方平擔任三司使到蘇軾出任揚州知州約三十年的時間內，宋朝的糧運從每年損失百分之一激增到百分之六，多過六倍，數目驚人。除了糧食的損失激增以外，蘇軾繼續指出船伕的生活條件也急速下降，原因是金部的官員沒經皇帝的同意，擅自立了一條法規，賦予稅務人員隨時登船或甚至隨船稽查載運私貨的權力，這些稽查人員利用職權使用橫征暴斂的手段，使眾多船伕苦不聊生，逼得他們走上絕路：

又臣到任未幾，而所斷糧綱欠折干繫人，徒流不可勝數。衣糧罄餘折會，船車盡於折賣，質妻鬻子，饑瘦伶俜，聚為乞丐，散為盜賊。竊計京師及緣河諸郡，例皆如此。朝廷之大計，生民之大病，如臣等輩，豈可坐觀而不救耶？輒問之於吏。[下有缺文]乃金部便敢私意創立此條，不取聖旨，公然行

> 下，不惟非理刻剝，敗壞祖宗法度，而人臣私意，乃能廢格制敕，監司州郡，靡然奉行，莫敢誰何。此豈小事哉！
>
> 謹按一綱三十隻船，而稅務監官不過一員，未委如何隨船點檢得。三十隻船，一時皆通而不勒留住岸，一船點檢，即二十九隻船皆須住岸伺候，顯是違條舞法，析文破敕。苟以隨船為名，公然勒留點檢，與兒戲無異。訪聞得諸州多是元祐三年以來始行點檢收稅，行之數年，其弊乃出。綱梢既皆赤露，妻子流離，性命不保，雖加刀鋸，亦不能禁其攘竊。此弊不革，臣恐今後欠折不止三十餘萬石，京師軍儲不繼，其患豈可勝言！[5]

在現存各種版本中，蘇軾的奏摺中有缺文的地方，按上下文意來看，那段缺文應該是描述金部擅自規定稅務人員可以隨意登船或隨船稽查的權責。依照早先原來的規定，載運朝廷糧食的船隊，可以由出發地直航京師而不受沿路稅務官的稽查，目的是將糧食以最短的時間運抵京師，保證糧食能如期供應京師的需求。

蘇軾接著又說稅務稽查官在揚州每年為政府收到的稅金不過一千多貫，各地總計也不過一萬貫，而他們中飽私囊的錢，每年要比上繳朝廷的金額高出十倍，同時政府更須付出三十萬多石的米糧的代價：

> 揚州稅務，自元祐三年十月，如行點檢收稅，至六年終，凡三年間共收糧綱稅錢四千七百餘貫。折長補短，每歲不過收錢一千六百貫耳。以淮南一路言之，真、揚、高郵、楚、泗、宿六州、軍，所得不過萬緡，而所在稅務專欄因金部轉運司許令點檢，緣此為奸，邀難乞取，十倍於官。遂致綱梢皆窮困骨立，亦無復富商大賈肯以物貨委令搭載，以此專仰攘取官米，無復限量，拆賣船板，動使淨盡，事

敗入獄，以命償官。顯是金部與轉運司違條刻剝，得糧綱稅錢一萬貫，而令朝廷失陷綱運米三十萬餘石，利害皎然。今來倉部並不體訪綱運致欠之因，卻言緣倉司𣂏子乞覽綱梢錢物，以致欠折，遂立法令真、揚、楚、泗轉般倉並行倉法，其逐處𣂏子，仍只存留一半。命下之日，揚州轉般倉𣂏子四十人，皆詣臣陳狀，盡乞歸農。臣雖且多方抑按曉喻，退還其狀，然相度得此法必行，則見今𣂏子必致星散，雖別行召募，未必無人，然皆是浮浪輕生不畏重法之人，所支錢米，決不能贍養其家，不免乞取。既冒深法，必須重賂輕齎，密行交付。其押綱綱梢等，知專𣂏若不受賂，必無寬剩，𣂏面決難了納。即須多方密行重賂，不待求乞而後行用，此必然之理也。[6]

因為新的規定賦予稅務官登船或隨船稽查的權力，稅務官便往往濫用職權，索取賄賂，船伕不從便故意刁難，阻撓船伕的行程，使他們的貨物無法如期到達，以致委託他們載運貨物的大商人蒙受巨大損失，而都不願意再給他們託運的生意，「無復富商大賈肯以物貨委令搭載」，結果船伕失去了固定的收入，對船伕維持正常的生計造成致命的傷害，紛紛破產，變得家破人亡。蘇軾因此建議朝廷不要跟船伕斤斤計較些許稅金，取消稅務官員隨意登船或隨船稽核的權力，讓船伕能沿路不受阻撓，直航京師：

臣細觀近日倉部所立條約，皆是枝葉小節，非利害之大本。何者？自熙寧以前，中外並無倉法，亦無今來倉部所立條約，而歲運六百萬石，欠折不過六七萬石。蓋是朝廷捐商稅之小利，以養活綱梢，而緣路官司，遵守《編敕》法度，不敢違條點檢收稅，以致綱梢飽暖，愛惜身命，保全官物，事理灼然。臣已取責得本州稅務狀稱，隨船點檢，不過檢得一船。其餘二十九船，不免住岸伺候，顯有違

礙。臣尋已備坐《元祐編敕》，曉示今後更不得以隨船為名，違條勒令住岸點檢去訖。其稅務官吏，為准本州及倉部、發運、轉運司指揮非是自擅為條，未敢便行取勘。其諸州、軍稅務，非臣所管，無由一例行下。欲乞朝廷申明《元祐編敕》不得勒令住岸條貫，嚴賜約束行下。並乞廢罷近日倉部起請倉法，仍取問金部官吏不取聖旨擅立隨船一法，刻剝兵梢，敗壞綱運，以誤國計，及發運、轉運司官吏，依隨情罪施行。庶使今後刻薄之吏，不敢擅行胸臆，取小而害大，得一而喪百。

臣聞東南饋運，所係國計至大，故祖宗以來，特置發運司，專任其責。選用既重，威令自行。如昔時許元輩，皆能約束諸路，主張綱運。其監司州郡及諸場務，豈敢非理刻剝邀難？但發運使得人，稍假事權，東南大計，自然辦集，豈假朝廷更行倉法？此事最為簡要，獨在朝廷留意而已。[7]

蘇軾強調如果船伕生活獲得保障，他們自然會盡心盡力保養他們使用的朝廷船隻，儘快如期的把政府的米糧運到京師，對朝廷及船伕而言是兩者都能受益的政策。朝廷的官員強行推動害民的政策，造成百姓重大的災難，導致國家嚴重的損失，就蘇軾看應該要擔負行政責任，蘇軾因此請求懲罰金部不經皇帝許可，擅立法條的罪狀，以及發運、轉運司失職的官員。蘇軾請求懲罰跟個人利害無關的朝廷官吏，不是一般只尋求一己利益或膽小怕事的官吏會做的，因為上文提到這種做法容易樹敵，蘇軾顯然不把自己的仕宦生涯放在政府和百姓的利益之前，他只考慮到一件事情是否對政府和百姓有益，只要職責所在，無論風險大小，蘇軾都會義不容辭挺身而出，為民喉舌。在結尾時，蘇軾列舉五大利益來說明改革現行陋規所能帶來的好處：

若朝廷盡行臣言，必有五利。綱梢飽暖，惜身畏法，運饋不大陷失，一利也。省徒配之刑，消流亡賊盜之患，二利也。梢工衣食既足，人人自重，以船為家，既免折賣，又常修完，省逐處船場之費，三利也。押綱綱梢，既與客旅附載物貨，官不點檢，專欄無由乞取，然梢工自須赴務量納稅錢，以防告訐，積少成多，所獲未必減於今日，四利也。自元豐之末，罷市易務、導洛司、堆垛場，議者以為商賈必漸通行，而今八年，略無絲毫之效，京師酒稅課利皆虧，房廊邸店皆空，何也？蓋祖宗以來，通許綱運攬載物貨，既免征稅，而腳錢又輕，故物貨通流，緣路雖失商稅，而京師坐獲富庶。自導洛司廢，而淮南轉運司陰收其利，數年以來，官用窘逼，轉運司督迫，諸處稅務日急一日，故商賈全然不行，京師坐至枯涸。今若行臣此策，東南商賈，久閉乍通，其來必倍，則京師公私數年之後，必復舊觀。此五利也。臣竊見近日官私例皆輕玩國法，習以成風。若朝廷以臣言為非，臣不敢避妄言之罪，乞賜重行責罰。若以臣言為是，即乞盡理施行，少有違戾，必罰無赦，則所陳五利，可以朝行而夕見也。謹錄奏聞，伏候敕旨。[8]

在奏摺結尾的時候，蘇軾強調船伕雖然可能會逃稅，但如果被人告發，他們載運的商品就會被沒收，在權衡考慮之後，船伕選擇逃稅的應該不多，最後他們自動上繳的稅收可能不會少於稅務官吏登船或隨船徵收的稅金數額。同時更重要的是，因為河運暢通無阻，商品可以順利在京師及江南之間順利流通，商人自是願意投資河運相關事業，如此對京師及沿河地區的經濟開發具有極大的價值。結尾以後，蘇軾意猶未足，又附加了兩個註，強調現行法規的弊端：

貼黃。本州已具轉般倉㪷子二十人，不足於用，必致闕誤事理，申乞依舊存留四十人去訖。其㪷子所行倉法。臣又體訪得深知綱運次第，人皆云行倉法後，欠折愈多，若㪷子果不取錢，則裝發更無㪷面，兵梢未免偷盜，則欠折必甚於今。若㪷子不免取錢，則舊日行用一貫者須取三兩貫，方肯收受。然不敢當面乞取，勢須宛轉托人，減刻隔落，為害滋深。伏乞朝廷詳酌，早賜廢罷，且依舊法。

又貼黃。臣今看詳，倉部今來起請條約，所行倉法，支用錢米不少。又添差監門小使臣，支與驛券。又許諸色人告捉搆合乞取之人，先支官錢五十貫為賞。又支係省上供錢二萬貫，召募綱梢。如此之類，費用浩大。然皆不得利害之要。行之數年，必無所補。臣今所乞，不過減卻淮南轉運司違條收稅一萬貫，使綱梢飽暖，官物自完，其利甚大。[9]

蘇軾長篇大論，詳析河運所牽涉到的諸多複雜問題，不顧得罪眾多官員的可能性，建議朝廷及船運人員兩益的解決之道，深入具體，甚具說服力，朝廷批准他的請求，蘇軾的行政長才在宣仁太后的大力支持下再度獲得展現的機會，幫助國家解決了一些重大的問題，為垂垂待斃的河運工人一個重生的機會。

八月六日，兵部尚書的任命下達，蘇軾上辭免狀，朝廷不許。八月二十二日，蘇軾被加命為兵部尚書、龍圖閣學士兼侍讀。九月九日，蘇軾人到南京，再上一狀，請求南郊大禮以後，依然外任，朝廷以「大禮日迫，不許遷延」，[10]要蘇軾回京。同月稍後蘇軾抵達京師，任兵部尚書兼侍讀。十一月十三日，蘇軾與諸大臣跟隨哲宗合祭天地，途中皇后的車隊爭道，蘇軾以鹵簿使的名義劾奏，哲宗採納他的建議，申斥有關官員。二十三日，蘇軾上〈任兵部尚書乞外郡劄子〉，再度請求外調：「今來已過郊禮。伏乞檢會累次奏狀，除臣知越州一次」，朝廷不許，[11]並新除端明殿學士、禮部尚書兼翰林侍讀學士一職，[12]蘇

軾再請辭，[13]朝廷仍然不許。

元祐八年（1093）一月十四日，蘇軾在宣德樓上陪侍哲宗慶祝上元節。三月二十四日，監察御史黃慶基、董敦逸上書攻擊蘇軾兄弟，說「蘇軾天資凶險，不顧義理」，[14]「蘇轍懷邪徇私」。[15]四月十五日，黃慶基、董敦逸以批評不當罷御史職，外調為轉運判官。第二天，呂大防、蘇轍再奏，言黃慶基毀謗神宗，用心不良，結果黃慶基、董敦逸再貶。黃慶基、董敦逸的劄子師法神宗朝文字獄的伎倆，在蘇軾貶謫呂惠卿的誥詞中尋找攻擊蘇軾的口實，蘇軾因此在十九日上〈辨黃慶基彈劾劄子〉，駁斥他們的說法：

臣先任中書舍人日，適值朝廷竄逐大奸數人，所行告詞，皆是元降詞頭，所述罪狀，非臣私意所敢增損。內呂惠卿自前執政責授散官安置，誅罰至重。當時蒙朝旨節錄臺諫所言惠卿罪惡降下，既是詞頭所有，則臣安敢減落。然臣子之意，以為事涉先朝，不無所忌，故特於告詞內分別解說，令天下曉然，知是惠卿之奸，而非先朝盛德之累。至於竄逐之意，則已見於先朝。其略曰：「先皇帝求賢若不及，從善如轉圜。始以帝堯之心，姑試伯鯀；終然孔子之聖，不信宰予。發其宿奸，謫之輔郡；尚疑改過，稍畀重權。復陳罔上之言，繼有碭山之貶。反覆教戒，惡心不悛；躁輕矯誣，德音猶在。」臣之愚意，以謂古今如鯀為堯之大臣，而不害堯之仁，宰予為孔子高弟，而不害孔子之聖。又況再加貶黜，深惡其人，皆先朝本意，則臣區區之忠，蓋自謂無負矣。今慶基乃反指以為誹謗指斥，不亦矯誣之甚乎？[16]

本書前文已經詳細分析過神宗貶謫呂惠卿的原因，像呂惠卿那麼一個小人，黃慶基、董敦逸還會替他說

話，並以貶謫他的誥詞為由來誣蔑蘇軾，除了顯示他們人品的低下以外，也反映出哲宗開始對他祖母任用的大臣表現出敵視的態度。除了呂惠卿的誥詞以外，黃慶基也翻出了蘇軾在貶謫期間買房子被人誣賴的案子。雖然蘇軾的案情當初已經經過官府有關部門審理結案，證明房主誣賴，蘇軾無辜，但黃慶基不顧是非黑白，依然信口雌黃，仿效房主誣賴的伎倆，對蘇軾進行指控，蘇軾因此據實答辯：

慶基所言臣強買常州宜興縣姓曹人田地，八年州縣方與斷還。此事元係臣任團練副使日罪廢之中，托親識投狀依條買得姓曹人一契田地。後來姓曹人卻來臣處昏賴爭奪。臣即時牒本路轉運司，令依公盡理根勘。仍便具狀申尚書省。後來轉運司差官勘得姓曹人招服非理昏賴，依法決訖，其田依舊合是臣為主，牒臣照會。臣愍見小民無知，意在得財。臣既備位侍從，不欲與之計較曲直，故於招服斷遣之後，卻許姓曹人將元價收贖，仍亦申尚書省及牒本路施行。今慶基乃言是本縣斷還本人，顯是誣罔。今來公案見在戶部，可以取索案驗。17

黃慶基、董敦逸所以敢膽大妄為，肆無忌憚對蘇軾兄弟發動攻擊，應該是看到了哲宗對他祖母及她信賴的大臣不滿的心態，有意逢迎。

哲宗此時已是成人，他的祖母及大臣施政照例徵詢他的意見，雖然哲宗仍未全面主動參預政事，他的想法與態度業已露出端倪，特別是他對他祖母及她信賴的大臣普遍的仇視，應該已相當明顯，善於逢迎的臣子就利用哲宗仇恨的心結發動他們對政敵的攻擊，希圖從中得利，黃慶基、董敦逸率先發難，其他深具野心的臣子也蠢蠢欲動，宣仁在這種山雨欲來風滿樓的情勢下，對蘇軾的情形便處理得異常謹慎。二十二

日，宣仁下旨，要蘇軾行事謹慎：「緣近來眾人正相捃拾，令臣且須省事。」[18]六月八日，蘇軾請外調越州，朝廷不許：「卿望高一時，名滿四海，正直之節，冠於本朝。方以道學輔朕不逮，乃亟欲引去，茲所未諭也。」[19]宣仁這時已是垂暮之年，距去世不過兩個多月的時間，她的身體不是特別的健旺，而哲宗已是成人，準備隨時親政，他對他直言亟諫的老師蘇軾不太能夠接受，在如此的光景之下，為了省事，考慮再三，宣仁還是覺得讓蘇軾外任比較合適，因此在六月二十六日，命蘇軾出知定州。[20]七月二十八日，蘇軾請求改知越州，朝廷不許。八月一日，蘇軾的妻子王潤之去世。八月二十二日（丁卯），宣仁病重，呂大防、范純仁、蘇轍等執政入宮看望：

> 太皇太后諭大防等曰：「今疾勢有加，與相公等必不相見，且喜輔佐官家，為朝廷社稷。」……大防曰：「近聞聖體向安，乞稍寬聖慮服藥。」太皇太后曰：「不然，正欲對官家說破，老身歿後，必多有調戲官家者，宜勿聽之。公等亦宜早求退，令官家別用一番人。」[21]

宣仁在去世以前顯然已經知道哲宗對她銜恨在心，在她死後必會改變她施政的措施，因此預先警告執政，要他們心裡有所準備。可惜宣仁臨終的話那些執政都沒聽進去，特別是呂大防，一心還是為個人的利害著想，此事下文會再敘及。九月三日，宣仁去世。

在中國歷史上，宣仁有著非常崇高的地位，這跟她本身一心為國的做法有很密切的關係。她能夠任用賢能，才華絕頂的蘇軾，在神宗朝被害入獄，幾乎喪失了性命，但是宣仁在攝政期間，卻能夠在短期內迅速提升蘇軾，賦予他重大的行政權力，這種魄力見識不是他的兒子神宗及孫子哲宗所能做到的。下面一段

文字描述與總結宣仁的為人與政績可說客觀公允：

初，太后不豫，呂大防、范純仁等問疾，太后曰：「老身受神宗顧託，同官家御殿聽斷。卿等試言，九年間曾施恩高氏否。只為至公，一男、一女，病且死，皆不得見。」言訖泣下。又曰：「先帝追悔往事，至於泣下，此事官家宜深知之……。」乃呼左右賜社飯，曰：「明年社飯時，思量老身也。」太后聽政，召用故老名臣，罷廢新法苛政，於是宇內復安。遼主戒其臣下，勿生事於疆埸，曰：「南朝盡行仁宗之政矣。」臨朝九年，朝廷清明，華夏綏定，力行故事，抑絕外家私恩，人以為女中堯、舜。[22]

雖然宣仁沒能任用蘇軾為執政，這不能不說是她行政措施的缺失之一，但是比較之下，在她死後的哲宗和徽宗不但不能用蘇軾，反而竭盡全力對蘇軾進行迫害之能事，就這一點來說，宣仁是北宋領導者中的一個佼佼者是無庸置疑的，後人稱她為「女中堯舜」，不全是誇張之辭，自然有他們的道理。

九月二十六日，蘇軾朝辭，哲宗在祖母已經去世自己當家的情況之下，不再掩飾個人的好惡，一反傳統慣例，拒絕接見請求陛辭的老師。蘇軾因此上〈朝辭赴定州論事狀〉，沉痛地指出哲宗的缺陷：

右臣聞天下治亂，出於下情之通塞。至治之極，至於小民，皆能自通；大亂之極，至於近臣，不能自達。《易》曰「天地交，泰。」其詞曰「上下交而其志同。」又曰「天地不交，否。」其詞曰「上下不交，而天下無邦。」夫無邦者，亡國之謂也。上下不交，則雖有朝廷君臣，而亡國之形已具矣，可

不畏哉！臣不敢復引衰世昏主之事，只如唐明皇，中興刑措之君也。而天寶之末，小人在位，下情不通，則鮮于仲通以二十萬人全軍陷沒於瀘南，明皇不知，馴致其事。至安祿山反，兵已過河，而明皇猶以為忠臣。此無他，下情不通，耳目壅蔽，則其漸至於此也。

臣在經筵，數論此事。陛下為政九年，除執政臺諫外，未嘗與群臣接。然天下不以為非者，以為垂簾之際不得不爾也。今者祥除之後，聽政之初，當以通下情、除壅蔽為急務。臣雖不肖，蒙陛下擢為河北西路安撫使，沿邊重地，以此為首冠，臣當悉心論奏，陛下亦當垂意聽納。祖宗之法，邊帥當上殿面辭，而陛下獨以本任闕官迎接人眾為辭，降旨拒臣不令上殿，此何義也？臣若伺候上殿，不過更留十日，本任闕官，自有轉運使權攝，無所闕事。迎接人眾，不過更支十日糧，有何不可？而使聽政之初，將帥不得一面天顏而去，有識之士，皆謂陛下厭聞人言，意輕邊事，其兆見於此矣。[23]

蘇軾指出國家的元帥鎮邊，照例要見皇帝一面，哲宗以事忙為由，輕率改變祖宗之法，拒絕蘇軾上殿辭行，就蘇軾來看，這是亡國的徵兆。接下來蘇軾解釋說他並非堅持一定要見哲宗，他只想利用機會跟哲宗說明立國之道。他勸哲宗不要輕率改變國家大法，先耐心觀察，然後再做決定：

臣備位講讀，日侍帷幄，前後五年，可謂親近。方當戍邊，不得一見而行，況疏遠小臣，欲求自通，亦難矣。《易》曰：「天行健，君子以自強不息，」又曰：「帝出乎震，相見乎離。」夫聖人作而萬物覩。今陛下聽政之初，不行乘乾出震見離之道，廢祖宗臨遣將帥故事，而襲行垂簾不得已之政，此朝廷有識者所以驚疑而憂慮也。臣不得上殿，於臣之私，別無利害，而於聽政之始，天下屬目之際，

所損聖德不小。臣已於今月二十七日出門，非敢求登對。然臣始者本俟上殿，欲少效愚忠，今來不敢以不得對之故，便廢此言，唯陛下察臣誠心，少加採納。

古之聖人，將有為也，必先處晦而觀光，處靜而觀明，則萬物之情，畢陳于前，不過數年，自然知利害之真，識邪正之實，然後應物而作，故作無不成。臣敢以小事譬之。夫操舟者，常思不見水道之曲折，而水濱之立觀者常見之，何則？操舟者身寄於動，而立觀者常靜故也。弈棋者勝負之形，雖國工有所未盡，而袖手旁觀者常盡之，何則？弈者有意於爭，而旁觀者無心故也。若人主常靜而無心，天下其孰能欺之？漢景帝即位之初，首用晁錯，更易法令，黜削諸侯，遂成七國之變。景帝往來兩宮間，寒心者數月，終身不敢復言兵。武帝即位未幾，遂欲用兵鞭撻四夷，兵連禍結，三十餘年，然後下哀痛詔，封宰相為富民侯。臣以此知古者英睿之君，勇於立事，未有不悔者也。景帝之悔速，故變而復安；武帝之悔遲，故幾至於亂。雖遲速安危小異，然比之常靜無心，終始不悔如孝文帝者，不可同年而語矣！今陛下聖智絕人，春秋鼎盛，臣願虛心循理，一切未有所為，默觀庶事之利害與群臣之邪正，以三年為期，俟得利害之真，邪正之實，然後應物而作。使既作之後，天下無恨，陛下亦無悔。上下同享太平之利，則雖盡南山之竹，不足以紀聖功，兼三宗之壽，不足以報聖德。由此觀之，陛下之有為，惟憂太早，不患稍遲，亦已明矣。

臣又聞為政如用藥方，今天下雖未大治，實無大病。古人云：「有病不治，常得中醫」。雖未能盡除小疾，然賢於誤服惡藥、覬萬一之利而得不救之禍者遠矣！臣恐急進好利之臣，輒勸陛下輕有改變，故輒進此說，敢望陛下深信古語，且守中醫安穩萬全之策，勿為惡藥所誤，實社稷宗廟之利，天下幸甚！24

蘇軾這幾年，不少時間都在京師之外渡過，在成長中的皇帝對他的感情變得逐漸淡漠，他知道他祖母喜歡蘇軾，他對他祖母的不滿自然就波及蘇軾。蘇軾明知勢不可為，哲宗不會聽他的勸告，但為人臣子，該盡的責任還是要盡，該說的話也還是要說，「今來不敢以不得對之故，便廢此言」，至於哲宗聽否，那就不是他可以控制的了。他誠懇地對哲宗指出，一個君王治理國家最重要的工作，就是確保正確信息管道的流暢，不被大臣欺矇，如今哲宗為了個人的好惡，拒絕接見即將掌管邊防安全的統帥蘇軾，不顧國家安危大事，這對善於逢迎的小人來說，必然釋放出一種皇帝可以包圍欺矇的信息，對朝政勢必造成惡劣的影響。除了哲宗對他祖母信賴的大臣的歧視以外，蘇軾也看到了哲宗要恢復新政的決心，他建議哲宗先瞭解大臣的個性與人品，待掌握全局，時機成熟，三年之後再考慮進行全國改革的工作，切忌一親政就盲目大肆改革，給擅長舞弊鑽營的臣子以可乘之機。

哲宗對他祖母及她重用的一些大臣的怨懟之情，此時已不言可喻，蘇軾的貶謫指日可待。蘇軾住在他弟弟的寓所，在離京的前夕對他黯淡的政治前景看得一目了然：

> 東府雨中別子由
>
> 庭下梧桐樹，三年三見汝。前年適汝陰，見汝鳴秋雨。去年秋雨時，我自廣陵歸。今年中山去，白首歸無期。客去莫歎息，主人亦是客。對床定悠悠，夜雨空蕭瑟。起折梧桐枝，贈汝千里行。歸來知健否，莫忘此時情。（蘇詩 6: 3285）

蘇軾預料到這次離開京師應該不會再回來了：「白首歸無期」。雖說他弟弟現在似乎安然無事，但他被貶

出京應該只是早晚的問題：「主人亦是客。」蘇軾因此反客為主，象徵性地給他弟弟送行：「起折梧桐枝，贈汝千里行。」按照詩題，這首詩原本應該是描述蘇軾跟他弟弟辭行的自哀詩，但是詩的結尾卻巧妙的將詩的主題轉化成安慰他弟弟的送行詩，波瀾起伏，委實是詩中的奇筆。

第二十九章　許國心懷

元祐八年（1093）十月二十三日，蘇軾抵達定州。當時定州軍隊的情況相當惡劣，「軍政尤弛，武衛卒驕惰不教，軍校蠶食其廩賜，」[1] 逃兵的現象非常普遍。蘇軾大事整頓，把貪污的軍校貶到遠惡地區，同時繕修營房，再督導他們學習戰法。十一月十一日，蘇軾上〈乞增修弓箭社條約狀〉，指出軍中嚴重的問題：

臣切見北虜久和，河朔無事，沿邊諸郡，軍政少弛，將驕卒惰，緩急恐不可用，武藝軍裝，皆不逮陝西、河東遠甚。雖據即目邊防事勢，三五年間必無警急，然居安慮危，有國之常備，事不素講，難以應猝。今者河朔沿邊諸軍，未嘗出征，終年坐食，理合富強。臣近遣所辟幕官李之儀、孫敏行親入諸營，按視曲折，審知禁軍大率貧窘，妻子赤露饑寒，十有六七，屋舍大壞，不庇風雨。體問其故，蓋是將校不肅，斂掠乞取，坐放債負，習以成風。將校既先違法不公，則軍政無緣修舉，所以軍人例皆飲博逾濫。三事不正，雖是禁軍不免寒餓，既輕犯法，動輒逃亡，此豈久安之道？臣自到任，漸次申嚴軍法，逃軍盜賊已覺衰少，年歲之間，庶革此風。

然臣竊謂沿邊禁軍緩急終不可用，何也？驕惰既久，膽力耗憊，雖近戍短使，輒與妻孥泣別，被甲持兵，行數十里，即便喘汗。臣若嚴加訓練，晝夜勤習，馳驟坐作，使耐辛苦，則此聲先馳，北虜疑畏，或致生事。臣觀祖宗以來沿邊要害，屯聚重兵，止以壯國威而消敵謀，蓋所謂先聲後實、形格勢

禁之道耳。若進取深入，交鋒兩陣，猶當雜用禁旅，至於平日保境備禦小事，即須專用極邊土人，此古今不易之論也。[2]

據蘇軾的觀察，定州的禁軍懈怠腐化到幾乎無可救藥的地步，戰鬥力蕩然無存，「臣竊謂沿邊禁軍緩急終不可用」。定州是宋朝與遼國接壤的邊防要地，如果定州的禁軍都如此不堪，其他地區軍隊士氣戰力的低落可想而知。歷史證明蘇軾的觀點是正確的，二十多年後宋金聯合攻遼，結果宋軍大敗，北宋的敗亡，在蘇軾的奏摺中已可見其端倪。

蘇軾在奏摺中繼續寫道，因為禁軍無用，當地老百姓為了自衛，自組弓箭社，在維持地方治安，抗拒外敵入侵上，發揮了極大的作用：

自澶淵講和以來，百姓自相團結為弓箭社，不論家業高下，戶出一人，又自相推擇家資武藝眾所服為社頭、社副錄事，謂之頭目。帶弓而鋤，佩劍而樵，出入山阪，飲食長技與北虜同。私立賞罰，嚴於官府。分番巡邏，鋪屋相望，若透漏北賊及本土強盜不獲，其當番人皆有重罰，遇有緊急，擊鼓集眾，頃刻可致千人。器甲鞍馬，常若有警，蓋親戚墳墓所在，人自為戰，虜甚畏之。[3]

在寵籍駐守定州期間，他們就地取材，將其納入國家安全的體系之內，並特別向朝廷立案強化當地弓箭社的組織與功能。但在熙寧六年執行新政時期，因實施保甲法，朝廷下令盡廢當地弓箭社的組織，次年又再恢復一小部分的弓箭社，而其餘大部分弓箭社的組織仍然全部廢止。朝廷雖然下了廢除弓箭社的命令，但

因弓箭社存在了很長的一段時間，而且對當地的安全提供了不可或缺的保障，民間拒絕接受朝廷的命令，依然保留弓箭社的組織。神宗既然要全國實施保甲法，定州的人就不能不同樣遵守，結果規定一戶有兩個男子以上的家庭，全部納入保甲法的組織之內，執行保甲的任務，結果那些保甲不但要完成官府交代的工作，而且私下還須要盡原有弓箭社的職責，在執行雙重任務的情況下，常有力不從心，疲於奔命的感覺：

昨於熙寧六年行保甲法，准當年十二月四日聖旨，強壯弓箭社並行廢罷。又至熙寧七年，再准正月十九日中書劄子聖旨，應兩地供輸人戶，除元有弓箭社強壯義勇之類，並依舊存留外，更不編排保甲。看詳上件兩次聖旨，除兩地供輸村分方許依舊置弓箭社，其餘並合廢罷。雖有上件指揮，公私相承，元不廢罷。只是令弓箭社兩丁以上人戶兼充保甲，以致逐捕本界及化外盜賊，並皆驅使弓箭社人戶，向前用命捉殺。見今州縣委實全藉此等寅夜防托，顯見弓箭社實為邊防要用，其勢決不可廢。但以兼充保甲之故，召集追呼，勞費失業。今雖名目具存，責其實用，不逮往日。

臣竊謂陝西、河東弓箭手，官給良田以備甲馬，今河朔沿邊弓箭社，皆是人戶祖業田產，官無絲毫之給，而捐軀捍邊，器甲鞍馬，與陝西、河東無異，苦樂相遼，未盡其用。近日霸州文安縣及真定府北寨，皆有北人驚劫人戶，捕盜官吏，拱手相視，無如之何，以驗禁軍弓手，皆不得力。向使州縣逐處皆有弓箭社人戶致命盡力，則北人豈敢輕犯邊寨如入無人之境？臣已戒飭本路將吏，申嚴賞罰，加意拊循其人去訖，輒復拾用龐籍舊奏約束，稍加增損，別立條目。欲乞朝廷立法，少賜優異，明設賞罰，以示懲勸。今已密切取會到本路極邊州定、保兩州，安肅、廣信、順安三軍，邊面七縣一寨，內管自來團結弓箭社五百八十八村六百五十一火，共計三萬一千四百一十一人。若朝廷以為可行，立法

> 之後，更敕將吏常加拊循，使三萬餘人分番晝夜巡邏，盜邊小寇，來即擒獲，不至忸怵以生戎心，而事皆循舊，無所改作，敵不疑畏，無由生事。有利無害，較然可見。謹具所乞立法事件，畫一如左。[4]

由蘇軾的奏摺來看，即使在所謂的和平時期，契丹仍不時挑釁入侵，遼人滅宋的意圖顯然並沒完全消失，而所謂的和平，只是在他們力有未逮的狀態下才能達成，如果他們強盛，有能力滅宋，宋朝是沒有指望可能並存的。蘇軾在奏摺中以大約三分之二的篇幅，非常詳盡的規劃弓箭社的建議，因為哲宗置之不理，筆者在此就不再細述。蘇軾在明知不可為而為之的情形下，用了甚多心力，調查寫就一篇對宋朝安全至關重要的長篇奏摺，哲宗卻絲毫不予理會，這不僅是蘇軾個人才華的浪費，更是宋室的不幸，最後宋朝慘遭滅亡的命運，不能不說是咎由自取。

紹聖元年（1094）春，為加強定州軍隊的軍紀，蘇軾特別舉行閱兵大典，他旗下的將領看他是一個書生，對他不是很佩服，不願聽命：

> 軍禮久廢，將吏不識上下之分，公命舉舊典，元帥常服坐帳中，將吏戎服奔走執事。副總管王光祖自謂老將，恥之，稱疾不出。公召書吏作奏，將上，光祖震恐而出，訖事，無敢慢者。定人言，自韓魏公去，不見此禮至今矣。[5]

宋朝深通軍事的讀書人不多，只有范仲淹那麼幾個人，蘇軾在此時展現的馭軍的能力得到定州人士的讚許，如宋朝當時能夠重用蘇軾，讓他在政治軍事上都有所發揮，宋朝的國勢預期當能得到突破性的發展。

蘇軾離開朝廷以後，朝廷的政局漸漸起了變化。為取得哲宗皇帝的信賴，繼續鞏固一己的權勢，呂大防有意任用聲名狼藉的楊畏為諫議大夫，替他撐腰。他跟楊畏私下談條件，達成協議，他給楊畏高官，楊畏替他說話。為避免他人猜嫌，呂大防要范純仁一起連名推薦楊畏。因楊畏做事一般只論個人利害，不顧什麼是非原則，「傾危反覆如此，百僚莫不側目」，[6]當時的人給他一個外號叫「楊三變」；元符時期章惇說他又升了一級叫「楊萬變」：「昔人謂之楊三變，今謂之楊萬變。以其在元豐、元祐、紹聖中反覆不常，唯利是附故也。」[7]范純仁因此勸呂大防說：「上新聽政，諫官當求正人，畏傾邪不可用。」[8]呂大防不但不聽，權力迷了他的心竅，反說范純仁是因楊畏以前彈奏過他，懷恨在心，方才拒絕推薦楊畏。雖然范純仁解釋他以前根本不知道楊畏彈奏過他的事，呂大防就是不聽。為避免日後范純仁讓楊畏難堪，呂大防反而給楊畏更高的官位，讓他做吏部侍郎。楊畏做了高官，果如范純仁所說，馬上翻臉不認人。等呂大防做山陵使，離開朝廷監修宣仁的陵墓，楊畏就向哲宗建議改行新法：「神宗皇帝更法立制，以垂萬世，乞賜講求，以成繼述之道。」[9]哲宗年少的時候因跟婢女有曖昧的關係，受到他祖母嚴厲的管束，心中記恨，轉而對她在朝的施政有所不滿，因此就問楊畏神宗朝的大臣有誰可用：「朕皆不能盡知」。[10]楊畏乘此推薦章惇、呂惠卿、鄧溫伯、李清臣等人，並建議用章惇為相。哲宗一一採納，任用李清臣為中書侍郎，鄧溫伯為尚書右丞，章惇為守尚書右僕射。

哲宗親政，任用神宗朝的大臣，不但計劃盡復新法，而且在報復心理的作祟之下，準備貶斥元祐大臣。章惇、李清臣、鄧溫伯等大臣在元祐朝被貶謫外地多年，對宣仁重用的大臣也懷恨在心，跟哲宗有同樣的報復心理，君臣在這一點上是一拍即合，聯手整肅元祐時在朝的官員。紹聖元年三月四日（乙亥），呂大防首先被貶出朝廷。十四日（乙酉），哲宗在集英殿考進士，題目是李清臣出的，表明哲宗恢復新政

的決心：

朕為神宗皇帝躬神明之德，有舜、禹之學，憑几聽斷，十九年之間，凡禮樂法度所以惠遺天下者甚備。朕思述先志，拳拳業業，夙夜不敢忘。今博延豪英於廣殿，策之當世之務，冀獲至言，以有為也。[11]

凡是反對新法的考生全被李清臣刷掉，只有主張新法的人才得錄取。蘇轍看了，知道情勢不妙，就上了一道奏摺，勸哲宗三思：

臣伏見御試策題歷詆近歲行事，有欲復熙寧、元豐故事之意，臣備位執政，不敢不言。然臣竊料陛下本無此心，其必有人妄意陛下牽於父子之恩，不復深究是非，遠慮安危，故勸陛下復行此事……昔漢武帝外事四夷，內興宮室，財富匱竭，於是修鹽鐵、榷酤、平準、均輸之政，民不堪命，幾至大亂。[12]

哲宗不聽。蘇轍因此接著又上了一道奏摺說明章惇在元祐朝的時候曾指出新法的弊端：

若聖意誠謂先帝舊政有不合改更，自當宣諭臣等，令商議措置。今自宰臣以下未嘗略聞此言，而忽因策問進士宣露密旨，中外聞者，莫不驚怪……臣竊見章惇昔任樞密使，與司馬光爭論役法，其言有曰：「免役之法，利害相雜。」又曰：「見行役法，今日自合改更。」[13]

上文說過，哲宗要改變他祖母的施政措施，主要是由於他對他祖母有仇恨的心理，跟新法本身的好壞並沒什麼絕對的關係，所以即使蘇轍說章惇當初認為新法不都是很好也沒用。再加上李清臣、鄧溫伯在旁煽動誹謗，特別是李清臣想當宰相，處心積慮想把蘇轍趕出朝廷，好奪取他的相位，哲宗對蘇轍的話當然就更聽不進去。大概就在這個時節，李清臣一天在朝對哲宗說：「蘇轍兄弟改變先帝法度。」[14]蘇轍就指出證據說：「陛下即位，宣仁后垂簾之初，臣兄軾方起謫籍知登州，入為郎官，為起居舍人。臣自筠州監酒被召，是時清臣為左丞，今日反謂臣兄弟變先帝法度，是清臣欺陛下也。」[15]李清臣聽了，只好不再說什麼。

蘇轍連上兩個奏摺哲宗都不聽，便在上朝的時候，當面跟哲宗討論這個問題。哲宗大怒說：「人臣言事何所害？第昨卿奏機事，不可宣于外，請秘而不出，今乃對眾開陳，且以漢武帝事比先帝，引諭甚失當。」[16]蘇轍解釋說：「漢武帝，明主也。」蘇轍雖在奏摺中指責漢武帝，他當然不是說漢武帝是一個惡貫滿盈、罪無可恕的君主，只是說他有些政策勞民傷財，對國家不利，所以他跟哲宗強調漢武帝在歷史上，可以算是一個有為的皇帝。哲宗見蘇轍不同意他的說法，更是生氣，抓著他奏摺裡的用語嚴峻的說：「卿所奏稱漢武帝，外事四夷，內興宮室，立鹽鐵、榷酤、均輸之法，其意第謂武帝窮兵黷武，末年下哀痛之詔，此豈明主乎！」蘇轍看哲宗臉色變了，心中惶恐，就趕快下殿準備承受處罰。當時范純仁一個人站出來替蘇轍說話：「史稱武帝雄才大略，為漢七制之主，轍比先帝，非謗也。陛下親政之初，進退大臣當以禮，不宜如此急暴。」哲宗聽了范純仁的勸解，不好意思，臉色也就和緩多了。蘇轍下朝以後，對范純仁表示衷心的感激，回到家就寫了一封辭職書。

三月二十六日，哲宗把他貶到汝州當知州，權中書舍人吳安詩寫詔書，寫得很客氣：「文學風節，天下所聞，擢任大臣，本非朕意有可否，固宜指陳而言，或過中引義非是，朕雖曲為含忍，在爾亦自難安。原誠終自愛君，薄責尚期改過。」[17] 哲宗看了詔書中讚美蘇轍的用語很生氣，叫中書舍人蔡卞重寫詔書，[18] 同時也免了吳安詩起居郎的官職。蘇轍被貶以後，在朝大臣的矛頭便轉向蘇軾。四月十一日（王子），侍御史虞策說蘇軾在朝寫的呂惠卿誥詞攻擊神宗朝政，「語涉譏訕」。[19] 殿中侍御史來之邵也跟著說：「軾在先朝，久以罷廢，至元豐擢為中書舍人、翰林學士。軾凡作文字，譏斥先朝，援古況今，多引衰世之事，以快忿怨之私。」[20] 范純仁挺身替蘇軾說話：

竊見全臺言蘇軾行呂惠卿誥詞，言涉訕謗。伏緣熙寧法度出於建議之臣，又州縣奉行之際，多有過當，不副神宗愛民求治之意。及至垂簾之後，惠卿方用諫官之言，特行重竄，蘇軾因撰詞之際，遂至過詆惠卿。今臺諫章攬歸先朝，事體不便；況今來言者，多是垂簾時擢歸言路之臣，當時畏避不即納忠，今日觀望，始有彈奏。若便施行其說，亦恐玷垂簾之聖明，妨陛下純孝之德。[21]

范純仁說得沒錯，當時呂惠卿被貶，是宣仁和大臣們的決議。現在批評蘇軾的諫官，當時也都同意，並沒反對過，蘇軾只是把他們的決議寫成誥詞，現在事過境遷，把責任推到蘇軾身上，這不是很恰當的做法。范純仁因此請哲宗問李清臣當時的情況：「呂惠卿謫時，李清臣方為左丞，若言涉訕謗，清臣豈肯書誥行出？今舊臣惟有清臣在此，更乞詢訪。」[22] 哲宗對他祖母不滿，范純仁的話他當然聽不進去，於是不問是非曲直，就此把蘇軾端明殿學士兼翰林侍讀學士的職銜給免了，讓他以左朝奉郎的身分知英州。

蘇軾知道哲宗年輕氣盛，感情用事，不顧大局，把他對他祖母昔日的積怨，毫不保留的宣泄在她攝政時的大臣身上，這不是國家社稷的福祉，他在寫謝上表的時候，毫不畏懼，據理直言：

罪盈義絕，誅九族以猶輕；威震怒行，寘一州而大幸。驚魂方散，感涕徒零。伏念臣草芥賤儒，岷峨冷族。襲先人之素業，借一第以竊名。雖幼歲勤勞，實學聖人之大道；而終身窮薄，常為天下之罪人。先帝全臣於眾怒必死之中，陛下起臣於散官永棄之地。恩深報蔑，每憂天地之難欺；福眇禍多，是亦古今之罕有。自悲棄物，猶欲籲天。惟上聖纂宗廟之圖，方太母聽簾帷之政。招延俊乂、登進老成。何期章句之謏才，使掌絲綸之要職。凡一時黜陟進退之眾，皆兩宮威福賞罰之公。既在代言，敢思逃責。茍不能敷揚上意，尊朝廷於日月之明，則何以聳動四方，鼓號令於雷霆之震。固當昭陳功伐，直喻正邪。豈臣愚敢有於私心，蓋王言不可以匿旨。當時之天奪其魄，但謂守官；今日之臣肆其言，期於必戮。賴父母之深憫，免子弟之偕誅。罪雖駭於聽聞，怒終歸於寬宥。不獨再生於東市，猶令尸祿於南州。累歲寵榮，固已太過。此時竄責，誠所宜然。瘴海炎陬，去若清涼之地；蒼顏素髮，誰憐衰暮之年。恩重丘山，感藏骨髓。此蓋伏遇皇帝陛下，智惟天錫，行自生知。巍巍繼六聖之神休，孜孜盡三宮之孝養。深原心迹，曲示哀矜。臣實何人，恩常異眾。在先朝偶脫於誅戮，故此日復煩於典刑。頑戾如斯，生存何面。臣敢不噬臍悔過，吞舌知非。革再三而不改之愆，庶萬一有善終之望。殺身莫喻，敢懷窮困之憂；守土非輕，尚牧遐荒之俗。儻先朝露之化，徒懷結草之忠。[23]

蘇軾在這篇謝表中非常技巧地運用了反喻。他在謝表中首先非常謙虛的說他自己罪該萬死，但因神宗和哲

宗的恩典而能倖存，他對他們感恩異常，覺得他根本無法完全報答他們對他的恩典，「罪雖駭於眾聞，怒終歸於寬宥。」他接著陳述哲宗給他最新的懲罰是絕對應該而且也非常恰當，「累歲寵榮，固已太過。此時竄責，誠所宜然。」因為哲宗對他的懲罰在蘇軾眼中看起來實在是恩典，所以即使哲宗把他貶到南荒炎熱無比的地帶，他帶著感恩的心情會把酷熱看成涼爽的天氣，「瘴海炎陬，去若清涼之地」。結尾蘇軾再度稱頌哲宗的功德，表示自己一定要改過。全篇寫得非常謙卑，但是字裡行間卻處處透露出他不畏懼也不逃避死亡的精神，更有甚者，他不時替哲宗的祖母辯護，暗示她所任用的大臣並不如新黨所指控的都是奸臣，相反的，很多都是一時俊傑，「方太母聽簾帷之政，招延俊乂、登進老成」，而且她選用大臣一般也能秉持公正的原則，不含私心，「凡一時黜陟進退之眾，皆兩宮威福賞罰之公。」言下之意就是哲宗夥同群小打擊昔日大臣的任性作風，是蘇軾所不齒的。特別是當蘇軾寫道他會把南荒炎熱的地帶當成涼爽的區域，他不畏懼邪惡勢力，堅持他政治理想的決心躍然紙上，難免讓後世讀者嘖嘖稱奇。這次貶謫比當年貶到黃州要嚴厲許多，本書上文提到，在古代交通沒有現在發達的時候，貶到偏遠地區，對年紀大的人往往如同折磨性的死刑，蘇軾揣測這次貶謫應該就是他離開人世的時候，能夠為了政治理想而犧牲是蘇軾一生所追求的，他並不畏懼也不逃避這種死亡，這是他把南方比成「清涼之地」最主要的原因。南荒地帶既然成了清涼之地，倒過來說，京師群小趨炎附勢構陷忠良的處所，氣候雖然比較清涼，倒應該是真正的「瘴海炎陬」之地，一個人在中國傳統的政治大火爐裡，一不小心，不但會丟了性命，而且往往連個人的自由意志與靈魂都會喪失殆盡。

在局勢逆轉之際，蘇軾的心情可以想見相當沉重，國事及個人侘傺的際遇難免會盤旋在他腦海之中，因此這時他寫了如下的一首詩：

鶴歎

園中有鶴馴可呼，我欲呼之立坐隅。鶴有難色側睨予，豈欲臆對如鵩乎。我生如寄良畸孤，三尺長脛閣瘦軀。俯啄少許便有餘，何至以身為子娛。驅之上堂立斯須，投以餅餌視若無。戛然長鳴乃下趨，難進易退我不如。（蘇詩 6: 3297-3298）

蘇軾所描寫的這隻鶴很特殊，雖說牠是一個人家養的，但是牠不貪食，別人丟給牠的東西牠不一定吃：「驅之上堂立斯須，投以餅餌視若無。」這頗像蘇軾，朝廷給他高位，他不一定非要不可。但是這隻鶴畢竟跟蘇軾不同，雖說蘇軾羡慕牠來去自由，牠只是一隻鳥，而蘇軾有報國的義務，他自然不可能像鳥一樣要來就來，要去就去，詩的結尾，表面上表示對鳥的羡慕，實際上卻謙下的點出他報國不得不爾的苦心。

四月十三日，蘇軾被貶才兩天，侍御史虞策再跟皇帝說：「蘇軾既坐譏斥之罪，猶得知州，罪罰未當。」[24]蘇軾因此又再降為充左承議郎，仍知英州。閏四月三日，知英州的命令下達，蘇軾離開定州。閏四月十六日，哲宗下詔不准蘇軾在敘復日敘復。就在這個時候，翰林學士兼侍讀范祖禹也以龍圖閣學士的頭銜被調到陝州做知州。早一些時候，當范祖禹看到朝政大變的時候，他就提出外調的要求。哲宗對他印象頗佳，想升他做宰相，叫他不要離開：「不須入文字，俟執政有闕。」[25]可是范祖禹跟當時有氣節的官員一樣，一看自己的政治理想無法實現，就想退出朝廷，即使皇帝給他很高的官，他也沒很大的興趣。等蘇轍被貶到汝州，范祖禹再度請求外調，哲宗還是不准，希望他能夠繼承蘇轍的副相位，結果范祖禹還是不要。最後因為反對范祖禹繼承副相位的人很多，而且范祖禹自己又一再請調，哲宗沒法，只好把他調到

陝州。其實范祖禹施政的理想雖然不能實現，他留在朝廷至少可以對不利國家的政策產生一些制衡的作用，遠比他做地方官，無法對朝政即時表示意見要強得多。本書前文已多次提過這是孔子所提倡的儒家思想的一大弊病，影響到所有的有原則的知識份子。

六月五日，御史來之邵等參劾蘇軾，說他在元祐期間寫的文字多譏斥先朝，蘇軾再被貶為寧遠軍節度副使，惠州安置；當天蘇轍也被貶為左朝議大夫、知袁州。[26] 數天後，蘇軾行抵當塗北約六十五里的慈湖夾，遭遇大風，在艙中寫了五首七絕：

慈湖夾阻風五首

捍於桅竿立嘯空，篙師酣寢浪花中。故應管蒯知心腹，弱纜能爭萬里風。
此生歸路轉茫然，無數青山水拍天。猶有小船來賣餅，喜聞墟落在山前。
我行都是退之詩，真有人家水半扉。千頃桑麻在船底，空餘石髮掛魚衣。
日輪亭午汗珠融，誰識南訛長養功。暴雨過雲聊一快，未妨明月卻當空。
臥看落月橫千丈，起喚清風得半帆。且並水村攲側過，人間何處不巉巖。（蘇詩 6: 3329-33）

雖然蘇軾目前面臨到極其惡劣的政治氣候，他的勇氣與毅力並沒受到很大的影響。儘管狂風巨浪可以暫時阻止他前行，但只要他有耐心及毅力，最後他還是可以繼續他的行程：「弱纜能爭萬里風。」蘇軾深知在人生的際運中，人有時不免會遭到似乎絕望的時刻：「此生歸路轉茫然，無數青山水拍天。」他更清楚在這種似乎瀕臨絕望的時刻，當一個人眼前看到的似乎是無重的障礙，也就在這種關頭常會有令人意想不到

神妙的事情發生：「猶有小船來賣餅，喜聞墟落在山前。」即使他現在被他的政敵醜詆，日後他的聲譽應該會只高不低：「暴雨過雲聊一快，未妨明月卻當空。」因此當一個人面對逆境，他應該不要採取逃避的心態，而要以勇氣、毅力與決心來克服困難：「且並水村攲側過，人間何處不巉巖。」上面這五首七絕處處顯示出蘇軾內心異常堅毅、不退縮、勇往直前的態度。

二十五日，蘇軾跟他二兒子迨分手，叫他去陽羨跟他哥哥邁在一起住，而他只帶著他的妾朝雲和小兒子過去惠州。八月蘇軾抵達南昌吳城驛的望湖亭，就亭名寫了如下的一首詩：

望湖亭

八月渡長湖，蕭條萬象疏。秋風片帆急，暮靄一山孤。許國心猶在，康時術己虛。岷峨家萬里，投老得歸無。（蘇詩 6: 3335-6）

在一切似乎都沒什麼指望的時候，蘇軾並不放棄他以身許國的理想：「許國心猶在」。只是人算不如天算，蘇軾空有著報國的理想，但在昏庸的君王之下，卻毫無施展的餘地，「康時術己虛」。康這個字應該是「匡」，因為避趙匡胤的諱改成「康」。蘇軾不但不能施展他的政治抱負，反而被昏庸的哲宗貶到南方，性命岌岌可危，連安返老家都成了問題。蘇軾凡事逆來順受，未來能够安返四川的老家當然不是他最關心的問題，他只是藉著這個問題來表達他對未來政局好轉的期望；只要他的政治理想能夠實現，能否回鄉的問題並不是他斤斤計較的事。

接著八月七日，蘇軾入贛。從贛州開始到萬安縣約三百里的水路，水中惡石布列，不利船行，其中有

十八個灘頭異常險惡，常常引起沉船的不幸事件，在這十八個灘頭中，又數黃公灘水勢最為湍急。蘇軾在經過黃公灘的時候寫下了一首詩：

八月七日初入贛，過惶恐灘

七千里外二毛人，十八灘頭一葉身。山憶喜歡勞遠夢，地名惶恐泣孤臣。長風送客添帆腹，積雨浮舟減石鱗。便合與官充水手，此生何止略知津。（蘇詩 6: 3339）

黃公灘很顯然是讓許多行客提心吊膽的地方，大家在此唯恐喪命。蘇軾行經此地，不能不心生惶恐，因此他特別在詩中把黃公灘的名字改稱惶恐灘來表達他的心境：「地名惶恐泣孤臣」。但奇妙的是，在蘇軾抵達的時候，當地的氣候很好，而且因他抵達不久前才下過雨，當地河水充盈，河中的危石都深沉水底，危險度大為降低，蘇軾因此得以安然渡過。詩的結尾因此充滿了感激的情懷，將原有的憂慮轉化成更為堅定的報國決心與毅力：「便合與官充水手，此生何止略知津。」

途中蘇軾不僅不泄氣，反而不斷掌握機會服務社稷。在路過廬陵之時，蘇軾碰見曾安止，曾安止拿出他寫的《禾譜》一書請蘇軾過目，蘇軾在《禾譜》的書後加了〈秧馬歌〉，為秧馬這一農具的益處大力宣傳。[27] 十月二日，蘇軾抵達惠州。

與蘇軾早先相善的章惇在幾個月以前已被哲宗命為宰輔，他因元祐時期的黨爭跟蘇軾已成陌路之人，此時為了鞏固他的權勢，他更進一步把才高名大的蘇軾視為仇讎，圖謀不軌。蘇軾的弟子黃庭堅說：「子瞻謫嶺南，時宰欲殺之」，[28] 就是敘述蘇軾此時危急的情況。早年王安石誣蔑蘇軾是利用跟蘇家早已斷絕

來往的程氏姻親，現在章惇也師法王安石早年的伎倆，把蘇軾的表兄程正輔調為廣南東路提點刑獄：「妄以程之才姐之夫有宿怨，假以憲節」，[29]希望能借程正輔之手來除掉蘇軾。程正輔當年雖說對蘇軾的姐姐不好，但是蘇軾兄弟在元祐時期仕宦顯達的時候，並沒對他施以報復，而且以往的爭執跟蘇軾本人並沒什麼直接的關係，程正輔很顯然不希望背負惡人的罪名來無故加害蘇軾。因此當蘇軾在紹聖二年（1095）一月十日主動謙下地表示願跟他相見的時候，程正輔利用這個機會跟蘇軾盡釋前嫌，重敘親情。三月十四日他建議博羅縣令林抃參用他的〈秧馬歌〉製造秧馬，以利農事；[30]九月他運用他的影響力說動程正輔幫助太守詹範興建東新橋，[31]並協助詹範收埋棄置各處的枯骨，建立叢冢。

章惇派遣程正輔到廣南做提刑的這件事，讓蘇軾深切的體會到一個問題，即：章惇有謀害他的心理。他隨即警悟到在這種岌岌可危的情況下，他有必要要特別謹慎小心。因此他再度想到了陶潛——他政治的護身符，同時也是他政治理想秘密的傳播者。蘇軾在惠州期間因為沒有公事纏身，每天多的是空閒，因此他決定大量寫和陶詩。但是上文提到他不像陶潛一樣不論世事，只求一己隱遁生活的安適；相反的，他堅守儒家教訓，投身於地方公益事業。例如〈和陶歸園田居六首〉對他這時的思維心態說得再清楚不過：

> 環州多白水，際海皆蒼山。以彼無盡景，寓我有限年。東家著孔丘，西家著顏淵。市為不二價，農為不爭田。周公與管蔡，恨不茅三間。我飽一飯足，薇蕨補食前。門生饋薪米，救我廚無烟。斗酒與隻雞，酣歌餞華顛。禽魚豈知道，我適物自閒。悠悠未必爾，聊樂我所然。
>
> 窮猿既投林，疲馬初解鞍。心空飽新得，境熟夢餘想。江鷗漸馴集，蜑叟已往還。南池綠錢生，北嶺紫筍長。提壺豈解飲，好語時見廣。春江有佳句，我醉墮渺莽。

新浴覺身輕，新沐感髮稀。風乎懸瀑下，卻行詠而歸。仰觀江搖山，俯見月在衣。步從父老語，有約吾敢違。

老人八十餘，不識城市娛。造物偶遺漏，同儕盡邱墟。平生不渡江，水北有幽居。手插荔枝子，合抱三百株。莫言陳家紫，甘冷恐不如。君來坐樹下，飽食攜其餘。歸舍遺兒子，懷抱不可虛。有酒持飲我，不問錢有無。

坐倚朱藤杖，行歌紫芝曲。不逢商山翁，見此野老足。願同荔枝社，長作雞黍局。教我同光塵，月固不勝燭。霜飆散氛祲，廓然似朝旭。

昔我在廣陵，悵望柴桑陌。長吟飲酒詩，頗獲一笑適。當時已放浪，朝坐夕不夕。矧今長閒人，一劫展過隙。江山互隱見，出沒為我役。斜川追淵明。東皋友王績。詩成盡何為，六博本無益。（蘇詩 6: 3379-83）

這首和詩是蘇軾在紹聖元年（1094）寫的，它所展現的是一種正直無畏，不為逆境所屈而能勇往直前的精神，與陶潛在〈歸園田居〉所表現的消極避世的思想迥異。雖然蘇軾此時身遭屈辱貶謫，他並不把惠州看作囚禁羈押之所；他能夠跟當地的人和諧相處，他的左鄰右舍就他來看，就如同孔子和顏淵一般——全是忠厚樂道的好友。來到惠州在蘇軾的心目中就如同返回家鄉一樣安適。

在中國文學史上，自屈原（約公元前340～前278）被貶寫了〈懷沙〉，指控當世的黑暗：「變白以為黑兮，倒上以為下」，[32]陳說一己的冤屈：「傷懷永哀兮」；漢朝的賈誼（公元前200～前168）被貶追思屈原寫了〈鵩鳥賦〉，抒發鬱鬱之情：「嗚呼哀哉，逢時不祥」，貶謫文學的主旨向來都是感嘆懷才

不遇，抒發一己冤屈之情。蘇軾超越此一傳統桎梏，開展新的領域，將鬱鬱之情轉換昇華成為罕有的喜樂心境。這種突破難能可貴，無怪後世對他在貶謫期中的言行舉止讚嘆不已。

主要為了避免他的政敵對他進行全面致命的打擊，消除一些他們對他自己的敵意，及轉移他們對他的注意力，蘇軾除了繼續寫和陶詩以外，也經常走訪各地寺廟，撰寫有關佛教方面的文字。他的小兒子過對他過世的生母靈柩依然存放在京師，感到非常歉疚，他聽佛教徒說抄寫佛經是一件有功德的事，能幫助他母親的亡靈轉生，就特別親自抄寫了《金光明經》，裝訂成冊，送到虔州崇慶禪院供奉，蘇軾在紹聖二年（1095）八月一日幫他寫了一個跋：

> 軾之幼子過，其母同安郡君王氏諱閏之，字季章，享年四十有六。以元祐八年八月一日，卒于京師，殯于城西惠濟院。過未免喪，而從軾遷于惠州，日以遠去其母之殯為恨也。念將祥除，無以申罔極之痛，故親書《金光明經》四卷，手自裝治，送虔州崇慶禪院新經藏中，欲以資其母之往生也。泣而言於軾曰：「書經之勞微矣，不足以望豐報，要當口誦而心通，手書而身履之，乃能感通佛祖，升濟神明，而小子愚冥，不知此經皆真實語耶，抑寓言也？當云何見云何行？」軾曰：「善哉問也。吾常聞之張文定公安道曰：佛乘無大小，言亦非虛實，顧我所見如何耳。萬法一致也，我若有見，寓言即是實語；若無所見，實寓皆非……過再拜稽首，願書其末。」[33]

蘇過雖然抄寫了一部佛經，但是他是聽別人說抄寫佛經會有好的效應才寫的，但他父親自己並不抄寫佛經，寫完了，蘇過不免有些懷疑，就特別問他父親：「不知此經皆真實語耶，抑寓言也？」蘇軾回答得非

常有技巧，他不直接跟他兒子說佛經的教導是真還是假，他知道佛經一般講究棄惡從善，無論它所說的是否全部真實，至少其中棄惡從善的一部分，就他來看自然可以接受，對他教養兒子來說有益。蘇軾雖然自己不抄寫佛經，但是他兒子既然聽到別人說寫佛經對亡靈有益，在貶謫期間他有的是時間，蘇軾不願意給他當頭潑一盆冷水，剷除他心裡原有的希望與寄託，而卻非常靈活地用他師友張安道的話來解答。蘇軾認為佛教的教導完全看個人怎麼去看待運用它，如果一個人見到其中對個人身心的發展以及社會問題的解決有可用的地方，運用得當，佛教那個部分的教導就可以當真；但是如果一個人見不到其中對個人身心的發展以及社會問題的解決有利之處，沒有可用的地方，佛教所說的就不可當真：「佛乘無大小，言亦非虛實，顧我所見如何耳。」蘇軾的政治理想以儒家入世的思想為主導，佛教是一種出世的思想，兩者性質迥然不同，但是佛教的教導如果能幫助他達到實施他政治理想的目的，在這種條件之下，他可以接受佛教有關的說法，在這一點上，他以為一個人不必一定要把佛教看成跟儒家是完全相反或敵對的思想，兩者有可以互通的地方：「萬法一致也」。其中最重要的關鍵就是佛教能不能為我所用，佛教如果能為我所用，就可以把它當真，不能為我所用就摒棄它：「我若有見，寓言即是實語；若無所見，實寓皆非」。就這一點來說，蘇軾不是一個佛教徒，他不盲目遵從佛教的教導，他只是吸取佛教對他為人行事有利的想法，來幫助他達到濟世助人的政治理想。

在惠州除了他兒子過常給他精神上很大的慰藉以外，他的妾朝雲也是他日常生活上非常重要的一個伙伴。自從蘇軾被貶，他身邊的幾個妾都一個接一個離他而去，只有朝雲對他忠心耿耿，從北到南一路跟著他。上文提到過，貶謫的時候，生活條件會比素昔差，因遷徙及長途跋涉，飲食起居往往不固定，身心容易變得特別疲憊，常會導致疾病與死亡。紹聖三年（1096）七月五日，朝雲就是在這種貶謫時期，被迫不

斷長途遷徙跋涉的艱辛歷程中得病倒下，死時才三十四歲：

東坡先生侍妾曰朝雲，字子霞，姓王氏，錢塘人。敏而好義，事先生二十有三年，忠敬若一。紹聖三年七月壬辰，卒于惠州，年三十四。八月庚申，葬之豐湖之上栖禪山東南。生子遯，未朞而夭。蓋嘗從比丘尼義沖學佛法。亦麤識大意。且死誦金剛經四句偈以絕。銘曰：浮屠是瞻，伽籃是依，如汝宿心，惟佛止歸。[34]

本書前文提到朝雲是蘇軾在杭州做通判的時候買的一個丫環，長大以後成為他的妾，她在蘇軾從黃州貶謫之地北歸的路上遭遇喪子之痛，現在輪到她成為貶謫的犧牲品，她從杭州到惠州，前後二十三年跟蘇軾一起生活，在宦海中一起共浮沉，如今離開蘇軾，對蘇軾來說可說是精神上莫大的打擊。八月三日，蘇軾根據她死前的願望，將她葬在惠州西門外的栖禪山寺。

當然，在哲宗反元祐的政策之下，蘇軾不是唯一一個受到嚴厲迫害的人。就在同一個月中，當初上章規諫哲宗在聲色上收斂的范祖禹與劉安世因那件舊事，分別被貶到賀州和英州。朝廷在哲宗的示意之下，正進行著對他妻子孟后迫害的工作，在對付孟后周圍的僕人時，哲宗就沒有像對他大臣一般有所保留。為了使廢后的過程能夠順利進行，哲宗不惜縱容他的屬下使用極其殘忍的手段來對付相關人員，以達到屈打成招的目的：

后養母聽宣夫人燕氏、尼法端為后禱祠。事聞，詔入內押班梁從政等即皇城司鞫之。捕逮宦者、宮妾

> 三十人，榜掠備至，肢體毀折，至有斷舌者。獄成，命御史董敦逸覆錄，罪人過庭下，氣息僅屬，無一人能出聲者。敦逸秉筆，疑未下。郝隨等以言脅之，敦逸畏禍，乃以奏牘上。詔廢后為華陽教主、玉清妙靜仙師，法名沖真，出居瑤華宮。時，章惇欲誣宣仁后有廢立計，以后逮事宣仁，又陰附劉婕妤，欲請建為后，遂與郝隨構成是獄，天下冤之。[35]

哲宗一心一意要廢掉他的妻子孟后，以致無所不用其極，不但使用酷刑逼迫孟后左右的人誣賴孟氏，甚至威脅主管此一案件的董敦逸。雖然董敦逸在脅迫之下，勉強屈服，但事後良心不安，表示懺悔，上章抗議：

> 瑤華秘獄成，詔詣掖庭錄問。敦逸察知冤狀，握筆弗忍書，郝隨從旁脅之，乃不敢異。獄既上，於心終不安。幾兩旬，竟上疏，其略云：「瑤華之廢，事有所因，情有可察。詔下之日，天為之陰翳，是天不欲廢之也；人為之流涕，是人不欲廢之也。臣嘗閱錄其獄，恐得罪天下。」哲宗讀之怒，蔡卞欲加重貶，章惇、曾布以為不可，曰：「陛下本以皇城獄出於近習，故使臺端錄問，冀以取信中外。今謫敦逸，何以解天下後世之謗。」哲宗意解而止。明年，用他事出知興國軍，徙江州。[36]

哲宗為了一己的私慾，構陷他的妻子與其四周的人，為了報復，誣蔑他的祖母，對他祖母任用的大臣進行無情的迫害，給他的弟弟徽宗樹立了一個極其惡劣的榜樣，日後他弟弟繼位，縱情於聲色，對元祐大臣進行更為嚴厲的打擊，任用奸臣，以致亡國，哲宗可說是始作俑者。

當朝廷忙著廢后的事情時，蘇軾在惠州稍微得到一些喘息的餘地。朝雲去世以後，在蘇軾心中留下了一個可觀而須要填補的空隙，他想到了家中其他的成員。蘇軾到惠州此時已近兩年，開始時因他不確定朝廷還會對他採取什麼進一步的打擊行動，他持觀察因應的態度，沒做長久居住的打算。在這一個時期他不斷搬遷，在不同的處所借住，現在他以為朝廷對他的打擊可能到此為止，在感情上他也希望能再享受與家中其他成員相聚的天倫之樂，因此他開始在白鶴峰營建一個自己固定的新居，希望跟他兒子的家庭成員一起在惠州定居：

遷居

吾紹聖元年十月二日至惠州，寓合江樓，是月十八日遷於嘉祐寺。二年三月十九日復遷於合江樓，三年四月二十日復歸於嘉祐寺。時方卜築白鶴峰之上，新居成，庶幾其少安乎。

前年家水東，回首夕陽麗。去年家水西，濕面春雨細。東西兩無擇，緣盡我輒逝。今年復東徙，舊館聊一憩。已買白鶴峰，規作終老計。長江在北戶，雪浪舞吾砌。青山滿牆頭，鬖髿幾雲髻。雖慚抱朴子，金鼎陋蟬蛻。猶賢柳柳州，廟俎薦丹荔。吾生本無待，俯仰了此世。念念自成劫，塵塵各有際。下觀生物息，相吹等蚊蚋。（蘇詩 6: 3454-6）

上邊這首詩中的前八句，都在說蘇軾在惠州不斷遷居的勞累與疲憊，一下「水東」，一下「水西」，既晒太陽，「回首夕陽麗」，稍後又淋雨，「濕面春雨細」，「水東」或「水西」他都不計較，「東西兩無擇」，但是「今年復東徙」，他還是被官府強迫再遷居。詩中的第九句說蘇軾花了錢買了地，找人建築房

舍，準備在惠州終老：「已買白鶴峰，規作終老計。」蘇軾的政敵對整肅他人的策略顯然非常用心，下了很多工夫，他們耐心地等待，讓蘇軾把錢花了，買了土地，蓋了房子，在正準備長期享受天倫之樂的關頭，晴天霹靂般再給他下一道命令，要他遠徙海外，此事本書下文會再繼續說明，現在先探討一下蘇軾這時卜居的心懷。

就蘇軾來看，在惠州定居跟尋到了桃花源其實沒有什麼本質上的區別，完全看一個人怎麼看待這個世界。就在此時他寫了〈和陶桃花源〉來表達他對逃離人間社會而建立的理想國的想法：

> 世傳桃源事，多過其實。考淵明所記，止言先世避秦亂來此，則漁人所見，似是其子孫，非秦人不死者也。又云殺雞作食，豈有仙而殺者乎？舊說南陽有菊水，水甘而芳，民居三十餘家，飲其水，皆壽，或至百二三十歲。蜀青城山老人村，有見五世孫者，道極險遠，生不識鹽醯，而溪中多枸杞，根如龍蛇，飲其水，故壽。近歲道稍通，漸能致五味，而壽益衰，桃源蓋此比也歟。使武陵太守得而至焉，則已化為爭奪之場久矣。嘗意天壤間，若此者甚眾，不獨桃源。予在潁州，夢至一官府，人物與俗間無異，而山川清遠，有足樂者。顧視堂上，榜曰仇池。覺而念之，仇池武都氏故地，楊難當所保，余何為居之。明日，以問客。客有趙令畤德麟者，曰：「公何問此，此乃福地，小有洞天之附庸也。」杜子美蓋云：「萬古仇池穴，潛通小有天。」他日工部侍郎王欽臣仲至謂余曰：「吾嘗奉使過仇池，有九十九泉，萬山環之，可以避世，如桃源也。」
>
> 凡聖無異居，清濁共此世。心閒偶自見，念起忽已逝。欲知真一處，要使六用廢。桃源信不遠，杖藜可小憩。躬耕任地力，絕學抱天藝。臂雞有時鳴，尻駕無可稅。苓龜亦晨吸，杞狗或夜吠。耘樵得甘

芳，氈醬謝炮製。子驥雖形隔，淵明已心詣。高山不難越，淺水何足厲。不如我仇池，高舉復幾歲。從來一生死，近又等癡慧。蒲澗安期境，羅浮稚川界。夢往從之遊，神交發吾蔽。桃花滿庭下，流水在戶外。卻笑逃秦人，有畏非真契。（蘇詩 6: 3456-8）

蘇軾在引文中否定陶潛在〈桃花源〉中所表達的遁世與出世的思想。他以為桃花源中的居民是年長的凡人，不是仙人，桃花源所以能成為一個理想世界是當地的居民心地淳厚，生活樸直，不是一個勾心鬥角，倒行逆施的社會，如果當地居民都像武陵太守一樣，桃花源就會變成一個罪惡充斥的世界，「使武陵太守得而至焉，則已化為爭奪之場久矣。」在他的詩中，蘇軾認為聖人凡人居住的都是同一個世界，「凡聖無異居，清濁共此世」，一個理想世界存在於每個人的思想與心靈中，「心閒偶自見，念起忽已逝。」理想世界不是逃脫人類社會，遠離人世而無處尋覓的國度，只要每個人心地淳厚，生活樸實，桃花源在哪兒都有，「桃源信不遠，杖藜可小憩。躬耕任地力，絕學抱天藝。」建基於一個人心中的理想國對蘇軾來說很容易尋求得到，「高山不難越，淺水何足厲」，他在白鶴峰的新居可說就是他的桃花源：「桃花滿庭下，流水在戶外。」詩尾蘇軾明白表示企圖逃脫一個人在現實世界的責任，是一種懦弱的表現，畏懼邪惡的挑戰，而創造出來一個所謂的理想國是不符合真情實理的：「卻笑逃秦人，有畏非真契。」蘇軾的理想國是一個不畏懼邪惡權勢，堅持濟世助人，曠達寧靜隨遇而安的無形的精神世界，只要能保持這種精神，一個人無論身處何地，在何處安居，安居的地方就可以算是他有形的理想國。

紹聖四年（1097）二月十四日，白鶴峰的新居完成，蘇軾從嘉祐寺借住的地方遷入他新的住所。約半個月後，閏二月初，他的大兒子蘇邁帶著他和他弟弟蘇過兩房的妻小都來到惠州，全家團聚，這對蘇軾來

說是心理上莫大的慰藉。此時蘇軾有理由期待一段恬適的家居生活，因此他寫下如下的一首詩〈縱筆詩〉：「白髮蕭散滿霜風，小閣藤床寄病容。報道先生春睡美，道人輕打五更鐘。」（蘇詩 6: 3464）蘇軾雖然受盡折磨，蒼老得相當快，不時又遭遇病魔的侵襲，寓居的地方不大，但是他在日常生活上卻過得非常恬適。蘇軾在貶謫的迫害中，不畏邪惡權勢，堅定不屈，隨遇而安，他的精神不但沒消沉下去，反而更加成熟茁壯，這在中國史上實不多見。蘇軾在上引的詩文中所表現的曠達寧靜很顯然讓他的政敵不安，蘇軾名高才大，他存在一天，對他的政敵來說就總是潛在的威脅，他一天不死，他們就一天不能安坐在他們的權椅之上。他的政敵選擇了在他完成他的新居不久之後，隨即發動對舊黨進一步打擊的行動。因此在閏二月十九日，蘇軾一家大小團聚約半個月後，朝廷下令把他的官職降為瓊州別駕，貶到昌化軍。四月十九日，蘇軾、蘇過與相聚才兩個多月的家屬痛苦訣別，再度邁上旅途，走向中國的邊緣，海外的海南島。

第三十章　與世長辭

章惇藉程正輔除去蘇軾的陰謀雖沒得逞，但他謀害蘇軾的企圖並沒因此而消失。據蘇軾自己的親身經歷，昌化當時是一個相當荒涼的地方：「此間食無肉，病無藥，居無室，出無友，冬無炭，夏無寒泉，然亦未易悉數，大率皆無耳。」[1] 章惇很顯然希望這種惡劣的環境能迅快而自然地了結蘇軾。四月十九日，蘇軾與小兒子過離開惠州。五月十一日，在滕州碰見蘇轍，一起結伴到雷州。六月六日，蘇軾兄弟路過雷州，雷州知州張逢熱心接待他們在官舍歇腳。張逢在官舍招待蘇軾兄弟給章惇一個難得的藉口，十一月二十九日，廣西經略安撫司走馬承受段諷參劾張逢協助蘇軾兄弟，元符元年（1098）二月，朝廷就此下詔派遣「河北路轉運副使呂升卿、提舉荊湖南路常平董必並充廣南西東路察訪」，[2] 前往調查，顯然有藉此除掉蘇軾之意。幸而曾布不願章惇全面把持朝政，因而對此提出異議：

升卿兄弟與軾、轍乃切骨仇讎，天下所知，軾、轍聞其來，豈得不震恐，萬一望風引決，朝廷本無殺之之意，使之至此，豈不有傷仁政？兼升卿凶焰，天下所畏，又濟之以董必，此人情所以尤驚駭也。[3]

當時除了曾布反對以外，左司諫陳次升也跟哲宗談到這個問題，指出章惇把呂升卿派到南方的用意：

次升又言：「陛下初欲保全元祐臣僚，今乃欲殺之耶？」上曰：「無殺之之意，卿何為出此語？」次

升曰：「今以呂升卿為廣南按察，豈非殺之耶？升卿乃惠卿之弟，元祐中嘗監真州轉般倉負罪，恐外台按發，嘗託疾致仕。太皇太后上升，自真州泛小舟，隱姓名，不七日至京師。投匭上書。其人資性慘刻，善求人過失，今將使指於元祐臣僚遷謫之地，理無全者。」[4]

因曾布、陳次升等人的反對，哲宗因此特別表明不殺大臣的心意：「朕遵祖宗遺志，未嘗戮大臣，其釋勿治」，[5]朝廷在三月三日下令取消呂升卿廣南西路察訪的任命；七日，董必的任命也由東路改成西路。[6]三月二十四日，董必由雷州呈上他的調查報告，朝廷根據他的說辭，下詔把蘇轍貶到循州、張逢勒停、吳國鑑編管。[7]接著董必準備渡海，整治蘇軾，所幸他的一個心腹彭子民不願無故加害蘇軾，力勸董必：

潭州彭子民隨董必察訪廣西時，蘇子瞻在儋州。董至雷，議譴人過儋。彭顧董泣涕，曰：「人人家各有子孫。」董遂感悟，止譴一小使臣過儋，但有逐出官舍之事。[8]

彭子民顯然知道董必與蘇軾之間並無深仇大恨，蘇軾是一個當時家喻戶曉的正直人物，董必為了討好上級而企圖置蘇軾於死地，就彭子民來看是小題大做，對董必和自己並不一定有好處，因此下淚力諫董必，董必細想也是，就不再堅持要把蘇軾逼到死路不可，他決定對蘇軾從輕處置，只要蘇軾搬出官舍就不再繼續追究。章惇企圖謀害蘇軾的詭計因此再度失敗，蘇軾以是得以倖存。

在如此險惡的環境中，蘇軾並不氣餒，他在詩中仍然表現出他英挺超拔的氣勢，雖然從一般人的角度來看，蘇軾的情況毫不樂觀，可說是毫無指望，但蘇軾本人卻持不同的看法：

行瓊儋間肩輿坐睡夢中得句云千山動鱗甲萬谷酣笙鐘覺而遇清風急雨戲作此數句

四州環一島，百洞蟠其中。我行西北隅，如度月半弓。登高望中原，但見積水空。此生當安歸，四顧真途窮。眇觀大瀛海，坐詠談天翁。茫茫太倉中，一米誰雌雄。幽懷忽破散，詠嘯來天風。千山動鱗甲，萬谷酣笙鐘。安知非群仙，鈞天宴未終。喜我歸有期，舉酒屬青童。急雨豈無意，催詩走群龍。夢雲忽變色，笑電亦改容。應怪東坡老，顏衰語徒工。久矣此妙聲，不聞蓬萊宮。（蘇詩 6: 3490-2）

這首詩在開始的時候形容蘇軾在海南島困厄的境遇，乍看之下，似乎他已經面臨絕路，沒有生還的餘地，「登高望中原，但見積水空。此生當安歸，四顧真途窮。」但是突然間他記起騶衍的世界地理論點，戰國時代的騶衍「以為儒者所謂中國者，於天下乃八十一分居其一分耳。中國名曰赤縣神州。赤縣神州內自有九州，禹之序九州是也，不得為州數。中國外如赤縣神州者九，乃所謂九州也。於是有裨海環之，人民禽獸莫能相通者，如一區中者，乃為一州。如此者九，乃有大瀛海環其外，天地之際焉。」[9]蘇軾認為中國雖然大，不過是世界的一部分，而世界更只是宇宙極其渺小的一部分。蘇軾在中國受到污衊迫害，陷入困境，並不表示他在整個世界中，甚至於整個天地中也同樣被鄙視。蘇軾在詩中表示他的想法與一般人勢利的看法相反，雖然他在中國受到迫害，但是在整個世界天地中，他卻是出類拔萃，為其中的佼佼者，深受天地的敬重，「安知非群仙，鈞天宴未終。喜我歸有期，舉酒屬青童。」在蘇軾的想像中，天地神靈都希望他能在政壇失意之際，繼續在文壇上發揮他罕有的文才，以筆桿來為這個世界締造光明的氣象，「應怪東坡老，顏衰語徒工。久矣此妙聲，不聞蓬萊宮。」蘇軾超妙的人品才華連天上的神靈都覺得驚訝，他不

屈不撓擇善固執的言論就是蓬萊宮中的仙人都不常聽到。全詩結尾的「蓬萊宮」表面上是指傳說中的道教仙地，但是實際上卻象徵宋室的宮廷，蘇軾通過這個意象，來表示他的耿直的言論在宋廷之中，那時可以說已成了絕響。

蘇軾處在一種險惡的情況中，對自己的前景不但非常樂觀，抱著無限的希望，而且他對哲宗也無絲毫怨恨的心理，反而感謝哲宗的寬大處置，他在〈昌化軍謝表〉中非常謙遜的寫道：

> 今年四月十七日，奉被告命，責授臣瓊州別駕昌化軍安置，臣尋於當月十九日起離惠州，至七月二日已至昌化軍訖者。並鬼門而東騖，浮瘴海以南遷。生無還期，死有餘責。臣軾中謝。伏念臣頃緣際會，偶竊寵榮。曾無毫髮之能，而有丘山之罪。宜三黜而未已，跨萬里以獨來。恩重命輕，咎深責淺。此蓋伏遇皇帝陛下，堯文炳煥，湯德寬仁。赫日月之照臨，廓天地之覆育。譬之蠕動，稍賜矜憐；俾就窮途，以安餘命。而臣孤老無託，瘴癘交攻。子孫慟哭於江邊，已為死別；魑魅逢迎於海上，寧許生還。念報德之何時，悼此心之永已。俯伏流涕，不知所云。[10]

蘇軾的子孫如同其他一般人一樣，在跟蘇軾訣別的時候，以為蘇軾此去海南島必死，「子孫慟哭於江邊，已為死別」，但蘇軾自己不以死亡為意，卻悲悼他可能永無機會報答哲宗的恩德，「念報德之何時，悼此心之永已」，蘇軾寬大涵容的心境為人世少見。

蘇軾在海南島的生活異常艱苦，在歷經滄桑飽經憂患以後，他不免細思人生旅途可能的終點，到底他死後是不是就像道教所說的會成仙，或像佛教所教導的往生極樂世界，他的結論是兩者的說法都不可靠：

和陶神釋

二子本無我，其初因物著。豈惟老變衰，念念不如故。知君非金石，安得長託附。莫從老君言，亦莫用佛語。仙山與佛國，終恐無是處。甚欲隨陶翁，移家酒中住。醉醒要有盡，未易逃諸數。平生逐兒戲，處處餘作具。所至人聚觀，指目生毀譽。如今一弄火，好惡都焚去。既無負載勞，又無寇攘懼。仲尼晚乃覺，天下何思慮。（蘇詩 6: 3539-40）

這首詩是蘇軾在元符元年（1098）寫的，那時他六十三歲，人在儋州，他對佛道兩教持疑的看法仍然沒變。〈和陶神釋〉這首詩繼續早先他跟陶潛在精神上的對話，陶潛寫了〈神釋〉，表明一己對人生的看法：「日醉或能忘，將非促齡具？立善常所欣，誰當為汝譽？甚念傷吾生，正宜委運去。縱浪大化中，不喜亦不懼，應盡便須盡，無復獨多慮。」[11] 陶潛因時運艱困，為了消除內心的苦悶，養成喝酒的習慣，他原有貢獻社稷的念頭，但是他所處的時代就陶潛來看，可能根本不接受他的雄心壯志，因此最終他決定放棄貢獻國家社稷的政治理想，陶潛雖然過的是隱逸的生活，但是他對外在世界給他的評價仍然異常關心：「立善常所欣，誰當為汝譽」。蘇軾覺得陶潛對人生的看法是一種逃脫的行徑，酒可以暫時消除一個人精神上的壓力，但那不是解決問題根本的方法。蘇軾認為道教和佛教的教導都不可靠：「莫從老君言，亦莫用佛語」，道教和佛教所宣揚的不朽世界也不存在：「仙山與佛國，終恐無是處」。他對道教和佛教的質疑，在這首詩裡可說是毫無保留的表露出來。他想到陶潛依賴酒來消除他的苦悶，只是那種暫時的解脫，無法徹底解決問題，蘇軾認為陶潛沒必要考慮到他的時代會不會接受他改善社會的政治理想，無論同時代的人怎麼評價自己，只要自己能始終秉持著濟世助人的原則與理想，奮鬥不懈，其他的考慮都是沒有太多

意義的心理負擔，「如今一弄火，好惡都焚去。」孔子大半生都在尋求實行他治國安邦的理想，但是他的時代終究摒棄了他，蘇軾自幼即立志為國獻身，但到他晚年也同樣被他的國家棄絕，在這一點上他跟孔子有類似的地方，兩者不同之處是孔子比蘇軾幸運得多，因為孔子可以留在魯國自己的家鄉，而蘇軾不但被貶到海南島，而且還背負了逆臣的罪名。外界的毀譽對蘇軾來說並不重要，蘇軾在詩的結尾中說「天下何思慮」，這句話有兩層意思，一方面表示說一個人不必自添麻煩，去擔心天下人對自己濟世助人行為準則的評價，活在世上何必為此操心，一方面也鼓勵世人說，天下一般人跟自己的理想有衝突的時候，他們的想法並不一定就是絕對的真理，哲宗與諸大臣對自己無情的打擊，不必耿耿於懷。蘇軾這首晚年的詩剖析自己跟外在世界的關係，不但繼續堅持他濟世助人的理想與原則，而且進一步質疑佛道兩教的遁世思維，同時更擺脫了他對外在世界對一己評價好壞與否的心理負擔，確是他飽經風霜，深思熟慮以後的智慧結晶。

在當時尚未充分開發的海南島，島上的食米與許多日常生活用品都須要仰賴大陸固定的接濟，海洋氣候一向變化多端，天氣常會在瞬間惡化，從而阻斷交通運輸，對當地人的生活造成相當大的打擊。在此種困難的生活環境之下，蘇軾身為罪犯，生活條件自然較一般常人又更為艱苦，但是蘇軾對自己艱辛的生活並不在意，凡事逆來順受，淡然處之。他開闊的胸襟在這時他寫的三首詩中動人的展現出來：

縱筆三首

寂寂東坡一病翁，白髮蕭散滿霜風。小兒誤喜朱顏在，一笑那知是酒紅。

父老爭看烏角巾，應緣曾現宰官身。溪邊古路三叉口，獨立斜陽數過人。

北船不到米如珠，醉飽蕭條半月無。明日東家知祀竈，隻雞斗酒定膰吾。（蘇詩 6: 3559-60）

蘇軾詩詞中常用波瀾起伏、峰迴路轉的手法，〈縱筆三首〉在此一方面，可說是一個典型的例子。這首詩一開始的兩句話將蘇軾當時淒涼的景色淋漓盡致的描繪出來，似乎蘇軾的生命走到了盡頭。蘇軾當時被貶到海南島，是當朝執政的眼中釘，照常理說，不是當地人士都樂意交往的對象，加上他不通當地語言，自然缺乏熱鬧的社交活動，因此生活有可能會顯得單調。此外他身體不佳，即使願意跟他來往的人也可能會有所顧忌，不時望而卻步，就像詩首所說，有時蘇軾會處在一種寂靜的世界中，「寂寂東坡一病翁」。「寂寂」這兩個字讓人聯想到本書前引的陶潛詩句「寂寂無行跡」，給人一種沒落的感覺。在一個陌生的環境中，身受貶謫的蘇軾的確可能會受到當地人的忽視。更有甚者，蘇軾當時業已上了年紀，疾病及營養不良加速了他邁向人生終點的步伐，造成他頭髮不斷失落顏色迅快轉成花白的現象，「白髮蕭散滿霜風」。但是蘇軾的詩往往避免平鋪直敘，讀者自是不能完全以開門見山的方式來理會，就如本書前文所說，蘇軾的人生充滿了戲劇性的浮沉起落，他的詩也常相應的呈現出迭宕起伏、暗藏玄機的風貌。

蘇軾不是一個對困境屈服的人，社區的人如果疏於跟他交通，他會主動找人交流，成人無暇跟蘇軾應酬，他便找孩童聊天。小孩天真爛漫，誤以為蘇軾喝酒以後臉上顯出的紅潤之色是他年輕健康的表記，「小兒誤喜朱顏在」，「喜」字在此表示孩童與蘇軾處得其樂融融。孩童天真的評語，使得蘇軾不覺莞爾「一笑」。孩童的「喜」與蘇軾的「笑」前後呼應，烘托出老人和小孩水乳交融的景象。蘇軾不僅樂意和孩童互動，自然也高興與父老結交。當地的父老看到蘇軾出現，爭著與他交流，「父老爭看烏角巾，應緣曾現宰官身。」「爭」字顯示出當地父老不但不介意他是一個罪犯，而且他們對蘇軾昔日的政績也流露出

顯著的好感。在蘇軾跟大家交流以後，他再漫步到水陸交集的路口，打探有無大陸食米運抵的消息，「溪邊古路三叉口，獨立斜陽數過人。」蘇軾不斷的打聽等待，但是消息總是令他失望，「北船不到米如珠，醉飽蕭條半月無。」大陸載運糧食的船隻久等不來，米價高昂如同珍珠，蘇軾經濟窘迫，付不起昂貴的食品價格，因而已經半個月無法飽食一頓了。正當他可能陷入絕境之際，希望即時出現：他的鄰居明天祭竈，一定會分他一些酒肉。其實對蘇軾來說，酒肉事小，真正重要的應是能在患難中提供協助的珍貴的友誼。蘇軾的詩開始的時候，給人一種悲淒絕望的景象，但那只是表面的假相，當讀者繼續探索下去，便發覺在此一假相之下，蘇軾並沒自哀絕望的心態，他仍然保持著與兒童戲耍歡樂的童心，及與父老盡心交通的情致。在看似絕望的困境中，他的友朋就在眼前向他伸出熱心的援手。蘇軾在詩中，透過宏觀的眼界，運用波瀾起伏、峰迴路轉的手法，將悲淒轉化成喜樂，絕望化解成希望，這種開闊的心胸，暗含玄機的筆法，是一般詩人難以企及的地方。

蘇軾此時在儋州遇到的一個良友就是昌化君使張中。張中似乎是老天特意安排與蘇軾相會的一著棋，蘇軾來到昌化兩個月以後，張中隨即也被調來。張中為開封人，熙寧初年進士，嫻熟武藝，才智出眾，曾在明州做縣尉，是個血性中人，在宦途甚不得意，久聞蘇軾名聲，因此一上任就來拜見蘇軾，從此他們日日相處，不久便成莫逆之交。因為張中處處濟助蘇軾，消息傳到朝廷，為朝廷所忌，過了一段時日，遭到免職查看的處分，被迫遷離儋州，臨行對蘇軾表示依依不捨的心情：

和陶與殷晉安別
送昌化君使張中

孤生知永棄，末路嗟長勤。久安儋耳陋，日與雕題親。海國此奇士，官居我東鄰。卯酒無虛日，夜棋有達晨。小甕多自釀，一瓢時見分。仍將對牀夢，伴我五更春。暫聚水上萍，忽散風中雲。恐無再見日，笑談來生因。空吟清詩送，不救歸裝貧。（蘇詩 6: 3553）

張中是蘇軾在儋州日常生活中一大有力的支柱，雖然因朝廷迫害，被迫遷往異地，蘇軾並不因此而變得沮喪，即使他們分別以後，在此生此世不再可能相聚，「恐無再見日」，就他的感覺來說，他們的情誼將永存於天地之間，「笑談來生因」。

雖然蘇軾有預感，他們別離之後，此生將永不相見，他仍然以達觀的心態來鼓勵張中進取向上，獻身社稷：

和陶答龐參軍

三送張中

留燈坐達曉，要與影晤言。下帷對古人，何暇復窺園。使君本學武，少誦十三篇。頗能口擊賊，戈戟亦森然。才智誰不如，功名嘆無緣。獨來向我說，憤懣當奚宣。一見勝百聞，往鑿皋蘭山。白衣挾三矢，趁此征遼年。（蘇詩 6: 3553）

張中臨行前在蘇軾住處整整坐了一夜，他和蘇軾之間的友情被形容成如影隨形一般，「要與影晤言」。蘇軾將張中當做古道熱腸的人來看待，「下帷對古人」，在困境之中，蘇軾仍念念不忘國事，鼓勵張中效法

唐朝的薛仁貴來征服遼國：「白衣挾三矢，趁此征遼年。」根據《舊唐書》，唐太宗征遼東時，高麗大將高延壽、高惠真率領二十五萬軍隊來戰，薛仁貴一馬當先，衝入敵陣，所向披靡：「著白衣，握戟，腰鞬張弓，大呼先入，所向無前，賊盡披靡卻走」。[12]蘇軾希望張中也能像薛仁貴一樣自願參加出征遼國的行列：「太宗親征遼東，仁貴謁將軍張士貴應募，請從行。」詩的結尾雖然是針對張中而發，但自然也有蘇軾自許之意，一個形容自己為「寂寂東坡一病翁，白髮蕭散滿霜風」的蘇軾，在似乎瀕臨絕境的時刻，居然仍是雄心萬丈、豪邁驚人，令讀者不能不心生感佩之意。

蘇軾在儋州與當地人融洽相處，雖然他本身經濟困窘不堪，他還是如同他在惠州一般，盡其所能來幫助四周的人。蘇軾懂得一些醫療知識，便學以致用，將他所學用來治療當地的傷患，並附贈藥方：

> 予在儋耳，民有相毆內損者，不下粥飲，且不能言。予以家傳接骨丹療之，乃能言。又以南岳活血丹授之，下少黑血，乃能食，然尚呻號不能轉動也。小圃中有地黃，然地瘠，根細如髮，乃并葉擣治，飲、傅之，取血塊升餘，遂能起行。此人與進士黎先覺有親，乃書以授之，使多植此藥，以救人命。[13]

蘇軾在元符元年（1098）記載上述的事件，雖然他自己當時仍然身處危境之中，但他並不放棄扶持他人的原則，「多植此藥，以救人命」，蘇軾對人世的熱愛，由此可見一斑。

本書上文提到，蘇軾自信他會生還大陸，他的直覺不多時果真應驗。元符二年（1099）十二月十四日，哲宗身體不適，他在經過治療以後，病情雖有起色，但是一直沒有痊癒。他這次疾病顯然跟他以往縱慾有關。本書上文曾經提到哲宗在女色這方面顯然沒有很多的節制，他至遲在十三歲的時候就已經不聽他

祖母的管教，而暗地裡跟後宮的婢女發生曖昧的關係。在他祖母去世以後，再沒有什麼人管教他，他在情慾方面自然更是為所欲為，不去節制。這對他的健康可想見會造成不良的影響。在他的疾病久治不癒的情況下，曾布就曾勸他節慾：「緣聖體未康和，須留意將攝，傷氣莫甚於情慾。臣等衰殘，非屏絕世事，豈能枝梧；陛下春秋鼎盛，氣血方剛，於愆和之際，稍加節慎，至稍安和，無所不可。」[14] 但是哲宗這時病情業已進入膏肓，要節慾也已經太遲了，結果後來吃什麼藥都沒用：「醫者孔元、耿愚深以為憂，以謂精液不禁，又多滑泄。」[15] 最後病拖了將近一個月，在元符三年（1100）一月十二日哲宗終於去世，死時才二十四歲。

哲宗死後，神宗的妻子向太后與大臣討論王位繼承人的問題。章惇希望簡王能夠即位，但是向太后不同意：

> 太后坐簾下，微出聲發哭，宣諭云：「皇帝已棄天下，未有皇子，當如何？」眾未及對，章惇厲聲云：「依禮典律令，簡王乃母弟之親，當立。」余愕然未及對，太后云：「申王以下俱神宗之子，莫難更分別。申王病眼，次當立端王。兼先皇帝曾言：『端王生得有福壽』，嘗答云：『官家方偶不快，有甚事。』」余即應聲云：「章惇並不曾與眾商量，皇太后聖諭極允當。」蔡卞亦云：「在皇太后聖旨。」許將亦唯唯，夔遂默然。[16]

歷史證明向太后當時的決定是不智之舉，徽宗做了皇帝不久便窮奢極侈，荒淫無度，最後斷送了大宋的江山。傳統的史家把向太后描述成是一個跟章獻、宣仁一樣的賢后，說「她是宋代三賢后之一」。[17] 這種說

法不一定可靠。就史實來說，她自作主張，立徽宗為帝，最後導致宋朝的滅亡，她沒被貶成惡人已經是相當幸運了，如果再要說她是賢后，未免有些過分。神宗多子，哲宗是他的第六個兒子，徽宗是他的第十一個兒子，就長幼輩分來說，怎麼輪也不應該馬上就輪到徽宗當皇帝。但是向太后卻跳過徽宗的哥哥，硬把王位讓給徽宗，這顯然有偏袒的嫌疑。她用的理由是神宗說徽宗有福壽，神宗那時早已去世，死無對證，別人也無從證明到底神宗說過那句話沒有，或者那句話還是向太后自己編出來的。即使神宗說過那句話，是不是神宗就要徽宗做皇帝，那又是另外一回事。總之，向太后要徽宗做皇帝是出自私心，有意偏袒應該是不成什麼問題的。至於向太后為什麼偏袒徽宗，這應該跟她的人品有關。向太后是個很喜歡別人奉承的人，徽宗是個貪圖吃喝玩樂的人，懂得拉關係的重要。他在沒做皇帝以前天天跟向太后請安，顯然已經給向太后一個恭順的印象，無怪乎哲宗一死，向太后就堅持要他做皇帝。向太后喜歡人奉承的個性，從她三個月後堅持蔡京在朝任職上也可以看得出來；當時在朝大臣除了蔡京的弟弟蔡卞以外，都堅持要把蔡京貶出京師，徽宗為順應輿情，同意貶謫蔡京，可是向太后知道以後，卻一定要他留在京師，即使曾布強烈反對也沒用：

> 上諭：「太母疑蔡京不當出，欲且留修史……」余力陳京、卞懷姦害政，羽翼黨援，布滿中外，善類義不與之並立，若京留，臣等必不可安位。此必有姦人造作語言，熒惑聖聽。上慰諭云：「無他，皇太后但且欲令了史事，以神宗史事經元祐毀壞，今更難於易人爾。」余云：「臣等以陛下踐祚以來，政事號令，以至拔擢人材，無非深合人望，故雖衰朽，亦欲自竭，裨補聖政。中外善人君子，鬱塞已久，自聞初政，人人欣歡鼓舞，若事變如此，善類皆解體矣。朝廷政事亦無可言者。」上云：「但更

於簾前說。」[18]

徽宗此時剛即位，跟蔡京還沒有什麼特別密切的接觸，當然不特別偏袒蔡京，所以曾布一堅持，說蔡京是個奸邪的人，徽宗也就不再表示什麼異議，而要曾布去跟向太后說：

及至簾前，具以京事開陳，簾中毅然不可奪。余云：「則臣決不可安位。」太母云：「干樞密甚事。」余云：「君子小人不可同處。」太母云：「先帝時亦同在此。」余云：「此臣所難言。臣在先朝，嘗有去意，今日以皇太后聽政，皇帝踐祚以來，政事皆合人心，臣以此亦欲勉強自竭。今事一變，臣何可安。」太母云：「不變。只是教他做翰林學士，了卻神宗國史，干樞密甚事？」余力陳未已，太母云：「且奈辛苦。」乃遣之之語也。每日奏事退，太母必云：「且奈辛苦。」余云：「臣為朝廷分別邪正，欲君子小人各得其所，此事於朝廷所繫不細。」既而報辰正牌，太母云：「日色已晚。」余遂退。

向太后為人顯然相當倔強，她在決定蔡京的事以後，不論曾布怎麼說，她就是不改變。她對是非善惡顯然也沒很大的興趣，因為雖然曾布一再強調蔡京是一個奸邪的人，她卻迴避那個問題，只一味堅持要蔡京留在朝廷。其實就如曾布所說，即使要修史，也不一定就得請蔡京不可，向太后所以那麼固執，顯然又跟她的私心有關。本書上文曾經提到蔡京是一個十足的小人，善於諂媚逢迎，司馬光當政，要在五天之內廢除新法，別人都有問題，只有蔡京為了逢迎，在五天之內就辦成。章惇當政，要重新實施新法，他為了掩蓋

往日逢迎司馬光的行為，又能催促章惇馬上實施新法。據現有史料的記載，哲宗親政之後，向太后為追悼她早逝的女兒延禧公主，曾派遣宦官裴彥臣修建慈雲寺，「皇太后為追薦愛主，所以施財造寺」；[19] 當時蔡京為戶部尚書，抓住迎合向太后的機會，不惜把老百姓的房子都毀掉，結果引起輿情的不滿：

> 中官裴彥臣建慈雲院，戶部尚書蔡京深結之，彊毀人居室。訴於朝，詔御史劾治。安民言：「事有情重而法輕者，中官豪橫。與侍從官相交結，同為欺罔，此之姦狀，恐非法之所能盡。願重為降責，以肅百官。」獄具，惇主之甚力，止罰金。安民因論京：「姦足以惑眾，辨足以飾非，巧足以移奪人主之視聽，力足以顛倒天下之是否。內結中官，外連朝士，一不附己，則誣以黨於元祐，非先帝法，必擠之而後已。今在朝之臣，京黨過半，陛下不可不早覺悟而逐去之。他日羽翼成就，悔無及矣。」是時，京之姦始萌芽，人多未測，獨安民首發之。[20]

此外，紹聖初，「戶部尚書蔡京結后戚向氏，欲展向氏墳，正平爭，以為民田不可奪，京坐贖銅，由此恨之。」[21] 蔡京在哲宗主政期間竭盡所能巴結向太后，為了討好向太后，蔡京甚至不惜屢次觸犯法律，侵害百姓的財產；徽宗即位，蔡京面臨被貶的命運，向太后為獎酬蔡京素來巴結自己的作為，因此出面護短，即使曾布怎麼說，她都不聽。

其實，向太后之所以堅持要蔡京留京，說穿了倒並不完全是為了要報答蔡京以前諂媚逢迎她的行為，而主要是為了鞏固她自己的權力，滿足她一己的私慾。在她跟徽宗共同執政期間，她表現得相當跋扈，凡是她不同意的事，據徽宗自己說，她便讓徽宗度日維艱：「稍不如意，煎迫極甚。」[22] 如同在她之前的司

馬光，她看到蔡京在權力角逐滿足個人私慾的這一點上，是一個極其有用異常重要的工具，她知道蔡京是一個為了迎合她，願意把別人甚至國家的利益都出賣掉的一個人，在滿足一己私慾的權力鬥爭中，保蔡京過關就幾乎如同保自己一般，所以無論曾布說蔡京如何邪惡，對向太后來說都是沒有太大的意義的。日後徽宗如同向太后一般，也看到蔡京為了滿足他的私慾可以踐踏百姓的一面，所以幾乎終其一生，在全國持續不斷的反對聲浪中，徽宗還是一而再，再而三，堅持重用蔡京。日后宋朝就是在徽宗和蔡京——一個昏君和一個奸相——兩個人的手中毀掉的，所以就向太后因滿足一己私慾而堅持徽宗即位及蔡京留京這兩件極其重大的事件來看，向太后不但算不上是一個賢后，而且應該還可以列上姦后的名單。

為了鞏固他的權勢，取得大家的好感，徽宗在向太后的支持下繼位之後，十三日大赦天下，下詔讓蘇軾遷回大陸廉州安置。為了削弱反對他即位的章惇在朝的勢力，建立自己的統治班底，徽宗就重用支持他即位的曾布，同時起用新人。曾布為了爭取人心，打擊章惇、蔡卞，建議對元祐臣僚寬大處理：「元祐之人雖不可收用，豈可不與量移……如貶竄元祐人過當，雖以詆訾神宗政事為言，其實多報私怨。」[23] 徽宗同意。四月二十一日，徽宗的兒子出生，推恩天下，蘇軾得舒州團練副使一職，准許在永州居住。六月，蘇軾離儋，很多儋人爭著要給蘇軾送行的禮物，蘇軾都沒接受。六月二十日夜晚，蘇軾渡海，心情異常興奮，寫了如下一首詩來表達他的心懷，為貶謫文學中的上乘之作：

六月二十日夜渡海

參橫斗轉欲三更，苦雨終風也解晴。雲散月明誰點綴，天容海色本澄清。空餘魯叟乘桴意，粗識軒轅奏樂聲。九死南荒吾不恨，茲遊奇絕冠平生。（蘇詩 6: 3588）

蘇軾把他第二次貶謫的經驗——他生命中最艱困的一段時期——轉化昇華成為他一生中最了不起的試探與鍛煉的旅程。雖說蘇軾對自己被貶到海南島沒有怨恨的心意，但是他在南荒近七年的艱苦生活中，不時三餐不繼，特別是當時朝廷在章惇的掌控下，處心積慮要置他於死地，外在壓力甚大，他的健康情形深受影響，早已大壞，「鬢髮盡脫」。[24]九月，蘇軾抵達廣州，跟他的兒子邁、迨及孫子相會。十一月，蘇軾路過英州，接到朝旨，復朝奉郎、提舉成都府玉局觀、外州軍任便居住，蘇軾在他的謝表裡，仍然堅持他報國的理想：「蓋棺未已，猶懷結草之忠。」[25]十二月，右正言張庭堅建議徽宗起用蘇軾兄弟。徽宗早年聽多了有關蘇軾的謠言，神宗黜責蘇軾兄弟的事件顯然給他一種錯覺，以為蘇軾兄弟素來就不分青紅皂白地反對新法：「若更用蘇軾、轍為相，則神宗法度無可言者」，[26]所以對張庭堅的建議不以為然。同時曾布也不願意他十月才得到的相位受到蘇軾兄弟的威脅，因此他從中阻撓，張庭堅以是被貶出朝廷。[27]

建中靖國元年（1101）一月，蘇軾路過南安，碰見當年在朝的政敵劉安世，兩人相見甚歡，劉安世當時的感覺是蘇軾的體力大不如昔，可能不久就會離世：「坐時已自瞌睡，知其不永矣。」[28]六月，蘇軾得病，寫信給他弟弟，叫他寫自己的墓誌銘。當時朝中希望蘇軾兄弟能成為宰輔的呼聲頗高，岑象求等力言「軾、轍不相則不已」，[29]曾布、江公望等人死拒，中傷蘇軾兄弟，說：「今日之事，左不可用軾、轍，右不可用京、卞」，[30]將蘇軾兄弟比成蔡京。結果徽宗聽信曾布等人片面之詞，不用蘇軾兄弟。[31]六月十四日，蘇軾坐船到常州，運河兩岸圍觀他風采的人幾乎成千上萬，「其為人愛慕如此」。[32]六月下旬，蘇軾病情持續惡化，不得不上表請老，以本官致仕：「今已至常州，百病橫生，四肢腫滿，渴消唾血，全不能食者，二十餘日矣，自料必死。」[33]

七月，蘇軾的病情轉劇，死前，他的三個兒子和維琳、錢世雄在他的身側，他跟他的三個兒子說：

「吾生無惡，死必不墜。慎無哭泣以怛化。」蘇軾認為他生平沒做過什麼惡事，他死後的靈魂絕對不會受到懲罰，因此他不要他的兒子在他臨終前張揚，做什麼佛事，鬧得他不能安靜地離開人世。他的老相識詩友維琳和尚和佛徒錢世雄顯然不同意，根據淨土宗的規矩，一個佛教徒在去世以前，須要不斷念彌勒佛的名字，好在死後能往生佛教徒所信仰的西方極樂世界。維琳和錢世雄因此抓住最後的機會，希望蘇軾能夠接受佛教的教導，跟佛教徒一樣稱頌彌勒佛的名：

> 將屬纊，而聞、觀先離。琳叩耳大聲云：「端明宜勿忘！」公云：「西方不無，但個裡著力不得。」世雄云：「固先生平時履踐，至此更須著力。」曰：「著力即差。」語絕而逝。34

上述這段文字有幾點值得讀者注意：第一，維琳和錢世雄不顧蘇軾期望安然離世的心願，在蘇軾彌留之際，希望乘蘇軾心智體能衰竭抵抗力減弱的時候，把他拉入佛教的陣營；雖然蘇軾約在兩年前才在他的詩中寫道「莫從老君言，亦莫用佛語，仙山與佛國，終恐無是處」，他們顯然認為他們對世界的認知優於蘇軾。第二，錢世雄稱「先生平時履踐」佛法，這種說法是一廂情願的不實之詞，本書顯示蘇軾一生實踐儒家的政治理想，對佛教不但不崇奉，反而不時對之質疑或奚落。最後，這段文字最值得注意的地方是無論維琳和錢世雄施加什麼壓力，蘇軾總是堅定地拒絕遵照佛教的教導，並且坦誠地糾正他們的錯誤：「著力即差」，這在在證明蘇軾十足的儒家本質。

蘇軾跟他兒子交代過，讓他安靜地離開這個世間，不要張揚，他的兒子應該跟維琳和錢世雄傳遞過此一信息，但維琳是個和尚，錢世雄是個佛徒，可以理解他們一心希望蘇軾在死前能按照佛教的教導，進入

他們信仰的西方世界，就他們來看，此舉不但有助於蘇軾的轉生，而且更能夠壯大佛教的聲勢，對宣揚佛教有所助益，所以他們沒理會蘇軾希望安靜地離開人世的要求，還是要催促蘇軾念佛。蘇軾此時沒有充沛的精力，也沒充裕的時間跟他辯論西方極樂世界存在與否的問題，他只婉轉的回答說西方世界或許並不一定就沒有，但就他來看那是一個無法絕對證實的問題，如果宇宙中真如他們所說有一個極樂世界，那個極樂世界也絕不會像他們所想像的憑著一個人口稱彌勒佛號就能進入。蘇軾回答的意思依舊是他不信佛教的教導。「著力即差」一句話就是否認西方世界的一種婉轉聲明，因為西方世界的特徵就在於稱頌彌勒佛的名而得往生此一定則上。無論維琳和錢世雄怎麼說，蘇軾都不同意，並且明告他們的信念有訛誤之處。

《石門文字禪》另外記載了一段蘇軾死前與錢世雄（濟明）的對話：

> 錢濟明侍其旁，白曰：「端明平生學佛，此日如何？」坡曰：「此語亦不受！」遂化。[35]

錢世雄跟維琳一樣要蘇軾遵照佛教的教導，死前念佛，蘇軾根本不接納他的說法，可見蘇軾在死前都一直沒接受佛教傳統的教導。《宋稗類鈔》記載了李禿翁的解釋說：「西方不無，此便是疑信之間，若真實信有西方，正好著力，如何說著力不得也。」[36]李禿翁的說法跟蘇軾一生對佛教持懷疑的態度是一致的，也跟蘇軾在一生寫的最後一首詩的主旨相符：

> **答徑山琳長老**
>
> 與君皆丙子，各已三萬日。一日一千偈，電往那容詰。大患緣有身，無身則無疾。平生笑羅什，神咒

真浪出。（蘇詩 6: 3664）

六月二十日，蘇軾在回答維琳的絕筆詩中說佛教有名的高僧鳩摩羅什（334-413）很可笑，在死前他傳授給他的徒弟們稀有的神咒，要他們不斷的誦念，好讓他痊癒，結果他們念了以後，鳩摩羅什還是死了：「平生笑羅什，神咒真浪出。」蘇軾嘲笑鳩摩羅什類的佛徒，他覺得念咒是孟浪荒誕的做法，不值得效法。蘇軾絕筆詩對佛教高僧的嘲諷及對佛教所謂神咒的懷疑，再次肯定了本書前文的論點，蘇軾一生對佛教始終保持懷疑謹慎的態度，他不但懷疑西方極樂世界，他也不相信佛教僧侶的神咒，他涉獵佛教的書籍是為了增添他的見聞，他跟佛教的一些僧侶往來是因為他讚許他們的詩作及人品，他常常往訪寺廟主要因為寺廟有清靜優雅的環境，他願意跟佛教徒溝通互動，但並無意願要遵守佛教規定的修行生活。

七月二十八日，東坡去世，四方震悼：「吳越之民相與哭於市，其君子相弔於家，訃聞四方，無賢愚，皆咨嗟出涕。」[37] 當時有一篇弔文扼要地道出了很多人對蘇軾一生的感覺：「道大難名，才高眾忌。皇天后土，知平生忠義之心；名山大川，還千載英靈之氣。」[38] 蘇軾固然是忠義，但是他的忠義跟傳統所說的大相徑庭，傳統的忠義幾乎都強調臣子對君王——特別是昏庸的君王——無條件的順從，而蘇軾對君王的忠心，表現出來的不是盲目的服從，而是不斷的勸告君王為善，蘇軾的出發點不僅是君王，同時更是國家與平民。

結語

在中國歷史上，蘇軾是數一數二不可多得的天才人物，更難得的是他有光風霽月似高尚的人品，對國家社會有著深摯無比的熱愛，對人民大眾的苦難抱著人溺己溺的態度，處處為民喉舌，言他人所不敢言，行他人所不敢行，全力實施他濟世助人的抱負。可惜宋朝的四個皇帝英宗、神宗、哲宗及徽宗都不能賦予他治國的重任，使他一生都沒機會全力施展他的才華與抱負。蘇軾不僅沒機會實施他的政治理想，在神宗、哲宗及徽宗三朝他因反映民間疾苦反而受到極其嚴厲的迫害，幾乎因此喪失了性命，即使在他死後徽宗對他仍不放過，繼續對他死後的名聲進行長期無情的打擊。他的不遇，尤其是他的不幸曝露出中國傳統社會一個極大的缺點，即是君子常常失意，而小人往往得志。孔子如是，孟子如是，屈原如是，蘇軾也如是，中國史上諸如此類的人物可說不可勝數。老子所說的柔弱勝剛強，「柔勝剛，弱勝強」，[1]在西方社會未必一定如此，但在中國社會可說一般確是如此。中國的民族性有很濃厚的道家氣習，道家的教導也深受一般人的歡迎，這在至少表面上處處尊孔的中國傳統社會中，自然造成了很大的問題，蘇軾說：「晉以老莊亡」，有甚深的見地，值得吾人警惕。

蘇軾的思維中有相當強烈的公天下的思想，他不認為中國的國土全部是趙家的私有財產，「夫天下者，非君有也，天下使君主之耳」，就他看來帝王只不過是一個經理人，代天管理大地，照顧百姓。在精神上，蘇軾懷有探究永恆世界的意願，但是無論蘇軾對佛道兩教所陳述的永恆世界有多大的好奇心，他總覺得佛道兩教逃離塵世，對現世缺乏執著的熱愛，對民生疾苦採取超然或漠然的態度，對國家社會造成負

面的影響，「晉以老莊亡，梁以佛亡」，所以終其一生他對佛教及道教保持著懷疑批評的態度。在他的認知上，他對人類大地的關懷遠遠超過他捨棄人世進入永恆世界的慾望。佛教和道教拋棄人世追求超越世間之境界的想法，跟他對人世執著的熱愛及獻身追求社會公義的理念在本質上自然有根本的抵觸，再加上他們所說的超越世間的理想世界是否真實，「仙山與佛國，終恐無是處」，這些都是促使他一生對佛道兩教不能完全認同的原因。倒過來說，也正因為蘇軾不信佛教空幻的宇宙觀，他對這個世界才有執著無比的熱愛，正因為他不信老莊逍遙虛無的哲學，他才會鍥而不捨的為社會公義百姓福祉而向邪惡挑戰。

現代中國對王安石的評價非常高，有過譽之嫌。本書顯示王安石固然有他的才華，做人的原則，但他的心胸狹窄，度量不大，不能採納別人不同的意見，而且常有報復的心理，這不是一個做宰相應有的風範。神宗對他寵信，任用他所引薦的小人，造成了持續甚久的新舊黨爭，埋下了日後宋朝滅亡的遠因。王安石對蘇軾的敵意是導致蘇軾下獄的主因，日後王安石在被擠出朝廷，看出呂惠卿的小人面目之後，雖盡釋前嫌，主動跟蘇軾和好，但為時已晚，那時宋朝政局大體的趨向早已確立，新舊黨此後便成了政壇上勢不兩立的兩大壁壘，直到北宋滅亡為止。

新政的施行幾乎左右了神宗一朝及其以後北宋的政局，它對北宋朝政的影響可說利少弊多。宋朝立國原本先天不足，趙氏的天下並不是趙家全憑自己的才能一手建立起來的，而是因著後周王室孤兒寡婦勢單力薄篡奪得來的。宋太祖、太宗兩個能征善戰歷經沙場的驍將與遼國作戰依然不時敗北，無法取得最後的勝利，宋、遼兩國軍事力量的強弱由此可見。其後從小在深宮中長大而毫無戰場經驗的神宗坐鎮宮中，通過宦官的節制，希望宋軍能在他遙控之下征服遼國，這似乎是不太切合實際的想法：「伐國大事，而使宦者為之，則士大夫孰肯為用。」[2] 特別是他沒有知人之明，排除眾多大臣的意見，而獨信王安石，重用一

批王安石引薦的自私自利的官員，草率制定新法，強行推行新政，並鼓勵御史臺懲治批評新法的代表人物蘇軾，新政的失敗可以預見。

神宗重用王安石引薦的人，如果不是日後王安石與呂惠卿起了權力衝突，神宗決心要把呂惠卿逐出朝廷，由御史出面全面抨擊呂惠卿貪污瀆職的內情，後人大概很難那麼清楚的了解呂惠卿卑下的人品。即使像呂惠卿如此貪瀆的官員，神宗也只是把他貶出朝廷，仍讓他出任地方的首長，對比之下，蘇軾人品才氣遠在呂惠卿之上，只因替窮苦的老百姓說話，神宗便心狠手辣地對他進行無情的迫害，神宗的昏庸由此可窺一斑。

新法的重點是增加國家的稅收與強化國家的軍事力量，最後的目的是征服遼夏。本書證實在強國強兵的政策之下，平民的利益往往被忽視，舊黨以平民的利益為出發點因此反對新法。誠然，在新舊黨爭中，舊黨難免有意氣用事的地方，如後期司馬光當政，不顧蘇軾等人的反對，盡廢新法，這已失去原先以平民利益為出發點來反對新法的美意。蘇軾不是因為王安石而反對新法，確是以平民的利益為出發點，終其一生都能夠堅持為民謀求福利的原則。他的見解雖然不完全是十全十美，但他不以人廢事，就事論事的原則值得嘉許。蘇軾在各地擔任行政長官，執行朝廷既定的新政，有推行新法的實際經驗，他在處理政務時發現免役法利弊參半，因此主張革除免役法引起的弊端，但仍然保留新法，這不僅證實蘇軾行事不苟的原則，能夠不因人廢法，也在在說明新法確實有諸多弊端，在民間造成了不小的損害，從而導致舊黨反對新法。

宋朝政治的改革當然有其必要，舊黨與新黨在這一點上立場一致，只是舊黨持穩健徐行的作風，希望按部就班來達到改革的目的；而王安石不顧眾意，一意孤行，希望宋朝在短期之內就可變成超級強國。司

馬光雖然在中國傳統歷史中被目為賢相，但他在執政期間跟王安石犯了同樣的錯誤，也是不顧眾意，一意孤行，盡廢新法，這不僅是宋室的不幸，也往往是中國傳統政治運作的致命傷。任何政治上重大的改革，絕不是一兩個政治領導人物閉門造車就可成功的，它需要廣集眾智，獲得多數人的支持，在深思熟慮之後，審慎推行之下才有成功的可能性。

文字獄在中國傳統文化中有非常顯著的位置，是專制統治者一貫用來鉗制知識份子的工具，也是知識份子在政壇上用來整肅異己的手段。文字獄的興起固然與帝王的專制統治有密切的關係，在很多方面，它也反映了知識份子在中國傳統政治中所顯現的精神上的缺失。蘇軾是文字獄的受害者，本書顯示他在神宗朝因文字入獄，固然是王安石當初對他讒毀，導致神宗對他不滿，大臣為諂事神宗，執行他的旨意，對他進行撻伐，整個事件的主要過錯在君王；但是宣仁攝政，重用蘇軾，而他的政敵為個人恩怨，仍然師法神宗朝的故技，繼續對蘇軾進行文字上無謂的迫害，這就不能再把鉗制言論的過錯推給帝王，而只能說是傳統知識份子思想上的一個缺憾。缺乏正直原則的知識份子濫用其專業知識，以文字為工具，舞文弄墨，無中生有，顛倒黑白，蓄意扭曲他人的言論，對其人身進行無理的誣蔑迫害，這是以知識份子為中堅的中國傳統政治中的一大污點，為保持政治的良性運作，知識份子有必要對此一作為進行有力的撻伐，表示絕對的鄙棄。

中國傳統的知識份子受到孔子的影響，「以道事君，不可則止」，在遇到挫折之時便常思退路，不能堅持與政敵繼續周旋下去，不到徹底擊潰敵手，不到根本解決問題的時候，便絕不停止的原則。在王安石執政，引進了大批小人之後，當時有原則的正人君子紛紛自動離開朝廷，無形中為王安石的黨羽在朝製造了欠缺制衡的施政環境，使他們對異己份子進行迫害打擊更為熾烈而不受制約，結果給個人帶來災難，也

使宋朝的政治邁向了滅亡的道路。小人在中國政治上往往得勢，跟正人君子不時自動退讓有相生相成不可分離的因果關係。當照耀舞台的光線一一撤離時，那個舞台必然陷入一片黑暗之中，舞台上的演員也不再會對一己表現的優劣特別在意，台上台下變成一片混亂的局面自然不言可喻。

最後一點：在小人的壓力之下，君子不但常有退隱的傾向，更有甚者，有時還會盲目的尋求自盡。蘇軾在湖州被捕之時，以為自己到了窮途末路，曾試圖投江自盡。因當時官吏嚴於看管，結果無法如願。後來關在京師牢中，仍有絕食自盡的打算。在中國歷史上，包括現今的社會，自殺身亡之人，所在多有，遑論企圖自盡而無法如願的人，那更是難以估計。由蘇軾一生的行跡來看，如果蘇軾在湖州被捕或獄中監禁時就已自盡，中國會不會像現在一般如此尊崇紀念蘇軾會是一個很大的問題，而答案有可能是否定的。中國歷史上最有名的以自殺了結一生的知識份子應該非屈原莫屬，中國社會對遭受挫折而自殺的人，一般不但不嚴責，反而有同情或者甚至鼓勵的傾向，此由歷久不衰、至今仍然頗為風行的推崇及紀念屈原的端午節可窺一斑。就屈原來說，一時之間，不能實施一己的政治理念，結局就必須是自盡，這種看法相當武斷而任性，不但於事無補，往往反而會加速時局的惡化，較君子因一時遭到挫折而退出政壇，隱居民間，是更令人惋惜的選擇，也更讓邪惡小人趾高氣揚。筆者再以與屈原幾乎同樣家喻戶曉的項羽一事跡為例來做進一步的說明。項羽一生，如其所言，攻無不克，戰無不勝，「吾起兵至今八歲矣，身七十餘戰，所當者破，所擊者服，未嘗敗北。」[3]但最後終於失敗。歷來史家對他失敗的原因有眾多不同的解釋，其實，最直接的原因就是他對一己生命與世局的看法如同屈原一般，稍嫌武斷任性。當他被劉邦為數多達五千的騎兵窮追到烏江畔之時，跟隨他的人只剩下二十六個，就數字上來看，項羽的確是走投無路，死路一條。但是從天意上來看，在項羽最危急的一刻，烏江上突然出現一隻船等著項羽，而且那個船主對項羽也特別友

善，敦請他渡河：「江東雖小，地方千里，眾數十萬人，亦足王也。願大王急渡。今獨臣有船，漢軍至，無以渡。」[4] 項羽不但不把那條船適時的出現看成是老天的恩典，特意為他展現的奇蹟，反而堅持把錯誤推給老天，拒絕渡河：「天之亡我，我何渡為！」[5] 一般人逃難，碰到類似的機會，應該會感謝老天，立刻上船，先到安全之處，再徐圖未來。項羽非但不感恩，反而詛咒老天，如此自暴自棄，自然難逃可怕的厄運：「乃自刎而死」。[6] 如果項羽能抓住老天給他的機會，渡過烏江，吸取教訓，重整旗鼓，與劉邦再戰，究竟鹿死誰手，很難預料，項羽絕對有機會一統江山。

蘇軾在湖州被捕及下獄之初，企圖自盡的想法與項羽被追趕到烏江畔心灰意冷時的念頭可謂雷同。但蘇軾到了黃州以後，他的觀念開始轉變，他在黃州體驗到老天歷練他的深意，為他做的獨特的安排，「也知造物有深意，故遣佳人在空谷」，所以他不但不把他在黃州的困境再視為無法脫逃的悲劇，做為自盡的藉口，反而能超越當時的困境，將其視為老天的「深意」，用來提升鍛煉他的心志，目的是為了使他變得更為堅強成熟。蘇軾得到這種不尋常的歷練，因此能昇華成為出類拔萃的人物。結果數年後，得以「入為侍從，出為方面」，[7] 襄贊君主，造福人群，流芳人世。當他第二次遭到貶謫時，因他先前在黃州對生命已有了更為深刻的領悟，自盡對他來說，只是一種不具太多意義的逃避行徑，已不再具有任何誘惑力，因此無論小人施加給他的壓力如何巨大，迫害如何嚴厲，他都能屹立不搖，不為所動。蘇軾在儋州寫的《書傳》中對堯試煉舜的過程有如下一段評語：「堯之所以試舜者亦多方矣，洪水為患，使舜入山林相視原隰，雷雨大至，眾懼失常，而舜不迷，其度量有絕人者，而天地鬼神亦或有以相之歟。」[8]《尚書》的經文雖然沒有說天地鬼神在「烈風雷雨」[9] 危險的時刻幫助了舜，但是蘇軾根據自身的經歷以及他對天意運作的觀察，而提出了一個超乎表相，鞭辟入裡的解釋。蘇軾認為，當一個正人君子陷入危境之時，天地鬼

神會在冥冥之中，給予適當的濟助。在兩次貶謫中，蘇軾鍛煉出一種堅強無比的信心，一次又一次的幫助他渡過了危機。最後，他的直覺應驗，年輕的哲宗二十五歲的時候，就得離世，而老邁的蘇軾卻如願以償，安返大陸。用蘇軾自己的話說，「天地鬼神亦或有以相之歟」，在哲宗任性懲處蘇軾這件事上，天地鬼神顯然是站在蘇軾那一邊。蘇軾在黃州及黃州之後博得後人特別稱頌的經歷與成就，絕非他在湖州及京師獄中企圖自殺時所能預料。蘇軾的心路歷程，就整體來說，就是對人生與天意的信心的成長，開花及結實的故事。

註釋

14 《宋史・韓絳》，第29冊，卷315，頁10303。
15 《宋史・呂惠卿》，第39冊，卷471，頁13706。
16 《宋史・蔡京》，第39冊，卷472，頁13723。
17 《宋史・吳奎》，第30冊，卷316，頁10321。
18 《蘇東坡全集・張文定公墓誌銘》，上冊，頁637；《宋史・張方平》，第30冊，卷318，頁10353。《宋史》張方平的列傳主要是根據蘇軾〈張文定公墓誌銘〉而寫定的。
19 《宋史・陸佃》，第31冊，卷343，頁10917。
20 《宋史・韓琦》，第29冊，卷312，頁10227；《宋史・吳充》，第29冊，卷312，頁10239；《宋史・富弼》，第29冊，卷313，頁10256；《宋史・范純仁》，第29冊，卷343，頁10283, 10284, 10286；《宋史・吳奎》，第30冊，卷316，頁10320；《宋史・趙抃》，第30冊，卷316，頁10323；《宋史・唐介》，第30冊，卷316，頁10329, 10330；《宋史・唐淑問》，第30冊，卷316，頁10331；《宋史・唐義問》，第30冊，卷316，頁10331；《宋史・馮京》，第30冊，卷317，頁10339；《宋史・錢景諶》，第30冊，卷317，頁10348；《宋史・錢勰》，第30冊，卷317，頁10349；《宋史・劉貢父》，第30冊，卷319，頁10387, 10388；《宋史・鄭獬》，第30冊，卷321，頁10419；《宋史・陳襄》，第30冊，卷321，頁10420；《宋史・孫洙》，第30冊，卷321，頁10422, 10423；《宋史・呂誨》，第30冊，卷321，頁10429；《宋史・錢顗》，第30冊，卷321，頁10434；《宋史・吳中復》，第30冊，卷322，頁10442；《宋史・滕元發》，第31冊，卷332，頁10675；《宋史・蘇頌》，第31冊，卷340，頁10862；《宋史・孫固》，第31冊，卷341，頁10874, 10875；

序

1 本書惠承審核讀者賜正，筆者在此特申謝忱。
《蘇東坡全集》（北京：中國書店，1986），第1冊，首頁。
2 脫脫等《宋史・蘇軾》（北京：中華書局，1991），第31冊，卷338，頁10818。
3 《蘇軾新評》（北京：中國文學出版社，1993），頁29。
4 《說蘇軾》（上海：辭書出版社，2007），頁7。
5 《說蘇軾》，序言。
6 最近大陸的作家在臺灣出書，此種觀點也隨之進入臺灣的知識領域：「地方政府的首腦，大都是舊黨人物—不可避免地，這些官員就會用種種卑劣的手段肢解和破壞新法，甚至利用新法，故意傷農」（魏得勝《大宋帝國亡國錄》，臺北：新銳文創，2012，頁128）。本書將顯示這種說法實為憑空捏造之詞，並無歷史證據可言。
7 李燾《續資治通鑑長編》（北京：中華書局，2004），第15冊，卷367，頁8829；黃以周等《續資治通鑑長編拾補》（北京：中華書局，2004），卷10，頁418。
8 蘇軾《蘇軾文集・論積欠六事並乞檢會應詔所論四事一處行下狀》（北京：中華書局，1996），第3冊，卷34，頁957。
9 邵伯溫《邵氏聞見錄》（北京：中華書局，1997），卷11，頁115；《續資治通鑑長編拾補》，第1冊，卷7，頁341。
10 邵伯溫《邵氏聞見錄》，卷11，頁119；《續資治通鑑長編拾補》，卷10，頁418。
11 *A History of China* (Berkeley: University of California Press, 1977), p. 217.
12 《宋史・王安國》，第30冊，卷327，頁10558。
13 《宋史・王安石》，第30冊，卷327，頁10541。有關員外郎的薪階，參看第12冊，職官三，卷163，頁3860；職官八，卷168，頁3990；職官十一，卷171，頁4103, 4113；職官十二，卷172，頁4139。

Early History," in *The Cambridge Guide to Jewish History, Religion, and Culture*, eds. Judith R. Baskin and Kenneth Seeskin (Cambridge: Cambridge University Press, 2010), pp. 6-33.

29 *Biblia Hebraica Stuttgartensia* (Germany: Deutsche Bibelgesellschaft, 1997), p. 300.

30 徐乾學《資治通鑑後編》，見《景印文淵閣四庫全書》（臺北：臺灣商務印書館，1984），第343冊，卷76，頁424。

31 Bernard Reich, "The Founding of Modern Israel and the Arab-Isareli Conflict," in *The Cambridge Guide to Jewish History, Religion, and Culture* (Cambridge: Cambridge University Press, 2010), pp. 258-87.

第一章

1 司馬光《涑水記聞》（鄭州：大象出版社，2003），卷1，頁9。

2 《宋史・太祖一》，第1冊，卷1，頁3。

3 李燾《續資治通鑑長編》（北京：中華書局，2004），第1冊，卷1，頁1-3。

4 《續資治通鑑長編》，第1冊，卷1，頁6，大抵根據司馬光《涑水記聞》（卷1，頁8）的說法。

5 方豪《宋史》（華岡：中國文化大學出版社，1988），頁18，也認為此事非常可疑。

6 《續資治通鑑長編》，第1冊，卷1，頁4。

7 《涑水記聞》，卷1，頁9。

8 《續資治通鑑長編》，第1冊，卷1，頁8。

9 陳邦瞻《宋史紀事本末》（上海：古籍出版社，1994），卷2，頁6。

10 方豪《宋史》，頁53。

11 《宋史・兵七》，冊14，卷192，頁4799。

12 方豪《宋史》，頁53。

13 《宋史・兵七》，冊29，卷314，頁10272。

14 《宋史・儒林列傳・蔡幼學》，冊37，卷434，頁12899；參看《宋史・張載》，冊36，卷427，頁12724；《宋史・邵雍》，冊36，卷427，頁12727；《宋史・楊時》，冊36，卷428，頁12738；《宋史・陳淵》，冊36，卷428，頁12744；《宋史・趙瞻》，第31冊，卷341，頁10879；《宋史・傅堯俞》，第31冊，卷341，頁10884；《宋史・孫覺》，第31冊，卷344，頁10926；《宋史・李常》，第31冊，卷344，頁10930；《宋史・孔文仲》，第31冊，卷344，頁10931；《宋史・孔武仲》，第31冊，卷344，頁10933；《宋史・鮮于子俊》，第31冊，卷344，頁10936；《宋史・張載》，第36冊，卷427，頁12723；《宋史・張戩》，第36冊，卷427，頁12725；《宋史・楊十》，第36冊，卷428，頁12741；《宋史・黃庭堅》，第37冊，卷444，頁13109；《宋史・劉恕》，第37冊，卷444，頁13118, 13119；《宋史・俞汝尚》，第38冊，卷458，頁13447；《宋史・宇文之邵》，第38冊，卷458，頁13449。上面引證的例子清楚地顯示反對新法的官員並非都是殷富家庭的出身。

21 《宋史・鄧綰》，第30冊，卷329，頁10597。

22 *A History of China* (Oxford: Pergamon Press, 1983), 1: 153-154. 此一以階級為分野的觀點，在最近的西方作品中仍然不時出現：「私人的仇怨，地域和階級利益的分歧與對政府不同的看法，使得支持和反對王安石新法的兩派之間，仇恨日益加深。」(Patricia Ebrey, *Cambridge Illustrated History of China*, Cambridge University Press, 1999, p. 141.)

23 脫脫等《宋史・徐勣》，第32冊，卷348，頁11025。

24 郭廷以《近代中國史綱》（香港：中文大學，1986），下冊，頁262。

25 郭廷以《近代中國史綱》，下冊，頁650。

26 〈毛澤東在中共八大二次會議上的講話記錄稿〉，見李瑞《大躍進親歷記》（上海：遠東出版社，1996），頁293。

27 楊繼繩《墓碑：中國六十年代大饑荒紀實》（香港：天地圖書有限公司，2008），頁12。林蘊暉《烏托邦運動：從大躍進到大飢荒》認為死的人最多可能到四千多萬（香港：香港中文大學，2008，頁624）。

28 Marc Zvi Brettler, "The Hebrew Bible and the

文安縣主簿蘇君墓誌銘》（臺北：臺灣商務印書館，1967），第1冊，卷34， 頁85。

16 蘇軾《蘇軾文集・謝范舍人書》，第4冊，頁1425。

17 蘇軾《蘇軾文集・蘇廷評行傳》，第2冊，頁497。

18 蘇轍《欒城集・伯父墓表》（上海：古籍出版社，1987），第1冊，頁518。

19 王水照、朱剛《蘇軾評傳》（南京：南京大學，2004），頁50。

20 司馬光《溫國文正司馬公文集・蘇主簿夫人墓誌銘》（成都：四川大學出版社，2010），第3冊，卷76，頁1554-1555。

21 司馬光《溫國文正司馬公文集・蘇主簿夫人墓誌銘》，第3冊，卷76，頁1555。

第三章

1 蘇洵《嘉祐集箋註・名二子說》（上海：古籍出版社，2001），頁512。

2 蘇洵《嘉祐集箋註》，頁415。

3 蘇軾《蘇軾文集・題李伯祥詩》，第5冊，卷68，頁2137。

4 蘇軾《蘇軾文集・范文正公文集敘》，第1冊，卷10，頁311。

5 蘇轍《欒城集・逍遙堂會宿並引》，第1冊，卷7，頁158。

6 蘇轍《欒城集・子瞻和陶淵明詩集引》，第3冊，頁1402。

7 蘇轍《欒城集》，第3冊，頁1411。

8 范曄《後漢書》（北京：中華書局，1991年），第8冊，黨錮列傳第五十七，卷67，頁2207。

9 司馬遷《史記全本新註・李斯列傳第二十七》（西安：三秦出版社，1990），第3冊，卷87，頁1594。

10 蘇軾《蘇軾文集・史經臣兄弟》，第6冊，卷72，頁2294；《歐陽文忠公集・居士集・故霸州文安縣主簿蘇君墓誌銘》，第1冊，卷34， 頁85。

11 李燾《續資治通鑑長編》，第8冊，卷192，頁4639。

12 孫汝聽《蘇潁濱年表・慶曆八年》，見《北京圖書館藏珍本年譜叢刊》（北京：北京圖書館出版社，1999），第16冊，頁

史・李侗》，冊36，卷428，頁12746；《宋史・种放》，冊38，卷457，頁13422；《宋史・杜生》，冊38，卷458，頁13453；《宋史・徐中行》，冊38，卷459，頁13457；《宋史・蘇雲卿》，冊38，卷459，頁13459。

第二章

1 傅藻《東坡紀年錄》（北京圖書館出版社，1999），頁383；王宗稷《東坡先生年譜》（北京圖書館出版社，1999），頁469；王宗稷編、查慎行補注《東坡先生年表》（北京圖書館出版社，1999），頁655。

2 司馬遷《史記全本新註・孔子世家第七十五》（西安：三秦出版社，1990），第2冊，卷47，頁1167。

3 蘇洵《嘉祐集箋註・題張仙畫像》（上海：古籍出版社，2001），頁416。

4 《嘉祐集箋註・名二子說》，頁415。

5 蘇洵《嘉祐集・族譜後錄下篇》（上海：商務印書館，1937），卷13，頁132。

6 劉昫等《舊唐書》（北京：中華書局，1991），第9冊，卷94，列傳第四十四，頁2991；歐陽修等《新唐書》（北京：中華書局，1991），第13冊，卷114，列傳第三十九，頁4202：「以文翰顯」。

7 《舊唐書》，第9冊，卷94，列傳第四十四，頁2991；《新唐書》，第13冊，卷114，列傳第三十九，頁4203。

8 《舊唐書》，第9冊，頁2992；《新唐書》，第13冊，頁4203。

9 蘇洵《嘉祐集・族譜後錄下篇》，卷13，頁7下。

10 蘇洵《嘉祐集・族譜後錄下篇》，卷13，頁7下。

11 蘇洵《嘉祐集・族譜後錄下篇》，卷13，頁8上。

12 蘇洵《嘉祐集・族譜後錄下篇》，卷13，頁9上。

13 蘇洵《嘉祐集・族譜後錄下篇》，卷13，頁8下。

14 李廌《濟南先生師友談記》（北京：中華書局，2002），頁38-39。

15 歐陽修《歐陽文忠公集・居士集・故霸州

7 朱弁《知不足齋叢書・曲洧舊聞》（臺北：世界書局，1999），卷3，頁708。
8 司馬光《溫國文正司馬公文集・蘇主簿夫人墓誌銘》，第3冊，卷76，頁1555。
9 《嘉祐集・上皇帝書》，卷9，頁85 。
10 《蘇軾文集・佚文匯編・與寶月大師三首》，卷4，頁2528。
11 《蘇軾文集・上知府王龍圖書》，第4冊，卷48，頁1388。

第五章

1 《蘇軾文集・南行前集敘》，第1冊，卷10，頁323。
2 *The Prose Works of William Wordsworth*, ed. W. J. B. Owen and Jane Worthington Smyser (Oxford: Clarendon Press, 1974), v. 3, p. 33.
3 Arthur O. Lovejoy, "On the Chinese Origin of a Romanticism," *The Journal of English and Germanic Philology* (January 1993) , 1-20.
4 陳新雄在《東坡詩選析》（臺北：五南圖書出版社，2003）中，把全詩分成四個部分，筆者以為有些勉強，比如說他分的第一部分八句話是從「自昔懷幽賞」到「遠勢競相參」，根據他的解法此段「所說為三峽的形勢」（頁5），他分的第二個部分一共二十句話，從「入峽初無路」到「留客薦霜柑」，他解釋成「敘目之所接」。如果依他說第二個部分是「敘目之所接」，第一個部分也可以說是「敘目之所接」，第二個部分的前十二句話也還是在說「三峽的形勢」，如此兩段分開的理由就顯得模糊不清，稍嫌武斷。
5 《蘇軾文集・范文正公文集敘》，第1冊，卷10，頁311。
6 《宋史・范純仁》，第29冊，卷314，頁10282。

第六章

1 《歐陽文忠公集・奏議集・蘇軾應制科狀》，第3冊，卷16，頁35；《蘇穎濱年表》，頁688。
2 朱弁《知不足齋叢書・曲洧舊聞》，卷6，頁695。
3 《續資治通鑑長編》，第8冊，卷192，八月甲子，頁4639-40。
4 《續資治通鑑長編》，第8冊，卷206，治686。
13 蘇軾《蘇文忠公詩編註集成・夜夢》（臺北：學生書局，1979），第6冊，頁3496。為節省篇幅，此後書中引用蘇軾的詩句在正文中註出，不再使用註腳。
14 李燾《續資治通鑑長編》，第18冊，卷455，頁10908-10909。
15 葉寘《愛日齋叢鈔》（臺北：臺灣商務印書館，1984），第584冊，卷4，頁668。
16 王梓才、馮雲濠《宋元學案補遺・蘇氏蜀學略補遺》（北京：北京圖書館，2002），卷39，頁867。
17 蘇洵《嘉祐集箋註》（上海：古籍出版社，2001），頁512。
18 蘇軾《蘇軾文集・亡妻王氏墓誌銘》，第2冊，頁472。
19 蘇軾《蘇軾文集・張文定公墓誌銘》，第2冊，卷14，頁450。
20 蘇洵《嘉祐集箋註・審勢》（上海：古籍出版社，2001），頁3。
21 《蘇軾文集・張樂全先生文集敘》，第1冊，卷10，頁315。
22 《蘇軾文集・中和聖相院記》，第2冊，卷12，頁384。
23 《蘇軾文集・中和聖相院記》，第2冊，卷12，頁384。
24 筆者認同鍾來因所說「蘇軾不是佛教徒」的觀念（《蘇軾與道家道教》，臺北：學生書局，1990，頁310），只是鍾來因把蘇軾說成是一個道家與道教的信仰者，這點筆者並不同意。
25 《邵氏聞見後錄》，卷15，頁119。
26 《樂全集・文安先生墓表》，卷39，頁1104-488。

第四章

1 《蘇穎濱年表》，本年七月癸巳，頁686。
2 《欒城集》，第3冊，頁1411。
3 陸游《老學庵筆記》（上海：古籍出版社，1993），卷8，頁68。
4 《欒城集》，第3冊，頁1411。
5 《老學庵筆記》，卷8，頁68。
6 歐陽修《歐陽文忠公集・居士集・故霸州文安縣主簿蘇君墓誌銘》，第1冊，卷34，頁85。

26 葉夢得《石林燕語》（鄭州：大象出版社，2006），卷2，頁33。
27 脫脫等《宋史・蘇軾》，第31冊，卷338，頁10802。
28 《司馬光奏議・論制策第等狀》，卷5，頁47。
29 《續資治通鑑長編》，第8冊，卷194，乙亥紀事，頁4711。
30 《續資治通鑑長編》，第8冊，卷194，乙亥紀事，頁4711。

第七章

1 蘇軾《蘇軾文集・馬正卿守節》，第1冊，卷72，頁2296。
2 《欒城後集・再祭亡兄端明文》，下冊，卷20，頁1390。
3 《蘇軾文集・鳳翔到任謝執政啓》，第4冊，卷46，頁1327。
4 《蘇軾文集・與子房第一簡》，第5冊，卷59，頁1806。
5 《蘇軾文集・王大年哀詞》，第5冊，卷63，頁1965。
6 歐陽修《集古錄》，見《景印文淵閣四庫全書》（臺北：臺灣商務印書館，1984），第681冊，頁14。
7 參閱拙作"A Masterpiece of Dissemblance: A New Perspective on *Xiyou ji* ", *Monumenta Serica: Journal of Oriental Studies* 60 (2012), 151-194。
8 陳邦瞻《宋史紀事本末》，卷2，頁6。
9 陳邦瞻《宋史紀事本末》，卷2，頁6。
10 《欒城集・墓誌銘》，第3冊，卷22，頁1411。
11 《欒城集・墓誌銘》，第3冊，卷22，頁1411。
12 《蘇軾文集・上蔡省主論放欠書》，第4冊，卷48，頁357。
13 《蘇軾文集・喜雨亭記》，第2冊，卷11，頁349。
14 曾慥《高齋漫錄》（鄭州：大象出版社，2008），頁104。
15 《蘇軾文集・上韓魏公論場務書》，第4冊，卷48，頁1395。
16 《蘇軾文集・與蒲誠之第一簡》，第4冊，卷59，頁1817。簡中說：「新牧、倅皆在平二年九月辛丑紀事，頁4996。
5 蘇軾《蘇軾文集・韓非論》，第1冊，頁102-3。
6 蘇轍《欒城集亡兄・子瞻端明墓誌銘》，卷22，頁1421。
7 參看姜聲調《蘇軾的莊子學》（臺北：文津出版社，1999），頁1；鍾來因《蘇軾與道家道教》（臺北：學生書局，1990），頁17。
8 《續資治通鑑長編》，第8冊，卷194，乙亥紀事，頁4710。
9 蘇軾《蘇軾文集・御試制科策一道》，第1冊，頁289。
10 蘇軾《蘇軾文集・御試制科策一道》，第1冊，頁291。
11 蘇軾《蘇軾文集・御試制科策一道》，第1冊，頁291。
12 蘇軾《蘇軾文集・御試制科策一道》，第1冊，頁291。
13 蘇軾《蘇軾文集・御試制科策一道》，第1冊，頁292。
14 蘇軾《蘇軾文集・御試制科策一道》，第1冊，頁293。
15 蘇軾《蘇軾文集・御試制科策一道》，第1冊，頁294。
16 蘇軾《蘇軾文集・御試制科策一道》，第1冊，頁297。
17 蘇軾《蘇軾文集・御試制科策一道》，第1冊，頁297。
18 蘇軾《蘇軾文集・御試制科策一道》，第1冊，頁293。
19 蘇軾《蘇軾文集・御試制科策一道》，第1冊，頁293。
20 蘇軾《蘇軾文集・御試制科策一道》，第1冊，頁293。
21 蘇軾《蘇軾文集・御試制科策一道》，第1冊，頁299。
22 呂不韋《呂氏春秋・孟春紀・貴公》，上冊，頁45。
23 《漢魏古注十三經・禮記・禮運第九》，上冊，卷7，頁79。
24 蘇軾《蘇軾文集・御試制科策一道》，第1冊，頁299。
25 蘇軾《蘇軾文集・御試制科策一道》，第1冊，頁299。

卷59，頁1810。

10 《蘇文忠公詩編註集成．寄蔡子華》，第5冊，卷31，頁3016。

11 《宋史．神宗本紀》，第2冊，卷14，頁270。

第九章

1 清．徐乾學《資治通鑑後編》，見《景印文淵閣四庫全書》，第343冊，卷76，頁424。

2 《續資治通鑑長編紀事本末》，第4冊，卷59，頁1899。

3 清．顧棟高《王荊國文公年譜》（北京：中華書局，2006），頁56。

4 《邵氏聞見錄》，卷11，頁116；《續資治通鑑長編紀事本末》，第4冊，卷59，頁1902。

5 《續資治通鑑長編》，第9冊，卷209，庚子紀事，頁5086；《資治通鑑後編》，卷75，頁409；《續資治通鑑長編紀事本末》，卷59，頁1906。

6 陳邦瞻《宋史紀事本末．王安石變法》（上海：古籍出版社，1994），卷37，頁93。

7 《續資治通鑑長編》，第9冊，卷209，庚子紀事，頁5086。

8 《續資治通鑑長編》，第9冊，卷209，庚子紀事，頁5086。

9 《續資治通鑑長編拾補》，第1冊，卷2，頁51；《資治通鑑後編》，卷75，頁410。

10 《資治通鑑後編》，卷75，頁416；《紀事本末》，卷63，頁2055。

11 《紀事本末》，第4冊，卷63，頁2055；《續資治通鑑長編拾補》，第1冊，卷2，頁58。

12 《資治通鑑後編》，卷75，頁418；《續資治通鑑長編拾補》，第1冊，卷2，頁58。

13 《資治通鑑後編》，卷76，頁424。

14 陳均《九朝編年備要．神宗皇帝》，見《景印文淵閣四庫全書》（臺北：臺灣商務印書館，1984），第328冊， 卷18，頁453；黃以周等《續資治通鑑長編拾補》（北京：中華書局，2004），第1冊，卷3，頁92-93；《資治通鑑後編》，卷76，頁424；《續資治通鑑長編紀事本末》，第

此，常相見」，書簡是殘暑的時節寫的，以是斷定陳希亮應該是在暑期中到任。

17 《蘇東坡全集．陳公弼傳》，第1冊，頁403。

18 《邵氏聞見後錄》，卷15，頁110。

19 《蘇軾文集．陳公弼傳》，第1冊，卷13，頁415。

20 《邵氏聞見後錄》，卷15，頁110。

21 《蘇軾文集．凌虛臺記》，第2冊，卷11，頁350。

22 《邵氏聞見後錄》，卷15，頁110。

23 《蘇軾文集．亡妻王氏墓誌銘》，第2冊，卷15，頁472。

24 蘇轍《欒城集．子瞻寄示岐陽十五碑》，上冊，頁22。

25 陳新雄《東坡詩選析》，頁81。

第八章

1 楊仲良《續資治通鑑長編紀事本末》（北京：北京圖書館，2003），第4冊，卷62，頁2037；脫脫等《宋史》，第31冊，卷338，頁10802。

2 龍沐勛校箋《東坡樂府箋》（臺北：臺灣商務印書館，1981），卷1，頁33。

3 《蘇軾文集．書摹本蘭亭後》，第5冊，卷69，頁2169。

4 筆者所謂的佛教徒一般具有如下的特色：吃齋、念佛、打坐、參禪、持咒及遵守佛教戒律。依照上述的標準，蘇軾家中的成員包括父母、妻子和弟弟，無一人為佛教徒。蘇轍入仕以後，學得靜坐運氣養身之道，並非瑜伽打坐靈修冥想成佛之術。唯一一個例外是蘇軾的妾朝雲，她應該是在蘇軾第二次貶謫期間信的佛。

5 《蘇軾文集．中和聖相院記》，第2冊，卷12，頁384-5。

6 《蘇軾文集．六一居士集敘》，第1冊，卷10，頁516。

7 曾鞏《元豐類稿．贈職方員外郎蘇君墓誌銘》見《景印摛藻堂四庫全書薈要》（臺北：世界書局，1985-1988），第27冊，卷43，頁374-534。

8 《蘇軾文集．華陰老嫗》，第6冊，卷72，頁2308。

9 《蘇軾文集．與楊濟甫第九簡》，第4冊，

31 《漢魏古注十三經・禮記・表記下》（北京：中華書局，1998），上冊，頁204。
32 《論語・先進》，《四書集註》（臺北：世界書局，1966年），頁74。
33 陳邦瞻《宋史紀事本末・王安石變法》，卷37，頁99。
34 陳邦瞻《宋史紀事本末・王安石變法》，卷37，頁100。

第十章

1 《欒城集・上皇帝書》，第1冊，頁464。
2 《續資治通鑑長編紀事本末・三司條例司》，第4冊，卷66，頁2131。
3 《續資治通鑑長編紀事本末・三司條例司》，第4冊，卷66，頁2131。
4 蘇洵《蘇洵集》（北京：中國書店，2000），頁87。
5 《樂全集・文安先生墓表》，見《景印文淵閣四庫全書》，第1104冊，卷39，頁488。
6 《蘇軾文集・謝張太保撰先人墓碣書》，第4冊，卷49，頁1426。
7 《蘇軾文集・謝張太保撰先人墓碣書》，第4冊，卷49，頁1426。
8 李紱《穆堂初稿・書辨姦論後二則》，見《續修四庫全書》（上海：古籍出版社，1995），冊1422，集部，別集類，頁110。
9 蔡上翔《王荊公年譜考略》（北京：中華書局，1994），頁365。
10 孔凡禮《三蘇年譜》（北京：北京古籍出版社，2006），第1冊，頁398-413。
11 燕葉夢《避暑錄話》（鄭州：大象出版社，2013），卷上，頁247。
12 脫脫等《宋史・鮮于侁》，第31冊，卷344，頁10937；陳邦瞻《宋史紀事本末・王安石變法》，卷37，頁101，除了幾個字的差異以外，全文與《宋史》完全相同。
13 陳邦瞻《宋史紀事本末・王安石變法》，卷37，頁100；脫脫等《宋史・張方平》，第30冊，卷318，頁10359，除了幾個字的差異以外，全文與《宋史紀事本末》相同。
14 邵伯溫《邵氏聞見錄》（北京：中華書局，1997），卷12，頁130-131。
15 《蘇軾文集・議學校貢舉狀》，第2冊，卷4冊，卷58，頁1908。
15 《資治通鑑後編》，卷76，頁429；《續資治通鑑長編拾補》，第1冊，八月癸丑紀事，卷3下，頁123-124；司馬光《傳家集・乞聽宰臣辭免郊賜劄子》，見《景印文淵閣四庫全書》（臺北：臺灣商務印書館，1985），第1094冊，卷42，頁387。
16 《蘇軾文集・乞將上供封樁斛斗應副浙西諸郡接續糶米劄子》，第3冊，卷33，頁930。
17 《續資治通鑑長編拾補》，第1冊，卷2，頁54。
18 楊繼繩《墓碑：中國六十年代大饑荒紀實》，頁12；林蘊暉《烏托邦運動：從大躍進到大飢荒》（香港：香港中文大學，2008，頁624）。
19 《資治通鑑後編》，卷76，頁435；《續資治通鑑長編拾補》，第1冊，卷4，頁174。
20 《續資治通鑑長編拾補》，第1冊，卷4，頁154。
21 《續資治通鑑長編拾補》，第1冊，卷4，頁154；《續資治通鑑長編紀事本末》，第4冊，卷59，頁1916。
22 《續資治通鑑長編拾補》，第1冊，卷4，頁154。
23 《九朝編年備要・神宗皇帝》，第328冊，卷18，頁459；《資治通鑑後編》，卷76，頁439。
24 《資治通鑑後編》，見《景印文淵閣四庫全書》（臺北：臺灣商務印書館，1984），第343冊，卷76，頁433；《續資治通鑑長編紀事本末》，第4冊，卷61，頁1996。
25 《資治通鑑後編》，卷76，頁433。
26 《資治通鑑後編》，卷76，頁433。
27 《續資治通鑑長編》，第11冊，卷269，頁6590。
28 《資治通鑑後編》，卷76，頁435；《續資治通鑑長編拾補》，第1冊，卷4，頁174。
29 《續資治通鑑長編拾補》，第1冊，卷4，頁174。
30 《續資治通鑑長編拾補》，第1冊，卷4，頁174；《邵氏聞見錄》，卷13，頁141。

25，頁723。

16 《蘇軾文集‧議學校貢舉狀》，第2冊，卷25，頁723-4。

17 《蘇軾文集‧議學校貢舉狀》，第2冊，卷25，頁724-5。

18 《蘇軾文集‧議學校貢舉狀》，第2冊，卷25，頁725。《蘇東坡全集》，第2冊，頁398-399。《全集》及蘇轍的〈墓誌銘〉以此狀為熙寧四年的作品，今據《續資治通鑑長編拾補》所舉的五種理由（卷4，頁184-186）改為二年；《續資治通鑑長編紀事本末》也寫的是二年（第4冊，卷62，頁2038）。

19 《續資治通鑑長編拾補》，第1冊，熙寧二年，卷4，頁188。

20 《欒城集‧墓誌銘》，第3冊，頁1412。

21 《蘇軾文集‧上神宗皇帝書》，第2冊，卷25，頁741-2。

22 《蘇軾文集‧上神宗皇帝書》，第2冊，卷25，頁742。

23 《蘇軾文集‧諫買浙燈狀》，第2冊，卷25，頁727。據《續資治通鑑長編拾補》（卷4，頁276），此狀為熙寧二年的作品；《續資治通鑑長編紀事本末》，第4冊，卷62，頁2042。

24 《續資治通鑑長編拾補》，第1冊，熙寧二年，卷4，頁189。

25 《蘇軾文集‧杭州召還乞郡狀》，第3冊，卷32，頁912。

26 《續資治通鑑長編拾補》，第1冊，熙寧二年，卷4，頁189。

27 《續資治通鑑長編紀事本末》，第4冊，卷61，頁1995。

28 《邵氏聞見錄》，卷12，頁125。

29 《邵氏聞見錄》，卷12，頁130-131。

30 《續資治通鑑長編拾補》，第1冊，卷4，頁179。

31 《續資治通鑑長編拾補》，第1冊，卷4，頁196。

32 《續資治通鑑長編拾補》，第1冊，卷4，頁195。

33 《九朝編年備要‧神宗皇帝》，見《景印文淵閣四庫全書》，第328冊， 卷18，頁463。

34 司馬光的《日錄》（北京：中國社會科學出版社，1994，頁120）誤舉齊桓公專任管仲為例，《續資治通鑑長編拾補》卷7熙寧三年三月壬子紀事（第1冊，頁343）失察沿引，在此據《經進東坡文集事略‧勤而或治或亂斷而或興或衰信而或安或危》（上冊，卷22，頁344）及《續資治通鑑長編紀事本末》，第4冊，卷62，頁2043註出。

35 司馬光《日錄》，頁120。

36 《傳家集‧上體要疏》，見《景印文淵閣四庫全書》，第1094冊，卷43，頁397-8。

37 《傳家集‧上體要疏》，見《景印文淵閣四庫全書》，第1094冊，卷43，頁397。

38 《續資治通鑑長編拾補》，第1冊，卷5，頁218；《九朝編年備要‧神宗皇帝》， 卷十八，頁463；《續資治通鑑長編紀事本末》，第4冊，卷58，頁1891；徐乾學《資治通鑑後編》，見《景印文淵閣四庫全書》，第343冊，卷77，頁443。

39 《續資治通鑑長編拾補》，第1冊，卷5，頁220；《續資治通鑑長編紀事本末》，第4冊，卷58，頁1891-92。

40 《續資治通鑑長編紀事本末》，第4冊，卷58，頁1893。

41 陳邦瞻《宋史紀事本末‧王安石變法》，卷37，頁94。

42 陳邦瞻《宋史紀事本末‧王安石變法》，卷37，頁94。

43 《欒城集‧條例司乞外任奏狀》，第2冊，卷35，頁765；《續資治通鑑長編拾補》，第1冊，熙寧二年，卷5，頁225；《續資治通鑑長編紀事本末》，第4冊，卷66，頁2132。

44 王稱《東都事略‧蘇轍傳》（臺北：國立中央圖書館，1991），第4冊，卷93下，頁1442；陳均《九朝編年備要‧神宗皇帝》，見《景印文淵閣四庫全書》，第328冊， 卷18，頁466；《續資治通鑑長編拾補》，第1冊，熙寧二年，卷5，頁225；《資治通鑑後編》，卷77，頁447。

45 《九朝編年備要‧神宗皇帝》，見《景印文淵閣四庫全書》，第328冊， 卷18，頁466。

46 《資治通鑑後編》，第343冊，卷77，頁445。

頁261。

7 《續資治通鑑長編拾補》，第1冊，卷6，頁261。

8 《東都事略．司馬光列傳》，第3冊，卷第87上，頁1332；《續資治通鑑長編拾補》，第1冊，卷6，頁262；《資治通鑑後編》，卷77，頁451。

9 《續資治通鑑長編》，第317冊，卷225，頁711。《續資治通鑑長編拾補》誤引「衙司」為「衙前」（第1冊，卷6，頁268）。

10 《邵氏聞見錄》，卷13，頁144。

11 《續資治通鑑長編拾補》，第1冊，卷6，頁275；《續資治通鑑長編紀事本末》，第4冊，卷66，頁2141。

12 《蘇軾文集．諫買浙燈狀》，第2冊，卷25，頁726-7。

13 《蘇軾文集．上神宗皇帝書》，第2冊，卷25，頁729。此書依《續資治通鑑長編拾補》（第1冊，卷4，頁185）定為二年底東坡上〈諫買浙燈狀〉十多天以後的作品。

14 《蘇軾文集．上神宗皇帝書》，第2冊，卷25，頁730。

15 《蘇軾文集．上神宗皇帝書》，第2冊，卷25，頁730-1。

16 《蘇軾文集．上神宗皇帝書》，第2冊，卷25，頁731-2。

17 《蘇軾文集．上神宗皇帝書》，第2冊，卷25，頁732。

18 《蘇軾文集．上神宗皇帝書》，第2冊，卷25，頁733。

19 《蘇軾文集．上神宗皇帝書》，第2冊，卷25，頁734。

20 《蘇軾文集．上神宗皇帝書》，第2冊，卷25，頁735。

21 《蘇軾文集．上神宗皇帝書》，第2冊，卷25，頁736。

22 《蘇軾文集．上神宗皇帝書》，第2冊，卷25，頁737。

23 《蘇軾文集．上神宗皇帝書》，第2冊，卷25，頁739。

24 《蘇軾文集．上神宗皇帝書》，第2冊，卷25，頁740-1。

25 《蘇軾文集．上神宗皇帝書》，第2冊，卷

47 《續資治通鑑長編拾補》，第1冊，熙寧二年，卷5，頁225；《資治通鑑後編》，第343冊，卷77，頁445。

48 續宋編年資治通鑑；《資治通鑑後編》，卷77，頁448；《續資治通鑑長編拾補》，第1冊，卷5，頁241。

49 司馬光《司馬光奏議．再舉諫官劄子》（山西：山西人民出版社，1986），卷26，頁287；《續資治通鑑長編拾補》，第1冊，卷5，頁245。

50 《續資治通鑑長編拾補》，第1冊，熙寧二年，卷6，頁256。

51 《續資治通鑑長編拾補》，第1冊，熙寧二年，卷6，頁256；《續資治通鑑長編紀事本末》，第4冊，卷62，頁2041。

52 《曲洧舊聞》，卷5，頁151。

53 《蘇軾文集．賈誼論》，第1冊，卷4，頁106。

54 《蘇軾文集．正統論》，第1冊，卷4，頁122。

55 蘇轍《欒城集．亡兄子瞻端明墓誌銘》，下冊， 卷22，頁1412；《資治通鑑後編》，卷76，頁439。

56 《續資治通鑑長編拾補》，第1冊，熙寧二年，卷5，頁238。

57 鄧廣銘和漆俠《宋史專題課》（北京：北京大學出版社，2008），頁27-28。

第十一章

1 《續資治通鑑長編拾補》，第1冊，熙寧二年，卷6，頁253；《續資治通鑑長編紀事本末》，第4冊，卷66，頁2137。

2 《續資治通鑑長編紀事本末》，第4冊，卷66，頁2140；《續資治通鑑長編拾補》，第1冊，熙寧二年，卷6，頁253；《資治通鑑後編》，卷77，頁451。

3 《東都事略．司馬光列傳》，第3冊，卷第87上，頁1329；《續資治通鑑長編拾補》，第1冊，熙寧二年，卷5，頁244；《資治通鑑後編》，卷77，頁449。

4 《續資治通鑑長編拾補》，第1冊，熙寧二年，卷6，頁265。

5 《續資治通鑑長編拾補》，第1冊，熙寧二年，卷6，頁256。

6 《續資治通鑑長編拾補》，第1冊，卷6，

（卷7，頁343）改為三年。
41 《續資治通鑑長編》，卷211，己卯，頁481。
42 《續資治通鑑長編拾補》，第1冊，卷7，頁312。
43 《續資治通鑑長編拾補》，第1冊，卷7，頁312。
44 《續資治通鑑長編拾補》，第1冊，卷7，頁312。
45 朱弁《知不足齋叢書・曲洧舊聞》（北京：中華書局，1999），卷3，頁707。
46 《蘇軾文集・擬進士對御試策》，第1冊，卷9，頁302。
47 《蘇軾文集・擬進士對御試策》，第1冊，卷9，頁307。
48 《蘇軾文集・擬進士對御試策》，第1冊，卷9，頁303。
49 《蘇軾文集・擬進士對御試策》，第1冊，卷9，頁305。
50 《續資治通鑑長編拾補》，卷7，頁343。
51 《續資治通鑑長編拾補》，卷7，頁343；《皇宋通鑑長編紀事本末・哲宗皇帝》，見《續修四庫全書》（上海：古籍出版社，1995），第386冊，卷六十二，頁526，王安石言：「如蘇輩，其才為世用甚少，為世患甚大，陛下不可不察也。」
52 《續資治通鑑長編拾補》，三月紀事，卷7，頁312。
53 《傳家集・辭樞密副使第五劄子》，卷43，頁404；《續資治通鑑長編拾補》，卷7，頁315。
54 《宋史・李常》，第31冊，卷344，頁10930。
55 《續資治通鑒長編拾補》，卷7，頁315。
56 《蘇軾文集・范景仁墓誌銘》，第2冊，卷14，頁439。孔凡禮《蘇軾年譜》（北京：中華書局，1998）定為今年五月事（上冊，頁183）。

第十二章

1 蘇軾《蘇軾文集・杭州召還乞郡狀》，第3冊，卷32，頁912。
2 彭百川《太平治迹統類・蘇軾立朝大概》（臺北：成文出版社，1966），卷25，頁1755。
25，頁741。
26 《蘇軾文集・上神宗皇帝書》，第2冊，卷25，頁742。
27 陳均《九朝編年備要・神宗皇帝》，見《景印文淵閣四庫全書》，第328冊，卷18，頁453；《續資治通鑑長編紀事本末》，第4冊，卷58，頁1908。
28 戰國・韓非《韓非子集解》，清・王先慎（北京：中華書局，1998），頁463。
29 《續資治通鑑長編拾補》，第1冊，卷7，頁297；《續資治通鑑長編紀事本末》，第4冊，卷68，頁2003。
30 《續資治通鑑長編拾補》，第1冊，卷6，頁262；《續資治通鑑長編紀事本末》，第4冊，卷68，頁2002-04。
31 《續資治通鑑長編拾補》，第1冊，卷7，頁300；《續資治通鑑長編紀事本末》，第4冊，卷68，頁2003。
32 《續資治通鑑長編拾補》，第1冊，卷7，頁300；《續資治通鑑長編紀事本末》，第4冊，卷六十八，頁2004。
33 《續資治通鑑長編紀事本末》，第4冊，卷68，頁2004；《續資治通鑑長編拾補》，第1冊，卷7，頁300。
34 《紐約時報》（*The New York Times*）2008年9月5日，頭版。
35 《續資治通鑑長編拾補》，第1冊，卷7，頁304。
36 《續資治通鑑長編拾補》，第1冊，卷7，頁306。
37 《續資治通鑑長編拾補》，第1冊，卷7，頁317。
38 《傳家集・乞罷條例司常平使疏》，見《景印文淵閣四庫全書》（臺北：臺灣商務印書館，1985），第1094冊，卷42，頁387。《續資治通鑑長編拾補》，第1冊，卷7，頁308。
39 《傳家集・乞罷條例司常平使疏》，卷44，頁408；《續資治通鑑長編拾補》，第1冊，卷7，頁311。
40 《蘇軾文集・再上皇帝書》，第2冊，卷25，頁749-51。《經進東坡文集事略・再論時政書》（臺北：世界書局，1975），上冊，卷29，頁503-507 ；書首註明是熙寧四年的作品，今據《續資治通鑑長編拾補》

冊，卷456，頁13404。
8 《續資治通鑑長編》，第10冊，卷252，頁6152。
9 《蘇軾文集・佚文匯編・與堂兄一首》，第6冊，卷4，頁2526。
10 《蘇文忠公詩編註集成・熙寧中蘇軾通守此郡除夜直都廳囚繫皆滿日暮不得返舍因題一詩於壁……》，第5冊，頁3070。
11 《漢魏古注十三經・詩經・鄭風・緇衣》（北京：中華書局，1998），上冊，頁34。
12 《漢魏古注十三經・詩經・鄭風・緇衣》，上冊，頁34。
13 《漢魏古注十三經・禮記・緇衣第三十三》，上冊，頁206。
14 《東坡樂府箋》，卷1，頁41。
15 《實用佛學辭典》（臺北：善導寺佛經流通處，無出版日期），下冊，頁1429。
16 有關杜甫詩中關注平民的情懷，參閱拙作 "Man and Nature: A Study of Du Fu's Poetry," *Monumenta Serica: Journal of Oriental Studies* 50 (2002), 315-36.
17 彭九萬《烏臺詩案》（臺北：藝文書局，1968），頁3087。
18 《烏臺詩案》，頁3087。
19 《烏臺詩案》，頁3087。
20 《欒城集・亡兄子瞻端明墓誌銘》，下冊，卷22，頁1413。
21 《蘇軾文集・申三省起請開湖六條狀》，第3冊，卷30，頁866。
22 《蘇軾文集・乞子珪師號狀》，第3冊，卷30，頁902。
23 龍沐勛校箋《東坡樂府箋・行香子》（臺北：臺灣商務印書館，1981），卷1，頁2。
24 《後漢書・嚴光》，第10冊，逸民列傳第七十三，卷83，頁2763-4。
25 《續資治通鑑長編》，第12冊，卷301，元豐二年十二月庚申，頁7336。《長編》同時註明沈括察訪的時間可能有些差異。
26 《續資治通鑑長編》，第12冊，卷301，元豐二年十二月庚申，頁7336。

第十五章

1 《宋史》，第30冊，卷321，頁10435。
3 彭百川《太平治迹統類・蘇軾立朝大概》，卷25，頁1755。
4 《續資治通鑑長編》，第9冊，卷214，乙丑，頁5201；《資治通鑑後編》，卷78，頁465。
5 《續資治通鑑長編》，第9冊，卷215，頁5238。
6 《續資治通鑑長編》，第9冊，卷215，頁5238。
7 《續資治通鑑長編》，第9冊，卷216，頁5263。
8 《蘇軾文集・范景仁墓誌銘》，第2冊，卷14，頁443。
9 《蘇軾文集・范景仁墓誌銘》，第2冊，卷14，頁440。
10 邵伯溫《邵氏聞見錄》，卷11，頁25。
11 《宋史・馮京傳》，第30冊，卷317，頁10339。
12 《續資治通鑑長編紀事本末》第4冊，卷62，頁2045。

第十三章

1 《蘇軾文集・佚文彙編・與子明第六簡》，第6冊，卷4，頁2520。
2 《張方平集・樂全集・送蘇學士錢塘監郡》（鄭州：中州古籍出版社，2000），卷1，頁6。
3 葉夢得《石林詩話》（北京：中華書局，1991），卷中，頁12。
4 《石林詩話》，卷中，頁12。
5 《蘇軾文集・記鐵墓厄臺》，第5冊，卷66，頁2075。

第十四章

1 王文誥《總案》，見《蘇文忠公詩編註集成》，第1冊，卷7，頁635。
2 《蘇軾文集・六一泉銘並敘》，第2冊，卷19，頁565。
3 《蘇軾文集・六一泉銘並敘》，第2冊，卷19，頁565。
4 樂史《太平寰宇記》（北京：中華書局，2007），卷10，頁184。
5 陳新雄《蘇軾詩選析》，頁216。
6 脫脫等《宋史・神宗三》，本紀第十六，卷16，頁306。
7 《宋史・列傳第二百一十五孝義 》，第38

25 陳邦瞻《宋史紀事本末．王安石變法》，卷37，頁101。

26 《續資治通鑑長編》，第10冊，卷251，頁6152。

27 《續資治通鑑長編》，第10冊，卷251，頁6152-3。

28 《續資治通鑑長編》，第10冊，卷251，頁6153。

29 《續資治通鑑長編》，第10冊，卷251，頁6153-4。

30 《續資治通鑑長編》，第10冊，卷251，頁6154。

31 《續資治通鑑長編》，第10冊，卷252，頁6154。

32 《宋史》，第30冊，卷321，頁10435。

33 《宋史》，第30冊，卷321，頁10435。

34 《續資治通鑑長編》，第10冊，卷252，頁6154。

35 《宋史》，第30冊，卷321，頁10436。

36 《續資治通鑑長編》，第10冊，卷251，頁6137-8。

37 《續資治通鑑長編》，第10冊，卷252，頁6160。

38 《宋史紀事本末．王安石變法》，卷37，頁102。

39 《續資治通鑑長編》，第10冊，卷252，頁6159。

40 《續資治通鑑長編》，第10冊，卷252，頁6169-70。

41 《續資治通鑑長編》，第10冊，卷252，頁6159。

42 《續資治通鑑長編》，第10冊，卷253，頁6187。

43 呂頤浩《忠穆集．燕魏雜記》，見《景印文淵閣四庫全書》（臺北：商務印書館，1983），卷8，頁1131-1134；《宋史．李師中傳》，第31冊，卷332，頁10679。

第十六章

1 《欒城集．亡兄子瞻端明墓誌銘》，下冊，卷22，頁1413。

2 《蘇軾文集．朝雲墓誌銘》，第2冊，卷15，頁473。

3 《東坡樂府箋．沁園春》，卷1，頁30。

4 蘇軾《蘇軾文集．上韓丞相論災傷手實

2 《續資治通鑑長編》（北京：中華書局，2004），第10冊，卷251，頁6108。

3 《續資治通鑑長編》，第10冊，卷251，頁6116。

4 陳邦瞻《宋史紀事本末．王安石變法》，卷37，頁101。

5 陳邦瞻《宋史紀事本末．王安石變法》，卷37，頁101-2。

6 《續資治通鑑長編》，第10冊，卷251，頁6116。

7 《續資治通鑑長編》，第10冊，卷251，頁6133。

8 《續資治通鑑長編》，第10冊，卷251，頁6125。

9 邵伯溫《邵氏聞見錄》，卷3，頁25。

10 《續資治通鑑長編》，第10冊，卷251，頁6124。

11 朱熹《朱子語類》（北京：中華書局，1986），卷130，頁3109。

12 曾敏行《獨醒雜誌》（鄭州：大象出版社，2008），卷2，頁128-9。

13 《續資治通鑑長編》，第10冊，卷251，頁6133。

14 《續資治通鑑長編》，第10冊，卷253，頁6134。

15 《續資治通鑑長編》，第10冊，卷253，頁6134。

16 《續資治通鑑長編》，第10冊，卷251，頁6134。

17 《續資治通鑑長編》，第10冊，卷251，頁6134。

18 《續資治通鑑長編》，第10冊，卷251，頁6138。

19 《續資治通鑑長編》，第10冊，卷251，頁6140。

20 《續資治通鑑長編》，第10冊，卷251，頁6140。

21 《續資治通鑑長編》，第10冊，卷251，頁6148。

22 《續資治通鑑長編》，第10冊，卷251，頁6140。

23 《續資治通鑑長編》，第10冊，卷251，頁6148。

24 《續資治通鑑長編》，第10冊，卷251，頁6140。

陳襄傳》，第30冊，卷321，頁10421。

第十七章

1 《續資治通鑑長編》，第11冊，卷252，頁6311。

2 《續資治通鑑長編》，第11冊，卷252，頁6312。

3 《續資治通鑑長編》，第11冊，卷263，頁6433。

4 《續資治通鑑長編》，第11冊，卷263，頁6433。

5 《續資治通鑑長編》，第11冊，卷264，頁6476。

6 《續資治通鑑長編》，第11冊，卷266，頁6533。

7 《續資治通鑑長編》，第11冊，卷264，頁6480。

8 《續資治通鑑長編》，第11冊，卷264，頁6481。

9 《續資治通鑑長編》，第11冊，卷265，頁6488。

10 《續資治通鑑長編》，第11冊，卷265，頁6495。

11 《續資治通鑑長編》，第11冊，卷267，頁6549。

12 《續資治通鑑長編》，第11冊，卷267，頁6549-6550。

13 《續資治通鑑長編》，第11冊，卷268，頁6565。

14 《續資治通鑑長編》，第11冊，卷268，頁6565-6。

15 《宋史紀事本末．王安石變法》，卷37，頁103。

16 《續資治通鑑長編》，第11冊，卷268，頁6570-6571。

17 《續資治通鑑長編》，第11冊，卷268，頁6574。

18 《續資治通鑑長編》，第11冊，卷269，頁6584。

19 《續資治通鑑長編》，第11冊，卷269，頁6590。

20 《續資治通鑑長編》，第11冊，卷269，頁6591。

21 《續資治通鑑長編》，第11冊，卷276，頁6742。

書》，第4冊，卷48，頁1395-6。

5 蘇軾《蘇軾文集．論河北京東盜賊狀》，第2冊，卷26，頁753。

6 蘇軾《蘇軾文集．論河北京東盜賊狀》，第2冊，卷26，頁753。

7 蘇軾《蘇軾文集．論河北京東盜賊狀》，第2冊，卷26，頁753-4。

8 蘇軾《蘇軾文集．論河北京東盜賊狀》，第2冊，卷26，頁754-5。

9 蘇軾《蘇軾文集．論河北京東盜賊狀》，第2冊，卷26，頁755-6。

10 蘇軾《蘇軾文集．論河北京東盜賊狀》，第2冊，卷26，頁756-7。

11 蘇軾《蘇軾文集．論河北京東盜賊狀》，第2冊，卷26，頁757。

12 蘇軾《蘇軾文集．上文侍中論強盜賞錢書》，第4冊，卷48，頁1398。

13 《欒城集．亡兄子瞻端明墓誌銘》，下冊，卷22，頁1413。

14 《蘇軾文集．論給田募役狀》，第2冊，卷26，頁768-9。

15 《東坡樂府箋》，卷1，頁41。

16 李國文《李國文說宋》（北京：中華書局，2012），頁154。

17 李國文《李國文說宋》，頁154。

18 蘇軾在此運用道教仙人下凡的說法來表示他對道教的看法，當時的道教為了逢迎貴人，常將他們說成是天宮下凡的人物，比如林靈素「倡言神宵事，謂天有九霄，神霄最尊，上為神霄帝君，實玉帝長子下降世間……蔡京則佐元仙伯」（陸游《說郛．家世舊聞》[上海：商務印書館，1927]，卷5，頁16-17）。《宋史．方技下》也有類似的記載：「天有九霄，而神霄為最高，其治曰府。神霄玉清王者，上帝之長子，主南方，號長生大帝君，陛下是也，既下降於世，其弟號青華帝君者，主東方，攝領之。己乃府仙卿曰褚慧，亦下降佐帝君之治」（脫脫《宋史．方技下》，第39冊，卷462，頁13522）。

19 《烏臺詩案》，頁3097。

20 《烏臺詩案》，頁3097。

21 陳襄《古靈集．熙寧經筵論薦司馬光等三十三人章稿》，見《景印文淵閣四庫全書》，第1093冊，卷1，頁501；《宋史．

5。
14 《蘇軾文集．與劉貢父第四簡》，第4冊，卷50，頁1465。
15 《續資治通鑑長編》，第12冊，卷289，五月甲戌朔紀事，頁7072。
16 《淮海集．別子瞻》（臺北：臺灣商務印書館，1985），第1115冊，卷4，頁447。
17 《蘇軾文集．淵明非達》，第5冊，卷65，頁2029。
18 孔凡禮在《三蘇年譜》中把〈百步洪〉著作的時間誤定為九月王鞏來訪的時間，「王鞏、顏復攜妓游泗水，蘇軾作〈百步洪〉」（北京：北京古籍出版社，2006，第二冊，頁1041）。蘇軾在〈百步洪〉的序裡說〈百步洪〉是王鞏離開後一個月寫的：「定國既去逾月，復與參寥師放舟洪下，追懷曩遊，以為陳跡，喟然而歎。故作二詩。」僧參寥是在十月中旬以前離開徐州的，因此〈百步洪〉應該是在十月中旬以前寫成的。
19 《金剛經》（北京：燕山出版社，1996），頁96。
20 房玄齡等《晉書．索靖傳》（北京：中華書局，1974），第6冊，卷60，頁1648。
21 陳新雄《東坡詩選析》，頁303。
22 房玄齡等《晉書》，第5冊，卷49，列傳第十九，頁1377。
23 陳新雄《東坡詩選析》，頁306。
24 五代．王仁裕《開元天寶遺事》（北京：中華書局，2006），頁60。
25 蘇軾《蘇軾文集．徐州上皇帝書》，第2冊，卷26，頁758。
26 蘇軾《蘇軾文集．徐州上皇帝書》，第2冊，卷26，頁758-9。
27 蘇軾《蘇軾文集．徐州上皇帝書》，第2冊，卷26，頁759。
28 蘇軾《蘇軾文集．徐州上皇帝書》，第2冊，卷26，頁759-60。
29 蘇軾《蘇軾文集．徐州上皇帝書》，第2冊，卷26，頁760。
30 蘇軾《蘇軾文集．徐州上皇帝書》，第2冊，卷26，頁760-1。
31 蘇軾《蘇軾文集．徐州上皇帝書》，第2冊，卷26，頁761-2。
32 蘇軾《蘇軾文集．徐州上皇帝書》，第2
22 《續資治通鑑長編》，第11冊，卷276，頁6750。
23 《續資治通鑑長編》，第11冊，卷276，頁6750。
24 《續資治通鑑長編》，第11冊，卷276，頁6743。
25 《宋史紀事本末．王安石變法》，卷37，頁102。
26 《續資治通鑑長編》，第11冊，卷278，頁6804。
27 邵伯溫《邵氏聞見錄》，卷9，頁92。
28 《續資治通鑑長編》，第11冊，卷278，頁6794。
29 《續資治通鑑長編》，第11冊，卷278，頁6796。
30 《宋史紀事本末．王安石變法》，卷37，頁104。

第十八章

1 《蘇軾文集．與眉守黎希生第三首》，第4冊，卷53，頁1562。
2 《蘇文忠公詩編註集成．送魯元翰少卿知衛州》，第4冊，卷15，頁2200；《蘇軾文集．與眉守黎希生第三首》，第4冊，卷53，頁1562。
3 蘇山《蘇符行狀》，見舒大剛《三蘇後代研究》（成都：巴蜀書社，1995），頁8。
4 《蘇軾文集．代張方平諫用兵書》，第3冊，卷37，頁1048。
5 《蘇軾文集．代張方平諫用兵書》，第3冊，卷37，頁1052。
6 《蘇軾文集．徐州謝上表》，第2冊，卷23，頁652。
7 《蘇軾文集．獎諭敕記》，第2冊，卷11，頁380。
8 《東坡樂府箋》，卷1，頁47。
9 《蘇軾文集．獎諭敕記》，第2冊，卷11，頁380。
10 《欒城集．亡兄子瞻端明墓誌銘》，下冊，卷22，頁1413。
11 《蘇軾文集．薦誠禪院五百羅漢記》，第2冊，卷2，頁392-3。
12 陳師道《後山集．黃樓銘序》（臺北：中華書局，1965），卷17，頁5。
13 陳師道《後山集．黃樓銘序》，卷17，頁

第二十章

1 《蘇文忠公詩編註集成》，第4冊，頁2451。
2 《續資治通鑑長編》，第15冊，卷370，頁8962。
3 《萍洲可談》，卷2，頁139。
4 周必大《二老堂詩話・記東坡烏臺詩案》，頁432。
5 孫升《孫公談圃》（北京：中華書局，1991），卷上，頁5。
6 《蘇文忠公詩編註集成》，第4冊，頁2452。
7 《欒城集》，中冊，卷35，頁777。
8 馬永卿《元城語錄解》（臺北：臺灣商務印書館，1985），第863冊，卷下，頁387。
9 《蘇軾文集・杭州召還乞郡狀》，第3冊，卷32，頁912。
10 葉夢得《石林避暑錄話》（上海：上海書店，1990），卷4，頁4-5。
11 張端義《貴耳集》（臺北：臺灣商務印書館，1985），第865冊，卷上，頁412。
12 《孔氏談苑》，卷1，頁5。
13 《蘇文忠公詩編註集成》，第4冊，頁2451。
14 《續資治通鑑長編》，第12冊，卷301，本年十二月庚申，頁7336-7；《太平治跡統類・蘇軾立朝大概》，卷25；《宋史・王安禮》，第30冊，卷327，頁10554，所載略同。
15 《續資治通鑑長編》，第12冊，卷301，本年十二月庚申，頁7337；《太平治跡統類・蘇軾立朝大概》，卷25，所載略同。
16 宋・周紫芝《詩讞》（長沙：商務印書館，1939），頁13。
17 方勺《泊宅編》（臺北：藝文印書館，無出版日期），《讀書齋叢書》，第2冊，頁1。
18 陳鵠《西塘集耆舊續聞》（北京：中華書局，1985），卷1，頁12。《貴耳集》，卷上，頁412，也有相似的記載。
19 《宋史・慈聖光獻曹皇后》，第25冊，卷242，頁8622。
20 何薳《春渚紀聞》（北京：中華書局，1983），卷6，頁86-87。

冊，卷26，頁762。

第十九章

1 《蘇文忠公詩編註集成總案》，第3冊，卷18，頁764。
2 《蘇軾文集・湖州謝上表》，第2冊，卷23，頁653。
3 《蘇軾文集・湖州謝上表》，第2冊，卷23，頁654。
4 《烏臺詩案》，頁3152-3153。
5 《續資治通鑑長編》，第319冊，卷299，頁150。
6 《烏臺詩案》，頁3092-3093。
7 《烏臺詩案》，頁3087-90。
8 《烏臺詩案》，頁3085-6。
9 《烏臺詩案》，頁3090-2。
10 《續資治通鑑長編》，第319冊，卷299，頁151。
11 李一冰的《東坡新傳》，頁287和孔凡禮的《蘇軾年譜》（北京：中華書局，1998），第1冊，頁451都引了這個故事 。
12 《孔氏談苑》（上海：商務印書館，1960），卷1，頁4。
13 《續資治通鑑長編》，第319冊，卷299，頁151。
14 朱彧《萍洲可談》（北京：中華書局，2007），卷2，頁139。
15 李偉國《萍洲可談・前言》。
16 孔凡禮《蘇軾年譜》，第1冊，頁451。
17 《蘇東坡新傳》，第1冊，頁287。劉昭明的《蘇軾與章惇關係考》（頁244）也引了《孔氏談苑》中有關蘇軾被捕的文字。
18 《蘇軾文集・杭州召還乞郡狀》，第3冊，卷32，頁912。
19 《宋史・陳師錫傳》，第31冊，卷346，頁10972。
20 《蘇軾文集・王子立墓誌銘》，第2冊，卷15，頁466。
21 《蘇軾文集・黃州上文潞公書》，第4冊，卷48，頁1380。
22 《蘇軾文集・杭州召還乞郡狀》，第2冊，卷32，頁912。
23 《蘇軾文集・黃州上文潞公書》，第4冊，卷48，頁1380。
24 《孔氏談苑》，卷1，頁5。

22 《欒城集·亡兄子瞻端明墓誌銘》，下冊，卷22，頁1414。

23 《梁谿漫志》，卷4，頁3。

第二十二章

1 釋惠洪《冷齋夜話》（鄭州：大象出版社，2006），卷7，頁62。

2 《曲洧舊聞》，卷5，頁151。

3 邵伯溫《邵氏聞見錄》，卷12，頁127-8。

4 趙令畤《侯鯖錄》（北京：中華書局，2002），卷3，頁93。

5 胡仔《苕溪漁隱叢話》（臺北：中華書局，1965），前集卷35，頁3。

6 趙令畤《侯鯖錄》（北京：中華書局，2002），卷1，頁50。蘇軾〈雪〉詩並非作於謫黃州之時，而是在密州任上寫的，名叫〈雪後書北臺壁二首〉：「黃昏猶作雨纖纖，夜靜無風勢轉嚴。但覺衾裯如潑水，不知庭院已堆鹽。五更曉色來書幌，半夜寒聲落畫簷。試掃北臺看馬耳，未隨埋沒有雙尖。」（蘇詩 4: 2090-2）「城頭初日始翻鴉，陌上晴泥已沒車。凍合玉樓寒起粟，光搖銀海眩生花。遺蝗入地應千尺，宿麥連雲有幾家。老病自嗟詩力退，空吟冰柱憶劉叉。」（蘇詩 4: 2092-3）《侯鯖錄》載述有失誤之處。

7 李一冰《蘇東坡新傳》（臺北：聯經出版事業公司，1983），下冊，頁433。

8 胡仔《苕溪漁隱叢話》，前集卷35，頁3。

9 《續資治通鑑長編》，第16冊，卷394，正月丁卯紀事，頁9596。

10 蘇軾《蘇軾文集·與王定國第十六簡》，第4冊，卷52，頁1522。

11 蘇軾《蘇軾文集·乞常州居住表》，第2冊，卷23，頁657-8。

12 《欒城集·亡兄子瞻端明墓誌銘》，下冊，卷22，頁1414。

13 《宋史紀事本末》，卷44，頁121。

14 《宋史》，第25冊，卷246，頁8721。

15 《宋史》，第25冊，卷246，頁8721。

16 《宋史紀事本末》，卷44，頁121。

17 李燾《續資治通鑒長編》，第14冊，卷351，頁8410。

18 《宋史》，第25冊，卷242，頁8626。

19 《宋史》，第25冊，卷242，頁8626。

21 《續資治通鑑長編》，第12冊，卷301，元豐二年十二月庚申紀事，頁7334。

第二十一章

1 《蘇軾文集·黃州安國寺記》，第2冊，卷12，頁391。

2 《蘇軾文集·六一居士集敘》，第1冊，卷10，頁316。

3 《東坡樂府箋》，卷2，頁18。

4 《東坡樂府箋》，卷2，頁2。孔凡禮異常詳盡的《蘇軾年譜》（北京：中華書局，1998）漏列此篇極其重要的作品，在此謹予註明。

5 《蘇軾文集·與王鞏第八簡》，第4冊，卷52，頁1517。

6 《東坡樂府箋》，卷2，頁3。

7 《蘇軾文集·赤壁賦》，第1冊，卷1，頁6。

8 《蘇軾文集·赤壁賦》，第1冊，卷1，頁6。

9 《蘇軾文集·赤壁賦》，第1冊，卷1，頁5-6。

10 《蘇軾文集·赤壁賦》，第1冊，卷1，頁6。

11 《蘇軾文集·赤壁賦》，第1冊，卷1，頁6。

12 《聞見近錄》（北京：中華書局，1984），頁58。

13 《聞見近錄》，頁57。

14 《曲洧舊聞》，卷2，頁102。

15 《聞見近錄》，頁58；參閱《續資治通鑑長編》，第14冊，卷342，頁8228。《續資治通鑑長編紀事本末》，第4冊，卷62，頁2051。

16 《續資治通鑑長編》，第14冊，卷356，頁8517。

17 《東坡樂府箋》，卷2，頁12。

18 葉夢得《避暑錄話》（臺北：商務印書館，1966），頁31。

19 陳邦瞻《宋史紀事本末·西夏用兵》，卷40，頁111。

20 李燾《續資治通鑑長編》，第13冊，卷329，頁7935。

21 脫脫《宋史·徐禧》，第31冊，卷334，頁10722。

38 《續資治通鑑長編》，第15冊，卷382，頁9299。
39 《欒城集・亡兄子瞻端明墓誌銘》，下冊，卷22，頁1414。
40 《續資治通鑑長編》，第15冊，卷367，頁8839。
41 《續資治通鑑長編》，第15冊，卷367，頁8839。

第二十三章

1 《續資治通鑑長編》，第16冊，卷393，頁9569。
2 《宋史・哲宗一》，第2冊，卷17，頁323。
3 《欒城集・亡兄子瞻端明墓誌銘》，下冊，卷22，頁1415。
4 《續資治通鑑長編》，第16冊，卷388，頁9444。
5 蘇軾《蘇軾文集・試館職策問第一首》，第1冊，卷7，頁210。
6 《續資治通鑑長編》，第16冊，卷393，頁9564。
7 《續資治通鑑長編》，第16冊，卷393，頁9565。
8 《續資治通鑑長編》，第16冊，卷393，頁9565；《太平治迹統類・宣仁垂簾聖政》，第2冊，卷18，頁1327。
9 《續資治通鑑長編》，第16冊，卷393，頁9567。
10 《續資治通鑑長編》，第16冊，卷393，頁9568。
11 《續資治通鑑長編》，第16冊，卷394，頁9588。
12 《續資治通鑑長編》，第16冊，卷394，正月壬戌紀事，頁9589。
13 《續資治通鑑長編》，第16冊，卷394，正月甲子紀事，頁9590。
14 《續資治通鑑長編》，第16冊，卷394，正月乙丑紀事，頁9592。
15 《續資治通鑑長編》，第16冊，卷394，正月丙寅紀事，頁9592。
16 《續資治通鑑長編》，第16冊，卷394，正月丁卯紀事，頁9592。
17 《蘇軾文集・辯試館職策問劄子第二首》，第2冊，卷27，頁789。
20 李燾《續資治通鑑長編》，第14冊，卷356，頁8513。
21 《太平治迹統類・宣仁垂簾聖政》，卷18，頁1294。
22 蘇軾《蘇軾文集・與滕達道第四十簡》，第4冊，卷51，頁1488。
23 李燾《續資治通鑒長編》，第14冊，卷357，頁8553。
24 《太平治迹統類・宣仁垂簾聖政》，第2冊，卷18，頁1300。
25 蘇軾《蘇軾文集・乞郡劄子》，第3冊，卷29，頁827。
26 蘇軾《蘇軾文集・乞罷學士除閑慢差遣劄子》，第2冊，卷28，頁816。
27 蘇軾《蘇軾文集・與滕達道第五十二簡》，第4冊，卷51，頁1492。
28 蘇轍《欒城集・亡兄子瞻端明墓誌銘》，下冊，卷22，頁1414。
29 劉昭明在《蘇軾與章惇關係考—兼論相關詩文與史事》（臺北：新文豐，2001）中有同樣的誤解：「蘇軾此次還朝，官職飛升，部分亦得力於司馬光的援引……司馬光主政，重用蘇軾」（頁372, 375）。本書顯示，宣仁自己在元祐三年兩次不同的場合先後對蘇軾強調，蘇軾升官不是宰臣的主張：「不關大臣事」，而是她自己的決定：「自來進用，皆是皇帝與太皇太后主張，不因他人」，她的說法符合史實。
30 《宋史・蘇軾》，第31冊，卷338，頁10810。
31 蘇轍《欒城集・乞罷章惇知樞密院狀》，中冊，卷37，頁810。
32 蘇軾《蘇軾文集・答張文潛縣丞書》，第4冊，卷49，頁1427。
33 《太平治迹統類・元祐黨事始末上》，第3冊，卷23，頁1587。
34 《續資治通鑑長編》，第14冊，卷363，頁8676。
35 《續資治通鑑長編》，第15冊，卷371，頁8991。
36 蘇軾《蘇軾文集・論給田募役狀》，第2冊，卷26，頁768；《續資治通鑑長編》，第15冊，卷374，頁9071。
37 《續資治通鑑長編》，第15冊，卷382，頁9299。

39 《續資治通鑑長編》，第16冊，卷405，頁9866-7及卷406，頁9878。
40 《續資治通鑑長編》，第16冊，卷405，頁9867。
41 《續資治通鑑長編》，第16冊，卷405，頁9867。
42 蘇軾《蘇軾文集．乞罷學士除閑慢差遣劄子》，第2冊，卷28，頁816。
43 《續資治通鑑長編》，第16冊，卷407，頁9915。
44 《宋史》，第32冊，卷351，頁11093。
45 《宋史》，第32冊，卷351，頁11093。
46 《續資治通鑑長編》，第16冊，卷408，頁9923；《太平治迹統類．元祐黨事始末上》，第3冊，卷23，頁1605。
47 《續資治通鑑長編》，第16冊，卷408，頁9923；《太平治迹統類．元祐黨事始末上》，第3冊，卷23，頁1605。
48 《續資治通鑑長編》，第16冊，卷408，頁9925。
49 蘇軾《蘇軾文集．乞罷學士除閑慢差遣劄子》，第2冊，卷28，頁816-7。
50 蘇軾《蘇軾文集．乞罷學士除閑慢差遣劄子》，第2冊，卷28，頁816-7。
51 《續資治通鑑長編》，第17冊，卷409，頁9965。
52 《蘇軾文集．述災沴論賞罰及修河事繳進歐陽修議狀劄子》，第3冊，卷29，頁823；《蘇軾文集．論邊將隱匿敗亡憲司體量不實劄子》，第3冊，卷29，頁835 。
53 《蘇軾文集．乞郡劄子》，第3冊，卷29，頁827 。
54 《續資治通鑑長編》，第17冊， 卷423，頁10219。
55 蘇軾《蘇軾文集．乞郡劄子》，第3冊，卷29，頁828。
56 《續資治通鑑長編》，第17冊，卷424，頁10251。

第二十四章

1 《續資治通鑑長編》，第17冊，卷425，頁10266。
2 蘇軾《蘇軾文集．奏為法外刺配罪人待罪狀》，第3冊，卷29，頁840-1 。
3 蘇軾《蘇軾文集．奏為法外刺配罪人待罪

18 《續資治通鑑長編》，第16冊，卷394，正月丁卯紀事，頁9594。
19 《續資治通鑑長編》，第16冊，卷394，正月丁卯紀事，頁9595-6。
20 《續資治通鑑長編》，第16冊，卷394，正月丁卯紀事，頁9596-7。
21 《續資治通鑑長編》，第16冊，卷394，正月丁卯紀事，頁9597-8。
22 《續資治通鑑長編》，第16冊，卷394，正月辛未紀事，頁9598。
23 《續資治通鑑長編》，第16冊，卷394，正月辛未紀事，頁9599。
24 《續資治通鑑長編》，第16冊，卷394，正月辛未紀事，頁9599。
25 《續資治通鑑長編》，第16冊，卷394，正月辛未紀事，頁9599。
26 《續資治通鑑長編》，第16冊，卷394，正月辛未紀事，頁9599；《太平治迹統類．元祐黨事始末上》，第3冊，卷23，頁1594。
27 《續資治通鑑長編》，第16冊，卷394，正月辛未紀事，頁9599-600。
28 《續資治通鑑長編》，第16冊，卷394，正月辛未紀事，頁9600。
29 《續資治通鑑長編》，第16冊，卷394，正月辛未紀事，頁9600-1。
30 《續資治通鑑長編》，第16冊，卷394，正月辛未紀事，頁9601。
31 《續資治通鑑長編》，第16冊，卷394，正月乙亥紀事，頁9607。
32 《續資治通鑑長編》，第16冊，卷394，正月丙子紀事，頁9607。
33 《續資治通鑑長編》，第16冊，卷394，正月丙子紀事，頁9607。
34 《續資治通鑑長編》，第16冊，卷394，正月丙子紀事，頁9608。
35 蘇軾《蘇軾文集．謝除侍讀表二首》，第2冊，卷23，頁669 。
36 朱熹《晦安先生朱文公文集．伊川先生年譜》（臺北：廣文書局，1972），卷98，頁2409。
37 《續資治通鑑長編》，第16冊，卷404，頁9829-30。
38 《宋史》，第36冊，卷427，頁12718-12722。

狀》，第3冊，卷30，頁864。
7 蘇軾《蘇軾文集・杭州乞度牒開西湖狀》，第3冊，卷30，頁864。
8 蘇軾《蘇軾文集・杭州乞度牒開西湖狀》，第3冊，卷30，頁865。
9 蘇軾《蘇軾文集・杭州乞度牒開西湖狀》，第3冊，卷30，頁865。
10 蘇軾《蘇軾文集・杭州乞度牒開西湖狀》，第3冊，卷30，頁865。
11 李燾《續資治通鑑長編》，第18冊，卷442，頁10644。
12 蘇軾《蘇軾文集・應詔論四事狀》，第3冊，卷31，頁875。
13 蘇軾《蘇軾文集・應詔論四事狀》，第3冊，卷31，頁875-877。
14 蘇軾《蘇軾文集・應詔論四事狀》，第3冊，卷31，頁877。
15 蘇軾《蘇軾文集・應詔論四事狀》，第3冊，卷31，頁878-879。
16 蘇軾《蘇軾文集・應詔論四事狀》，第3冊，卷31，頁879-881。
17 蘇軾《蘇軾文集・應詔論四事狀》，第3冊，卷31，頁881。
18 蘇轍《欒城集・亡兄子瞻端明墓誌銘》，下冊， 卷22，頁1418。
19 蘇軾《蘇軾文集・奏浙西災傷第一狀》，第3冊，卷31，頁883 。
20 蘇軾《蘇軾文集・奏浙西災傷第一狀》，第3冊，卷31，頁883-884。
21 蘇軾《蘇軾文集・奏浙西災傷第一狀》，第3冊，卷31，頁885。
22 蘇軾《蘇軾文集・奏浙西災傷第一狀》，第3冊，卷31，頁885-886。
23 蘇軾《蘇軾文集・奏浙西災傷第一狀》，第3冊，卷31，頁886。
24 蘇軾《蘇軾文集・奏浙西災傷第一狀》，第3冊，卷31，頁886。
25 蘇軾《蘇軾文集・奏浙西災傷第二狀》，第3冊，卷31，頁887-888。
26 蘇軾《蘇軾文集・相度準備賑濟第一狀》，第3冊，卷31，頁892。
27 蘇軾《蘇軾文集・相度準備賑濟第一狀》，第3冊，卷31，頁894。
28 蘇軾《蘇軾文集・乞檢會應詔所論四事行下狀》，第3冊，卷31，頁896。

狀》，第3冊，卷29，頁841-2 。
4 蘇軾《蘇軾文集・乞賑濟浙西七州狀》，第3冊，卷30，頁849-51 。
5 《續資治通鑑長編》，第17冊，卷436，頁10514。
6 《續資治通鑑長編》，第17冊，卷436，頁10509。
7 《續資治通鑑長編》，第17冊，卷436，頁10510-2。
8 《續資治通鑑長編》，第17冊，卷436，頁10513-4。
9 《續資治通鑑長編》，第17冊，卷436，頁10517。
10 蔡絛《鐵圍山叢談》（鄭州：大象出版社，2008），卷1，頁151。
11 蘇軾 《蘇軾文集・再乞發運司應副浙西米狀》，第3册，卷32，頁914。
12 李一冰《蘇東坡新傳》，下册，頁763。
13 邵伯溫《邵氏聞見錄》，卷14，頁154。
14 《宋史・宣仁聖烈高皇后》，第25冊，卷242，頁8626。
15 《宋史・姦臣二》，卷472，列傳231，頁13727。
16 曾布《曾公遺錄》（鄭州：大象出版社，2003），卷8，頁195。
17 《鐵圍山叢談》，卷1，頁152：「慈聖光獻曹后以盛德著，宣仁聖烈高后以嚴肅稱。」
18 《范太史集・薦士劄子三》，見《景印文淵閣四庫全書》，第1100冊，卷19，頁243-4；《續資治通鑑長編》，第17冊，卷437，頁10528。

第二十五章

1 蘇軾《蘇軾文集・論葉溫叟分擘度牒不公狀》，第3冊，卷30，頁860-861。
2 蘇軾《蘇軾文集・論葉溫叟分擘度牒不公狀》，第3冊，卷30，頁860-863。
3 蘇軾《蘇軾文集・杭州乞度牒開西湖狀》，第3冊，卷30，頁864。
4 蘇軾《蘇軾文集・杭州乞度牒開西湖狀》，第3冊，卷30，頁863。
5 李燾《續資治通鑑長編》，第17冊，卷435，頁10496。
6 蘇軾《蘇軾文集・杭州乞度牒開西湖

館出版社，2002，頁67）和馮友蘭（《中國哲學史》，重慶：重慶出版社，2009，頁106）對墨子都有讚詞。蘇軾接受獨尊儒家，罷黜百家的傳統，因此對墨子並沒特別留意。

51 李燾《續資治通鑑長編》，第18冊，卷461，頁11019-11020。

52 蘇軾《蘇軾文集·再乞郡劄子》，第3冊，卷33，頁930。

第二十六章

1 蘇軾《蘇軾文集·乞將上供封樁斛㪷應副浙西諸郡接續糶米劄子》，第3冊，卷33，頁931。

2 蘇軾《蘇軾文集·乞將上供封樁斛㪷應副浙西諸郡接續糶米劄子》，第3冊，卷33，頁931。

3 蘇軾《蘇軾文集·乞將上供封樁斛㪷應副浙西諸郡接續糶米劄子》，第3冊，卷33，頁931-2。

4 蘇軾《蘇軾文集·乞將上供封樁斛㪷應副浙西諸郡接續糶米劄子》，第3冊，卷33，頁932。

5 蘇軾《蘇軾文集·乞將上供封樁斛㪷應副浙西諸郡接續糶米劄子》，第3冊，卷33，頁932。

6 蘇軾《蘇軾文集·乞將上供封樁斛㪷應副浙西諸郡接續糶米劄子》，第3冊，卷33，頁932。

7 蘇軾《蘇軾文集·乞將上供封樁斛㪷應副浙西諸郡接續糶米劄子》，第3冊，卷33，頁932。

8 蘇軾《蘇軾文集·乞外補迴避賈易劄子》，第3冊，卷33，頁934。

9 《續資治通鑑長編》，第18冊，卷462，頁11033。

10 《續資治通鑑長編》，第18冊，卷463，頁11050。

11 蘇軾《蘇軾文集·乞外補迴避賈易劄子》，第3冊，卷33，頁934-5。

12 《續資治通鑑長編》，第18冊，卷463，頁11054-7。

13 《續資治通鑑長編》，第18冊，卷463，頁11051。

14 蘇軾《蘇軾文集·辨賈易彈奏待罪劄

29 蘇軾《蘇軾文集·上呂僕射論浙西災傷書》，第4冊，卷48，頁1402。

30 陶潛《陶靖節集·神釋》，頁14。

31 蘇軾《蘇文忠公詩編註集成·問淵明》，第5冊，頁3064。

32 蘇軾《蘇軾文集·相度準備賑濟第三狀》，第3冊，卷31，頁897。

33 蘇軾《蘇軾文集·相度準備賑濟第四狀》，第3冊，卷31，頁899。

34 蘇軾《蘇軾文集·繳進應詔所論四事狀》，第3冊，卷31，頁903。

35 李燾《續資治通鑑長編》，第18冊，卷455，頁10902。

36 蘇軾《蘇軾文集·辭免翰林學士承旨第一狀》，第2冊，卷23，頁679。

37 李燾《續資治通鑑長編》，第18冊，卷455，頁10908-10909。

38 蘇軾《蘇軾文集·乞相度開石門河狀》，第3冊，卷32，頁906。

39 蘇軾《蘇軾文集·乞相度開石門河狀》，第3冊，卷32，頁907。

40 蘇軾《蘇軾文集·乞相度開石門河狀》，第3冊，卷32，頁908。

41 蘇軾《蘇軾文集·佚文匯編·與某宣德書》，第6冊，卷二，頁2447。

42 蘇軾《蘇軾文集·再乞發運司應副浙西米狀》，第3冊，卷32，頁909。

43 蘇軾《蘇軾文集·再乞發運司應副浙西米狀》，第3冊，卷32，頁909。

44 蘇軾《蘇軾文集·辭免翰林學士承旨第二狀》，第2冊，卷23，頁680。

45 蘇軾《蘇軾文集·辭免翰林學士承旨第三狀》，第2冊，卷23，頁680。

46 蘇軾《蘇軾文集·杭州召還乞郡狀》，第2冊，卷32，頁911-3。

47 蘇軾《蘇軾文集·杭州召還乞郡狀》，第2冊，卷32，頁913。

48 蘇軾《蘇軾文集·杭州召還乞郡狀》，第3冊，卷32，頁913-4。

49 蘇軾《蘇軾文集·六一居士集敘》，第1冊，卷10，頁315-6。

50 墨子在近代重新受到學者的注意，比如胡適（《中國哲學史大綱：古代哲學史》，臺北：臺灣商務印書館，2008，頁157）、梁啟超（《墨子學案》，北京：北京圖書

頁958。

36 蘇軾《蘇軾文集·論積欠六事並乞檢會應詔所論四事一處行下狀》，第3冊，卷34，頁958-9。

37 蘇軾 《蘇軾文集·論積欠六事並乞檢會應詔所論四事一處行下狀》，第3冊，卷34，頁960-1。

38 蘇軾《蘇軾文集·論積欠六事並乞檢會應詔所論四事一處行下狀》，第3冊，卷34，頁966。

39 蘇軾《蘇軾文集·再論積欠六事四事》，第3冊，卷34，頁970-1。

40 蘇軾《蘇軾文集·再論積欠六事四事劄子》，第3冊，卷34，頁970 。《蘇軾文集》言此狀為六月十六日上，《續資治通鑑長編》，卷473，本年五月紀事引此狀，因朝廷六月一日因應東坡之請下詔，今從長編改為五月事。

41 孔凡禮在《蘇軾年譜》（下冊，頁1042）中定此詩為五月間的作品，並不正確；因《和陶飲酒二十首》中第十一首有「詔書寬積欠，父老顏色好」一語，證明此詩應如傅藻《東坡紀年錄》（北京圖書館出版社，1999，頁435）所說為七月中的作品，的確是東坡在得知六月詔書以後才寫成的作品。

第二十七章

1 本章中大部分文字曾以期刊論文形式〈淵明墮詩酒：蘇軾的和陶詩與陶詩的再評價〉，刊載於2009年香港中文大學《中國文化研究所學報》（48期，頁159-181）。香港中文大學同意筆者將修訂版納入此書之中，筆者在此對中文大學特申謝忱。

2 張兆勇《蘇軾和陶詩與北宋文人詞》（合肥：安徽大學出版社，2010），頁23。

3 《蘇文忠公詩編註集成》，第5冊，頁2969。

4 晁補之《雞肋集》，見《景印文淵閣四庫全書》，第1118冊，頁438。

5 楊松冀《精神家園的詩學探尋：蘇軾〈和陶詩〉與陶淵明詩歌之比較研究》（北京：人民出版社，2012），頁102。

6 《欒城集·子瞻和陶淵明詩集引》，下冊，頁1402。

子》，第3冊，卷33，頁935-6。

15 蘇軾《蘇軾文集·辨賈易彈奏待罪劄子》，第3冊，卷33，頁937。

16 蘇軾《蘇軾文集·辨賈易彈奏待罪劄子》，第3冊，卷33，頁936。

17 《續資治通鑑長編》，第18冊，卷463，頁11059。

18 《續資治通鑑長編》，第18冊，卷463，頁11058-9。

19 《續資治通鑑長編》，第18冊，卷463，頁11066。

20 《續資治通鑑長編》，第18冊，卷463，頁11066。

21 《續資治通鑑長編》，第18冊，卷463，頁11066。

22 《續資治通鑑長編》，第18冊，卷463，本月壬辰紀事，頁11067-8。

23 蘇軾《蘇軾文集·辨題詩劄子》，第3冊，卷33，頁937-8。

24 《續資治通鑑長編》，第18冊，卷464，本月乙未（八日）紀事，頁11074。

25 《續資治通鑑長編》，第18冊，卷463，頁11059。

26 蘇軾《蘇軾文集·乞賜度牒糴斛斗準備賑濟淮浙流民狀》，第3冊，卷33，頁947-8。

27 蘇軾《蘇軾文集·乞賜度牒糴斛斗準備賑濟淮浙流民狀》，第3冊，卷33，頁950。

28 蘇軾《蘇軾文集·乞賜度牒糴斛斗準備賑濟淮浙流民狀》，第3冊，卷33，頁950。

29 蘇軾《蘇文忠公詩編註集成·再次韻德麟新開西湖》，第5冊，卷35，頁3192。

30 蘇軾 《蘇軾文集·乞將合轉一官與李直方酬獎狀》，第3冊，卷33，頁951-2。

31 蘇軾 《蘇軾文集·乞將合轉一官與李直方酬獎狀》，第3冊，卷33，頁952。

32 蘇軾《蘇軾文集·再論李直方捕賊功效乞別與推恩劄子》，第3冊，卷33，頁990。

33 《續資治通鑑長編》，卷469，本月丁未紀事。

34 蘇軾《蘇軾文集·論積欠六事並乞檢會應詔所論四事一處行下狀》，第3冊，卷34，頁957。

35 蘇軾《蘇軾文集·論積欠六事並乞檢會應詔所論四事一處行下狀》，第3冊，卷34，

歲第二次入仕，在桓玄幕任職，出於被迫」（北京：文津出版社，1996，頁201）。其實在宋朝就有人主張這種說法。例如宋人吳仁傑在《陶靖節先生年譜》中就說：「淵明知自足以全節而不傷生，迫之仕則仕，不以輕犯其鋒」（王質等，北京中華書局，1986，頁14）。

32 《晉書》，第4冊，卷37，頁1117。

33 《晉書》，第1冊，卷10，頁252。

34 《晉書・桓玄傳》，第8冊，卷99，頁2589。

35 龔斌在《陶淵明論傳》中說：「自隆安三年己亥（399）十二月桓玄襲殺荊州刺史殷仲堪至元興三年桓玄敗亡，荊州刺史一直是桓玄，未別授他人」（頁261）。這種說法是不確實的，據《晉書・桓玄傳》的記載，桓玄在進京以後就不再做荊州刺史，而「以兄偉為安西將軍，荊州刺史」（頁2591）。

36 〈安帝紀〉，第1冊，卷10，頁250。桓玄背叛晉廷並不是在陶潛離開桓玄的幕府以後才發生的，早在隆安三年，桓玄與楊佺期就已經「舉兵反」，〈安帝紀〉記載那年八月「桓玄大敗王師於白石」。

37 《晉書・桓玄傳》，第8冊，卷99，頁2588。

38 《晉書・安帝紀》，第1冊，卷10，頁251。

39 《宋書》，第8冊，頁2288。

40 邱嘉穗《東山草堂陶詩箋》，卷3；原書未見，據《陶淵明詩文彙評》（臺北：明倫出版社，1970），頁190引。

41 《陶靖節集》，頁100。

42 《宋書・陶潛列傳》，頁2289。

43 《漢書・曹參傳》，第6冊，卷39，頁2019。

44 James J. Y. Liu, *The Art of Chinese Poetry* (Chicago: University of Chicago Press, 1962), pp. 58-59. 我提到他是因為他當時在美國是中國詩詞數一數二的權威。我跟他有過一面之緣，他因在婚姻上遭到挫折，內心煩悶，常常借酒消愁，結果因酒得了不治之症，去世時才六十歲。

45 程俊英、蔣見元《詩經注析》（北京：中華書局，1996），第2冊，頁700。

7 晁說之《景迂生集》，見《景印文淵閣四庫全書》，卷14，第1118冊，集部57，別集類，頁267。

8 楊松冀《精神家園的詩學探尋：蘇軾〈和陶詩〉與陶淵明詩歌之比較研究》，頁25。

9 《蘇文忠公詩編註集成》，第5冊，頁2969。

10 《宋書・陶潛傳》，第8冊，頁2287。

11 《宋書・陶潛傳》，第8冊，頁2287。

12 《陶靖節集》，頁40。

13 《陶靖節集・遊斜川》，頁17。

14 《陶靖節集・九日閒居》，頁45。

15 《蘇文忠公詩編註集成》，第5冊，頁3195。

16 《蘇東坡全集・書東皐子傳後》，上冊，頁558-9。

17 《 蘇文忠公詩編註集成》，第5冊，頁3540。

18 《蘇文忠公詩編注集成・和陶始經曲阿》，第6冊，頁3577。

19 本書下文第二十九章中會分析此首詩的意義。

20 張兆勇《蘇軾和陶詩與北宋文人詞》，頁133。

21 《李太白全集・登八陵置酒望洞庭水軍》，王琦編（北京：中華書局，1977），第二冊，頁994。

22 《梁溪漫志》，卷4，頁1。

23 參閱陳美利的《陶淵明探索》（臺北：文津出版社，1996），頁88-192。

24 《朱子語類・子謂顏淵曰章》（臺北：正中書局，1962），第3冊，卷34，頁5249。

25 《陶靖節集》，頁37。

26 《宋書》，第7冊，列傳第三十三，頁1093。

27 《晉書》，第8冊，卷89，頁2298。

28 《晉書》，卷10，頁256。

29 《杜詩鏡銓・遣興五首》，楊倫編（上海：古籍出版社，1980），頁234。

30 《王右丞集・與魏居士書》，趙殿成註（臺北：中華書局，1966），第2冊，頁10。

31 魏正申《陶淵明評傳》：「陶彭澤三十五

第3冊，卷34，頁974-975。

5 蘇軾《蘇軾文集・論綱梢欠折利害狀》，第3冊，卷34，頁975。

6 蘇軾《蘇軾文集・論綱梢欠折利害狀》，第3冊，卷34，頁975-976。

7 蘇軾《蘇軾文集・論綱梢欠折利害狀》，第3冊，卷34，頁976-977。

8 蘇軾《蘇軾文集・論綱梢欠折利害狀》，第3冊，卷34，頁977-978 。

9 蘇軾《蘇軾文集・論綱梢欠折利害狀》，第3冊，卷34，頁978。

10 蘇軾《蘇軾文集・任兵部尚書乞外郡劄子》，第3冊，卷37，頁1041。

11 蘇軾《蘇軾文集・任兵部尚書乞外郡劄子》，第3冊，卷37，頁1041。

12 李燾《續資治通鑑長編》，第19冊，卷478，頁11395。

13 蘇軾《蘇軾文集・辭兩職並乞郡劄子》，第3冊，卷37，頁1041。

14 李燾《續資治通鑑長編》，第19冊，卷484，頁11495-6。

15 李燾《續資治通鑑長編》，第19冊，卷484，三月戊子紀事，頁11500。

16 蘇軾《蘇軾文集・辨黃慶基彈劾劄子》，第3冊，卷36，頁1014。

17 蘇軾《蘇軾文集・辨黃慶基彈劾劄子》，第3冊，卷36，頁1015-6。

18 蘇軾《蘇軾文集・謝宣諭劄子》，第3冊，卷36，頁1016。

19 范祖禹《范太史集・賜端明殿學士兼翰林侍讀學士守禮部尚書蘇軾乞越州不允詔》，見《景印文淵閣四庫全書》，第1100冊，卷29，頁333。

20 李燾《續資治通鑑長編》，第19冊，卷484，頁11515。

21 李燾《續資治通鑑長編拾补》，第1冊，卷8，頁357。

22 明・陳邦瞻《宋史紀事本末》，卷44，頁122。

23 蘇軾《蘇軾文集・朝辭赴定州論事狀》，第3冊，卷36，頁1018-1019。

24 蘇軾《蘇軾文集・朝辭赴定州論事狀》，第3冊，卷36，頁1019-1020。

46 《論語・子罕》，《四書集註》（臺北：世界書局，1966），頁59。

47 《孟子・離婁下》，《四書集註》，頁116。在中國政治史上大禹應該是第一個對酗酒的害處具有真知卓見的聖者：「後世必有以酒亡其國者。」大禹所以「惡旨酒」應該不是說旨酒本身有可惡之處，而是酒對人身心可能造成的戕害，確有令人痛心疾首之處。

48 歐陽修、宋祁《新唐書》，第1冊，本紀第十，頁305。

49 劉昫《舊唐書》，第3冊，本紀第二十上，頁770。

50 《舊唐書》，第3冊，本紀第二十上，頁770。

51 劉伶的〈酒德頌〉描述他們放縱的心態說得簡明扼要：「行無轍迹，居無室廬，幕天席地，縱意所如。止則操卮執觚，動則挈榼提壺，惟酒是務，焉知其餘」（《晉書》，第5冊，頁1376）。

52 參閱David M. Kennedy et al., *The American Pagent: A History of the Republic* (New York: Houghton Mifflin, 2002), 12th ed., pp. 732-4.

53 *The Greek New Testament* (Germany: Deutsche Bibelgesellschaft, 1998), 578.

54 司馬遷《史記全本新註・孔子世家》（西安：三秦出版社，1990），第2冊，卷47，頁1175。

55 劉大杰在《中國文學發展史》（臺北：中華書局，1967）中把陶潛說成像完人一樣：「他〔陶潛〕有律己嚴正肯負責任的儒家精神，而不為那種虛偽的禮法與破碎的經文所陷；他愛慕老莊那種清靜逍遙的境界，而不與那些頹廢荒唐的清談名士同流；他有佛家的空觀與慈愛，而不沾染一點下流的迷信色彩」（頁245）。

第二十八章

1 李燾《續資治通鑑長編》，第19冊，卷475，本月癸卯紀事，頁11322。

2 蘇軾《蘇軾文集・論倉法劄子》，第3冊，卷34，頁972。

3 蘇軾《蘇軾文集・論綱梢欠折利害狀》，第3冊，卷34，頁974-975。

4 蘇軾《蘇軾文集・論綱梢欠折利害狀》，

23 蘇軾《蘇軾文集．英州謝上表》，第2冊，卷24，頁714-5。
24 《續資治通鑑長編拾補》，第1冊，卷9，頁403。
25 《續資治通鑑長編拾補》，第1冊，卷9，頁403。
26 《宋史．哲宗本紀二》，第2冊，卷18，頁341。
27 《蘇文忠公詩編註集成．秧馬歌》，第6冊，卷38，頁3337。
28 《黃庭堅詩集註．跋子瞻和陶詩》（北京：中華書局，2003），第2冊，卷17，頁604。
29 《邵氏聞見後錄》，卷20，頁143。
30 《蘇文忠公詩編註集成．遊博羅香積寺》，第6冊，卷39，頁3388。
31 《蘇文忠公詩編註集成．兩橋詩》，第6冊，卷40，頁3459。
32 司馬遷《史記全本新註．屈原賈生列傳》（西安：三秦出版社，1990），第3冊，卷84，頁1560。
33 蘇軾《蘇軾文集．書金光明經後》，第5冊，卷66，頁2086。
34 蘇軾《蘇軾文集．朝雲墓誌銘》，第2冊，卷15，頁473-4。
35 《宋史紀事本末》，卷47，頁131。
36 《宋史》，第32冊，卷355，頁11177。

第三十章

1 蘇軾《蘇軾文集．與程秀才三首》，第4冊，卷55，頁1628。
2 孫汝聽《蘇穎濱年表》（臺北：臺灣商務印書館，1983），頁2965。
3 《續資治通鑑長編》，第19冊，卷495，三月辛亥紀事，頁11764。
4 《續資治通鑑長編》，第19冊，卷495，頁11769。
5 《皇宋通鑑長編紀事本末．哲宗皇帝》，見《續修四庫全書》（上海：古籍出版社，1995），第387冊，卷91，頁93；《續資治通鑑長編》，第19冊，卷495，頁11775。
6 《續資治通鑑長編》，第19冊，卷495，頁11768。
7 《蘇穎濱年表》，頁2965。

第二十九章

1 《欒城集．亡兄子瞻端明墓誌銘》，下冊，卷22，頁1420。
2 蘇軾《蘇軾文集．乞增修弓箭社條約狀》，第3冊，卷36，頁1024。
3 蘇軾《蘇軾文集．乞增修弓箭社條約狀》，第3冊，卷36，頁1025。
4 蘇軾《蘇軾文集．乞增修弓箭社條約狀》，第3冊，卷36，頁1026。
5 《欒城集．亡兄子瞻端明墓誌銘》，下冊，卷22，頁1420。
6 《宋史．楊畏》，第32冊，卷355，頁11184。
7 曾布《曾公遺錄》（鄭州：大象出版社，2003），卷8，頁206。
8 《續資治通鑑長編拾補》，第1冊，卷8，頁368。
9 《續資治通鑑長編拾補》，第1冊，卷8，頁368。
10 《續資治通鑑長編拾補》，第1冊，卷8，頁368。
11 《續資治通鑑長編拾補》，第1冊，卷9，頁392。
12 《欒城集．論御試策題劄子二首》，下冊，卷16，頁1346-1347。
13 《欒城集．論御試策題劄子第二》，下冊，卷16，頁1348-1349。
14 《續資治通鑑長編拾補》，第1冊，卷9，頁398。
15 《續資治通鑑長編拾補》，第1冊，卷9，頁398。
16 《續資治通鑑長編拾補》，第1冊，卷9，頁396。
17 《續資治通鑑長編拾補》，第1冊，卷9，頁397。
18 《續資治通鑑長編拾補》，第1冊，卷9，頁398。
19 《續資治通鑑長編拾補》，第1冊，卷9，頁401。
20 《續資治通鑑長編拾補》，第1冊，卷9，頁401。
21 《續資治通鑑長編拾補》，第1冊，卷9，頁402。
22 《續資治通鑑長編拾補》，第1冊，卷9，頁402。

狀》，第6册，卷1，頁2431。

34 傳藻《東坡紀年錄》，頁455；周煇《清波雜志》（北京：中華書局，1999），卷3，頁572，有類似的記載。

35 惠洪《註石門文字禪・跋李豸悼東坡文》（北京：中華書局，2012），下册，頁1573。

36 潘永因編《宋稗類鈔・傷逝》（北京：書目文獻出版社，1985），卷6，頁501。

37 《欒城集・亡兄子瞻端明墓誌銘》，下册，卷22，頁1410。

38 惠洪《註石門文字禪・跋李豸弔東坡文》，下册，卷22，頁1573。

結語

1 張默生《老子章句新解》（臺北：樂天出版社，1971），第36章，頁46。

2 陳邦瞻《宋史紀事本末・西夏用兵》，卷40，頁110。

3 司馬遷《史記・項羽本紀》，第1册，頁182。

4 司馬遷《史記・項羽本紀》，第1册，頁183。

5 司馬遷《史記・項羽本紀》，第1册，頁183。

6 司馬遷《史記・項羽本紀》，第1册，頁183。

7 蘇軾《蘇軾文集・與陳傳道五首》，第4册，卷53，頁1574。

8 蘇軾《東坡書傳》（北京：中華書局，1985），卷2，頁26。

9 《漢魏古注十三經・尚書・舜典》，上册，頁5。

8 王鞏《甲申雜記》（北京：中華書局，1984），頁6。

9 《史記・孟子荀卿》，第3册，卷74，列傳第十四，頁1444。

10 蘇軾《蘇軾文集・到昌化軍謝表》，第2册，卷24，頁707。

11 陶潛《陶靖節集・神釋》，頁14。

12 《舊唐書・薛仁貴》，第8册，卷87，列傳第三十三，頁2780。

13 蘇軾《蘇軾文集・佚文彙編・書藥方贈民某君》，第6册，卷6，頁2589-90。

14 《曾公遺錄》，卷8，頁206。

15 《曾公遺錄》，卷8，頁210。

16 《曾公遺錄》，卷8，頁212。

17 《蘇東坡新傳》，第2册，頁983。

18 《曾公遺錄》，卷8，頁269-270。

19 宋・趙汝愚《宋朝諸臣奏議・陳瓘上徽宗論向宗良兄弟交通賓客》（上海：古籍出版社，1999），卷35，頁347。

20 《宋史・常安民》，第31册，卷346，頁10990。

21 范成大《吳郡志・人物・范正平》（南京：江蘇古籍出版社，1999），卷26，頁383。

22 陳宣子《陳了翁年譜》（北京：北京圖書館出版社，1999），頁350。

23 《曾公遺錄》，卷8，頁252。

24 《山谷詩集註・病起荊江亭即事其七》，第2册，卷14，頁519。

25 蘇軾《蘇軾文集・提舉玉局觀謝表》，第3册，卷24，頁708。

26 《續資治通鑑長編拾補》，卷17，建中靖國元年六月甲辰紀事，頁636。

27 《宋史・張庭堅傳》，第2册，卷346，頁341。

28 《朱子語類》（臺北：華世出版社，1987），第8册，卷130，頁3116。

29 《續資治通鑑長編拾補》，卷17，建中靖國元年六月甲辰紀事，頁636。

30 《續資治通鑑長編拾補》，卷17，建中靖國元年七月壬戌紀事，頁639。

31 《續資治通鑑長編拾補》，卷17，建中靖國元年六月甲辰紀事，頁636。

32 《邵氏聞見後錄》，卷20，頁144。

33 蘇軾《蘇軾文集・佚文彙編・乞致仕

參考書目

古代著作

戰國・韓非，《韓非子集解》，清・王先慎，北京：中華書局，1998

漢・司馬遷，《史記全本新註》，西安：三秦出版社，1990

晉・陶潛，《陶靖節集》，臺北：臺灣商務印書館，1980

後秦・《金剛經》，北京：燕山出版社，1996

劉宋・范曄，《後漢書》，北京：中華書局，1991

梁・沈約，《宋書》，北京：中華書局，1974

唐・王維，《王右丞集》，台北：中華書局，1966

唐・李白，《李太白全集》，北京：中華書局，1977

唐・房玄齡等，《晉書》，北京：中華書局，1974

後晉・劉昫等，《舊唐書》，北京：中華書局，1991

五代・王仁裕，《開元天寶遺事》，北京：中華書局，2006

宋・方勺，《泊宅編》，讀書齋叢書，臺北：藝文印書館，1968

宋・王稱，《東都事略》，臺北：國立中央圖書館，1991

宋・王大成，《野老紀聞》，北京：中華書局，1987

宋・王得臣，《麈史》，上海：古籍出版社，1986

宋・王鞏《甲申雜記》，北京：中華書局，1984

宋・王銍，《默記》，北京：中華書局，1981

宋・王宗稷，《東坡先生年譜》，見《北京圖書館珍藏年譜叢刊》，北京：北京圖書館出版社，1999

宋・王宗稷編、清・查慎行補注，《東坡先生年表》，見《北京圖書館珍藏年譜叢刊》北京：北京圖書館出版社，1999

宋・朱弁，《曲洧舊聞》，北京：中華書局，1999

宋・朱彧，《萍洲可談》，北京：中華書局，2007

宋・朱熹，《晦安先生朱文公文集》，臺北：廣文書局，1972

宋・司馬光，《傳家集》，見《景印文淵閣四庫全書》，臺北：臺灣商務印書館，1983-1986；《司馬光奏議》，山西：人民出版社，1986；《涑水記聞》，鄭州：大象出版社，2003；《溫公續詩話》，北京：中華書局，1982；《朱子語類》，臺北：華世出版社，1987

宋・李燾，《續資治通鑑長編》，見《景印文淵閣四庫全書》，臺北：臺灣商務印書館，1983-1986；《續資治通鑑長編》，北京：中華書局，2004

宋・江少虞，《宋代事實類苑》，上海：古籍出版社，1981

宋・呂本中，《紫微詩話》，北京：中華書局，1982

宋・呂頤浩，《忠穆集》，見《景印文淵閣四庫全書》，臺北：臺灣商務印書館，1983-1986

宋・何薳，《春渚紀聞》，北京：中華書局，1983

宋・周必大，《二老堂詩話》，北京：中華書局，1982

宋・周密，《齊東野語》，北京：中華書局，1983；《癸辛雜識》，北京：中華書局，1988；《武林舊事》，上海：古典文學出版社，1957

宋・周紫芝，《詩讞》，長沙：商務印書館，1939

宋・周煇，《清波雜志》，見清・鮑廷博輯《知不足齋叢書》，第6冊，北京：中華書局，1999

宋・范成大，《吳郡志》，南京：江蘇古籍出版社，1999

宋・委心子，《新編分門古今類事》，北京：中華書局，1987

宋・陳均，《九朝編年備要・神宗皇帝》，見《景印文淵閣四庫書》，臺北：臺灣商務印書館，1983-1986

宋・陳鵠，《西塘集耆舊續聞》，北京：中華書局，1985

宋・陳師道，《后山集》，臺北：世界書局，1965

宋・陳襄，《古靈集》，見《景印文淵閣四庫

1986；《六一詩話》，北京：中華書局，1982；《新唐書》，北京：中華書局，1991
宋・秦觀，《淮海居士長短句》，上海：古籍出版社，1985；《淮海集》，見《景印文淵閣四庫全書》，臺北：臺灣商務印書館，1983-1986
宋・邵伯溫，《邵氏聞見錄》，北京：中華書局，1997
宋・邵博，《邵氏聞見後錄》，北京：中華書局，1983
宋・沈括，《夢溪筆談》，北京：中華書局，1958
宋・蘇洵，《嘉祐集箋註》，上海：古籍出版社，2001；《蘇洵集》，北京：中國書店，2000
宋・蘇舜欽，《蘇舜欽集》，上海：古籍出版社，1981
宋・蘇軾，《東坡樂府箋》，臺北：臺灣商務印書館，1981；《東坡書傳》，北京：中華書局，1985；《經進東坡文集事略》，臺北：世界書局，1975；《蘇文忠公詩編註集成》，臺北：學生書局，1979；《蘇軾文集》，北京：中華書局，1996；《蘇東坡全集》，北京：中國書店，1986
宋・蘇轍，《欒城集》，上海：古籍出版社，1987；《龍川略志》，北京：中華書局，1982；《龍川別志》，北京：中華書局，1982
宋・孫升，《孫公談圃》，北京：中華書局，1991
宋・孫汝聽，《蘇潁濱年表》，北京：北京圖書館出版社，1999
宋・魏泰，《東軒筆錄》，北京：中華書局，1983
宋・魏慶之，《詩人玉屑》，上海：古典文學出版社，1958
宋・吳曾，《能改齋漫錄》，上海：古籍出版社，1984
宋・朋九萬，《烏臺詩案》，臺北：藝文書局，1968
宋・吳雪濤，《蘇文繫年考略》，內蒙古：教育出版社，1990
宋・吳聿，《觀林詩話》，北京：中華書局，1983
宋・許顗，《彥周詩話》，北京：中華書局，1982
宋・徐自明，《宋宰輔編年錄》，北京：中華全書》，臺北：商務印書館，1983-1986
元・陳宣子，《陳了翁年譜》，北京：北京圖書館出版社，1999
宋・陳巖肖，《庚溪詩話》，北京：中華書局，1983
宋・程顥等，《二程集》，北京：中華書局，1984
宋・費衮，《梁溪漫志》，上海：古籍出版社，1985
宋・葛立方，《韻林詩話》，北京：中華書局，1982
宋・莊綽，《雞肋編》，北京：中華書局，1983
宋・洪邁，《夷堅志》，北京：中華書局，1981
宋・孟元老，《東京夢華錄》，上海：古典文學出版社，1956
宋・胡仔，《苕溪漁隱叢話》，臺北：中華書局，1965
宋・陸游，《老學庵筆記》，上海：古籍出版社，1993；《家世舊聞》，北京：中華書局，1993
宋・馬永卿，《元城語錄解》，見《景印文淵閣四庫全書》，第863冊，臺北：臺灣商務印書館，1983-1986
宋・黃庭堅，《黃庭堅詩集註》，北京：中華書局，2003
宋・傅藻，《東坡紀年錄》，見《北京圖書館珍藏年譜叢刊》，北京：北京圖書館出版社，1999
宋・彭百川，《太平治迹統類》，臺北：成文出版社，1966
宋・彭九萬，《烏臺詩案》，臺北：藝文書局，1968
宋・惠洪，《註石門文字禪》，北京：中華書局，2012；《冷齋夜話》，鄭州：大象出版社，2006
宋・趙汝愚，《宋朝諸臣奏議》，上海：古籍出版社，1999
宋・劉昌詩，《蘆浦筆記》，北京：中華書局，1986
宋・劉祁，《歸潛志》，北京：中華書局，1983
宋・羅大經，《鶴林玉露》，北京：中華書局，1983
宋・歐陽修等，《集古錄》，見《景印文淵閣四庫全書》，臺北：臺灣商務印書館，1983-

清．王文誥，《蘇文忠公詩編註集成》，臺北：學生書局，1979
清．李紱，《穆堂初稿》，見《續修四庫全書》，上海：古籍出版社，1995
清．阮元校刻，《漢魏古注十三經》，北京：中華書局，1998
清．紀昀等，《景印文淵閣四庫全書》，臺北：臺灣商務印書館，1983-1986
清．徐乾學，《資治通鑑後編》，見《景印文淵閣四庫全書》，臺北：臺灣商務印書館，1983
清．黃以周等輯註，《續資治通鑑長編拾補》，北京：中華書局，1998
清．畢沅，《續資治通鑑》，北京：中華書局，1988
清．蔡上翔，《王荆公年譜考略》，見《王安石年譜三種》，北京：中華書局
清．潘永因編，《宋稗類鈔》，北京：書目文獻出版社，1985
清．顧棟高，《王荊國文公年譜》，見《王安石年譜三種》，北京：中華書局，2006

近代著作

孔凡禮，《蘇軾年譜》，北京：中華書局，1998；《三蘇年譜》，北京：古籍出版社，2006
方豪，《宋史》，臺北：中國文化大學出版社，1988
王友勝，《蘇詩研究史稿》，湖南：岳麓書社，2000
王水照，《蘇軾》，上海：古籍出版社，1984
王水照、朱剛，《蘇軾評傳》，南京：南京大學，2004
王洪，《蘇軾詩歌研究》，北京：朝華出版社，1993
朱靖華，《蘇軾新評》，北京：中國文學出版社，1993
李一冰，《蘇東坡新傳》，臺北：聯經出版事業公司，1983
李國文，《李國文說宋》，北京：中華書局，2012
李瑞，《大躍進親歷記》，上海：遠東出版社，1996
李劍鋒，《元前陶淵明接受史》，山東齊魯書社，2002
林蘊暉，《烏托邦運動：從大躍進到大饑荒》，香港：香港中文大學，2008
書局，1986
宋．楊湜，《古今詞話》，北京：中華書局，1986
宋．楊萬里，《誠齋詩話》，北京：中華書局，1983
宋．楊仲良，《續資治通鑑長編紀事本末》，北京：北京圖書館，2003
宋．姚寬，《西溪叢語》，北京：中華書局，1993
宋．葉夢得，《石林燕語》，北京：中華書局，1984；《石林詩話》，北京：中華書局，1991；《避暑錄話》，臺北：臺灣商務印書館，1966；《石林避暑錄話》，上海：上海書店，1990
宋．俞文豹，《吹劍錄全編》，上海：古典文學出版社，1958
宋．袁文，《甕牖閒評》，上海：古籍出版社，1985
宋．岳珂，《桯史》，北京：中華書局，1981
宋．樂史，《太平寰宇記》，北京：中華書局，2007
宋．曾鞏，《元豐類稿．贈職方員外郎蘇君墓誌銘》，見《景印摛藻堂四庫全書薈要》，第27冊，臺北：世界書局，1985-1988
宋．張方平，《樂全集》，鄭州：中州古籍出版社，2000
宋．張耒，《張耒集》，北京：中華書局，1990
宋．趙令畤，《侯鯖錄》，北京：中華書局，2002
宋．趙與時，《賓退錄》，上海：古籍出版社，1983
宋．蔡絛，《鐵圍山叢談》，北京：中華書局，1983
宋．蔡正孫，《詩林廣記》，北京：中華書局，1983
宋．晁補之，《雞肋集》，見《景印文淵閣四庫全書》，台北：臺灣商務印書館，1983
元．脫脫等，《宋史》，北京：中華書局，1991
明．田汝成，《西湖遊覽志》，上海：古籍出版社，1980；《西湖遊覽志餘》，上海：古籍出版社，1980
明．陳邦瞻，《宋史紀事本末》，上海：古籍出版社，1994
清．于敏中等編輯，《景印摛藻堂四庫全書薈要》，臺北：世界書局，1985-1988

胡雲翼，《宋詞選》，上海：古籍出版社，1978
姜聲調，《蘇軾的莊子學》，臺北：文津出版社，1999
郭廷以，《近代中國史綱》，香港：中文大學，1986
郭紹虞，《宋詩話輯佚》，北京：中華書局，1982
俞平伯編著，《唐宋詞選釋》，北京：人民文學出版社，1983
唐圭璋編，《全宋詞》，北京：中華書局，1980
陳美利，《陶淵明探索》，臺北：文津出版社，1996
陳新雄，《東坡詩選析》，臺北：五南圖書出版社，2003
曾棗莊，《蘇洵評傳》，成都：四川人民出版社，1983
舒大剛，《三蘇後代研究》，成都：巴蜀書社，1995
楊繼繩，《墓碑：中國六十年代大饑荒紀實》，香港：天地圖書有限公司，2008
楊松冀，《精神家園的詩學探尋：蘇軾〈和陶詩〉與陶淵明詩歌之比較研究》，北京：人民出版社，2012
張默生，《老子章句新解》，臺北：樂天出版社，1971
張兆勇，《蘇軾和陶詩與北宋文人詞》，合肥：安徽大學出版社，2010
《陶淵明詩文彙評》，臺北：明倫出版社，1970
劉昭明，《蘇軾與章惇關係考—兼論相關詩文與史事》，臺北：新文豐，2001
《實用佛學辭典》，下冊，臺北：善導寺佛經流通處，無出版日期
鄧廣銘和漆俠，《宋史專題課》，北京：北京大學出版社，2008
龍榆生，《唐宋名家詞選》，上海：古籍出版社，1980
謝桃坊，《蘇軾詩研究》，成都：巴蜀書社，1987
魏正申，《陶淵明評傳》，北京：文津出版社，1996
顏中其，《東坡軼事彙編》，湖南：岳麓書社，1984
鍾來因，《蘇軾與道家道教》，臺北：學生書局，1990

西文著作

Brettler, Marc Zvi. "The Hebrew Bible and the Early History," in *The Cambridge Guide to Jewish History, Religion, and Culture*. Eds. Judith R. Baskin and Kenneth Seeskin. Cambridge: Cambridge University Press, 2010.
Biblia Hebraica Stuttgartensia. Germany: Deutsche Bibelgesellschaft, 1997.
Eberhard, Wolfram. *A History of China*. Berkeley: University of California Press, 1977.
Ebrey, Patricia. *Cambridge Illustrated History of China*, Cambridge University Press, 1999.
The Greek New Testament. Germany: Deutsche Bibelgesellschaft, 1998.
Lovejoy, Arthur O. "On the Chinese Origin of a Romanticism," *The Journal of English and Germanic Philology* (January 1993), 1-20.
The Prose Works of William Wordsworth. Ed. W. J. B. Owen and Jane Worthington Smyser. Oxford: Clarendon Press, 1974.
Reich, Bernard. "The Founding of Modern Israel and the Arab-Isareli Conflict," in *The Cambridge Guide to Jewish History, Religion, and Culture*.
Rodzinski, Witold. *A History of China*. Oxford: Pergamon Press, 1983.
Yang, Vincent. *Nature and Self: A Study of the Poetry of Su Dongpo with Comparisons to the Poetry of William Wordsworth*. New York: Peter Lang, 1989.
— "A Masterpiece of Dissemblance: A New Perspective on *Xiyou ji*," *Monumenta Serica: Journal of Oriental Studies* 60 (2012), 151-194.
"Man and Nature: A Study of Du Fu's Poetry," *Monumenta Serica: Journal of Oriental Studies* 50 (2002), 315-36.

國家圖書館出版品預行編目（CIP）資料

蘇軾的心路歷程：一代文宗的作品、行誼與相關史實 / 楊東聲著. --
初版. -- 桃園市：中央大學出版中心；臺北市：遠流,
2017.11
面；　公分. --
ISBN 978-986-5659-15-8（平裝）

1.（宋）蘇軾 2. 傳記

782.8516　　106016574

蘇軾的心路歷程
一代文宗的作品、行誼與相關史實

著者：楊東聲
執行編輯：曾炫淳
編輯協力：簡玉欣

出版單位：國立中央大學出版中心
桃園市中壢區中大路 300 號

遠流出版事業股份有限公司
台北市南昌路二段 81 號 6 樓

發行單位／展售處：遠流出版事業股份有限公司
地址：台北市南昌路二段 81 號 6 樓
電話：(02) 23926899　傳真：(02) 23926658
劃撥帳號：0189456-1

著作權顧問：蕭雄淋律師
2017 年 11 月 初版一刷
2019 年 7 月 初版二刷
售價：新台幣 580 元

ISBN 978-986-5659-15-8（平裝）
GPN 1010601497
遠流博識網 http://www.ylib.com E-mail: ylib@ylib.com